MBA MPA MPAcc
管理类与经济类综合能力

逻辑十八招

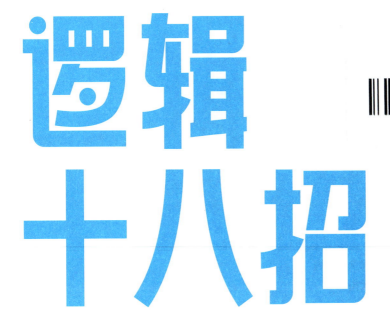

主编 孙江媛

版权专有　侵权必究

图书在版编目（CIP）数据

MBA MPA MPAcc 管理类与经济类综合能力逻辑十八招 / 孙江媛主编. —北京：北京理工大学出版社，2023.4
ISBN 978-7-5763-2267-5

Ⅰ.①M…　Ⅱ.①孙…　Ⅲ.①逻辑—研究生—入学考试—自学参考资料　Ⅳ.①B81

中国国家版本馆 CIP 数据核字（2023）第 063059 号

出版发行 / 北京理工大学出版社有限责任公司	
社　　址 / 北京市海淀区中关村南大街 5 号	
邮　　编 / 100081	
电　　话 /（010）68914775（总编室）	
（010）82562903（教材售后服务热线）	
（010）68944723（其他图书服务热线）	
网　　址 / http://www.bitpress.com.cn	
经　　销 / 全国各地新华书店	
印　　刷 / 三河市鑫鑫科达彩色印刷包装有限公司	
开　　本 / 787 毫米 × 1092 毫米　1/16	
印　　张 / 21	责任编辑 / 武丽娟
字　　数 / 524 千字	文案编辑 / 武丽娟
版　　次 / 2023 年 4 月第 1 版　2023 年 4 月第 1 次印刷	责任校对 / 刘亚男
定　　价 / 86.80 元	责任印制 / 李志强

图书出现印装质量问题，请拨打售后服务热线，本社负责调换

逻辑，媛来如此

嗨！很高兴遇见你！这是一种神奇的安排，也是逻辑之旅的开始。

希望从今天开始，和你的遇见，能让你发现：逻辑，原来如此。

如此有趣，如此清晰，如此助你在考研中取得高分，踏入自己理想的院校！

也许你买过很多本书，可从未认真阅读过一本书的前言。但是，如果你看到这里，我真心希望能跟你好好唠唠知心话，掏心窝子地聊聊考研，聊聊逻辑。我是老师，也是你在考研路上的好朋友。

1. 我是谁？

孙江媛，双子座，AB 血型。解题"稳准狠"。江湖传说"紧跟孙江媛，逻辑不再难"。

2. 逻辑是什么？逻辑考什么？

是脑筋急转弯吗？是阅读理解吗？每个字都认识但为何选不对？

每次上课总有同学会对逻辑科目产生疑问，这门在管理类与经济类综合能力考试中堪称"最陌生"的科目到底是什么呢？让我们先了解一下试卷中的逻辑科目。

项目	管理类综合能力考试	经济类综合能力考试
考试形式	单项选择题	
分值	2 分 / 题	
题目数量	30 题	20 题
总分	60 分	40 分
考试大纲	综合能力考试中的逻辑推理部分主要考查考生对各种信息的理解、分析和综合，以及相应的判断、推理、论证等逻辑思维能力，不考查逻辑学的专业知识。试题题材涉及自然、社会和人文等各个领域，但不考查相关领域的专业知识	
大纲解读	（1）不考逻辑学专业知识，但需要掌握基本逻辑规则和思考方式。 （2）试题内容涉猎广泛，但考查的是逻辑思维能力，公平公正	
真题示例	（2021.01.29）某公司为员工免费提供菊花、绿茶、红茶、咖啡和大麦茶 5 种饮品，现有甲、乙、丙、丁、戊 5 位员工，他们每人都只喜欢其中的 2 种饮品，且每种饮品都只有 2 人喜欢。已知： （1）甲和乙喜欢菊花，且分别喜欢绿茶和红茶中的一种。 （2）丙和戊分别喜欢咖啡和大麦茶中的一种。 根据上述信息，可以得出以下哪项？ A. 甲喜欢菊花和绿茶。 B. 乙喜欢菊花和红茶。 C. 丙喜欢红茶和咖啡。 D. 丁喜欢咖啡和大麦茶。 E. 戊喜欢绿茶和大麦茶。	

3. 逻辑怎么学呢？

老师，我什么都没学，靠感觉去做逻辑题也能做对一些，是不是可以不用系统学习逻辑了？

同学，咱们能正常生活工作，还打算考研究生，说明逻辑思维能力还是不错的，能做对一些题目很正常。但是，你要知道，生活中的逻辑与考试中的逻辑还是有区别的，要想在考场上平均用2分钟做完一道题，并且保持85%以上的正确率，就要科学备考，就要"稳准狠"。

比如前面"真题示例"中2021年的真题，你有思路吗？在考场上你该如何处理呢？

首先，锁定问题"可以得出以下哪项"，此时可知，我们需要根据题干信息推出确定的信息。其次，从题干已知条件入手。由（1）可知，甲、乙在绿茶和红茶中的对应关系无法确定，所以排除A、B两项。由（2）可知，丙、戊在咖啡和大麦茶中的对应关系无法确定，所以排除C、E两项。综合可得，正确答案就是D选项。

如果你没有学过逻辑就能解出这道真题，那么恭喜你，你的逻辑基础还不错，好好努力争取满分；如果你没有思路，那么也恭喜你，还有很大提升空间，跟着我，快马加鞭地学习吧！

从备考的角度来说，考试中的逻辑科目通过形式逻辑、综合推理、论证逻辑这三大版块来考查你的逻辑思维能力。逻辑不是脑筋急转弯，不是阅读理解，我们要在掌握一些逻辑规则之后进行相应的推理和判断。

既然，逻辑科目是考查逻辑思维能力，那就需要大家熟练掌握逻辑公式、模型和技巧，提高解题效率，并且从思维方式上有所提升。本书从知识点、题型、技巧三个方面出发，并配备了相应的练习题。大家首先要学习各个部分的知识点，熟练掌握了知识点之后再进一步学习如何识别题型，最后学习如何使用技巧快速解题。很多同学掌握了知识点却解不出来题目，或者解题速度过慢，耗时太长，这是因为大家还无法将知识点与题目融会贯通，缺乏"考场思维"。本书总结了十八个高效解题的考场思维，因此命名为《逻辑十八招》[①]。那么我和这本书怎么帮你备考呢？高效！高效！高效！

本书包含的版块及其目标如下：

版块	目标
考频统计	**掌握真题大数据，高效备考！** 统计了近十年管理类综合能力考试及近三年经济类综合能力考试中涉及对应章节考点的数量，一目了然，从真实统计数据把握该考点的考频及重要程度
备考指导	**把握真题考查特点，高效备考！** 知己知彼，才能百战不殆。哪些考点必须掌握，哪些可以简单了解，应该复习到什么程度，我会结合十年的一线教学经验帮你梳理
本章导图	**先见森林再见树木，高效备考！** 对于逻辑科目，建立知识体系非常重要。先总览框架，再具体研究，帮助同学们更好地把握知识点与题型之间的关系，提升备考效率
必备知识	**打铁还需自身硬，高效备考！** 知识点是解题的基础，掌握详细而清晰的知识点能大幅提高学习效率。除了纸质版图本之外，本书还配有免费的"通识课"视频，帮助大家打牢基础

---

① 全称为《MBA MPA MPAcc 管理类与经济类综合能力逻辑十八招》，简称《逻辑十八招》，后续都使用简称。另外，关于"十八招"，我已在本书附赠的《逻辑推理高效手册》内文首页做了汇总，以供各位考生查阅。

续表

版块	目标
题型精讲	稳准狠，高效备考！ 从备考起点开始塑造考场思维，目标直指考试！ 稳：如何精准识别考点，锁定解题方向。 准：如何确定解题思路，步骤清晰，得出正确答案。 狠：如何更快秒杀，不只会做一道题，而是从本质、性质、特征上解决一类题
配套练习	精选好题实战检验，高效备考！ 实践是检验真理的唯一标准。只有做题才能检验知识点的掌握情况，每一道课后题都是精心挑选的，希望同学们做完能有收获

综上，本书编撰的核心思想——高效！希望能帮助各位同学快速建立知识体系，全面掌握解题思路，提升复习效率，精准提分。

4. 从现在到考试，逻辑复习怎么规划？

阶段	时间	目标	配套资料
基础	4—6月	能做题。 学习知识点，建立知识体系	①《逻辑十八招》。 ②自查清单（微博领取）
强化	7—8月	会做题。 全面掌握各种题型的特征及解法	
真题	9—10月	冲高分。 训练考场思维，熟悉套卷模式	①《逻辑真题库》。[①] ②远古真题三周刷（微博领取）
冲刺	11—12月	保高分。 查漏补缺，训练应试技巧	①逻辑模拟卷。[②] ②早起10道题（微博带练）

5. 逻辑学习的特点

（1）科目新，零基础，学习有方法。

虽然逻辑科目已经有两千余年的历史了，但对大多数同学来说，逻辑是个全新的学科，从未进行过系统学习，也未经过专业训练。要知道，逻辑科目作为哲学的一个分支，知识体系丰富且庞杂，想学明白确实有难度。但考试大纲明确规定了"不考查逻辑学的专业知识"，这就给我们卸下了很大的负担，所以本书剔除冗余的理论和繁杂的专有名词，不会涉及晦涩难懂的逻辑学专有名词或理论知识，只会直接讲解对解题有用的方法。同学们只要将所讲内容熟练掌握，就可轻松解题，提升复习效率！

---

① 全称为《MBA MPA MPAcc 管理类与经济类综合能力逻辑真题库》，简称《逻辑真题库》，后续都使用简称。
② 逻辑模拟卷包括模考月试卷和逻辑模拟卷。

（2）题干长，信息多，解题有技巧。

以管理类综合能力考试为例，在管理类综合能力考试的三个科目中，逻辑试题字数最多，阅读量较大。近五年逻辑试题字数统计如下：2019年有7 580字，2020年有6 972字，2021年有7 346字，2022年有7 385字，2023年有8 397字。在考场上，同学们要在有限的时间内阅读题干，提取有效信息，进行分析，并且在5个选项中选出正确答案，确实是个不小的考验，这就要求考生必须掌握读题和解题的技巧，迅速锁定有效信息，把握正确思路，实现准确"秒杀"！

（3）识考点，分题型，提分有兵法。

以管理类综合能力考试为例，逻辑科目在考场上的标准做题时间是55分钟，共30道题，平均110秒/题，考场上精神高度紧张，还要在规定的时间内高效解题，因此识别考点、区分题型尤为重要！如果可以通过阅读题目、观察题目特征迅速搞清出题点、找准解题方向，那么取得理想的分数就不难。

例如，掌握了"包子模型"这个论证模型，就可以轻松地在2019年管理类综合能力考试中得到14分，在2020年管理类综合能力考试中得到12分，在2021年管理类综合能力考试中得到18分。一个模型，反复考查，并且几乎每年必考。本书已经将这些模型、公式及其考法和变形总结了出来，同学们掌握了，就可以得分！

综上所述，考试题目是有规律和技巧的，得高分并不是偶然的，而是经过科学训练的必然结果！你手上的这本书，别以为看一遍就完事儿了，建议至少要看三遍。

第一遍：由"厚"到"薄"。

先捋清整本书的脉络，本书分为三大部分，共十七章，每个章节涉及哪些题型和知识点，有哪些解题思路，可以尝试画出思维导图，然后与书中给出的导图比对，并进一步完善，将知识结构体系化，避免只见树木不见森林。

第二遍：由"薄"到"厚"。

在建立好知识体系之后，不借助解析独立地研究例题，看自己是否能准确识别考点和题型，是否能采用正确的思路解题，是否能分析出每个选项正确或错误的原因，并且将发现的问题记录下来认真思考。

第三遍：反复思考，总结归纳。

看完第二遍之后可以先把这本书放一放，用《逻辑真题库》进行限时的套卷测试，然后回到这本书，不断地查漏补缺，反复思考错题，并进行归纳和总结，遇到疑问，及时解决。（答疑微博：专硕考研孙江媛）

6. 干了这碗鸡汤！

坚持！努力！

这个世界，似乎从来就不平等。但是，你有多努力，就有多特殊！在每年的学员中，很多同学本科就已经考上了梦想中的学府，但依旧一刻也没松懈，向更高的目标冲击；还有一些同学，为现状焦虑，又没有毅力改变自己。学习三分钟热度，时常憎恶自己的不争气，但坚持最多的事情就是坚持不下去。这世间任何事情都可以蒙混过关，唯独不能欺骗自己。所以，只要你选择了考研，请你一定坚持下去，逆袭从来都不是传奇的一跃而上，而是一步一步踏踏实实走出来的，去靠近那些看似遥不可及的梦想，时光不会怠慢执着而勇敢的每一个人！

当然，在学习的过程中，如果你遇到问题，别忘了还有我这么个朋友，一个过来人，一个见证了上万名学员考上梦想院校的老师，我会为你答疑解惑，保驾护航。你若坚定考研，我必全心相伴！

越努力，越幸运，加油！

孙江媛

考试大纲——逻辑

1. 考查目标

具有较强的分析、推理、论证等逻辑思维能力。

2. 题型结构

管理类综合能力考试：逻辑推理试题共30题，每题2分，共60分。

经济类综合能力考试：逻辑推理试题共20题，每题2分，共40分。

3. 逻辑推理考试内容[①]

管理类综合能力考试逻辑推理部分考试内容：

综合能力考试中的逻辑推理部分主要考查考生对各种信息的理解、分析和综合，以及相应的判断、推理、论证等逻辑思维能力，不考查逻辑学的专业知识。试题题材涉及自然、社会和人文等各个领域，但不考查相关领域的专业知识。

试题涉及的内容主要包括：

（一）概念

1.概念的种类　　2.概念之间的关系　　3.定义　　4.划分

（二）判断

1.判断的种类　　2.判断之间的关系

（三）推理

1.演绎推理　　2.归纳推理　　3.类比推理　　4.综合推理

（四）论证

1.论证方式分析

2.论证评价

（1）加强　　　（2）削弱　　　（3）解释　　　（4）其他

3.谬误识别

（1）混淆概念　（2）转移论题　（3）自相矛盾　（4）模棱两可　（5）不当类比　（6）以偏概全　（7）其他谬误

[①] 下面以管理类综合能力考试为例，经济类综合能力考试逻辑推理部分的考试内容与管理类综合能力考试大体一致，因此不再重复列出。

目 录

第一部分　形式逻辑 ... 1

第一章　联言命题、选言命题 ... 2
- 一、必备知识：逻辑含义、连接词、真假判断、矛盾关系 ... 3
- 二、题型精讲：稳准狠 ... 5
  - 命题方向1：联言、选言命题性质推理 ... 5
  - 命题方向2：联言、选言命题矛盾关系 ... 8
- 三、配套练习：嫒选好题 ... 11

第二章　直言命题 ... 14
- 一、必备知识：逻辑含义、命题种类、对当关系 ... 15
- 二、题型精讲：稳准狠 ... 18
  - 命题方向1：直言命题矛盾关系 ... 18
  - 命题方向2：直言命题真假不确定 ... 21
- 三、配套练习：嫒选好题 ... 22

第三章　假言命题 ... 26
- 一、必备知识：逻辑含义、连接词、推理规则、矛盾关系 ... 27
- 二、题型精讲：稳准狠 ... 30
  - 命题方向1：假言命题等价转换 ... 30
  - 命题方向2：假言命题矛盾关系 ... 36
  - 命题方向3：有确定信息的综合推理 ... 41
  - 命题方向4：假言命题结构相似 ... 45
- 三、配套练习：嫒选好题 ... 47

第四章　三段论 ... 56
- 一、必备知识：逻辑含义、逆否、传递、互换特性 ... 56
- 二、题型精讲：稳准狠 ... 57
  - 命题方向1：三段论正推题型 ... 57
  - 命题方向2：三段论反推题型 ... 61
  - 命题方向3：三段论结构相似 ... 65
- 三、配套练习：嫒选好题 ... 68

第五章　模态命题 ... 77
　　一、必备知识：逻辑含义、命题分类、等价转换、真假判定 ... 78
　　二、题型精讲：稳准狠 ... 78
　　　　命题方向 1：模态命题的性质 ... 78
　　　　命题方向 2：模态命题的等价转换 ... 79
　　　　命题方向 3：模态命题的矛盾关系 ... 82
　　三、配套练习：媛选好题 ... 83

第六章　关系命题 ... 87
　　一、必备知识：逻辑含义、传递性、对称性 ... 88
　　二、题型精讲：稳准狠 ... 89
　　　　命题方向 1：关系命题的大小比较 ... 89
　　　　命题方向 2：关系命题的非对称性 ... 90
　　三、配套练习：媛选好题 ... 93

第七章　概　念 ... 96
　　一、必备知识：基本认知、种类、划分 ... 97
　　二、题型精讲：稳准狠 ... 102
　　　　命题方向 1：概念之间的关系 ... 102
　　　　命题方向 2：偷换概念的逻辑错误 ... 105
　　　　命题方向 3：与定义相关的题型 ... 107
　　三、配套练习：媛选好题 ... 109

第二部分　综合推理 ... 115

第八章　综合推理解题思路 ... 116
　　一、综合推理切入口、选项优先级 ... 117
　　二、综合推理技巧 ... 122
　　三、配套练习：媛选好题 ... 134

第九章　综合推理题型 ... 143
　　一、题型精讲：稳准狠 ... 145
　　　　命题方向 1：真话假话题型 ... 145
　　　　命题方向 2：排序题型 ... 156
　　　　命题方向 3：匹配题型 ... 159
　　　　命题方向 4：分组题型 ... 164
　　　　命题方向 5：数字相关题型 ... 169

　　　　命题方向 6：综合题组 ·· 174
　　二、配套练习：嫒选好题 ·· 178

第三部分　论证逻辑 ··· 187

第十章　论证推理总体认知 ·· 188

第十一章　削弱、质疑、反驳 ··· 217
　　一、必备知识：命题本质、题型识别、解题思路 ··· 218
　　二、题型精讲：稳准狠 ·· 218
　　　　命题方向：削弱题型 ··· 218
　　三、配套练习：嫒选好题 ·· 224

第十二章　支持、加强 ·· 235
　　一、必备知识：命题本质、题型识别、解题思路 ··· 236
　　二、题型精讲：稳准狠 ·· 236
　　　　命题方向：支持题型 ··· 236
　　三、配套练习：嫒选好题 ·· 240

第十三章　假设、前提 ·· 247
　　一、必备知识：命题本质、题型识别、解题思路 ··· 248
　　二、题型精讲：稳准狠 ·· 248
　　　　命题方向：假设题型 ··· 248
　　三、十大论证秒杀模型 ·· 254
　　四、配套练习：嫒选好题 ·· 276

第十四章　解　释 ·· 282
　　一、必备知识：命题本质、题型识别、解题思路 ··· 282
　　二、题型精讲：稳准狠 ·· 283
　　　　命题方向：解释现象、解释矛盾 ·· 283
　　三、配套练习：嫒选好题 ·· 286

第十五章　结　论 ·· 292
　　一、必备知识：命题本质、题型识别、解题思路 ··· 293
　　二、题型精讲：稳准狠 ·· 293
　　　　命题方向 1：细节题型 ·· 293
　　　　命题方向 2：主旨题型 ·· 295

三、配套练习：媛选好题 ··· 297

第十六章　焦　点 ·· 300

　　一、必备知识：命题本质、题型识别、解题思路 ···························· 300

　　二、题型精讲：稳准狠 ··· 301

　　　　命题方向：焦点题型 ·· 301

　　三、配套练习：媛选好题 ·· 304

第十七章　论证方式、漏洞识别 ··· 306

　　一、必备知识：命题本质、题型识别、解题思路 ···························· 307

　　二、题型精讲：稳准狠 ··· 307

　　　　命题方向1：识别论证方式 ··· 307

　　　　命题方向2：识别论证漏洞 ··· 310

　　　　命题方向3：论证方式相似、漏洞相似 ··································· 313

　　　　命题方向4：关键问题 ··· 315

　　三、配套练习：媛选好题 ·· 317

第一部分
形式逻辑

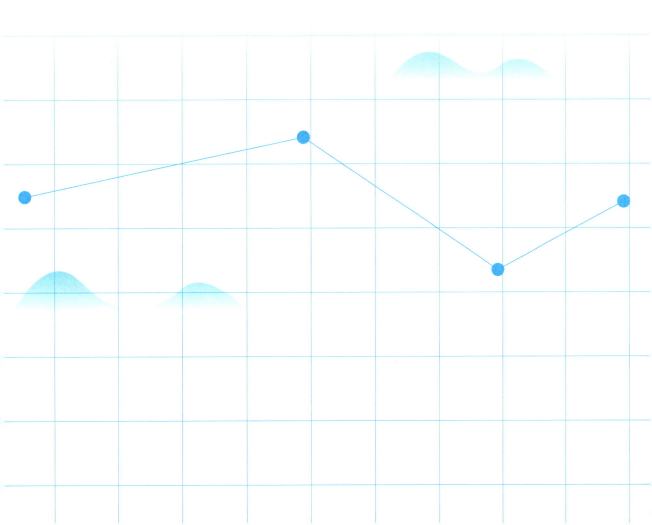

第一章 联言命题、选言命题

考频统计

考试	管理类综合能力（199）										经济类综合能力（396）		
年度	2014	2015	2016	2017	2018	2019	2020	2021	2022	2023	2021	2022	2023
题量	3	1	4	1	1	1	3	5	7	2	2	2	3

备考指导

联言命题、选言命题属于基础知识，单独考查的情况不多，常与假言命题结合在一起出题，考生要快速识别连接词、确定逻辑关系，准确掌握逻辑含义，严格按照性质和公式进行推理。

本章导图

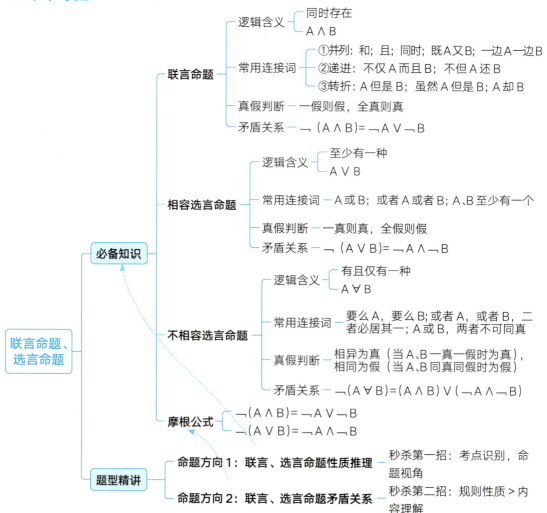

一、必备知识：逻辑含义、连接词、真假判断、矛盾关系

1. 联言命题（且）

逻辑含义	断定两种或两种以上的事物或情况同时存在的命题。 用"A 并且 B"表示，逻辑符号：A∧B。 若"A∧B"为真，则表明 A 是真的，同时 B 也是真的。 例如："四喜丸子颜色金黄并且鲜咸酥嫩"这个命题为真时，表示以下两种情况同时存在： ①四喜丸子颜色金黄；②四喜丸子鲜咸酥嫩
常用 连接词	（1）表示并列关系的连接词：和；且；同时；既 A 又 B；一边 A 一边 B。 （2）表示递进关系的连接词：不仅 A 而且 B；不但 A 还 B。 （3）表示转折关系的连接词：A 但是 B；虽然 A 但是 B；A 却 B。 例句：①可乐鸡翅味道鲜美且咸甜适中。（味道鲜美∧咸甜适中） 　　　②烤乳猪不仅色泽红润而且入口奇香。（色泽红润∧入口奇香） 　　　③一品豆腐不但白细鲜嫩还营养丰富。（白细鲜嫩∧营养丰富） 　　　④臭豆腐闻着臭但是吃着香。（闻着臭∧吃着香） 　　　⑤懒虫却盼巅峰（懒虫∧盼巅峰）
真假判断	一假则假，全真则真。 （1）若 A 和 B 都为真，则 A∧B 为真。 （2）若 A 和 B 有一个为假或两个均假，则 A∧B 为假。 （3）若 A∧B 为真，则 A 和 B 都为真。 （4）若 A∧B 为假，则可能 A 假，可能 B 假，也可能 A 和 B 均为假，即 A 和 B 至少一个为假
矛盾关系	¬(A∧B)=¬A∨¬B。 解释：A∧B 表示 A 和 B 都为真，否定之后就是 A 和 B 至少有一个为假（详解见摩根公式）

2. 相容选言命题（或）

逻辑含义	反映若干可能的事物或情况至少有一种存在的命题。 用"A 或 B"表示，逻辑符号：A∨B。 若"A∨B"为真，则表示存在三种可能的情况：A 真 B 假，A 假 B 真，A 和 B 都为真
常用连接词	A 或 B；或者 A 或者 B；A、B 至少有一个。 例句：①孙大宝选择吃麻辣烫或麻辣香锅。（麻辣烫∨麻辣香锅） 　　　②糖豆或者去吃牛排或者去滑雪。（吃牛排∨滑雪） 　　　③虾饺和云吞面至少有一个被孟大宝喜欢（虾饺∨云吞面）
真假判断	一真则真，全假则假。 （1）若 A 和 B 有一个为真或两个都为真，则 A∨B 为真。 （2）若 A 和 B 都为假，则 A∨B 为假。 （3）若 A∨B 为真，则表明存在三种可能的情况：A 真 B 假、A 假 B 真、A 和 B 都为真，即 A、B 至少有一真。 （4）若 A∨B 为假，则 A 和 B 均为假
矛盾关系	¬(A∨B)=¬A∧¬B。 解释：A∨B 表示 A 和 B 至少有一真，否定之后就是 A 和 B 都为假（详解见摩根公式）

3. 不相容选言命题（要么）

逻辑含义	反映若干可能的事物或情况有且仅有一种存在的命题。 用"要么A要么B"表示，逻辑符号：A∀B。 若"A∀B"为真，则表示存在两种可能的情况：A真B假，A假B真
常用 连接词	要么A，要么B；或者A，或者B，二者必居其一；A或B，两者不可同真。 例句：①孟大宝要么吃火锅，要么吃辣条。（火锅∀辣条） 　　　②孙大宝喜欢吃饺子或者汤圆，二者必居其一。（饺子∀汤圆） 　　　③糖豆或者喝牛奶或者喝酸奶，两者不可同真（牛奶∀酸奶）
真假判断	相异为真，相同为假。 (1) 若A和B一真一假，则A∀B为真。 (2) 若A和B都为真或者都为假，则A∀B为假。 (3) 若A∀B为真，则表明存在两种可能的情况：只有A真、只有B真，即A、B只有一真。 (4) 若A∀B为假，则表明存在两种可能的情况：A和B都为真、A和B都为假
矛盾关系	¬（A∀B）=（A∧B）∨（¬A∧¬B）。 解释：A∀B表示A和B只有一真，否定之后就是"A、B都真"和"A、B都假"

4. 摩根公式

公式	举例及解释
¬（A∧B）= ¬A∨¬B	例如：并非王大宝和刘大宝都去过美食街 [¬（王∧刘）] 　　　= 王没去过美食街，或者刘没去过美食街。（¬王∨¬刘） 解释：否定"王和刘都去过美食街"，可推出三种可能的情况： 　　　①王去，刘没去；②刘去，王没去；③王和刘都没去。 　　　这三种情况用符号可表示为：¬王∨¬刘
¬（A∨B）= ¬A∧¬B	例如：并非张大宝、李大宝至少有一个吃过烤鸭 [¬（张∨李）] 　　　= 张没吃过烤鸭，且李没吃过烤鸭。（¬张∧¬李） 解释："张、李至少有一个吃过烤鸭"包含了三种可能性： 　　　①只有张吃过；②只有李吃过；③张和李都吃过。 　　　"并非"对这三种情况都进行了否定，所以推出真实情况为： 　　　张和李都没吃过烤鸭，即¬张∧¬李

二、题型精讲：稳准狠

命题方向 1：联言、选言命题性质推理

稳 特征识别	题干：出现且、或、要么等联言、选言命题连接词

准 基本思路	(1) 锁定连接词，确定逻辑关系。 (2) 利用性质进行推理

命题种类	符号化	逻辑含义	常用连接词	真值表
联言命题	A∧B	A 和 B 均为真	和、且、同时、但是、却	一假则假，全真则真
相容选言命题	A∨B	A 和 B 至少一真	或、或者、至少有一个	一真则真，全假则假
不相容选言命题	A∀B	A 和 B 只有一真	要么、二者必居其一、两者不可同真	一真一假则真，同真同假则假

狠 提速技巧	**秒杀第一招：考点识别，命题视角** 题目特征：题干中有逻辑关系"且""或""要么"。 命题思路：大概率是考查联言、选言命题的性质。 答案特征： (1)"且"：A 且 B 为真，则 A 真，并且 B 也真。 (2)"或"：A 或 B，否定一边，推出另一边。A 或 B = ¬A→B = ¬B→A。 　　　　验证出现连接词"如果 A 那么 B"等表示推理关系的选项。 (3)"要么"：要么 A 要么 B 为真，则 A 和 B 一真一假，即¬A→B，A→¬B

例 1.1 王涛和周波是理科（1）班的学生，他们是无话不说的好朋友。他们发现班里每一个人或者喜欢物理，或者喜欢化学。王涛喜欢物理，周波不喜欢化学。

根据以上陈述，以下哪项必定为真？

Ⅰ.周波喜欢物理。

Ⅱ.王涛不喜欢化学。

Ⅲ.理科（1）班不喜欢物理的人喜欢化学。

Ⅳ.理科（1）班一半人喜欢物理，一半人喜欢化学。

A. 仅Ⅰ。　　　　　　　　B. 仅Ⅲ。　　　　　　　　C. 仅Ⅰ、Ⅱ。

D. 仅Ⅰ、Ⅲ。　　　　　　E. 仅Ⅱ、Ⅲ、Ⅳ。

【解析】题干信息：（1）物理∨化学；（2）王涛→物理；（3）周波→¬化学。

由相容选言命题的性质可知，（1）为真，表明至少喜欢物理和化学其中的一科，所以必须先否定其中的一科，才能推出一定喜欢另外一科。如果先肯定其中的一科，那么无法判断是否喜欢另外一科。

由王涛喜欢物理无法推知其是否喜欢化学，有可能两科都喜欢；由周波不喜欢化学可推知其一定喜欢物理，故复选项Ⅰ为真，复选项Ⅱ无法判定真假。同理可知，复选项Ⅲ为真。

题干信息并未涉及理科（1）班喜欢物理和化学的人数，所以复选项Ⅳ无法判定真假。

故正确答案为 D 选项。

例 1.2 这两个《通知》或者属于规章或者属于规范性文件，任何人均无权依据这两个《通知》将本来属于当事人选择公证的事项规定为强制公证的事项。

根据以上信息，可以得出以下哪项？

A. 规章或者规范性文件既不是法律，也不是行政法规。

B. 规章或规范性文件或者不是法律，或者不是行政法规。

C. 这两个《通知》如果一个属于规章，那么另一个属于规范性文件。

D. 这两个《通知》如果都不属于规范性文件，那么就属于规章。

E. 将本来属于当事人选择公证的事项规定为强制公证的事项属于违法行为。

【解析】题干信息：规章∨规范性文件 = ¬规章→规范性文件 = ¬规范性文件→规章。

D 选项中，这两个《通知》都不属于规范性文件，否定了右边，则可推出左边的"规章"一定为真。而 C 选项中，这两个通知一个属于规章，那么无法推出另一个属于什么。其他选项中所涉及的"法律""违法行为"等信息均与题干信息无关，无法推知。

故正确答案为 D 选项。

例 1.3 李丽和王佳是好朋友，同在一家公司上班，常常在一起喝下午茶。她们发现常去喝下午茶的人或者喜欢红茶，或者喜欢花茶，或者喜欢绿茶。李丽喜欢绿茶，王佳不喜欢花茶。

根据以上陈述，以下哪项必定为真？

Ⅰ. 王佳如果喜欢红茶，就不喜欢绿茶。

Ⅱ. 王佳如果不喜欢绿茶，就一定喜欢红茶。

Ⅲ. 常去喝下午茶的人如果不喜欢红茶，就一定喜欢绿茶或花茶。

Ⅳ. 常去喝下午茶的人如果不喜欢绿茶，就一定喜欢红茶和花茶。

A. 仅Ⅱ和Ⅳ。　　　　　B. 仅Ⅱ、Ⅲ和Ⅳ。　　　　C. 仅Ⅲ。

D. 仅Ⅰ。　　　　　　　E. 仅Ⅱ和Ⅲ。

【解析】题干信息：（1）下午茶→红茶∨花茶∨绿茶；（2）李→绿茶；（3）王→¬花茶。

无论几个对象，是 A∨B，还是 A∨B∨C，乃至 A∨B∨C∨D，只要是"或"的关系，逻辑含义均为"至少有一个"。

结合（1）（2）无法推知李丽是否喜欢红茶或花茶；由（1）（3）可得，王佳喜欢红茶∨绿茶，如果否定绿茶则可推出红茶，但肯定红茶推不出有效信息。所以复选项Ⅰ的真假无法推知，复选项Ⅱ为真。

红茶∨花茶∨绿茶，否定其中一个，表明另外两个至少一真，依然是"或"的关系，所以复选项Ⅲ为真，复选项Ⅳ的真假无法判定。

故正确答案为 E 选项。

例 1.4 小李考上了清华，或者小孙没考上北大。

增加以下哪项条件，能推出小李考上了清华？

A. 小张和小孙至少有一人未考上北大。　　B. 小张和小李至少有一人未考上清华。

C. 小张和小孙都考上了北大。　　D. 小张和小李都未考上清华。

E. 小张和小孙都未考上北大。

【解析】 题干信息：李清华∨¬孙北大。

要推出左边的"李清华"，只需要否定右边的"¬孙北大"，即¬（¬孙北大）= 孙北大，所以增加"小孙考上了北大"这一条件就可以推出"小李考上了清华"。

故正确答案为C选项。

例1.5　某山区发生了较大面积的森林病虫害。在讨论农药的使用时，老许提出："要么使用甲胺磷等化学农药，要么使用生物农药。前者曾使用过，价钱便宜，杀虫效果好，但毒性大；后者未曾使用过，效果不确定，价格贵。"

从老许的提议中，不可能推出的结论是：

A. 如果使用化学农药，那么就不使用生物农药。

B. 或者使用化学农药，或者使用生物农药，两者必居其一。

C. 如果不使用化学农药，那么就使用生物农药。

D. 化学农药比生物农药好，应该优先考虑使用。

E. 化学农药和生物农药是两类不同的农药，两类农药不要同时使用。

【解析】 题干信息：化学农药∀生物农药。

不相容选言命题的性质为：只能有一个。所以化学农药和生物农药只能二选一，A、B、C、E四个选项均体现出该特点，与题干信息一致。D选项中的化学农药和生物农药哪个应该优先考虑使用，题干中并未提及。

故正确答案为D选项。

例1.6　一桩投毒谋杀案，作案者要么是甲，要么是乙，二者必有其一；所用毒药或者是毒鼠强，或者是乐果，二者至少其一。

如果上述断定为真，则以下哪项推断一定成立？

Ⅰ. 该投毒案不是甲投毒鼠强所为，因此一定是乙投乐果所为。

Ⅱ. 在该案侦破中发现甲投了毒鼠强，因此案中的毒药不可能是乐果。

Ⅲ. 该投毒案的作案者不是甲，并且所投毒药不是毒鼠强，因此一定是乙投乐果所为。

A. 仅Ⅰ。　　B. 仅Ⅱ。　　C. 仅Ⅲ。

D. 仅Ⅰ和Ⅲ。　　E. Ⅰ、Ⅱ和Ⅲ。

【解析】 题干信息：（1）作案者→甲∀乙（必有其一）；（2）毒药→毒鼠强∨乐果（至少其一）。

复选项Ⅰ：¬（甲∧毒鼠强）= ¬甲∨¬毒鼠强→乙∨乐果，所以可能是乙投毒鼠强，也可能是甲投乐果等其他情况，无法得出一定是乙投乐果，排除。

复选项Ⅱ：甲∧毒鼠强，根据题干可知，毒鼠强与乐果至少其一，已经确定有毒鼠强了，乐果可能有，也可能没有，无法得知，排除。

复选项Ⅲ：¬甲∧¬毒鼠强→乙∧乐果，即乙投乐果，正确。

故正确答案为 C 选项。

例 1.7　大小行星悬浮在太阳系边缘，极易受附近星体引力作用的影响。据研究人员计算，有时这些力量会将彗星从奥尔特星云拖出。这样，它们更有可能靠近太阳。两位研究人员据此分别做出了以下两种有所不同的断定：（一）木星的引力作用要么将它们推至更小的轨道，要么将它们逐出太阳系；（二）木星的引力作用或者将它们推至更小的轨道，或者将它们逐出太阳系。
如果上述两种断定只有一种为真，则可以推出以下哪项结论？

A. 木星的引力作用将它们推至更小的轨道，并且将它们逐出太阳系。

B. 木星的引力作用没有将它们推至更小的轨道，但是将它们逐出太阳系。

C. 木星的引力作用将它们推至更小的轨道，但是没有将它们逐出太阳系。

D. 木星的引力作用既没有将它们推至更小的轨道，也没有将它们逐出太阳系。

E. 木星的引力作用如果将它们推至更小的轨道，就不会将它们逐出太阳系。

【解析】题干信息：（1）推至更小的轨道 ∨̇ 逐出太阳系；（2）推至更小的轨道 ∨ 逐出太阳系。

解法一：直接锁定区别。

"A 要么 B"与"A 或 B"的区别在于"或"包含"A 和 B 均为真"这种情况，此时"要么"为假，"或"为真，满足题干中"两种断定只有一种为真"的要求，所以可推出"A 和 B 均为真"，即 A 选项正确。

解法二：归谬思想。

如果"要么"为真，那么"或"一定为真（因为"要么"为真时，无论是 A 真 B 假还是 A 假 B 真，都能推出"或"为真），不符合题干中"两种断定只有一种为真"的要求，故"要么"为假，"或"为真。当"推至更小的轨道∧逐出太阳系"时，（1）为假，（2）为真，符合题意。

故正确答案为 A 选项。

命题方向 2：联言、选言命题矛盾关系

稳 特征识别	对联言、选言命题进行否定，利用摩根公式做转换	
准 基本思路	（1）锁定连接词，确定逻辑关系。 （2）利用摩根公式以及"或"的性质推理，并进行等价转换。 　　摩根公式：①¬(A∨B) = ¬A∧¬B; 　　　　　　②¬(A∧B) = ¬A∨¬B = A→¬B = B→¬A	
狠 提速技巧	**秒杀第二招：规则性质 > 内容理解** 题目特征：否定"且""或"的关系进行推理。 命题思路：大概率是考查大家对摩根公式的掌握。 答案特征：根据摩根公式，否定"且"的关系，应该得到"或"的关系，可以排除结论为"且""要么"的选项；否定"或"的关系，应该得到"且"的关系，可以排除结论为"或""要么"的选项	

例 1.8 并非蔡经理负责研发或者负责销售工作。

如果上述陈述为真，则以下哪项陈述一定为真？

A. 蔡经理既不负责研发工作也不负责销售工作。

B. 蔡经理负责销售工作但不负责研发工作。

C. 蔡经理负责研发工作但不负责销售工作。

D. 如果蔡经理不负责销售工作，那么他负责研发工作。

E. 如果蔡经理负责销售工作，那么他不负责研发工作。

【解析】 题干信息：¬(研发∨销售) = ¬研发∧¬销售。

根据题干可得，蔡经理既不负责研发工作，也不负责销售工作。

故正确答案为 A 选项。

例 1.9 总经理：建议小李和小孙都提拔。

董事长：我有不同意见。

以下哪项符合董事长的意思？

A. 小李和小孙都不提拔。

B. 提拔小李，不提拔小孙。

C. 不提拔小李，提拔小孙。

D. 除非不提拔小李，否则不提拔小孙。

E. 要么不提拔小李，要么不提拔小孙。

【解析】 题干信息：¬（李∧孙）= ¬李∨¬孙。

A、B、C 三项：均为"且"的逻辑关系，排除。

E 选项：为"要么"的逻辑关系，"要么"≠"或"，排除。

故正确答案为 D 选项。

例 1.10 并非本届世界服装节既成功又节俭。

如果上述判断是真的，则以下哪项一定为真？

A. 本届世界服装节成功但不节俭。

B. 本届世界服装节节俭但不成功。

C. 本届世界服装节既不节俭也不成功。

D. 如果本届世界服装节不节俭，则一定成功。

E. 如果本届世界服装节节俭，则一定不成功。

【解析】 题干信息：¬(成功∧节俭) = ¬成功∨¬节俭。

由"或"的性质可知，A∨B，若否定 A，可推出 B 为真；若否定 B，可推出 A 为真；即否定一边可推出另一边为真。

所以"¬成功∨¬节俭"，否定了"¬成功"可推出"¬节俭"，即成功→¬节俭；否定了"¬节俭"可推出"¬成功"，即节俭→¬成功。

故正确答案为 E 选项。

例1.11 总经理：根据本公司目前的实力，我主张环岛绿地和宏达小区这两项工程至少上马一个，但清河桥改造工程不能上马。

董事长：我不同意。

以下哪项，最为准确地表达了董事长实际同意的意思？

A. 环岛绿地、宏达小区和清河桥改造这三个工程都上马。

B. 环岛绿地、宏达小区和清河桥改造这三个工程都不上马。

C. 环岛绿地和宏达小区两个工程中至多上马一个，但清河桥改造工程要上马。

D. 环岛绿地和宏达小区两个工程至多上马一个，如果这点做不到，那也要保证清河桥改造工程上马。

E. 环岛绿地和宏达小区两个工程都不上马，如果这点做不到，那也要保证清河桥改造工程上马。

【解析】题干信息：

总经理：（环岛∨宏达）∧¬清河桥。

董事长：¬[（环岛∨宏达）∧¬清河桥]

　　　　＝¬（环岛∨宏达）∨清河桥【摩根公式：¬（A∧B）=¬A∨¬B】

　　　　＝（¬环岛∧¬宏达）∨清河桥【摩根公式：¬（A∨B）=¬A∧¬B】

　　　　＝¬（¬环岛∧¬宏达）→清河桥【"或"的性质：A∨B=¬A→B】。

E选项与题干信息表达的逻辑关系一致。

故正确答案为E选项。

例1.12 已知：第一，《神鞭》的首次翻译出版用的或者是英语或者是日语，二者必居其一；第二，《神鞭》的首次翻译出版或者在旧金山或者在东京，二者必居其一；第三，《神鞭》的译者或者是林浩如或者是胡乃初，二者必居其一。

如果上述断定都是真的，则以下哪项也一定是真的？

Ⅰ.《神鞭》不是林浩如用英语在旧金山首次翻译出版的，因此，《神鞭》是胡乃初用日语在东京首次翻译出版的。

Ⅱ.《神鞭》是林浩如用英语在东京首次翻译出版的，因此，《神鞭》不是胡乃初用日语在东京首次翻译出版的。

Ⅲ.《神鞭》的首次翻译出版是在东京，但不是林浩如用英语翻译出版的，因此，一定是胡乃初用日语翻译出版的。

A. 仅Ⅰ。　　　　　　B. 仅Ⅱ。　　　　　　C. 仅Ⅲ。

D. 仅Ⅱ和Ⅲ。　　　　E. Ⅰ、Ⅱ和Ⅲ。

【解析】此题可以直接从选项入手，无须看题干内容。

复选项Ⅰ："林浩如用英语在旧金山"中"林浩如""英语""旧金山"为"且"的逻辑关系，否定之后应该是"或"的逻辑关系，所以不可能得到"胡乃初用日语在东京"这种"且"的关系，排除，所以A、E两项都不选。

复选项Ⅲ："林浩如用英语"中"林浩如""英语"为"且"的逻辑关系，否定之后应该是"或"的逻辑关系，所以不可能得到"胡乃初用日语"这种"且"的关系，排除，所以C、D两项都不选。

故正确答案为B选项。

三、配套练习：媛选好题

1. 如果"鱼和熊掌不可兼得"是不可改变的事实，则以下哪项也一定是事实？
   A. 鱼可得但熊掌不可得。
   B. 熊掌可得但鱼不可得。
   C. 鱼和熊掌皆不可得。
   D. 如果鱼不可得，则熊掌可得。
   E. 如果鱼可得，则熊掌不可得。

2. 小王是足球明星并且小李不是网球明星。
   如果上述判断为假，且小李确实不是网球明星，则以下哪项为真？
   A. 小王是足球明星。
   B. 小王和小赵都是足球明星。
   C. 小王不是足球明星。
   D. 不能确定小王是不是足球明星。
   E. 小王是网球明星。

3. 江媛老师说："并非小Q考上了中国人民大学并且小K没有考上对外经济贸易大学。"
   如果江媛老师说的话为真，则以下哪项可能为真？
   Ⅰ. 小Q考上了中国人民大学，小K考上了对外经济贸易大学。
   Ⅱ. 小Q考上了北京国家会计学院，小K考上了首都经济贸易大学。
   Ⅲ. 小Q考上了中央财经大学，小K考上了对外经济贸易大学。
   Ⅳ. 小Q考上了中国人民大学，小K考上了厦门大学。
   A. 仅Ⅰ、Ⅱ。　　　B. 仅Ⅱ、Ⅲ。　　　C. 仅Ⅲ、Ⅳ。
   D. 仅Ⅰ、Ⅱ和Ⅲ。　　　E. 仅Ⅰ、Ⅲ和Ⅳ。

4. 以下能反驳"他既会弹钢琴，也会弹吉他"的有几项？
   （1）他会弹吉他，但不会弹钢琴。
   （2）他会弹钢琴，但不会弹吉他。
   （3）他既不会弹钢琴，也不会弹吉他。
   （4）他或者不会弹钢琴，或者不会弹吉他。
   （5）如果他不会弹钢琴，那么他也不会弹吉他。
   A. 1项。　　　B. 2项。　　　C. 3项。
   D. 4项。　　　E. 5项。

5. 总经理：我主张小王和小孙两人中至多提拔一人。
   董事长：我不同意。
   以下哪项最为准确地表达了董事长实际同意的意思？

A. 小王、小孙都提拔。

B. 小王、小孙都不能提拔。

C. 小王和小孙两人中至少提拔一人。

D. 如果提拔小王，则也提拔小孙。

E. 如果不提拔小王，则也不提拔小孙。

6. 要么张三不去北京，要么李四不去北京。

   如果以上判断为真，那么下面哪项必为真？

   A. 如果张三不去北京，那么李四去北京。

   B. 如果张三去北京，那么李四去北京。

   C. 只有张三去北京，李四才去北京。

   D. 只有张三不去北京，李四才不去北京。

   E. 张三和李四都不去北京。

答案速查： ECDDAA

1. 【解析】题干信息：¬（鱼∧熊掌）= ¬鱼∨¬熊掌 = 鱼→¬熊掌 = 熊掌→¬鱼。

   A、B、C 三项："但""皆"都是"且"的关系，排除。

   D 选项：¬鱼→熊掌，与题干逻辑关系不一致，排除。

   E 选项：鱼→¬熊掌，与题干逻辑关系一致，正确。

   故正确答案为 E 选项。

2. 【解析】题干信息：王足球∧¬李网球；题干判断为假；¬李网球。

   由题干信息可得：¬（王足球∧¬李网球）= ¬王足球∨李网球 = ¬李网球→¬王足球。

   故正确答案为 C 选项。

3. 【解析】题干信息：¬（Q 人大∧¬K 对外经贸）= ¬Q 人大∨K 对外经贸。

   此题要选"可能为真"的选项，只要满足"¬Q 人大"和"K 对外经贸"其中之一即可。

   复选项 I：满足了"K 对外经贸"，可能为真。

   复选项 II：满足了"¬Q 人大"，可能为真。

   复选项 III：满足了"K 对外经贸"，可能为真。

   复选项 IV："¬Q 人大"和"K 对外经贸"均未满足，不可能为真，排除。

   故正确答案为 D 选项。

4. 【解析】题干信息：钢琴∧吉他。

   能证明题干信息为假就可以对其形成反驳，其矛盾关系为：

   ¬（钢琴∧吉他）= ¬钢琴∨¬吉他 = 钢琴→¬吉他 = 吉他→¬钢琴。

   （1）（2）（3）（4）都是至少有一项不会，可以反驳。

   （5）与其矛盾关系不一致，无法反驳。

   故正确答案为 D 选项。

5. 【解析】题干信息：

总经理：小王和小孙至多提拔一人 = 小王和小孙至少有一人不提拔 = ¬王∨¬孙。

董事长：¬（¬王∨¬孙）= 王∧孙。

董事长的意思是小王和小孙都提拔。

故正确答案为 A 选项。

6. 【解析】题干信息：¬张北京∨¬李北京。

由"要么"的逻辑含义可知，"¬张北京"和"¬李北京"有且仅有一真。

A 选项："¬张北京"为真，则"¬李北京"应为假，即"李北京"，正确。

B 选项："¬张北京"为假，则"¬李北京"应为真，排除。

C 选项："¬李北京"为假，则"¬张北京"应为真，排除。

D 选项："¬李北京"为真，则"¬张北京"应为假，排除。

E 选项：与题干所表达的逻辑含义不符，排除。

故正确答案为 A 选项。

第二章 直言命题

考频统计

考试	管理类综合能力（199）									经济类综合能力（396）		
年度	2014	2015	2016	2017	2018	2019	2020	2021	2022	2023	2021	2022	2023
题量	5	2	0	3	4	1	1	1	1	4	0	1	0

备考指导

直言命题属于基础知识，除了独立命题之外，还会以真话假话题的形式考查，并且是三段论的组成结构，因此大家要准确识别直言命题，掌握对当关系，严格按照性质和公式进行推理。

本章导图

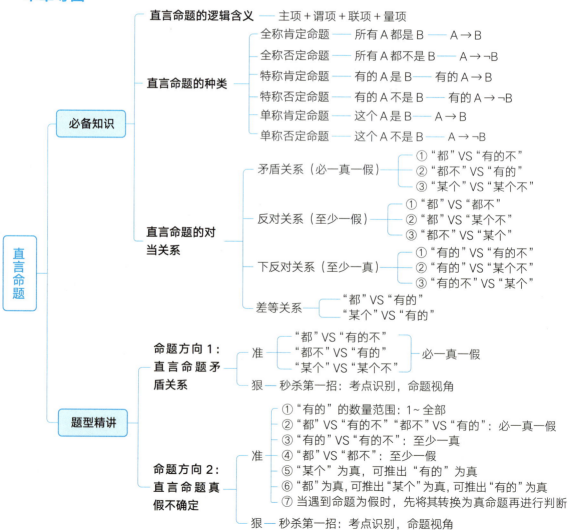

一、必备知识：逻辑含义、命题种类、对当关系

1. 直言命题的逻辑含义

直言命题也叫作性质命题，是判断事物是否具有某种性质的命题。

直言命题由四部分组成：主项、谓项、联项、量项。

例如：所有包子都是好吃的。

主项：包子。谓项：好吃。联项：是。量项：所有都。

2. 直言命题的种类

直言命题根据联项和量项的不同组合，共分为6种（2种联项×3种量项），如下表所示：

示例	名称	基本表达形式	符号表达
所有东北人都是活雷锋	全称肯定命题	所有A都是B	A → B
所有学校都不合适	全称否定命题	所有A都不是B	A → ￢B
有的鸡汤很美味	特称肯定命题	有的A是B	有的A → B
有的题目不简单	特称否定命题	有的A不是B	有的A → ￢B
孟大宝秃了	单称肯定命题	这个A是B	A → B
孙大宝不瘦	单称否定命题	这个A不是B	A → ￢B

注意：

（1）在汉语的自然表达中，命题常常会省略肯定联项"是"，但只要表达了肯定的意思，就可以认为其是肯定命题。

例如：姚大宝个子很高。这个命题中虽然没有"是"这个字，但其表达的是"姚大宝是很高的人"的意思，表明"姚大宝"具有"高"这个性质，仍然是肯定命题，联项为"是"。

（2）特称量词"有的""有些"的意思是"至少有一个"。

例如：根据"有的同学能考上"为真，我们可以确定"至少有同学是能考上的"，但是否有同学考不上呢？无法判断。因为"有的"同学能考上，包含了"全部"同学能考上这种可能的情况。这与日常生活中的理解有些差异，需要各位同学注意！

练 将下面几个命题转换成直言命题的标准形式。

（1）女生不都爱化妆。

（2）不是所有证人都说实话。

（3）没有男生喜欢口红。

（4）没有金属不导电。

（5）所有不爱学习的都不是好宝宝。

析

命题	转换结果	非标准句式转换公式
（1）女生不都爱化妆	有的女生不爱化妆	A 不都 B= 有的 A 不 B
（2）不是所有证人都说实话	有的证人不说实话	不是所有 A 都 B= 有的 A 不 B
（3）没有男生喜欢口红	所有男生都不喜欢口红	没有 A 是 B= 所有 A 都不 B
（4）没有金属不导电	所有金属都导电	没有 A 不 B= 所有 A 都 B
（5）所有不爱学习的都不是好宝宝	所有好宝宝都爱学习	所有不 A 都不 B= 所有 B 都 A

注意： 在题目中遇到非标准句式时，一定要先将其转换为标准句式，再找逻辑关系。

3. 直言命题的对当关系

对当关系是直言命题之间的真假制约关系，一共包括四种关系，即矛盾关系、反对关系、下反对关系、差等关系。这是历年逻辑考试中的经典考点。

其关系如下图所示：

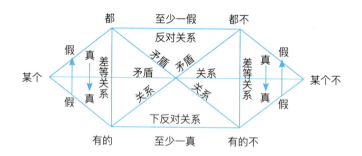

上图命题之间的关系，具体分析如下：

关系种类及真假特征	命题分类	示例
矛盾关系（必一真一假） 一个命题为真，另一个命题必为假；一个命题为假，另一个命题必为真。即二者不能同假，也不能同真	所有 A 都是 B VS 有的 A 不是 B	① 根据"所有题目都会做"为真，可推出"有的题目不会做"为假。 ② 根据"所有题目都会做"为假，可推出"有的题目不会做"为真
	所有 A 都不是 B VS 有的 A 是 B	① 根据"所有题目都不会做"为真，可推出"有的题目会做"为假。 ② 根据"所有题目都不会做"为假，可推出"有的题目会做"为真
	某个 A 是 B VS 某个 A 不是 B	① 根据"这个题目会做"为真，可推出"这个题目不会做"为假。 ② 根据"这个题目会做"为假，可推出"这个题目不会做"为真

第二章　直言命题　17

续表

关系种类及真假特征	命题分类	示例
反对关系（至少一假） 一个命题为真， 另一个命题必为假； 一个命题为假， 另一个命题不能确定真假。 即二者可以同假， 但不能同真	所有 A 都是 B VS 所有 A 都不是 B	① 根据"所有牛奶都醇香细腻"为真，可推出"所有牛奶都不醇香细腻"为假。 ② 根据"所有牛奶都醇香细腻"为假，可推出"有的牛奶不醇香细腻"，所以"所有牛奶都不醇香细腻"真假未知
	所有 A 都是 B VS 某个 A 不是 B	① 根据"所有牛奶都醇香细腻"为真，可推出"这杯牛奶不醇香细腻"为假。 ② 根据"所有牛奶都醇香细腻"为假，可推出"有的牛奶不醇香细腻"，所以"这杯牛奶不醇香细腻"真假未知
	所有 A 都不是 B VS 某个 A 是 B	① 根据"所有牛奶都不醇香细腻"为真，可推出"这杯牛奶醇香细腻"为假。 ② 根据"所有牛奶都不醇香细腻"为假，可推出"有的牛奶醇香细腻"，所以"这杯牛奶醇香细腻"真假未知
下反对关系（至少一真） 一个命题为真， 另一个命题不能确定真假； 一个命题为假， 另一个命题必为真。 即二者可以同真， 但不能同假	有的 A 是 B VS 有的 A 不是 B	① 根据"有的红烧肉酱香四溢"为真，推不出"有的红烧肉不酱香四溢"的真假。 ② 根据"有的红烧肉酱香四溢"为假，可推出"所有红烧肉都不酱香四溢"，所以"有的红烧肉不酱香四溢"为真
	有的 A 是 B VS 某个 A 不是 B	① 根据"有的红烧肉酱香四溢"为真，推不出"这碗红烧肉不酱香四溢"的真假。 ② 根据"有的红烧肉酱香四溢"为假，可推出"所有红烧肉都不酱香四溢"，所以"这碗红烧肉不酱香四溢"为真
	有的 A 不是 B VS 某个 A 是 B	① 根据"有的红烧肉不酱香四溢"为真，推不出"这碗红烧肉酱香四溢"的真假。 ② 根据"有的红烧肉不酱香四溢"为假，可推出"所有红烧肉都酱香四溢"，所以"这碗红烧肉酱香四溢"为真
差等关系 （1）"都"为真，可推出"某个"为真，进而可推出"有的"为真；"都"为假，"某个""有的"均不能确定真假。 （2）"某个"为真，可推出"有的"为真，但"都"不能确定真假	所有 A 都是 B VS 有的 A 是 B	① 根据"所有锅包肉都焦脆酸甜"为真，可推出"有的锅包肉焦脆酸甜"为真。 ② 根据"所有锅包肉都焦脆酸甜"为假，推不出"有的锅包肉焦脆酸甜"的真假
	某个 A 是 B VS 有的 A 是 B	① 根据"孙大宝爱吃"为真，可推出"有的人爱吃"为真。 ② 根据"有的人爱吃"为真，推不出"孙大宝爱吃"的真假

注意： 如果某个命题为假，则先利用矛盾关系将其转换为真命题，再进行判定。

> ☆ **媛来如此**
>
> **如何找到一个命题的矛盾关系？**
>
> 　　矛盾关系是指：一个命题为真，另一个命题必为假；一个命题为假，另一个命题必为真。即两个命题在任何情况下都是既不能同假也不能同真的关系。可以说，这是一种穷尽所有可能

性，必一真一假的关系。

要找命题 A 的矛盾关系非常简单，直接将命题进行否定即可，A 和否 A 就是矛盾关系。

例如：黑色与谁是矛盾关系呢？是白色吗？

一定要明确的是，黑色与白色不是矛盾关系，因为除了黑色与白色之外，还有红色、绿色、黄色等很多颜色，否定了黑色之后并不一定就能得出白色。正确答案为：黑色与非黑色是矛盾关系，如果黑色为真，则非黑色一定假；如果黑色为假，则非黑色一定为真；即黑色与非黑色二者必一真一假。

总结：如果 A 和 B 是矛盾关系，那么不 A=B，不 B=A，A 和 B 一定一真一假。

综上，直言命题对当关系总结如下表：

矛盾关系：必一真一假	下反对关系：至少一真
判断：一真另必假，一假另必真，不同真不同假	判断：一真另不定，一假另必真
（1）A & ¬A	（1）有的 & 有的不
（2）都 & 有的不	（2）有的 & 某个不
（3）都不 & 有的	（3）有的不 & 某个
（4）某个 VS 某个不	差等关系
反对关系：至少一假	（1）"都"为真，可推出"某个""有的"都为真
判断：一真另必假，一假另不定	（2）"都"为假，"某个""有的"真假不确定
（1）都 & 都不	（3）"某个"为真，可推出"有的"为真
（2）都 & 某个不	（4）"某个""有的"为真，"都"真假不确定
（3）都不 & 某个	

二、题型精讲：稳准狠

命题方向 1：直言命题矛盾关系

稳 特征识别	题干或选项：出现直言命题（量词）。 问题：考查具有"必一真一假"特点的矛盾关系	
准 基本思路	（1）锁定连接词，确定逻辑关系。 （2）利用矛盾关系进行推理。 　①都 VS 有的不；②都不 VS 有的；③某个 VS 某个不。 　也可记住以下等价转换关系： 　①不都 = 有的不；②不有的 = 都不； 　③不都不 = 有的不不 = 有的；④不有的不 = 都不不 = 都。 　注：不 = 并非	
狠 提速技巧	**秒杀第一招：考点识别，命题视角** 题目特征：题干中有"都""有的"等量词。 命题思路：量词是直言命题的标志词，要迅速抓住量词，并使用对当关系解题。 答案特征：优先考虑带有量词的选项，矛盾关系是高频考点	

例 2.1 张经理在公司大会结束后宣布："此次提出的方案得到一致赞同，全体通过。"会后，小陈就此事进行了调查，发现张经理所言并非事实。

如果小陈的发现为真，则以下哪项也必然为真？

A. 有少数人未发表意见。　　　　　　　B. 有些人赞同，有些人反对。

C. 至少有人不赞同。　　　　　　　　　D. 至少有人赞同。

E. 大家都不赞同。

【解析】题干信息：并非都赞同 = 不都赞同。

对"都"进行否定，即找"都"的矛盾关系。由前述总结可知，"都"的矛盾关系为"有的不"，故"不都"= "有的不"，即有人不赞同。

A 选项：是否有人未发表意见，题干并未表明，此项无法判断真假。

B、D 两项：由题干信息只可推知"有人不赞同"，是否"有人赞同"未知，这两项无法判断真假。

C 选项：符合上述分析，正确。

E 选项：由题干信息只可推知"有人不赞同"，但是否"大家都不赞同"未知，此项无法判断真假。

故正确答案为 C 选项。

例 2.2 近期流感肆虐，一般流感患者可采用抗病毒药物治疗，虽然并不是所有流感患者均需接受达菲等抗病毒药物的治疗，但不少医生仍强烈建议老人、儿童等易出现严重症状的患者用药。

如果以上陈述为真，则以下哪项一定为假？

Ⅰ. 有些流感患者需接受达菲等抗病毒药物的治疗。

Ⅱ. 并非有的流感患者不需接受抗病毒药物的治疗。

Ⅲ. 老人、儿童等易出现严重症状的患者不需要用药。

A. 仅Ⅰ。　　　　　　　B. 仅Ⅱ。　　　　　　　C. 仅Ⅲ。

D. 仅Ⅰ、Ⅱ。　　　　　E. 仅Ⅱ、Ⅲ。

【解析】题干信息：不是所有流感患者均需接受达菲等抗病毒药物的治疗 = 不都 = 有的不。

注意："不少医生仍强烈建议……用药"并不包含任何有效的逻辑关系，因为医生只是"建议"，至于这些患者是否需要用药，题干并未表明，故此句为无效信息。

想要找到陈述为假的选项，就需要先找到题干信息的矛盾关系。

找"不都"的矛盾关系有两种方法：

①"不都"= "有的不"，"有的不"与"都"是矛盾关系，故"不都"与"都"矛盾。

②找一个命题的矛盾关系，最简单的方法是在命题前加一个"不"，所以"不都"的矛盾关系为"不不都"= "都"，故"不都"与"都"矛盾。

复选项Ⅰ：关键词为"有些"，题干信息中"有的不"为真，根据下反对关系可知，"有的"无法确定真假，排除。

复选项Ⅱ：关键词为"并非有的不"，"并非有的不"="不有的不"="都不不"="都"，与题干信息"有的不"是矛盾关系，故一定为假。

复选项Ⅲ：题干中最后一句话为无效信息，故此项的真假无法判断，排除。

故正确答案为 B 选项。

例 2.3　孙先生的所有朋友都声称，他们知道某人每天抽烟至少两盒，而且持续了 40 年，但身体一直不错。不过可以确信的是，孙先生并不知道有这样的人，在他的朋友中，也有像孙先生这样不知情的。

根据以上信息，可以得出以下哪项？

A. 抽烟的多少和身体健康与否无直接关系。

B. 朋友之间的交流可能会夸张，但没有人想故意说谎。

C. 孙先生的每位朋友知道的烟民一定不是同一个人。

D. 孙先生的朋友中有人没有说真话。

E. 孙先生的大多数朋友没有说真话。

【解析】题干信息：(1) 所有朋友都知道 = 都；(2) 有的朋友不知道 = 有的不。

题干信息中出现了"都"和"有的不"，二者是矛盾关系，必一真一假，所以可判断出孙先生的朋友中有人没说真话。

故正确答案为 D 选项。

例 2.4　学者张某说："问题本身并不神秘，因与果也不仅仅是哲学家的事。每个凡夫俗子一生之中将面临许多问题。但分析问题的方法和技巧却很少有人掌握，无怪乎华尔街的大师们趾高气扬、身价百倍。"

以下哪项如果为真，最能反驳张某的观点？

A. 有些凡夫俗子可能不需要掌握分析问题的方法和技巧。

B. 有些凡夫俗子一生之中将要面临的问题并不多。

C. 凡夫俗子中很少有人掌握分析问题的方法和技巧。

D. 掌握分析问题的方法和技巧对多数人来说很重要。

E. 华尔街的分析大师们大都掌握分析问题的方法和技巧。

【解析】题干信息：每个凡夫俗子一生之中将面临许多问题。

关键词为"每个"，"每个"="都"。反驳张某的观点，即找题干信息的矛盾关系。

B 选项：关键词"有些不"与"都"矛盾，正确。

其他选项均未与题干信息矛盾，排除。

故正确答案为 B 选项。

例 2.5　有一个岛上住着两种人，一种是说真话的人，一种是说假话的人。一天，一个人去岛上旅游，遇到甲、乙、丙三个岛上居民，便问起他们谁是说真话的人，谁是说假话的人，甲说："乙和丙都是说假话的人。"乙说："我是说真话的人。"丙说："乙是说假话的人。"

这三个人中有（　　）个是说假话的人。

A. 0。　　　　B. 1。　　　　C. 2。　　　　D. 3。　　　　E. 无法确定。

【解析】题干信息：两种人，一种说真话，一种说假话。甲：乙假话∧丙假话。乙：乙真话。丙：乙假话。

乙和丙两人说的话是矛盾关系，必一真一假，而甲说的是"乙和丙都说假话"，所以甲一定说了假话。综合可知，甲说假话，乙、丙说的话一真一假，所以说假话的有 2 人。

故正确答案为 C 选项。

命题方向 2：直言命题真假不确定

稳 特征识别	题干或选项：出现直言命题（量词）。 问题：根据直言命题对当关系判断其他命题的真假情况
准 基本思路	（1）锁定连接词，确定逻辑关系。 （2）利用对当关系进行推理。 ①"有的"的数量范围：1~ 全部。 ②"都"VS"有的不""都不"VS"有的"：必一真一假。 ③"有的"VS"有的不"：至少一真。 ④"都"VS"都不"：至少一假。 ⑤"某个"为真，可推出"有的"为真。 ⑥"都"为真，可推出"某个"为真，可推出"有的"为真。 ⑦当遇到命题为假时，先将其转换为真命题再进行判断
狠 提速技巧	**秒杀第一招：考点识别，命题视角** 题目特征：根据命题真假状况得出真实情况，结合对当关系判断真假。 命题思路：读懂问题，识别题干有效信息，准确判断命题真假。 答案特征：

问题	逻辑含义	选项情况
以下哪项可能为真	排除不可能为真的选项，即排除确定为假的选项	确定为真的选项；真假不确定的选项
以下哪项可能为假	排除不可能为假的选项，即排除确定为真的选项	确定为假的选项；真假不确定的选项
以下哪项不可能为真	不可能为真 = 必然不为真 = 必然为假	确定为假的选项
以下哪项不可能为假	不可能为假 = 必然不为假 = 必然为真	确定为真的选项
以下哪项不能确定真假	可能为真，可能为假，无法判定真假	真假不确定的选项

例 2.6　北方人不都爱吃面食，但南方人都不爱吃面食。

如果已知上述第一个断定为真，第二个断定为假，则以下哪项据此不能确定真假？

Ⅰ. 北方人都爱吃面食，有的南方人也爱吃面食。

Ⅱ. 有的北方人爱吃面食，有的南方人不爱吃面食。

Ⅲ. 北方人都不爱吃面食，南方人都爱吃面食。

A. 只有Ⅰ。　　　　B. 只有Ⅱ。　　　　C. 只有Ⅲ。
D. 只有Ⅱ和Ⅲ。　　E. Ⅰ、Ⅱ和Ⅲ。

【解析】题干信息：（1）"北方人不都爱吃面食"为真，关键词"不都"＝"有的不"；
（2）"南方人都不爱吃面食"为假，关键词"不都不"＝"有的不不"＝"有的"。

复选项Ⅰ：①关键词为"都"，由"有的不"和"都"是矛盾关系可知，前半句为假。
②关键词"有的"，与题干信息一致，后半句为真。故复选项Ⅰ为假，排除。

复选项Ⅱ：①关键词为"有的"，②关键词为"有的不"，由"有的"和"有的不"是下反对关系，二者至少一真，可知，前半句与后半句均无法确定真假。

复选项Ⅲ：①关键词为"都不"，②关键词为"都"，由"有的不"和"都不"、"有的"和"都"是差等关系可知，前半句与后半句均无法确定真假。

故正确答案为 D 选项。

例 2.7　近期国际金融危机对毕业生的就业影响非常大，某高校就业中心的陈老师希望广大同学能够调整自己的心态和预期。他在一次就业指导会上提到，有些同学对自己的职业定位还不够准确。

如果陈老师的陈述为真，则以下哪项不一定为真？

Ⅰ．不是所有人对自己的职业定位都准确。
Ⅱ．不是所有人对自己的职业定位都不够准确。
Ⅲ．有些人对自己的职业定位准确。
Ⅳ．所有人对自己的职业定位都不够准确。

A. 仅Ⅱ和Ⅳ。　　　B. 仅Ⅲ和Ⅳ。　　　C. 仅Ⅰ和Ⅲ。
D. 仅Ⅰ、Ⅱ和Ⅲ。　E. 仅Ⅱ、Ⅲ和Ⅳ。

【解析】题干信息：有的不。

问题问的是"不一定为真"，不一定为真＝可能不为真＝可能为假，排除确定为真的选项。

复选项Ⅰ：关键词"不都"＝"有的不"，与题干逻辑关系一致，确定为真。

复选项Ⅱ：关键词"不都不"＝"有的不不"＝"有的"，由"有的"和"有的不"是下反对关系，二者至少一真可知，"有的"真假不确定。

复选项Ⅲ：关键词为"有的"，由"有的"和"有的不"是下反对关系，二者至少一真可知，"有的"真假不确定。

复选项Ⅳ：关键词为"都不"，"有的不"为真，"都不"真假不确定。

故正确答案为 E 选项。

三、配套练习：媛选好题

1. 在一次歌唱竞赛中，每一名参赛选手都有评委投了优秀票。
   如果上述断定为真，则以下哪项不可能为真？

Ⅰ. 有的评委投了所有参赛选手优秀票。

Ⅱ. 有的评委没有给任何参赛选手投优秀票。

Ⅲ. 有的参赛选手没有得到一张优秀票。

A. 只有Ⅰ。　　　　　　B. 只有Ⅱ。　　　　　　C. 只有Ⅲ。

D. 只有Ⅰ和Ⅱ。　　　　E. 只有Ⅰ和Ⅲ。

2. 企鹅是鸟，但企鹅不会飞。

根据这个事实，以下哪项一定为假？

A. 不会飞的鸟一定是企鹅。　　　　B. 鸵鸟是鸟，但鸵鸟不会飞。

C. 不存在不会飞的鸟。　　　　　　D. 会飞的动物都是鸟。

E. 有人认为企鹅会飞。

3. 设"并非无奸不商"为真，则以下哪项一定为真？

A. 所有商人都是奸商。　　　　　　B. 所有商人都不是奸商。

C. 并非有的商人不是奸商。　　　　D. 并非有的商人是奸商。

E. 有的商人不是奸商。

4. 世界杯期间，法国足球队有替补队员参与了罢训事件。

如果上述判定为真，则以下哪项不能确定真假？

Ⅰ. 法国足球队的替补队员尼尔参与了罢训事件。

Ⅱ. 法国足球队有的替补队员没有参与罢训事件。

Ⅲ. 法国足球队替补队员都没有参与罢训事件。

Ⅳ. 法国足球队没有任何替补队员不参与罢训事件。

A. 仅Ⅰ。　　　　　　B. 仅Ⅰ、Ⅱ和Ⅲ。　　　　C. 仅Ⅰ、Ⅱ和Ⅳ。

D. 仅Ⅲ。　　　　　　E. Ⅰ、Ⅱ、Ⅲ和Ⅳ。

5. 中山市高教园区发现有些外国专家没有办理境外人士居留证。

如果上述断定为真，则以下哪项不能确定真假？

Ⅰ. 中山市高教园区的所有外国专家都未办理境外人士居留证。

Ⅱ. 中山市高教园区的所有外国专家都办理了境外人士居留证。

Ⅲ. 中山市高教园区有些外国专家办理了境外人士居留证。

Ⅳ. 中山市高教园区的外国专家刘易斯教授办理了境外人士居留证。

A. 仅Ⅰ、Ⅱ、Ⅲ。　　　B. 仅Ⅰ、Ⅲ和Ⅳ。　　　C. 仅Ⅰ和Ⅲ。

D. 仅Ⅰ和Ⅳ。　　　　　E. 仅Ⅳ。

6. 在暑期集训营的闭营考试结束后，一位同学小A想从班主任那里打听成绩。小A说："老师，这次考试有点儿难，我估计我们班同学的成绩没有在220分以上的。"老师说："你的前半句话不错，后半句话不对。"

根据老师的意思，下列哪项必为事实？

A. 多数同学的成绩在220分以下，有少数同学的成绩在220分以上。

B. 有些同学的成绩在 220 分以上，有些同学的成绩在 220 分以下。

C. 如果暑期集训营的闭营测试成绩在 215 分以上可以获得奖励，那么肯定有同学会得到奖励。

D. 这次考试太难，多数同学的考试成绩不理想。

E. 这次考试太容易，全班同学的考试成绩都在 210 分以上。

答案速查： CCECBC

1. 【解析】题干信息：参赛选手都得到了优秀票。

   "不可能为真"的选项与题干是矛盾关系，即有的参赛选手没有得到优秀票。

   复选项 I 和复选项 II 的主体是"评委"，评委的投票情况从题干无法推知，真假未知。

   复选项 III：有的参赛选手没有得到一张优秀票，与题干是矛盾关系，不可能为真，正确。

   故正确答案为 C 选项。

2. 【解析】题干信息：有的鸟不会飞。

   问题为"哪项一定为假"，即需要找到题干信息的矛盾关系——所有鸟都会飞。

   C 选项：没有不会飞的鸟 = 不有的不 = 都，即所有鸟都会飞，与题干信息是矛盾关系，一定为假。

   故正确答案为 C 选项。

3. 【解析】题干信息：无奸不商 = 不奸诈就不是商人 = 所有商人都是奸商；对"无奸不商"进行否定后可得：有的商人不是奸商。

   E 选项：与上述信息一致，正确。

   故正确答案为 E 选项。

4. 【解析】题干信息：有的替补队员参与了罢训事件，关键词为"有的"。

   复选项 I：关键词为"尼尔"，由"有的"无法推知个体情况，不能确定真假。

   复选项 II：关键词为"有的不"，由对当关系可知，"有的"和"有的不"是下反对关系，二者至少一真，故"有的"为真时，无法判断"有的不"的真假。

   复选项 III：关键词为"都不"，由对当关系可知，"有的"和"都不"是矛盾关系，故复选项 III 一定为假。

   复选项 IV：关键词为"没有任何不"，没有任何不 = 没有一个不 = 不有的不 = 都，由差等关系可知，"有的"为真时无法推知"都"的真假。

   故正确答案为 C 选项。

5. 【解析】题干信息：有些外国专家没有办理境外人士居留证，关键词为"有的不"。

   复选项 I：关键词为"都不"，由差等关系可知，"有的不"为真，无法推知"都不"的真假。

   复选项 II：关键词为"都"，"有的不"和"都"是矛盾关系，故复选项 II 一定为假。

   复选项 III：关键词为"有的"，"有的"和"有的不"是下反对关系，二者至少一真，故"有的不"为真时，无法判断"有的"的真假。

   复选项 IV：关键词为"刘易斯"，由"有的不"无法推知个体的情况，不能确定真假。

故正确答案为 B 选项。

6. 【解析】题干信息:"我们班同学的成绩没有在 220 分以上的"为假,即否定"都不",可得到"有的",真实情况是有的同学的成绩在 220 分以上。

A 选项:"多数""少数"的具体数量从题干信息中无法推知,排除。

B 选项:从题干信息无法推知是否存在 220 分以下的同学,排除。

C 选项:从题干可知,有的同学成绩在 220 分以上,所以如果成绩在 215 分以上就可以获得奖励的话,那么一定会有同学得到奖励,正确。

D 选项:无法从题干信息中推知,排除。

E 选项:题干明确提及"这次考试有点儿难",而该项前半句为"这次考试太容易",前半句为假,该项后半句无法从题干信息中推知。

故正确答案为 C 选项。

第三章 假言命题

考频统计

考试年度	管理类综合能力（199）									经济类综合能力（396）		
	2014	2015	2016	2017	2018	2019	2020	2021	2022	2023	2021	2022	2023
题量	4	11	5	5	7	2	6	7	7	1	3	3	3

备考指导

假言命题每年必考，十分重要，因此同学们要全面掌握假言命题这个知识点，做到不留死角。

本章导图

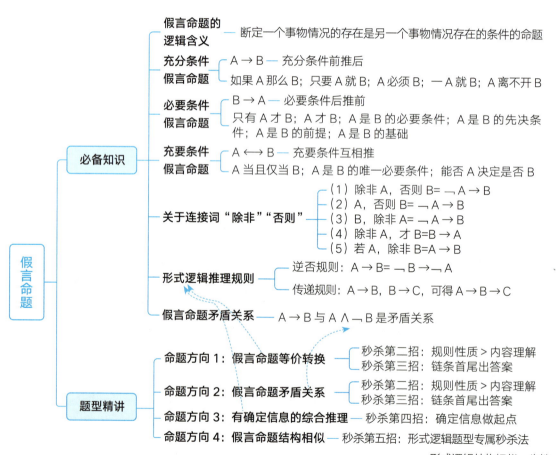

一、必备知识：逻辑含义、连接词、推理规则、矛盾关系

1. 假言命题的逻辑含义

假言命题是断定一个事物情况的存在是另一个事物情况存在的条件的命题，又称条件命题。假言命题可以分为三类：充分条件假言命题、必要条件假言命题、充要条件假言命题。

2. 充分条件假言命题

符号	逻辑含义	序号	连接词	例句	逻辑关系
A→B	如果A为真，则B一定为真，也称A是B的充分条件	1	如果A那么B	如果天下雨，那么地会湿	下雨→地湿
		2	只要A就B	只要你过得好，就是晴天	过得好→晴天
		3	A必须B	要想考上研究生，必须好好学习	考上→学习
		4	一A就B	他一看到太阳就激动得晕倒了	看到→晕倒
		5	A离不开B	成功离不开努力奋斗	成功→奋斗
		6	无连接词，但可表示充分条件关系	不到长城非好汉－如果不到长城，那么不是好汉	¬长城→¬好汉

注意：假言命题判断的是A和B之间的条件关系是否存在，并没有直接断定A和B这两个现象是否在事实上一定存在，只是假设条件A存在的情况下，B这个现象一定会出现。

例如：如果天下雨，那么地会湿。

符号：A（天下雨）→B（地湿），表明只要有"天下雨"这个条件，就一定会有"地湿"这个现象出现。

以上述例子来说，天是否下雨了呢？未知；地是否湿了呢？也未知。只能确定"天下雨"为真时可推知"地湿"为真。

3. 必要条件假言命题

符号	逻辑含义	序号	连接词	例句	逻辑关系
B→A	A对于B来说是不可缺少的，没有A，就没有B。反之，如果B为真，则A一定为真，也称A是B的必要条件	1	只有A才B	只有经历风雨，才能见到彩虹	彩虹→风雨
		2	A才B	年满18岁才有选举权	选举权→18岁
		3	A是B的必要条件	通过初试是考上研究生的必要条件	考上→通过初试
		4	A是B的先决条件	坚持到底是成功的先决条件	成功→坚持到底
		5	A是B的前提	有付出是有收获的前提	收获→付出
		6	A是B的基础	考上研究生是走上人生巅峰的基础	巅峰→考上研究生

4. 充要条件假言命题

符号	逻辑含义	序号	连接词	例句	逻辑关系
A⟷B	如果A为真，则B一定为真；如果B为真，则A一定为真。A是B的充分条件，也是B的必要条件，即A是B的充要条件	1	A当且仅当B	三角形等边当且仅当三角形等角	等边⟷等角
		2	A是B的唯一必要条件	具有中国国籍是中国公民的唯一必要条件	国籍⟷公民
		3	能否A决定是否B	二人能否合作决定这个项目是否成功	合作⟷成功

5. 关于连接词"除非""否则"

"除非A，否则B""A，否则B"等连接词在真题中很常见，也是同学们经常出错的考点，其实只要掌握以下推理规则即可。

序号	连接词	符号	例句	逻辑关系
1	除非A，否则B＝否A，则B	¬A→B	除非地球爆炸，否则不放假	¬爆炸→¬放假
2	A，否则B＝（除非）A，否则B	¬A→B	今天要还钱，否则我们法庭见	¬还钱→法庭见
3	B，除非A＝（否则）B，除非A＝除非A，否则B	¬A→B	我们不休息，除非宇宙重启	¬重启→¬休息
4	除非A，才B＝只有A，才B	B→A	除非通过初试，才能考上研究生	考上研究生→通过初试
5	若A，除非B＝如果A，那么B	A→B	若想人不知，除非己莫为	人不知→己莫为

练 翻译下列语句，标出连接词和符号，写出逻辑关系。

（1）如果物体不受外力作用，那么它将保持静止或匀速直线运动。

（2）只有有作案动机，才会是案犯。

（3）要想考上研究生，必须好好学习。

（4）认真学习是取得理想成绩的先决条件。

（5）你能否考上研究生，决定我是否给你吃甜甜圈。

（6）除非你买下这个湖，否则我不会跟你走。

（7）只要有科学技术的高速度发展，就必定有国民经济的高速度发展。

（8）庄稼茁壮生长的前提是水分充足。

📖 析

编号	连接词	符号	逻辑关系
（1）	如果A，那么B	A→B	不受外力→静止∨匀速
（2）	只有A，才B	B→A	案犯→动机
（3）	要想A，必须B	A→B	考上研究生→学习
（4）	A是B的先决条件	B→A	理想成绩→学习
（5）	能否A决定是否B	A⟷B	考上研究生⟷甜甜圈
（6）	除非A，否则B	¬A→B	¬买湖→不会跟你走
（7）	只要A，就B	A→B	科学技术发展→国民经济发展
（8）	A的前提是B=B是A的前提	A→B	茁壮成长→水分充足

总结： 充分条件前推后，必要条件后推前，充要条件互相推。

6.形式逻辑推理规则

（1）逆否规则：A→B=¬B→¬A。

原命题：A→B。逆否命题：¬B→¬A。原命题和其逆否命题为等价命题，如果原命题成立，则其逆否命题也成立。

例如：如果天下雨，那么地会湿。

逻辑关系为"天下雨→地湿"，由此可知"¬地湿→¬天下雨"也为真，即如果地没湿，那么天没下雨。

为什么叫作"逆否"呢？首先，等号左侧为A指向B，而右侧变为B指向A，箭头方向逆了过来，这个过程叫"取逆"。其次，等号右边每一项前面都加了一个"否号"，"B""A"变成"¬B""¬A"，这个过程叫"取否"。所以，"逆否"就是对"A→B"既取逆又取否，得到了"¬B→¬A"。

注意：

①如果天没下雨，那么地会湿吗？未知。因为上述推理只是断定在天下雨的时候，地会湿。至于天没下雨的时候，并没有对地是否会湿进行断定，所以无法推知。

②如果地湿了，是否天一定下雨呢？未知。因为上述推理只是断定在地没湿的时候，天一定没下雨。至于地湿了的时候，并没有对天是否下雨进行断定，所以无法推知。

综上，在进行形式逻辑推理时，一定要严格遵从逆否规则，注意推理方向！

（2）传递规则：A→B，B→C，可得A→B→C。

当题干信息较多，而且有相同元素时，通常可以使用传递规则整理逻辑关系。

例如：①只要认真学习，就能考上研究生；②只要考上研究生，就能环游世界。

逻辑关系：①认真学习→考上研究生；②考上研究生→环游世界。

利用传递规则可得，认真学习→考上研究生→环游世界，即只要认真学习，就能环游世界。

拓展：逆否规则与传递规则还可以结合起来使用，A→B→C=￢C→￢B→￢A。

例如：认真学习→考上研究生→环游世界=￢环游世界→￢考上研究生→￢认真学习，即如果不能环游世界，就没有考上研究生，就没有认真学习。

7. 假言命题矛盾关系

性质：A→B 与 A∧￢B 是矛盾关系。

原理："A→B"的本质是一个断言，其在断言"满足 A 的情况下，一定会得到 B 这个结果"，所以当 A 为真时，却没有得到 B 这个结果（"A∧￢B"）时，就可以说明"A→B"这一推理不成立。

二、题型精讲：稳准狠

命题方向 1：假言命题等价转换

稳 特征识别	题干和选项出现假言命题逻辑关系、事实情况时，就需要识别连接词，写出逻辑关系，大家要熟练掌握各种命题的等价转换，根据题干信息进行推理，得出正确答案。 常见问题：（1）如果上述断定为真，则以下哪项一定为真？ 　　　　　（2）以下哪项结论可以从题干的断定中推出？
准 基本思路	（1）锁定连接词，准确找到逻辑关系。 | 命题种类	符号化	推理方向	常见连接词
---	---	---	---
充分条件假言命题	A→B=￢B→￢A	前推后	如果 A 那么 B、只要 A 就 B、A 必须 B
必要条件假言命题	B→A=￢A→￢B	后推前	只有 A 才 B、A 是 B 的必要条件（前提、基础）
充要条件假言命题	A⟷B=￢A⟷￢B	互相推	A 当且仅当 B、A 是 B 的唯一必要条件、能否 A 决定是否 B
除非 A，否则 B	￢A→B	否前则后	除非 A，否则 B、A，否则 B、除非 A	 （2）严格利用规则进行推理。 　①逆否规则：A→B=￢B→￢A。 　②传递规则：A→B，B→C，可得 A→B→C

狠 提速技巧	**秒杀第二招：规则性质＞内容理解** 题目特征：题干有假言命题连接词及推理关系，连接词简单，但语句及内容比较复杂。 命题思路：考查对假言命题连接词及规则的性质判断，而非阅读理解。 答案特征：不要纠结于对题目语句的理解，优先考虑推理规则。 优先考虑的选项：题干的等价逆否命题。 直接排除的选项： （1）不合规则。 　　题干为 A→B，只能得出 A→B，或 ¬B→¬A，如果某个选项是由"¬A"或"B"进行推理，可以直接排除。 （2）无中生有。 　　题干信息为 A、B、C、D，选项中出现与题干无关的新信息 E，那么很可能是无法推出的，排除。 （3）移花接木。 　　题干为 A→B 和 C→D，选项中的 B→C 属于移花接木，B 和 C 不在一个逻辑链条中，无法推出，排除。 **秒杀第三招：链条首尾出答案** 题目特征：题干中的信息有共同元素，逻辑关系可以传递为一个推理链条。 命题思路：考查对逻辑连接词的准确翻译，以及对逆否规则、传递规则的应用。 答案特征：题干为 A→B→C→D，正确答案最有可能围绕"A"和"D"。 优先考虑的选项：A→D=¬D→¬A

例 3.1　除非不把理论当作教条，否则就会束缚思想。

以下各项都表达了与题干相同的含义，除了：

A. 如果不把理论当作教条，就不会束缚思想。

B. 如果把理论当作教条，就会束缚思想。

C. 只有束缚思想，才会把理论当作教条。

D. 只有不把理论当作教条，才不会束缚思想。

E. 除非束缚思想，否则不会把理论当作教条。

【解析】题干信息：¬¬教条→束缚 = 教条→束缚。

A 选项：不合规则，¬教条→¬束缚，与题干逻辑关系不一致，正确。

B、C 两项：教条→束缚，与题干逻辑关系一致，排除。

D、E 两项：¬束缚→¬教条，是题干逻辑关系的等价逆否命题，排除。

故正确答案为 A 选项。

例 3.2　张教授：利益并非只是物质利益，应该把信用、声誉、情感甚至某种喜好等都归入利益的范畴。根据这种对"利益"的广义理解，如果每一个体在不损害他人利益的前提下，尽可能满足其自身的利益需求，那么由这些个体组成的社会就是一个良善的社会。

根据张教授的观点，可以得出以下哪项？

A. 尽可能满足每一个体的利益需求，就会损害社会的整体利益。

B. 如果一个社会不是良善的，那么其中肯定存在个体损害他人利益或自身利益需求没有尽可能得到满足的情况。

C. 如果有些个体通过损害他人利益来满足自身的利益需求，那么社会就是不良善的。

D. 如果某些个体的利益没有尽可能得到满足，那么社会就是不良善的。

E. 只有尽可能满足每一个体的利益需求，社会才可能是良善的。

【解析】题干信息：¬损害他人利益∧尽可能满足自身利益（a）→良善的社会（b）。

优先考虑内容为题干信息的等价逆否命题的选项。

B选项：¬良善的社会→损害他人利益∨¬尽可能满足自身利益，是题干逻辑关系的等价逆否命题，正确。

但是由于本题a的内容比较复杂，也可以利用推理规则的性质进行排除。已知a为真→b为真，只能从a推出b，或者从¬b推出¬a。

A选项：与题干推理无关，直接排除。

C、D两项：推出¬b（社会就是不良善的），不符合规则，直接排除。

E选项：由b进行推理，不符合规则，直接排除。

故正确答案为B选项。

例3.3　只要天上有太阳并且气温在零度以下，街上总有很多人穿着皮夹克。只要天下着雨并且气温在零度以上，街上总有人穿着雨衣。有时，天上有太阳但同时下着雨。

如果上述断定为真，则以下哪项一定为真？

A. 有时街上会有人在皮夹克外面套着雨衣。

B. 如果街上有很多人穿着皮夹克但天没下雨，则天上一定有太阳。

C. 如果气温在零度以下并且街上没有多少人穿着皮夹克，则天一定下着雨。

D. 如果气温在零度以上并且街上有人穿着雨衣，则天一定下着雨。

E. 如果气温在零度以上但街上没人穿雨衣，则天一定没下雨。

【解析】题干信息：（1）太阳∧零下 → 皮夹克 ＝ ¬皮夹克 → ¬太阳∨¬零下；（2）下雨∧零上 → 雨衣 ＝ ¬雨衣 → ¬下雨∨¬零上；（3）太阳∧下雨。

A选项：不合规则，虽然有时天上有太阳同时下着雨，根据（1）（2）可得，不可能温度既是零上又是零下，所以无法推出既穿皮夹克又套雨衣，排除。

B选项：不合规则，由"皮夹克""¬下雨"为真，无法推出任何有效信息，排除。

C选项：无中生有，由"¬皮夹克"为真，结合（1）可推知，¬太阳∨¬零下，再由"零下"否定了"¬零下"可得"¬太阳"，但没有太阳不一定"下雨"，排除。

D选项：不合规则，由"雨衣"为真，无法推出任何有效信息，排除。

E选项：由"¬雨衣"为真，结合（2）可推知，¬下雨∨¬零上，再由"零上"否定了"¬零上"可得"¬下雨"，即天一定没下雨，正确。

故正确答案为E选项。

> ☆ **媛来如此**
> 不要被杂乱的信息干扰，要学会利用性质进行秒杀。

例 3.4 生态文明建设事关社会发展方式和人民福祉。只有实行最严格的制度、最严密的法治，才能为生态文明建设提供可靠保障；如果要实行最严格的制度、最严密的法治，就要建立责任追究制度，对那些不顾生态环境盲目决策并造成严重后果的人，追究其相应责任。

根据上述信息，可以得出以下哪项？

A. 如果对那些不顾生态环境盲目决策并造成严重后果的人追究相应责任，就能为生态文明建设提供可靠保障。

B. 实行最严格的制度和最严密的法治是生态文明建设的重要目标。

C. 如果不建立责任追究制度，就不能为生态文明建设提供可靠保障。

D. 只有筑牢生态环境的制度防护墙，才能造福人民。

E. 如果要建立责任追究制度，就要实行最严格的制度、最严密的法治。

【解析】题干信息：(1) 保障→最严格、最严密；(2) 最严格、最严密→建立制度∧追究责任。

(1)(2) 传递可得，(3) 保障→最严格、最严密→建立制度∧追究责任。

题干出现推理链条，优先锁定链条首尾信息找答案，即锚定"保障"和"建立制度∧追究责任"。A 选项中即出现"追究责任"，又出现"保障"；C 选项中既出现"保障"，又出现"建立制度"，优先验证这两项。

A 选项：不合规则，追究责任→保障，与 (3) 逻辑关系不一致，排除。

C 选项：¬建立制度→¬保障，是 (3) 的等价逆否命题，与题干逻辑关系一致，正确。

B 选项：无中生有，"重要目标"这一信息在题干中并未出现，排除。

D 选项：无中生有，"造福人民"这一信息在题干中并未出现，排除。

E 选项：不合规则，建立制度→最严格、最严密，与 (3) 逻辑关系不一致，排除。

故正确答案为 C 选项。

例 3.5 中国要拥有一流的国家实力，必须有一流的教育。只有拥有一流的国家实力，中国才能做出应有的国际贡献。

以下各项都符合题干的意思，除了：

A. 中国难以做出应有的国际贡献，除非拥有一流的教育。

B. 只要中国拥有一流的教育，就能做出应有的国际贡献。

C. 如果中国拥有一流的国家实力，就不会没有一流的教育。

D. 不能设想中国做出了应有的国际贡献，但缺乏一流的教育。

E. 中国面临选择：或者不做国际贡献，或者创造一流的教育。

【解析】题干信息：(1) 实力→教育；(2) 贡献→实力。

(2)(1) 传递可得，(3) 贡献→实力→教育 = ¬教育→¬实力→¬贡献。

此题需要选出与题干逻辑关系不一致的选项，无法直接锁定链条首尾验证选项，需要对每个选项进行验证。

A 选项：先将该项转换为标准句式，即除非拥有一流的教育，否则中国难以做出应有的国际贡献。逻辑关系为，¬教育→¬贡献，与（3）逻辑关系一致，排除。

B 选项：教育→贡献，与（3）逻辑关系不一致，正确。

C 选项：实力→教育，与（3）逻辑关系一致，排除。

D 选项："不能设想"是否定词，其出现在句首，否定了后面的整体，所以逻辑关系为，¬(贡献∧¬教育)=¬贡献∨教育＝贡献→教育，与（3）逻辑关系一致，排除。

E 选项：¬贡献∨教育＝贡献→教育，与（3）逻辑关系一致，排除。

故正确答案为 B 选项。

例 3.6 小林因未戴泳帽被拒绝进入深水池。小林出示深水合格证说：根据规定我可以进入深水池。游泳池的规定是，未戴游泳帽者不得进入游泳池，只有持有深水合格证，才能进入深水池。

小林最可能把游泳池的规定理解为：

A. 除非持有深水合格证，否则不得进入深水池。

B. 只有持有深水合格证的人，才不需要戴游泳帽。

C. 如果持有深水合格证，就能进入深水池。

D. 准许进入游泳池的，不一定准许进入深水池。

E. 有了深水合格证，就不需要戴游泳帽。

【解析】 题干信息：

小林的理解：（1）深水合格证→深水池。

游泳池的规定：（2）¬游泳帽→¬游泳池；（3）深水池→深水合格证。

小林的推理是（1），这就是他所理解的游泳池的规定，所以只需要选出与（1）逻辑关系一致的推理即可。

观察选项可知，涉及"深水合格证"和"深水池"之间的关系的有 A、C 选项，优先验证这两项。

A 选项：¬深水合格证→¬深水池＝深水池→深水合格证，与（1）逻辑关系不一致，排除。

C 选项：深水合格证→深水池，与（1）逻辑关系一致，正确。

故正确答案为 C 选项。

例 3.7 临近本科毕业，李明所有已修课程的成绩均是优秀。按照学校规定，如果最后一学期他的课程成绩也都是优秀，就一定可以免试就读研究生。李明最后一学期有一门功课成绩未获得优秀，因此他不能免试就读研究生了。

以下哪项对上述论证的评价最为恰当？

A. 上述论证是成立的。

B. 上述论证有漏洞，因为它忽视了：课程成绩只是衡量学生素质的一个方面。

C. 上述论证有漏洞，因为它忽视了：所陈述的规定有漏洞，会导致理解的歧义。

D. 上述论证有漏洞，因为它把题干所陈述的规定错误理解为：只要所有学期课程成绩均是优秀，就一定可以免试就读研究生。

E. 上述论证有漏洞，因为它把题干所陈述的规定错误理解为：只有所有学期课程成绩均是优秀，才可以免试就读研究生。

【解析】题干信息：

学校规定：都优秀→免试。

题干论证：¬都优秀→¬免试。

由形式逻辑推理规则可知，根据学校规定，由"¬都优秀"无法推出"¬免试"，所以题干论证并不成立，题干之所以进行这样的推理，是因为它把学校的规定理解为"¬都优秀→¬免试"的等价命题"免试→都优秀"，即"只有所有学期课程成绩均是优秀，才可以免试就读研究生"。

故正确答案为 E 选项。

例3.8 许多国家首脑在出任前并未拥有丰富的外交经验，但这并没有妨碍他们做出成功的外交决策。外交学院的教授告诉我们，丰富的外交经验对于成功的外交决策是不可缺少的。但事实上，一个人只要有较高的政治敏感度、准确的信息分析能力和果断的个人性格，就能很快地学会如何做出成功的外交决策。对于一个缺少以上三种素养的外交决策者来说，丰富的外交经验没有什么价值。

如果上述断定为真，则以下哪项一定为真？

A. 外交学院的教授比出任前的国家首脑具有更多的外交经验。

B. 具有较高的政治敏感度、准确的信息分析能力和果断的个人性格，是一个国家首脑做出成功的外交决策的必要条件。

C. 丰富的外交经验，对于国家首脑做出成功的外交决策来说，既不是充分条件，也不是必要条件。

D. 丰富的外交经验，对于国家首脑做出成功的外交决策来说，是必要条件，但不是充分条件。

E. 在其他条件相同的情况下，外交经验越丰富，越有利于做出成功的外交决策。

【解析】题干信息：政治敏感度∧信息分析能力∧果断→成功的外交决策。

如果"丰富的外交经验"是"做出成功的外交决策"的充分条件，那么需要满足：丰富的外交经验→做出成功的外交决策。但是题干为"对于一个缺少较高的政治敏感度、准确的信息分析能力和果断的个人性格的外交决策者来说，丰富的外交经验没有什么价值"，由此可以说明"丰富的外交经验"并不是"做出成功的外交决策"的充分条件。

如果"丰富的外交经验"是"做出成功的外交决策"的必要条件，那么需要满足：做出成功的外交决策→丰富的外交经验 = ¬丰富的外交经验→¬做出成功的外交决策。但是题干为"许多国家首脑在出任前并未拥有丰富的外交经验，但这并没有妨碍他们做出成功的外交决策"，由此可以说明"丰富的外交经验"并不是"做出成功的外交决策"的必要条件。

A 选项：从题干信息中无法得知，排除。

B 选项：由题干信息可知，前者是后者的充分条件，而不是必要条件，排除。

C 选项：与上述分析一致，既不是充分条件，也不是必要条件，正确。

D 选项：由上述分析可知，选项错误，排除。

E 选项：从题干信息中无法得知，排除。

故正确答案为 C 选项。

> ☆ **媛来如此**
> 此类题目在真题中出现的频率不高，但能很好地考查考生对于"充分条件"和"必要条件"的理解是否足够透彻，因此大家应予以重视。

命题方向 2：假言命题矛盾关系

稳 特征识别	矛盾关系的特点是必一真一假，所以这类题型的问题非常典型。 常见问题：（1）如果上述断定为真，则以下哪项不可能为真？ 　　　　　（2）以下哪项情况如果存在，最能削弱以上断定？
准 基本思路	（1）锁定连接词，准确找到逻辑关系。 （2）严格利用公式进行推理。 　　公式：A→B 与 A∧¬B 是矛盾关系，二者一定一真一假。 　　若 A→B 为真，则 A∧¬B 必然为假；若 A→B 为假，则 A∧¬B 必然为真。 　　若 A∧¬B 为真，则 A→B 必然为假；若 A∧¬B 为假，则 A→B 必然为真。 （3）矛盾关系综合应用。 　　原命题：A→B∧C。矛盾关系：A∧¬（B∧C）= A∧（¬B∨¬C）。 　　原命题：A→B∨C。矛盾关系：A∧¬（B∨C）= A∧¬B∧¬C。 　　原命题：A∧B→C。矛盾关系：（A∧B）∧¬C= A∧B∧¬C。 　　原命题：A∨B→C。矛盾关系：（A∨B）∧¬C
狠 提速技巧	**秒杀第二招：规则性质 > 内容理解** 题目特征：题干是假言命题，并要求找矛盾关系。 命题思路：考查对假言命题连接词的翻译及矛盾关系公式的运用。 答案特征：A→B 的矛盾为 A∧¬B。 优先考虑的选项：连接词为"且"，内容为"A"和"¬B"。 直接排除的选项：连接词为"→"，内容为"¬A"和"B"。 **秒杀第三招：链条首尾出答案** 题目特征：题干中的逻辑关系可以传递为一个推理链条。 命题思路：考查对逻辑连接词的准确翻译，以及对逆否规则、传递规则的应用。 答案特征：题干为 A→B→C→D，正确答案最有可能围绕"A"和"D"。 优先考虑的选项：A∧¬D。

例 3.9 在家电产品"三下乡"活动中，某销售公司的产品受到了农村居民的广泛欢迎。该公司总经理在介绍经验时表示：只有用最流行畅销的明星产品面对农村居民，才能获得他们的青睐。

以下哪项如果为真，最能质疑总经理的论述？

A. 某品牌电视由于其较强的防潮能力，尽管不是明星产品，仍然获得了农村居民的青睐。

B. 流行畅销的明星产品由于价格偏高，没有赢得农村居民的青睐。

C. 流行畅销的明星产品只有质量过硬，才能获得农村居民的青睐。

D. 有少数娱乐明星为某流行畅销的产品做虚假广告。

E. 流行畅销的明星产品最适合城市中的白领使用。

【解析】题干信息：（1）青睐→明星产品。

质疑总经理的论述，即找到（1）的矛盾关系：（2）青睐∧¬明星产品。

由"且"的逻辑关系，锁定A、B两项。由"不是明星产品"和"青睐"锁定A选项。

A选项：¬明星产品∧青睐，与（2）逻辑关系一致，正确。

故正确答案为A选项。

例3.10 小张是某公司营销部的员工。公司经理对他说："如果你争取到这个项目，我就奖励你一台笔记本电脑或者给你项目提成。"

以下哪项如果为真，说明该经理没有兑现承诺？

A. 小张没争取到这个项目，该经理没给他项目提成，但送了他一台笔记本电脑。

B. 小张没争取到这个项目，该经理没奖励他笔记本电脑，也没给他项目提成。

C. 小张争取到了这个项目，该经理给他项目提成，但并未奖励他笔记本电脑。

D. 小张争取到了这个项目，该经理奖励他一台笔记本电脑并且给他三天假期。

E. 小张争取到了这个项目，该经理未给他项目提成，但奖励了他一台台式电脑。

【解析】题干信息：（1）争取到项目→笔记本电脑∨提成。

要表明该经理没有兑现承诺，即要找到（1）的矛盾关系。（1）的矛盾关系为：（2）争取到项目∧¬（笔记本电脑∨提成）=争取到项目∧（¬笔记本电脑∧¬提成）。

由"争取到项目"锁定C、D、E三项。由"¬笔记本电脑∧¬提成"锁定E选项。

E选项：争取到项目∧（¬提成∧¬笔记本电脑），与（2）逻辑关系一致，正确。

故正确答案为E选项。

例3.11 已知某班共有25位同学，女生中身高最高者与最低者相差10厘米，男生中身高最高者与最低者相差15厘米。小明认为，根据已知信息，只要再知道男生、女生最高者的具体身高，或者再知道男生、女生的平均身高均可确定全班同学中身高最高者与最低者之间的差距。

以下哪项如果为真，最能构成对小明观点的反驳？

A. 根据已知信息，如果不能确定全班同学中身高最高者与最低者之间的差距，则也不能确定男生、女生身高最高者的具体身高。

B. 根据已知信息，即使确定了全班同学中身高最高者与最低者之间的差距，也不能确定男生、女生的平均身高。

C. 根据已知信息，如果不能确定全班同学中身高最高者与最低者之间的差距，则既不能确定男生、女生身高最高者的具体身高，也不能确定男生、女生的平均身高。

D. 根据已知信息，尽管再知道男生、女生的平均身高，也不能确定全班同学中身高最高者与最低者之间的差距。

E. 根据已知信息，仅仅再知道男生、女生最高者的具体身高，就能确定全班同学中身高最高者与最低者之间的差距。

【解析】题干信息：(1) 具体身高∨平均身高→确定差距。

反驳上述观点，即找到条件（1）的矛盾关系：(2)（具体身高∨平均身高）∧¬确定差距。其等价于，(3)（具体身高∧¬确定差距）∨（平均身高∧¬确定差距）。

A、C、E 三项：连接词为"如果……则……""就"，都是"→"的逻辑关系，不符合公式性质，排除。

B 选项：连接词正确，但"确定身高最高者与最低者的差距"这个内容不属于条件（2）所需的信息，排除。

D 选项：连接词和内容都对，平均身高∧¬确定差距，正确。

故正确答案为 D 选项。

例 3.12 陈先生在鼓励他孩子时说道："不要害怕暂时的困难和挫折，不经历风雨怎么见彩虹？"他孩子不服气地说："您说得不对。我经历了那么多风雨，怎么就没见到彩虹呢？"

陈先生孩子的回答最适宜用来反驳以下哪项？

A. 如果想见到彩虹，就必须经历风雨。

B. 如果经历了风雨，就可以见到彩虹。

C. 只有经历风雨，才能见到彩虹。

D. 即使经历了风雨，也可能见不到彩虹。

E. 即使见到了彩虹，也不是因为经历了风雨。

【解析】题干信息：(1) 风雨∧¬彩虹。

此题为矛盾关系的反向考查，题干给出 A∧¬B，需要选出 A→B，无论是正向考查还是反向考查都要熟练应对。要找出陈先生的回答最适宜用来反驳的选项，即找出（1）的矛盾关系：(2) 风雨→彩虹。

A 选项：彩虹→风雨，排除。

B 选项：风雨→彩虹，正确。

C 选项：彩虹→风雨，排除。

D、E 两项：逻辑关系不是"→"，直接排除。

故正确答案为 B 选项。

例 3.13

以上四张卡片，一面是大写英文字母，另一面是阿拉伯数字。主持人断定，如果一面是 A，则另一面是 4。

如果试图推翻主持人的断定，但只允许翻动以上的两张卡片，则正确的选择是：

A. 翻动 A 和 4。　　　B. 翻动 A 和 7。　　　C. 翻动 A 和 B。

D. 翻动 B 和 7。　　　E. 翻动 B 和 4。

【解析】题干信息：主持人的断定为，A→4。

要想推翻主持人的断定，只需出现"A∧¬4"即可，所以可翻动"A"卡片，若其另一面不是4，则推翻了主持人的断定。

A→4＝¬4→¬A，另一张需要翻动的是"¬4"卡片，若其另一面是A，则可推翻主持人的断定。由于上述四张卡片"一面是大写英文字母，另一面是阿拉伯数字"，所以要想推翻主持人的断定使另一面是大写英文字母A，就需要翻动一张不是4的阿拉伯数字卡片，因此要翻动"7"卡片。

故正确答案为 B 选项。

例3.14 2010年上海世博会盛况空前，200多个国家场馆和企业主题馆让人目不暇接，大学生王刚决定在学校放暑假的第二天前往世博会参观。前一天晚上，他特别上网查看了各位网友对相关热门场馆选择的建议，其中最吸引王刚的有三条：

（1）如果参观沙特馆，就不参观石油馆；

（2）石油馆和中国国家馆择一参观；

（3）中国国家馆和石油馆不都参观。

实际上，第二天王刚的世博会行程非常紧凑，他没有接受上述三条建议中的任何一条。

关于王刚所参观的热门场馆，以下哪项描述正确？

A. 参观了沙特馆、石油馆，没有参观中国国家馆。

B. 沙特馆、石油馆、中国国家馆都参观了。

C. 沙特馆、石油馆、中国国家馆都没有参观。

D. 没有参观沙特馆，参观了石油馆和中国国家馆。

E. 没有参观石油馆，参观了沙特馆和中国国家馆。

【解析】题干信息：没有接受任何一条建议，即三条建议的矛盾关系为真。

（1）沙特→¬石油，矛盾关系：沙特∧石油。

（2）石油∀中国，矛盾关系：（石油∧中国）∨（¬石油∧¬中国）。

（3）¬（石油∧中国），矛盾关系：石油∧中国。

综合（1）（2）（3）可得，真实情况为：沙特∧石油∧中国。

故正确答案为 B 选项。

例3.15 麦老师：只有博士生导师才能担任学校"高级职称评定委员会"评委。

宋老师：不对。董老师是博士生导师，但不是"高级职称评定委员会"评委。

宋老师的回答说明他将麦老师的话错误地理解为：

A. 有的"高级职称评定委员会"评委是博士生导师。

B. 董老师应该是"高级职称评定委员会"评委。

C. 只要是博士生导师,就是"高级职称评定委员会"评委。

D. 并非所有的博士生导师都是"高级职称评定委员会"评委。

E. 董老师不是学科带头人,但他是博士生导师。

【解析】题干信息:

麦老师:(1)评委→导师。

宋老师:(2)导师∧¬评委。

宋老师想要反驳麦老师,应举出(1)的矛盾关系:评委∧¬导师,而题干中宋老师给出的(2)并不是(1)的矛盾关系。(2)可以反驳的是,导师→评委。所以宋老师的回答说明他将麦老师的话错误地理解为"导师→评委"。

C选项:导师→评委,与上述分析一致,正确。

故正确答案为C选项。

例3.16 在恐龙灭绝6 500万年后的今天,地球正面临着又一次物种大规模灭绝的危机。截至20世纪末,全球大约有20%的物种灭绝。现在,大熊猫、西伯利亚虎、北美玳瑁、巴西红木等许多珍稀物种面临着灭绝的危险。有三位学者对此做了预测。

学者一:如果大熊猫灭绝,则西伯利亚虎也将灭绝。

学者二:如果北美玳瑁灭绝,则巴西红木不会灭绝。

学者三:或者北美玳瑁灭绝,或者西伯利亚虎不会灭绝。

如果三位学者的预测都为真,则以下哪项一定为假?

A. 大熊猫和北美玳瑁都将灭绝。

B. 巴西红木将灭绝,西伯利亚虎不会灭绝。

C. 大熊猫和巴西红木都将灭绝。

D. 大熊猫将灭绝,巴西红木不会灭绝。

E. 巴西红木将灭绝,大熊猫不会灭绝。

【解析】题干信息:(1)大熊猫→西伯利亚虎;(2)北美玳瑁→¬巴西红木;(3)北美玳瑁∨¬西伯利亚虎 = 西伯利亚虎→北美玳瑁。

由(1)(3)(2)传递可得:(4)大熊猫→西伯利亚虎→北美玳瑁→¬巴西红木。

链条首尾信息:大熊猫→¬巴西红木。其矛盾关系为:大熊猫∧巴西红木。锁定C选项。

C选项:大熊猫∧巴西红木,与上述分析一致,正确。

A选项为,大熊猫∧北美玳瑁;B选项为,巴西红木∧¬西伯利亚虎;D选项为,大熊猫∧¬巴西红木;E选项为,巴西红木∧¬大熊猫。这四项均与(4)不矛盾,排除。

故正确答案为C选项。

例3.17 一个花匠正在配制插花。可供配制的花共有苍兰、玫瑰、百合、牡丹、海棠和秋菊6个品种,一件合格的插花必须至少由两种花组成,并同时满足以下条件:如果有苍兰或海棠,则不能有秋菊;如果有牡丹,则必须有秋菊;如果有玫瑰,则必须有海棠。

以下各项所列的两种花都可以单独或与其他花搭配，组成一件合格的插花，除了：

A. 苍兰和玫瑰。　　　B. 苍兰和海棠。　　　C. 玫瑰和百合。

D. 玫瑰和牡丹。　　　E. 百合和秋菊。

【解析】题干信息：（1）苍兰∨海棠→⇁秋菊；（2）牡丹→秋菊；（3）玫瑰→海棠。

由（3）（1）（2）传递可得：（4）玫瑰→海棠→⇁秋菊→⇁牡丹。

问不能组成合格插花的花，也就是找与题干信息矛盾的选项。链条首尾信息：玫瑰→⇁牡丹。其矛盾关系为：玫瑰∧牡丹。锁定 D 选项。

D 选项：玫瑰∧牡丹，与上述分析一致，正确。

A、B 两项："苍兰和玫瑰""苍兰和海棠"在题干中关系不明确，排除。

C、E 两项：百合在推理信息中并未出现，不矛盾，排除。

故正确答案为 D 选项。

命题方向 3：有确定信息的综合推理

稳 特征识别	题干信息涉及联言命题、选言命题、假言命题等多个知识点，需要进行综合推理
准 基本思路	综合推理题型通常会综合考查联言命题、选言命题、假言命题，需要同学们全面、准确地掌握。 综合推理正推： A→B∧C=⇁B∨⇁C→⇁A。 A→B∨C=⇁B∧⇁C→⇁A。 A∧B→C=⇁C→⇁A∨⇁B。 A∨B→C=⇁C→⇁A∧⇁B
狠 提速技巧	**秒杀第四招：确定信息做起点** 题目特征：题干信息中有联言命题、选言命题、假言命题，同时会给出一个直接的确定信息，或者通过题干条件可以得到一个确定信息，把确定信息作为起点进行推理。 直接的确定信息：①是；②不是；③且。 间接的确定信息： 　①A 为假，表明⇁A 为确定信息。 　②在 A、B 的范围内，表明不是其他的，可知⇁C 为确定信息。 确定信息常见位置：①题干信息中的最后一句；②问题的附加信息。 命题思路：考查对推理起点信息的把握及规则应用。 答案特征：确定信息顺藤摸瓜，最后一步推出的信息，最有可能是正确答案

例 3.18 除非年龄在 50 岁以下，并且能持续游泳 3 000 米以上，否则不能参加下个月举行的花样横渡长江活动。同时，高血压和心脏病患者不能参加。老黄能持续游泳 3 000 米以上，但没被批准参加这项活动。

以上断定能推出以下哪项结论？

Ⅰ.老黄的年龄至少 50 岁。

Ⅱ.老黄患有高血压。

Ⅲ.老黄患有心脏病。

A. 仅Ⅰ。　　　　　　B. 仅Ⅱ。　　　　　　C. 仅Ⅲ。

D. Ⅰ、Ⅱ和Ⅲ至少有一个。　　E. Ⅰ、Ⅱ和Ⅲ都不能由题干推出。

【解析】题干信息：（1）¬（≤50岁∧≥3 000米）→¬参加；（2）高血压∨心脏病→¬参加；（3）老黄：≥3 000米∧¬参加。

综合（1）（2）可得：（4）>50岁∨<3 000米∨高血压∨心脏病→¬参加。

根据形式逻辑推理规则，无论由"≥3 000米"还是"¬参加"都无法推出任何信息。

故正确答案为E选项。

例3.19 环宇公司规定，其所属的各营业分公司，如果年营业额超过800万元的，其职员可获得优秀奖；只有年营业额超过600万元的，其职员才能获得激励奖。年终统计显示，该公司所属的12个分公司中，6个年营业额超过了1 000万元，其余的则不足600万元。

如果上述断定为真，则以下哪项关于该公司今年获奖的断定一定为真？

Ⅰ. 获得激励奖的职员，一定获得优秀奖。

Ⅱ. 获得优秀奖的职员，一定获得激励奖。

Ⅲ. 半数职员获得了优秀奖。

A. 仅Ⅰ。　　　　　　B. 仅Ⅱ。　　　　　　C. 仅Ⅲ。

D. 仅Ⅰ和Ⅱ。　　　　E. Ⅰ、Ⅱ和Ⅲ。

【解析】题干信息：（1）>800万元→优秀奖；（2）激励奖→>600万元；（3）6个分公司→>1 000万元，其余6个分公司→<600万元。

复选项Ⅰ：由（2）可得，激励奖→>600万元；再由（3）可知，该公司的分公司的营业额要么>1000万元，要么<600万元，所以由>600万元可知其一定>1 000万元；再结合（1）可知，>1 000万元→>800万元→优秀奖，所以复选项Ⅰ一定为真。

复选项Ⅱ：由（1）和逻辑推理规则可知，从"获得优秀奖"无法推知任何信息，排除。

复选项Ⅲ：题干信息出现了半数分公司，但每个分公司的职员人数未必相等，所以复选项Ⅲ不一定为真，排除。

故正确答案为A选项。

例3.20 10月6日晚上，张强要么去电影院看电影，要么去拜访朋友秦玲。如果那天晚上张强开车回家，他就没去电影院看电影。只有张强事先与秦玲约定，张强才能拜访她。事实上，张强不可能事先约定。

根据上述陈述，可以得出以下哪项结论？

A. 那天晚上张强没有开车回家。

B. 张强那天晚上拜访了朋友。

C. 张强晚上没有去电影院看电影。

D. 那天晚上张强与秦玲一起看电影了。

E. 那天晚上张强开车去电影院看电影。

【解析】题干信息：（1）看电影∨拜访秦玲；（2）开车→¬看电影；（3）拜访秦玲→事先约

定;(4)¬事先约定。

根据推理规则,锁定确定信息(4),将上述逻辑关系进行整理可得:¬事先约定→¬拜访秦玲→看电影→¬开车。

故正确答案为 A 选项。

例 3.21 某中药配方有如下要求:

(1)如果有甲药材,那么也要有乙药材;

(2)如果没有丙药材,那么必须有丁药材;

(3)人参和天麻不能都有;

(4)如果没有甲药材而有丙药材,则需要有人参。

如果含有天麻,则关于该配方的断定哪项为真?

A. 含有甲药材。　　　　B. 含有丙药材。　　　　C. 没有丙药材。

D. 没有乙药材和丁药材。　E. 含有乙药材或丁药材。

【解析】题干信息:(1)甲→乙;(2)¬丙→丁;(3)¬(人参∧天麻)= ¬人参∨¬天麻;(4)¬甲∧丙→人参。

已知"含有天麻",由(3)可得,天麻→¬人参。

由"¬人参"结合(4)可得,¬人参→¬(¬甲∧丙)= 甲∨¬丙。

由"甲"结合(1)可得,甲→乙。

由"¬丙"结合(2)可得,¬丙→丁。

综上可得:天麻→¬人参→甲∨¬丙 = 乙∨丁。

故正确答案为 E 选项。

例 3.22 在本年度篮球联赛中,长江队主教练发现,黄河队五名主力队员之间的上场配置有如下规律:

(1)若甲上场,则乙也要上场;

(2)只有甲不上场,丙才不上场;

(3)要么丙不上场,要么乙和戊中有人不上场;

(4)除非丙不上场,否则丁上场。

若乙不上场,则以下哪项配置合乎上述规律?

A. 甲、丙、丁同时上场。　　　　B. 丙不上场,丁、戊同时上场。

C. 甲不上场,丙、丁都上场。　　D. 甲、丁都上场,戊不上场。

E. 甲、丁、戊都不上场。

【解析】题干信息:(1)甲→乙;(2)¬丙→¬甲;(3)¬丙∀(¬乙∨¬戊);(4)丙→丁。

已知"¬乙",由(1)可得,¬乙→¬甲。

由"¬乙"结合(3)可知"¬乙∨¬戊"为真,再由"要么"的性质可知,"¬丙"为假,故真实情况为:丙上场。由"丙上场"结合(4)可知,丙→丁。

综上可得:甲不上场,丙和丁都上场。

故正确答案为 C 选项。

例 3.23 甲、乙、丙、丁四位企业家准备对我国西部某山区进行教育捐赠。四位企业家表示，他们要发挥最大效益。关于捐赠的对象四人的意愿如下：

甲：如果捐赠中高村，则捐赠北塔村。

乙：如果捐赠北塔村，则捐赠西井村。

丙：如果捐赠东山村或南塘村，则捐赠西井村。

丁：如果捐赠南塘村，则捐赠北塔村或中高村。

事实上，除丙以外，其余人的意愿均得到了实现。

根据以上信息，四位共同捐赠的山村是：

A. 北塔。 B. 中高。 C. 东山。

D. 西井。 E. 南塘。

【解析】 题干信息：

（1）甲：中→北。（2）乙：北→西。（3）丙：东∨南→西。（4）丁：南→北∨中。

"事实上，除丙以外，其余人的愿望均得到了实现"，表明丙说的话为假，其他三句话均为真。

由丙为假可得：¬[（东∨南）→西]=（东∨南）∧¬西。

由"¬西"结合（2）可得：¬西→¬北。

由"¬北"结合（3）可得：¬北→¬中。

由"¬北""¬中"结合（4）可得：¬北∧¬中→¬南。

由"¬南"结合"东∨南"可得：东。

故正确答案为 C 选项。

例 3.24 公司派张、王、李、赵 4 人到长沙参加某经济论坛，他们 4 人选了飞机、汽车、轮船和火车 4 种各不相同的出行方式。已知：

（1）明天或者刮风或者下雨；

（2）如果明天刮风，那么张就选择火车出行；

（3）假设明天下雨，那么王就选择火车出行；

（4）假如李、赵不选择火车出行，那么李、王也都不会选择飞机或者汽车出行。

根据以上陈述，可以得出以下哪项结论？

A. 赵选择汽车出行。 B. 赵不选择汽车出行。 C. 李选择轮船出行。

D. 张选择飞机出行。 E. 王选择轮船出行。

【解析】 题干信息：（1）刮风∨下雨；（2）刮风→张火车；（3）下雨→王火车；（4）¬李火车∧¬赵火车→¬（李飞机∨李汽车）∧¬（王飞机∨王汽车）=¬李火车∧¬赵火车→¬李飞机∧¬李汽车∧¬王飞机∧¬王汽车。

结合（1）（2）（3）可得：张火车∨王火车。由范围反向找确定：李和赵不选择火车。

结合（4）可得：¬李飞机∧¬李汽车。

所以李不选择火车，不选择飞机，不选择汽车，只能选择轮船。

故正确答案为 C 选项。

命题方向 4：假言命题结构相似

稳 特征识别	题干为假言命题的形式逻辑论证过程，要求选出与题干论证结构相似的选项。 常见问题：（1）以下哪项与题干的推理结构最为相似？ （2）以下哪项推理与上述推理在结构上最为相似？
准 基本思路	结构相似题型在近年真题中经常考查，其实就是"照猫画虎、照葫芦画瓢"的过程，只需要分析题干的推理结构（不必在乎内容，只需注重结构），再与选项进行比对。 将词项表示为数字 123 或字母 ABC，简化题干结构，与选项进行比较，不需要关注题干推理结构是否正确，只需要看结构是否相似即可
狠 提速技巧	**秒杀第五招：形式逻辑题型专属秒杀法** ——**形式逻辑结构相似：先性质再内容，先结论再论据** 题目特征：题干为形式逻辑推理结构，需要选出与题干推理结构相似的选项。 命题思路：考查对逻辑推理结构的观察、提取及比对。 答案特征： （1）先观察题干和选项的语句性质。 　　例如：题干结构为 A→B，选项中的 A∧B、A∨B 可先排除。 　　　　题干的结论是否定的，优先验证结论也是否定的选项。 （2）标 123 或 ABC 时，先锁定论证的结论，并进行标注，与题干的标注保持一致，再向前标注论据

例 3.25 只要每个司法环节都能坚守程序正义，切实履行监督制约职能，结案率就会大幅度提高。去年某国结案率比上一年提高了 70%。所以，该国去年每个司法环节都能坚守程序正义，切实履行监督制约的职能。

以下哪项与上述论证方式最为相似？

A. 在校期间品学兼优，就可以获得奖学金。李明在校期间不是品学兼优，所以就不可能获得奖学金。

B. 李明在校期间品学兼优，但是没有获得奖学金。所以，在校期间品学兼优，不一定可以获得奖学金。

C. 在校期间品学兼优，就可以获得奖学金。李明获得了奖学金，所以在校期间一定品学兼优。

D. 在校期间品学兼优，就可以获得奖学金。李明没有获得奖学金，所以在校期间一定不是品学兼优。

E. 只有在校期间品学兼优，才可以获得奖学金。李明获得了奖学金，所以在校期间一定品学兼优。

【解析】题干信息：

程序正义∧履行职能→结案率提高	A∧B→C
结案率提高	C
程序正义∧履行职能	A∧B

题干的结论"程序正义∧履行职能（A∧B）"是肯定的，优先验证结论也是肯定的选项，即 C、E 两项。

C 选项：品∧学→奖学金　　　　A∧B→C
　　　　奖学金　　　　　　　　C
　　　　―――――　　　　　　―――
　　　　品∧学　　　　　　　　A∧B

该项与题干结构一致，正确。

E 选项：奖学金→品∧学　　　　C→A∧B
　　　　奖学金　　　　　　　　C
　　　　―――――　　　　　　―――
　　　　品∧学　　　　　　　　A∧B

该项与题干结构不相似，排除。

故正确答案为 C 选项。

例 3.26 一个产品要想稳固地占领市场，产品本身的质量和产品的售后服务二者缺一不可。空谷牌冰箱质量不错，但售后服务跟不上，因此，很难长期稳固地占领市场。

以下哪项推理的结构和题干的最为类似？

A. 德才兼备是一个领导干部尽职胜任的必要条件。李主任富于才干但疏于品德，因此，他难以尽职胜任。

B. 如果天气晴朗并且风速在三级之下，跳伞训练场将对外开放。今天的天气晴朗但风速在三级以上，所以跳伞场地不会对外开放。

C. 必须有超常业绩或者教龄在 30 年以上，才有资格获得教育部颁发的特殊津贴。张教授获得了教育部颁发的特殊津贴但教龄只有 15 年，因此，他一定有超常业绩。

D. 如果不深入研究广告制作的规律，则所制作的广告知名度和信任度不可兼得。空谷牌冰箱的广告既有知名度又有信任度，因此，这一广告的制作者肯定深入研究了广告制作的规律。

E. 一个罪犯要作案，必须既有作案动机又有作案时间。李某既有作案动机又有作案时间，因此，李某肯定是作案的罪犯。

【解析】 题干信息：

　　　　占领市场→质量∧服务　　　A→B∧C
　　　　质量∧¬服务　　　　　　　B∧¬C
　　　　―――――――　　　　　―――――
　　　　¬占领市场　　　　　　　　¬A

题干的结论"¬占领市场（¬A）"是否定的，优先验证结论也是否定的选项，即 A、B 两项也是否定的选项。

A 选项：尽职胜任→才∧德　　　　A→B∧C
　　　　才∧¬德　　　　　　　　B∧¬C
　　　　―――――　　　　　　　―――――
　　　　¬尽职胜任　　　　　　　　¬A

该项与题干结构一致，正确。

B 选项：晴朗∧三级以下→开放　　B∧C→A
　　　　晴朗∧¬三级以下　　　　B∧¬C
　　　　―――――――――――　　――――――
　　　　¬开放　　　　　　　　　¬A

该项与题干结构不相似，排除。

故正确答案为 A 选项。

三、配套练习：媛选好题

1. 孔子说：己所不欲，勿施于人。

   下面哪一个选项不是上面这句话的逻辑推论？

   A. 只有己所欲，才能施于人。　　　　B. 若己所欲，则施于人。

   C. 除非己所欲，否则不施于人。　　　D. 凡施于人的都应该是己所欲的。

   E. 或者己所欲，或者勿施于人。

2. 只要有足够的勇气和智慧，就没有办不成的事。

   如果上述断定为真，则以下哪项一定为真？

   A. 如果有事办不成，说明既缺乏足够的勇气，又缺乏足够的智慧。

   B. 如果有事办不成，说明缺乏足够的勇气，或者缺乏足够的智慧。

   C. 如果没有办不成的事，说明至少有足够的勇气。

   D. 如果缺乏足够的勇气和智慧，那就办不成任何事。

   E. 如果缺乏足够的勇气和智慧，就总有事办不成。

3. 老师：不完成作业就不能出去玩游戏。学生：老师，我完成作业了，我可以去外面玩游戏了！

   老师：不对。我只是说，你们如果不完成作业就不能出去玩游戏。

   除了以下哪项，其余各项都能从上面的对话中推出？

   A. 学生完成作业后，老师就一定会准许他们出去玩游戏。

   B. 老师的意思是没有完成作业的肯定不能出去玩游戏。

   C. 学生的意思是只要完成了作业，就可以出去玩游戏。

   D. 老师的意思是只有完成了作业才可能出去玩游戏。

   E. 老师的意思是即使完成了作业，也不一定被准许出去玩游戏。

4. 对当代学生来说，德育比智育更重要。学校的课程设计如果不注意培养学生的完美人格，那么，即使用高薪聘请著名的专家教授，也不能使学生在面临道德伦理、价值观念挑战的 21 世纪脱颖而出。

   以下各项关于当代学生的断定都符合上述断定的原意，除了：

   A. 学校的课程设计只有注重培养学生的完美人格，才能使当代学生取得成就。

   B. 如果当代学生在 21 世纪脱颖而出，那一定是对他们注重了完美的人格教育。

   C. 不能设想学生在面临道德伦理、价值观念挑战的 21 世纪脱颖而出，而他的人格却不完善。

   D. 除非注重完美的人格培养，否则 21 世纪的学生难以脱颖而出。

E. 即使不能用高薪聘请著名的专家教授,学校的课程设计只要注重培养学生的完美人格,当代的学生就能在21世纪脱颖而出。

5. 某城市有两大支柱产业:旅游业和传统手工业。发展传统手工业势必会导致污染,从而破坏生态环境;但是,良好的生态环境又是发展旅游业的必要条件。

以下哪个选项能作为结论从上述论断中推出?

A. 该城市无法同时发展旅游业和传统手工业。　　B. 市政府应该大力加强保护生态环境。

C. 该城市的经济收入主要依靠传统手工业。　　D. 应该用其他产业代替旅游业和传统手工业。

E. 如果生态环境破坏了,则传统手工业就不能发展。

6. 某公司为了提高管理人员的业务能力,实现管理的现代化与科学化,决定举办项目管理的知识培训,要求中层干部积极参加。市场部张主任约人力资源部的赵主任一起去报名,赵主任说:"我又不从事项目管理工作,为什么一定要去参加培训,我的工作业绩和管理能力是大家有目共睹的。"

上文中赵主任的话是以下面哪项为前提的?

A. 人们学习项目管理知识是没有什么用处的。

B. 项目管理知识的普及是相当遥远的事情。

C. 项目管理知识的学习应当在学生中进行。

D. 项目管理知识不可能提高人力资源部的工作效率。

E. 只有从事项目管理工作的人,才应该学习和掌握项目管理知识。

7. 所有爱斯基摩土著人都是穿黑衣服的;所有的北婆罗洲土著人都是穿白衣服的;没有既穿白衣服又穿黑衣服的人;H是穿白衣服的。

基于以上事实,下列哪个判断必为真?

A. H是北婆罗洲土著人。　　B. H不是爱斯基摩土著人。

C. H不是北婆罗洲土著人。　　D. H是爱斯基摩土著人。

E. H既不是爱斯基摩土著人,也不是北婆罗洲土著人。

8. 曙光食品厂对火腿、香肠、烤肉三种食品进行检验,检验它们所含的食品添加剂和它们所使用的包装材料,只有都通过检验的才能出厂。检验结果:食品添加剂合格的有两种食品,包装材料合格的也有两种食品。

根据上述检验结果,以下哪项一定为真?

A. 至少有一种食品可以出厂。　　B. 有可能火腿、香肠、烤肉都不能出厂。

C. 这些食品要出厂还需通过其他检验。　　D. 火腿一定是合格的,所以可以出厂。

E. 有两种食品可以出厂。

9. 某工厂实验室对三种产品A、B、C进行撞击和拉伸测试,能通过这两种测试的产品就是合格品。结果有两种产品通过了撞击测试,有两种产品通过了拉伸测试。

根据上述测试,以下哪项一定为真?

A. 有两种产品是合格品。　　B. 还应该通过其他测试。

C. 至少有一种产品是合格品。　　D. 有可能三种产品都不是合格品。

E. 产品 A 是合格品。

10. 如果秦川考试及格了，那么钱华、孙旭和沈楠肯定也都及格了。

    如果上述断定是真的，那么以下哪项也是真的？

    A. 如果秦川考试没有及格，那么钱华、孙旭、沈楠三人中至少有一人没有及格。

    B. 如果秦川考试没有及格，那么钱华、孙旭、沈楠三人都没及格。

    C. 如果钱华、孙旭、沈楠考试都及格了，那么秦川的成绩也肯定及格了。

    D. 如果沈楠的成绩没有及格，那么钱华和孙旭不会都及格。

    E. 如果孙旭的成绩没有及格，那么秦川和沈楠不会都及格。

11. 尼莫公司规定：只要某员工每周工作时间超过 50 小时，就能够获得每周的牛排奖；只有某员工每周工作时间超过 40 小时，才能获得每周的鸡腿奖。该公司一共有 17 名员工，在九月的最后一周，一共有 7 名员工本周工作时间超过 50 小时，而其余 10 名员工的工作时间都不足 40 小时。

    根据以上数据，关于九月最后一周的尼莫公司员工，以下哪项一定为真？

    Ⅰ. 获得牛排奖的员工一定获得了鸡腿奖。

    Ⅱ. 获得鸡腿奖的员工一定获得了牛排奖。

    Ⅲ. 获得牛排奖的员工不到员工总数的一半。

    A. 仅Ⅰ。　　B. 仅Ⅱ。　　C. 仅Ⅲ。　　D. 仅Ⅱ和Ⅲ。　　E. Ⅰ、Ⅱ和Ⅲ。

12. 羽毛球世界锦标赛在巴黎举行，中国女子羽毛球队的小蒋、小朱和小梁报名参加了女子单打的资格赛。她们三人中至少有一人取得了参赛资格。已知：

    （1）所有资格赛成绩合格的报名者在各种尿检中只有呈阴性才能取得参赛资格；

    （2）她们三人全部通过了资格赛，而且成绩达到了羽毛球世界锦标赛的报名要求；

    （3）只要小梁参加，小朱就参加；

    （4）小蒋在尿检中呈阳性。

    如果以上陈述为真，则以下哪项必然为真？

    A. 小梁和小朱取得了参赛资格。　　　　B. 小蒋取得了参赛资格。

    C. 小蒋和小梁取得了参赛资格。　　　　D. 小蒋、小朱和小梁都取得了参赛资格。

    E. 小朱取得了参赛资格。

13. 某篮球队主教练规定，如果一号队员上场，而且三号队员没有上场，那么五号队员与七号队员中至少要有一人上场。

    如果主教练的规定被贯彻执行了，那么一号队员没有上场的充分条件是：

    A. 三号队员上场，五号队员与七号队员没上场。

    B. 三号队员没上场，五号队员与七号队员上场。

    C. 三号队员、五号队员、七号队员都没上场。

    D. 三号队员、五号队员上场，七号队员没上场。

    E. 三号队员、五号队员没上场，七号队员上场。

14. 只要有好的生源和一流的师资队伍，就能在高考中取得好成绩。只有改善教学条件，才能确保好的生源和一流的师资队伍。某中学去年没有在高考中取得好成绩。

如果上述断定是真的,则以下哪项也可能为真?

Ⅰ.某中学去年没有好的生源而且师资队伍不够一流。

Ⅱ.某中学去年没有改善教学条件。

Ⅲ.某中学去年改善了教学条件。

A. 仅Ⅰ。　　B. 仅Ⅱ。　　C. 仅Ⅲ。　　D. 仅Ⅰ和Ⅱ。　　E. Ⅰ、Ⅱ和Ⅲ。

15.一项产品要成功占领市场,必须既有合格的质量,又有必要的包装;一项产品,不具备足够的技术投入,合格的质量和必要的包装难以两全;而只有足够的资金投入,才能保证足够的技术投入。苹果公司的手机质量合格并且包装上乘。

根据以上已知条件,以下哪项结论可能为真?

Ⅰ.苹果公司的手机占领了市场。

Ⅱ.苹果公司的手机具备足够的技术投入。

Ⅲ.苹果公司的手机具有足够的资金投入。

A. 只有Ⅰ。　　B. 只有Ⅱ。　　C. 只有Ⅲ。

D. 只有Ⅱ和Ⅲ。　　E. Ⅰ、Ⅱ和Ⅲ。

16.有人说:"只有肯花大价钱的足球俱乐部才进得了中超足球联赛。"

如果以上命题是真的,则可能出现的情况是:

Ⅰ.某足球俱乐部花了大价钱,没有进中超。

Ⅱ.某足球俱乐部没有花大价钱,进了中超。

Ⅲ.某足球俱乐部没有花大价钱,没有进中超。

Ⅳ.某足球俱乐部花了大价钱,进了中超。

A. 仅Ⅳ。　　B. 仅Ⅱ、Ⅲ。　　C. 仅Ⅲ、Ⅳ。

D. 仅Ⅱ、Ⅲ、Ⅳ。　　E. 仅Ⅰ、Ⅲ、Ⅳ。

17.在今年夏天的足球运动员转会市场上,只有在世界杯期间表现出色并且在俱乐部也有优异表现的人,才能获得众多俱乐部的青睐和追逐。

如果以上陈述为真,则以下哪项不可能为真?

A. 老将克洛泽在世界杯上以16球打破了罗纳尔多15球的世界杯进球记录,但是仍然没有获得众多俱乐部的青睐。

B. J罗获得了世界杯金靴,他同时凭借着俱乐部的优异表现在众多俱乐部追逐的情况下,成功转会皇家马德里。

C. 罗伊斯因伤未能代表德国队参加巴西世界杯,但是他在德甲俱乐部赛场上有着优异表现,在转会市场上得到了皇家马德里、巴塞罗那等顶级豪门的青睐。

D. 多特蒙德头号射手莱万多夫斯基成功转会拜仁慕尼黑。

E. 克罗斯没有获得金靴,但因为表现突出,同样成功转会皇家马德里。

18.在报考研究生的应届生中,除非学习成绩名列前三位,并且有两位教授推荐,否则不能成为免试推荐生。

以下哪项如果为真，说明上述决定没有得到贯彻？

Ⅰ．余涌学习成绩名列第一，并且有两位教授推荐，但未能成为免试推荐生。

Ⅱ．方宁成为免试推荐生，但只有一位教授推荐。

Ⅲ．王宜成为免试推荐生，但学习成绩不在前三名。

A. 仅Ⅰ。 B. 仅Ⅰ和Ⅱ。 C. 仅Ⅱ和Ⅲ。

D. Ⅰ、Ⅱ和Ⅲ。 E. 以上都不是。

19.如果学校的财务部门没有人上班，我们的支票就不能入账。我们的支票不能入账，因此，学校的财务部门没有人上班。

下列各项中，与上述推理结构最为相似的一项是：

A. 如果太阳神队主场是在雨中与对手激战，就一定会赢。现在太阳神队主场输了，看来一定不是在雨中进行的比赛。

B. 如果太阳晒得厉害，李明就不会去游泳。今天太阳晒得果然厉害，因此可以断定，李明一定没有去游泳。

C. 所有的学生都可以参加这一次的决赛，除非没有通过资格赛的测试。这个学生不能参加决赛，因此，他一定没有通过资格赛的测试。

D. 倘若是妈妈做的菜，菜里面就一定会放红辣椒。菜里面果然有红辣椒，看来是妈妈做的菜。

E. 如果没有特别的原因，公司一般不批准职员们的事假申请。公司批准了职员陈小鹏的事假申请，看来其中一定有一些特别的原因。

20.如果发生了交通事故，则不是骑车人违反了交通规则就是司机违反了交通规则。所以，如果骑车人没有违反交通规则，则司机违反了交通规则。

上述论证与以下哪项最相似？

A. 如果电影院只实行部分优惠，则甲和乙两人中必有一人要买全价电影票。因此，如果甲没有买全价电影票，则乙就要买全价电影票。

B. 如果发生了交通事故，则不是行人违反了交通规则就是司机违反了交通规则。所以，如果行人违反了交通规则，则司机没有违反交通规则。

C. 如果夏天天上云彩多，则可能下雨也可能下冰雹。所以，如果夏天天上云彩多，则可能下冰雹。

D. 如果发生了医疗事故，则医生和护士都有责任。因此，如果医生没有责任，则护士也没有责任。

E. 如果我考上了大学，就会得到助学金或奖学金。所以，如果我考上了大学，就一定会得到资助。

答案速查： BBAEA EBBCE BECEE ECCDA

1.【解析】题干信息：¬己所欲→¬施于人 = 施于人→己所欲。

A选项：施于人→己所欲，与题干逻辑关系一致，排除。

B选项：己所欲→施于人，与题干逻辑关系不一致，正确。

C选项：¬己所欲→¬施于人，与题干逻辑关系一致，排除。

D 选项：施于人→己所欲，与题干逻辑关系一致，排除。

E 选项：己所欲∨⌐施于人＝施于人→己所欲，与题干逻辑关系一致，排除。

故正确答案为 B 选项。

2. 【解析】题干信息：勇气∧智慧→都办成＝有的办不成→⌐勇气∨⌐智慧。

A 选项：有的办不成→⌐勇气∧⌐智慧，与题干逻辑关系不一致，排除。

B 选项：有的办不成→⌐勇气∨⌐智慧，与题干逻辑关系一致，正确。

C 选项：都办成→勇气，与题干逻辑关系不一致，排除。

D 选项：⌐勇气∧⌐智慧→都办不成，与题干逻辑关系不一致，排除。

E 选项：⌐勇气∧⌐智慧→有的办不成，与题干逻辑关系不一致，排除。

故正确答案为 B 选项。

3. 【解析】题干信息：老师的意思是，⌐完成 → ⌐游戏；学生的意思是，完成 → 游戏。

A 选项：老师的意思是，完成→游戏，与题干逻辑关系不一致，正确。

B 选项：老师的意思是，⌐完成→⌐游戏，与题干逻辑关系一致，排除。

C 选项：学生的意思是，完成→游戏，与题干逻辑关系一致，排除。

D 选项：老师的意思是，游戏→完成，与题干逻辑关系一致，排除。

E 选项：老师的意思是，"完成"无法推出"游戏"，符合题干逻辑关系，排除。

故正确答案为 A 选项。

4. 【解析】题干信息：⌐人格→⌐脱颖而出＝脱颖而出→人格。

A 选项：取得成就→人格，与题干逻辑关系一致，排除。

B 选项：脱颖而出→人格，与题干逻辑关系一致，排除。

C 选项：⌐（脱颖而出∧⌐人格）＝⌐脱颖而出∨人格 ＝ 脱颖而出→人格，与题干逻辑关系一致，排除。

D 选项：⌐人格→⌐脱颖而出，与题干逻辑关系一致，排除。

E 选项：人格→脱颖而出，与题干逻辑关系不一致，正确。

故正确答案为 E 选项。

5. 【解析】题干信息：(1) 手工业→⌐环境；(2) 旅游业→ 环境。

结合（1）(2)可得：(3) 手工业→⌐环境→⌐旅游业。

由（3）可知，如果发展传统手工业就无法发展旅游业，如果发展旅游业就无法发展传统手工业，所以无法同时发展旅游业和传统手工业。

故正确答案为 A 选项。

6. 【解析】题干信息：题干中"我又不从事项目管理工作，为什么一定要去参加培训"这一反问句表达的逻辑关系是，⌐管理 → ⌐培训。

E 选项：培训→管理，是题干逻辑关系的等价逆否命题。

故正确答案为 E 选项。

7. 【解析】题干信息：(1) 爱斯基摩人→黑衣服；(2) 北婆罗洲人→白衣服；(3) 白衣服→⌐黑衣

服；(4) H→白衣服。

结合（4）（3）（1）可得：H→白衣服→¬黑衣服→¬爱斯基摩人。

故正确答案为 B 选项。

8.【解析】题干信息：(1) 出厂 → 添加剂合格∧包装合格；(2) 两种添加剂合格，两种包装合格。

由（1）可知，即使添加剂和包装都合格，也无法推出"出厂"，所以有可能火腿、香肠和烤肉都不能出厂。

故正确答案为 B 选项。

9.【解析】题干信息：(1) 通过撞击测试∧通过拉伸测试→合格品；(2) 两种通过撞击测试，两种通过拉伸测试。

由（2）可知，会有一种产品或两种产品通过这两种测试；结合（1）可得，会有一种产品或两种产品是合格品。

故正确答案为 C 选项。

10.【解析】题干信息：秦→钱∧孙∧沈 = ¬钱∨¬孙∨¬沈→¬秦。

A 选项：¬秦→¬钱∨¬孙∨¬沈，与题干逻辑关系不一致，排除。

B 选项：¬秦→¬钱∧¬孙∧¬沈，与题干逻辑关系不一致，排除。

C 选项：钱∧孙∧沈→秦，与题干逻辑关系不一致，排除。

D 选项：¬沈→¬钱∨¬孙，与题干逻辑关系不一致，排除。

E 选项：¬孙→¬秦∨¬沈，由题干逻辑关系可知，¬孙→¬秦，所以孙没及格，秦不会及格，所以"¬秦∨¬沈"为真，正确。

故正确答案为 E 选项。

11.【解析】题干信息：(1) ＞50 小时→牛排奖；(2) 鸡腿奖→＞40 小时；(3) 7 名员工→＞50 小时，10 名员工→＜40 小时。

复选项Ⅰ：由（1）和逻辑推理规则可知，从"牛排奖"无法推出其他任何信息，排除。

复选项Ⅱ：由（2）可得，鸡腿奖→＞40 小时；再由（3）可知，该公司员工的工作时间要么＞50 小时，要么＜40 小时；由"＞40 小时"可知，一定＞50 小时；再结合（1）可知：鸡腿奖→＞40 小时→＞50 小时→牛排奖，所以复选项Ⅱ一定为真。

复选项Ⅲ：由（3）（1）可知，7 名员工→＞50 小时→牛排奖，所以至少有 7 名员工一定会获得牛排奖，那么剩下的 10 名员工是否能得到牛排奖呢？从题干信息无法推知，所以无法推知获得牛排奖的员工是否不到员工总数的一半，排除。

故正确答案为 B 选项。

12.【解析】题干信息：(1) 参赛资格→阴性；(2) 三人成绩达到要求；(3) 梁→朱；(4) 蒋→阳性。

结合（4）（1）可得：蒋→阳性→¬阴性→¬参赛资格。

由（3）可知，¬朱→¬梁。如果朱不参赛，那么梁也不参赛，此时三人都不参赛，与题干信息"三人中至少有一人取得了参赛资格"相矛盾，所以朱一定会参赛。

故正确答案为 E 选项。

13.【解析】题干信息：一∧¬三→五∨七。

问题是，？→¬一。

要想推出"¬一"，就要对题干信息进行等价逆否，即一∧¬三→五∨七 = ¬五∧¬七→¬一∨三。再根据"或"的性质可知，否定"三"即可推出"¬一"，所以需要假设的是"¬五""¬七"和"¬三"。

故正确答案为 C 选项。

14.【解析】题干信息：（1）生源∧师资→好成绩；（2）生源∧师资→改善；（3）某中学→¬好成绩。结合（3）（1）可得：（4）某中学→¬好成绩→¬生源∨¬师资。

此问题问"哪项也可能为真"，则找到与推知的结果不矛盾的选项即可。

复选项Ⅰ：¬生源∧¬师资，题干推知结果是"¬生源∨¬师资"，存在"¬生源∧¬师资"的可能，可能为真。

复选项Ⅱ、复选项Ⅲ：从题干信息无法推知其是否改善了教学条件，所以"¬改善"和"改善"均可能为真。

故正确答案为 E 选项。

15.【解析】题干信息：（1）占领市场→质量∧包装；（2）¬技术→¬（质量∧包装）；（3）技术→资金；（4）苹果公司→质量∧包装。

结合（4）（2）（3）可得：（5）苹果公司→质量∧包装→技术→资金。

复选项Ⅰ：由题干信息无法推知苹果公司是否占领市场，所以可能为真，正确。

复选项Ⅱ：由（5）可知，"苹果公司的手机具备足够的技术投入"一定为真，属于"可能为真"的范围，正确。

复选项Ⅲ：由（5）可知，"苹果公司的手机具备足够的资金投入"一定为真，属于"可能为真"的范围，正确。

故正确答案为 E 选项。

16.【解析】题干信息：中超→大价钱。

问题问"可能出现的情况"，只要找到不与题干信息矛盾的选项即可。题干信息的矛盾关系：中超∧¬大价钱。

复选项Ⅰ：¬中超∧大价钱，与题干信息不矛盾，可能为真。

复选项Ⅱ：中超∧¬大价钱，与题干信息矛盾，不可能为真。

复选项Ⅲ：¬中超∧¬大价钱，与题干信息不矛盾，可能为真。

复选项Ⅳ：中超∧大价钱，与题干信息不矛盾，可能为真。

故正确答案为 E 选项。

17.【解析】题干信息：获得青睐和追逐→世界杯表现出色∧俱乐部有优异表现。

问题问"以下哪项不可能为真"，即找题干的矛盾关系：获得青睐和追逐∧¬（世界杯表现出色∧俱乐部有优异表现）=（获得青睐和追逐∧¬世界杯表现出色）∨（获得青睐和追逐∧¬俱乐部有优异表现）。

A 选项：¬获得青睐和追逐，不符合，排除。

B 选项：获得青睐和追逐∧世界杯表现出色，不符合，排除。

C 选项：获得青睐和追逐∧¬世界杯表现出色，正确。

D、E 两项：无有效信息，排除。

故正确答案为 C 选项。

18.【解析】题干信息：¬（前三名∧两位教授推荐）→ ¬免试。

没有得到贯彻，即找题干信息的矛盾关系：¬（前三名∧两位教授推荐）∧免试 =（¬前三名∨¬两位教授推荐）∧免试 =（¬前三名∧免试）∨（¬两位教授推荐∧免试）。

复选项Ⅰ：（前三名∧两位教授推荐）∧¬免试，不是题干信息的矛盾关系，排除。

复选项Ⅱ：免试∧¬两位教授推荐，与题干信息的矛盾关系一致，正确。

复选项Ⅲ：免试∧¬前三名，与题干信息的矛盾关系一致，正确。

故正确答案为 C 选项。

19.【解析】题干信息：¬上班（A）→¬入账（B）。¬入账（B），因此，¬上班（A）。

A 选项：雨中（A）→赢（B）。¬赢（¬B），因此，¬雨中（¬A）。不相似，排除。

B 选项：太阳（A）→¬游泳（B）。太阳（A），因此，¬游泳（B）。不相似，排除。

C 选项：通过（A）→参加（B）。¬参加（¬B），因此，¬通过（¬A）。不相似，排除。

D 选项：妈妈（A）→红辣椒（B）。红辣椒（B），因此，妈妈（A）。相似，正确。

E 选项：没原因（A）→不批准（B）。批准（¬B），因此，有原因（¬A）。不相似，排除。

故正确答案为 D 选项。

20.【解析】题干信息：交通事故（A）→骑车人（B）∨司机（C）。所以，¬骑车人（¬B）→司机（C）。

A 选项：部分优惠（A）→甲（B）∨乙（C）。所以，¬甲（¬B）→乙（C）。该项与题干论证相似，正确。

B 选项：根据题干，"所以"后面应是"¬B，则 C"，即"如果行人没有违反交通规则，则司机违反交通规则"，排除。

C 选项：该项有"可能……也可能……"这一连接词，与题干逻辑关系不一致，排除。

D 选项：该项有"都"这一连接词，与题干逻辑关系不一致，排除。

E 选项：根据题干，"所以"后面应是"¬B，则 C"，即"如果我没有得到助学金，则一定会得到奖学金"，排除。

故正确答案为 A 选项。

第四章 三段论

考频统计

考试	管理类综合能力（199）										经济类综合能力（396）		
年度	2014	2015	2016	2017	2018	2019	2020	2021	2022	2023	2021	2022	2023
题量	1	1	0	2	3	2	2	0	2	3	1	2	1

备考指导

在真题中，三段论属于高频考点，会综合运用直言命题，在逆否、传递、互换特性等推理规则方面进行考查，且题干信息较多，因此考生要反复练习，找到解题规律。

本章导图

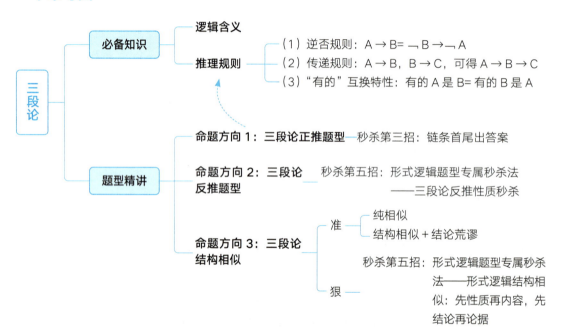

一、必备知识：逻辑含义、逆否、传递、互换特性

	三段论
逻辑含义	定义：三段论推理是一种简单判断推理。它包含两个直言命题构成的前提和一个直言命题构成的结论。 例如：所有红色的老虎都爱喝牛奶，孟大宝是红色的老虎，所以，孟大宝爱喝牛奶。 推理结构：红色老虎→爱喝牛奶，孟大宝→红色老虎，所以，孟大宝→红色老虎→爱喝牛奶

续表

推理规则	
	（1）逆否规则：A→B= ┐B→┐A。 例如：所有听课的同学都考上了 = 听课→考上 = ┐考上→┐听课
	（2）传递规则：A→B，B→C，可得A→B→C。 例如：大宝听课了，所有听课的同学都考上了，所以，大宝考上了。 大宝→听课，听课→考上，所以，大宝→听课→考上
	（3）"有的"互换特性：有的A是B= 有的B是A；有的A是B= 有的A→B= 有的B→A。 例如：有的甲班同学考上了 = 有的考上的是甲班同学。 逻辑关系：有的甲班同学→考上 = 有的考上的→甲班同学。 注意：当句式是"有的A是B"时，表达逻辑关系时不能省略量词"有的"。 "有的A→B"这一逻辑关系不能取逆否，即"┐B"无法推出任何有效信息

二、题型精讲：稳准狠

命题方向1：三段论正推题型

稳 特征识别	三段论正推题型需要根据题干信息给出的若干逻辑关系进行判断。 常见问法：（1）如果上述断定为真，则以下哪项一定为真？ 　　　　　（2）以下哪项可以（不可以）从以上陈述中得出？
准 基本思路	（1）锁定连接词，确定逻辑关系。 （2）对题干逻辑关系进行整理，看到"有的"要记得使用互换特性。 （3）将选项信息与题干逻辑关系进行比对，做出选择
狠 提速技巧	**秒杀第三招：链条首尾出答案** 题目特征：题干中的逻辑关系可以传递为一个推理链条。 命题思路：考查逻辑连接词的准确翻译，以及对逆否、传递、互换特性等推理规则的应用。 答案特征：题干为A→B→C→D，正确答案最有可能围绕"A"和"D"。 正推题型优先选项：A→D= ┐D→┐A。 矛盾关系优先选项："有的A不是D"或"A∧┐D"。 注意："有的"通常在逻辑链条的首位，不会出现在中间，即"有的A→B"是正确的，"A→有的B"是错误的

例4.1　所有校学生会委员都参加了大学生电影评论协会。张珊、李斯和王武都是校学生会委员。

大学生电影评论协会不接收大学一年级学生参加。

如果上述断定为真，则以下哪项一定为真？

Ⅰ.张珊、李斯和王武都不是大学一年级学生。

Ⅱ.所有校学生会委员都不是大学一年级学生。

Ⅲ.有些大学生电影评论协会的成员不是校学生会委员。

A. 只有Ⅰ。　　　　　　B. 只有Ⅱ。　　　　　　C. 只有Ⅲ。

D. 只有Ⅰ和Ⅱ。　　　　E. Ⅰ、Ⅱ和Ⅲ。

【解析】题干信息：（1）委员→协会；（2）张、李、王→委员；（3）协会→┐大一。

由（2）（1）（3）传递可得：（4）张、李、王→委员→协会→¬大一。

复选项Ⅰ：张、李、王→¬大一，与（4）的逻辑关系一致，正确。

复选项Ⅱ：委员→¬大一，与（4）的逻辑关系一致，正确。

复选项Ⅲ：有些协会→¬委员，与（4）的逻辑关系不一致，不正确。

故正确答案为 D 选项。

例 4.2 有些具有优良效果的护肤化妆品是诺亚公司生产的。所有诺亚公司生产的护肤化妆品都价格昂贵，而价格昂贵的护肤化妆品无一例外地受到女士们的信任。

以下各项都能从题干的断定中推出，除了：

A. 受到女士们信任的护肤化妆品中，有些实际效果并不优良。

B. 有些效果优良的化妆品受到女士们的信任。

C. 所有诺亚公司生产的护肤化妆品都受到女士们的信任。

D. 有些价格昂贵的护肤化妆品是效果优良的。

E. 所有被女士们不信任的护肤化妆品价格都不昂贵。

【解析】题干信息：（1）有些优良→诺亚；（2）诺亚→昂贵；（3）昂贵→信任。

由（1）（2）（3）传递可得：（4）有些优良→诺亚→昂贵→信任。

A 选项：原句可转换为"有些受到女士们信任的护肤化妆品实际效果并不优良"，逻辑关系为，有些信任→¬优良，与（4）的逻辑关系不一致，正确。

B 选项：有些优良→信任，与（4）的逻辑关系一致，排除。

C 选项：诺亚→信任，与（4）的逻辑关系一致，排除。

D 选项：有些昂贵→优良，由（4）可得，有些优良→昂贵，结合互换特性可知，有些优良→昂贵＝有些昂贵→优良，故该项可以从题干断定中推出，排除。

E 选项：¬信任→¬昂贵＝昂贵→信任，与（4）的逻辑关系一致，排除。

故正确答案为 A 选项。

例 4.3 去年 4 月，股市出现了强劲反弹，某证券部通过对该部股民持仓品种的调查发现，大多数经验丰富的股民都买了小盘绩优股，而所有年轻的股民都选择了大盘蓝筹股，而所有买了小盘绩优股的股民都没买大盘蓝筹股。

如果上述情况为真，则以下哪项关于该证券部股民的调查结果也必定为真？

Ⅰ. 有些年轻的股民是经验丰富的股民。

Ⅱ. 有些经验丰富的股民没买大盘蓝筹股。

Ⅲ. 年轻的股民都没买小盘绩优股。

A. 只有Ⅱ。　　　　　　B. 只有Ⅰ和Ⅱ。　　　　　　C. 只有Ⅱ和Ⅲ。

D. 只有Ⅰ和Ⅲ。　　　　E. Ⅰ、Ⅱ和Ⅲ。

【解析】题干信息：（1）大多数经验丰富→小盘；（2）年轻→大盘；（3）小盘→¬大盘。

由（1）（3）（2）传递可得：（4）大多数经验丰富→小盘→¬大盘→¬年轻。

复选项Ⅰ：有些年轻→经验丰富，由（4）可知，大多数经验丰富→¬年轻，只能推出"有些¬"年轻→经验丰富"，但无法推出"有些年轻→经验丰富"，因此复选项Ⅰ不必定为真。

复选项Ⅱ：有些经验丰富→¬大盘，由（4）可知，大多数经验丰富→¬大盘，由"大多数"可以推出"有些"，所以复选项Ⅱ正确。

复选项Ⅲ：年轻→¬小盘，由（4）可知，小盘→¬年轻＝年轻→¬小盘，所以复选项Ⅲ正确。

故正确答案为 C 选项。

例 4.4 翠竹的大学同学都在某德资企业工作，溪兰是翠竹的大学同学，洞松是该德资企业的部门经理。该德资企业的员工有些来自淮安。该德资企业的员工都曾到德国研修，他们都会说德语。

以下哪项可以从以上陈述中得出？

A. 洞松与溪兰是大学同学。　　　　　B. 翠竹的大学同学有些是部门经理。

C. 翠竹与洞松是大学同学。　　　　　D. 溪兰会说德语。

E. 洞松来自淮安。

【解析】题干信息：（1）翠竹同学→德资；（2）溪兰→翠竹同学；（3）洞松→经理；（4）有些德资→淮安；（5）德资→德国；（6）德资→德语。

由（2）（1）（5）（6）传递可得：（7）溪兰→翠竹同学→德资→德国∧德语。

当大家看到题干信息形成链条时，要迅速反映过来正确答案大概率是链条首尾，即溪兰曾到德国研修，溪兰会说德语。

故正确答案为 D 选项。

例 4.5 一位房地产信息员通过对某地的调查发现：护城河两岸房屋的租金都比较廉价；廉租房都坐落在凤凰山北麓；东向的房屋都是别墅；非廉租房不可能具有廉价的租金；有些单室套的两限房建在凤凰山南麓；别墅也都建在凤凰山南麓。

根据该地产信息员的调查，以下哪项不可能存在？

A. 东向的护城河两岸的房屋。　　　　B. 凤凰山北麓的两限房。

C. 单室套的廉租房。　　　　　　　　D. 护城河两岸的单室套。

E. 南向的廉租房。

【解析】题干信息：（1）两岸→廉价；（2）廉租房→北麓；（3）东向→别墅＝¬别墅→¬东向；（4）¬廉租房→¬廉价＝廉价→廉租房；（5）有些单室套两限房→南麓；（6）别墅→南麓＝¬南麓→¬别墅。

由（1）（4）（2）（6）（3）传递可得：（7）两岸→廉价→廉租房→北麓→¬南麓→¬别墅→¬东向。

"不可能存在"即寻找题干的矛盾关系，锁定链条首尾，即两岸→¬东向，即所有护城河两岸的房屋都不是东向的，其矛盾关系为，有的护城河两岸的房屋是东向的，锁定 A 选项。

A 选项：两岸→¬东向，与该项矛盾，正确。

B 选项：北麓→¬南麓，但（5）无法取逆否，所以无法出现矛盾，排除。

C 选项：廉租房→北麓→¬南麓，但（5）无法取逆否，所以无法出现矛盾，排除。

D 选项：两岸→廉价→廉租房→北麓→¬南麓，但（5）无法取逆否，所以无法出现矛盾，排除。

E 选项：南向→¬东向，无法再推出其他信息，排除。

故正确答案为 A 选项。

例 4.6~ 例 4.7 基于以下题干：

所有安徽来京打工人员，都办理了暂住证；所有办理了暂住证的人员，都获得了就业许可证；有些安徽来京打工人员当上了门卫；有些业余武术学校的学员也当上了门卫；所有的业余武术学校的学员都未获得就业许可证。

例 4.6 如果上述断定都是真的，则除了以下哪项，其余的断定也必定是真的？

A. 所有安徽来京打工人员都获得了就业许可证。

B. 没有一个业余武术学校的学员办理了暂住证。

C. 有些安徽来京打工人员是业余武术学校的学员。

D. 有些门卫没有就业许可证。

E. 有些门卫有就业许可证。

【解析】题干信息：（1）安徽→暂住证；（2）暂住证→就业；（3）有些安徽→门卫 = 有些门卫→安徽；（4）有些武校→门卫 = 有些门卫→武校；（5）武校→¬就业。

由（3）（1）（2）（5）传递可得：（6）有些门卫→安徽→暂住证→就业→¬武校。

由（4）（5）（2）（1）传递可得：（7）有些门卫→武校→¬就业→¬暂住证→¬安徽。

A 选项：安徽→就业，与（6）的逻辑关系一致，排除。

B 选项：没有一个 A 是 B= 所有 A 都不是 B，该项可转换为，所有业余武术学校的学员都没有办理暂住证，逻辑关系为，武校→¬暂住证，与（7）的逻辑关系一致，排除。

C 选项：有些安徽→武校，由（6）可知，安徽→¬武校，即所有安徽来京打工人员都不是业余武术学校的学员，与"有些安徽来京打工人员是业余武术学校的学员"是矛盾关系，一定为假，正确。

D 选项：有些门卫→¬就业，与（7）的逻辑关系一致，排除。

E 选项：有些门卫→就业，与（6）的逻辑关系一致，排除。

故正确答案为 C 选项。

例 4.7 以下哪个人的身份，不可能符合上述题干所做的断定？

A. 一个获得了就业许可证的人，但并不是业余武术学校的学员。

B. 一个获得了就业许可证的人，但没有办理暂住证。

C. 一个办理了暂住证的人，但并不是安徽来京打工人员。

D. 一个办理了暂住证的业余武术学校的学员。

E. 一个门卫，他既没有办理暂住证，又不是业余武术学校的学员。

【解析】此题需要选出"不可能符合题干所做的断定"的选项，即要找与题干逻辑关系矛盾的选项。如果与题干逻辑关系一致，则一定符合题干断定；如果与题干断定不一致但也不矛盾，则可能符合题干断定。

A 选项：就业∧￢武校，符合（6）的逻辑关系，排除。

B 选项：就业∧￢暂住证，与题干逻辑关系不矛盾，可能符合题干断定，排除。

C 选项：暂住证∧￢安徽，与题干逻辑关系不矛盾，可能符合题干断定，排除。

D 选项：暂住证∧武校，与（6）中逻辑关系"暂住证→￢武校"是矛盾关系，一定为假，正确。

E 选项：门卫∧￢暂住证∧￢武校，与题干逻辑关系不矛盾，可能符合题干断定，排除。

故正确答案为 D 选项。

> ☆ 媛来如此
>
> 三段论推理中出现"有的""有些"这类量词，通常会考到互换特性，有的 A→B= 有的 B→A，转换之后比较容易形成推理链条，进而选出正确答案。

命题方向 2：三段论反推题型

稳 特征识别	三段论反推题型实际上是在推理过程中缺少了一个前提条件，需要把缺少的条件补上，从而构成传递的一种题型
准 基本思路	前面讲到的传递规则为：A→B，B→C，因此，A→C。 其推理过程就是由前两段可推出第三段，三段论反推题型实际上就是推理过程中的前提缺少了一个，需要我们补上。 例如：B→C，因此，A→C。 由于这个推理中缺少"A→B"，我们可以采用"倒三角补箭头"法，将这个前提条件补上，推理即可成立
狠 提速技巧	**秒杀第五招：形式逻辑题型专属秒杀法** ——三段论反推性质秒杀 题目特征：三段论结构缺条件，需要补充条件使题干论证成立。 命题思路：考查对三段论逆否、传递、互换特性的应用。 答案特征：除了使用前述的"倒三角补箭头"方法外，还可以利用三段论的性质选择"排除法"解题。标准三段论常见的结构：① A→B，B→C，因此 A→C；② 有的 A→B，B→C，因此有的 A→C；③ A→B，B→￢C，因此 A→￢C。 从上述常见结构可总结出标准三段论的性质： 　① A、B、C 每个词项会出现两次； 　②"有的"这一量词出现的次数为 0 或 2（论据 1 + 结论 1）； 　③"不"这个否定词出现的次数为 0 或 2（论据 1 + 结论 1）。 由此，可根据三段论的性质，排除不符合的选项，得出正确答案。 注：这种方法适用于简单的基础三段论，如果信息比较复杂，建议采用"倒三角补箭头"的方法

例 4.8　有关部委负责人表示，今年将在部分地区进行试点，为全面清理"小产权房"做制度和政策准备。要求各地对农村集体土地进行确权登记发证，凡是小产权房均不予确权登记，不受法律保护。因此，河西村的这片新建房屋均不受法律保护。

以下哪项最可能是上述论证所假设的？

A. 河西村的这片新建房屋已经得到相关部门的默许。

B. 河西村的这片新建房屋都是小产权房。

C. 河西村的这片新建房屋均建在农村集体土地上。

D. 河西村的这片新建房屋有些不是建在农村集体土地上。

E. 河西村的这片新建房屋有些不是小产权房。

【解析】论据：（1）小产权→┐法律保护。

结论：（2）河西村→┐法律保护。

解法一：倒三角补箭头。

要由（1）再增加一个条件得出（2），需要加上"河西村→小产权"，形成传递：河西村→小产权→┐法律保护。此时结论（2）就成立了。

B 选项：河西村→小产权，正确。

解法二：性质秒杀。

根据性质①，每个词项会出现两次，正确答案应该包括"小产权"和"河西村"，因此，正确答案应该在 B、E 两项之间。

根据性质②，论据和结论中都没有"有些"，所以补充的条件中应该也没有"有些"，排除 E 选项。

故正确答案为 B 选项。

例 4.9 大山中学所有骑自行车上学的学生都回家吃午饭，因此，有些家在郊区的大山中学的学生不骑自行车上学。

为使上述论证成立，以下哪项关于大山中学的断定是必须假设的？

A. 骑自行车上学的学生都不在郊区。

B. 回家吃午饭的学生都骑自行车上学。

C. 家在郊区的学生都不回家吃午饭。

D. 有些家在郊区的学生不回家吃午饭。

E. 有些不回家吃午饭的学生家不在郊区。

【解析】论据：（1）自行车→回家。

结论：（2）有些郊区→┐自行车。

解法一：倒三角补箭头。

要由（1）再增加一个条件得出（2），需要加上"有些郊区→┐回家"，形成传递：有些郊区→┐回家→┐自行车。此时结论（2）就成立了。

D 选项：有些郊区→┐回家，正确。

解法二：性质秒杀。

根据性质①，"自行车"已经出现 2 次，补充的条件应为"回家吃午饭"和"郊区"的关系，排除 A、B 两项。

根据性质②，"有些"这一量词已经在结论中出现了 1 次，所以补充的条件中应该再出现 1 次，排除 C 选项。

根据性质③，"不"这个否定词已经在结论中出现了 1 次，所以补充的条件中应该再出现

1次，排除 E 选项。

故正确答案为 D 选项。

例 4.10 有些通信网络维护涉及个人信息安全，因而，不是所有通信网络的维护都可以外包。

以下哪项可以使上述论证成立？

A. 所有涉及个人信息安全的都不可以外包。　　B. 有些涉及个人信息安全的不可以外包。

C. 有些涉及个人信息安全的可以外包。　　D. 所有涉及国家信息安全的都不可以外包。

E. 有些通信网络维护涉及国家信息安全。

【解析】论据：（1）有些维护→个人信息安全。

结论：（2）有些维护→￢外包。

解法一：倒三角补箭头。

要由（1）再增加一个条件得出（2），需要加上"个人信息安全→￢外包"，形成传递：有些维护→个人信息安全→￢外包。此时结论（2）就成立了。

A 选项：个人信息安全→￢外包，正确。

解法二：性质秒杀。

根据性质①，每个词项会出现两次，所以答案中应该出现"个人信息安全"和"外包"，答案在 A、B、C 三项之间。

根据性质②，论据和结论都出现了"有些"，所以补充的条件中不应该再出现"有些"，排除 B、C 两项。

故正确答案为 A 选项。

例 4.11 张华是甲班学生，对围棋感兴趣。该班学生或者对国际象棋感兴趣，或者对军棋感兴趣；如果对围棋感兴趣，则对军棋不感兴趣。因此，张华对中国象棋感兴趣。

以下哪项最可能是上述论证的假设？

A. 如果对国际象棋感兴趣，则对中国象棋感兴趣。

B. 甲班对国际象棋感兴趣的学生都对中国象棋感兴趣。

C. 围棋和中国象棋比军棋更具挑战性。

D. 甲班学生感兴趣的棋类只限于围棋、国际象棋、军棋和中国象棋。

E. 甲班所有学生都对中国象棋感兴趣。

【解析】论据：（1）张华→甲班∧围棋；（2）甲班→国际象棋∨军棋；（3）围棋→￢军棋。

结论：（4）张华→中国象棋。

由（1）（2）可得，（5）张华→甲班→国际象棋∨军棋。

由（1）（3）可得，（6）张华→围棋→￢军棋。

由（5）（6）可得，（7）张华→国际象棋。

要得到结论（4），只需要补充条件"国际象棋→中国象棋"即可。但是，大家要注意题干讨论的都是在甲班的范围内，所以只要甲班学生对国际象棋感兴趣的都对中国象棋感兴趣即可。

A 选项：范围过大，只要甲班学生符合该条件即可，该项不是必须要有的假设，排除。

B 选项：与上述分析一致，正确。

C 选项：与题干论证无关，排除。

D 选项：无法推出题干结论，排除。

E 选项：虽然该项可以使题干中的结论成立，但范围过大，不需要甲班所有学生都对中国象棋感兴趣，只需要对国际象棋感兴趣的甲班学生都对中国象棋感兴趣即可，该项不是必须要有的假设，排除。

故正确答案为 B 选项。

例 4.12 有些阔叶树是常绿植物，因此，所有阔叶树都不生长在寒带地区。

以下哪项如果为真，最能反驳上述结论？

A. 常绿植物不都是阔叶树。

B. 寒带的某些地区不生长阔叶树。

C. 有些阔叶树不生长在寒带地区。

D. 常绿植物都不生长在寒带地区。

E. 常绿植物都生长在寒带地区。

【解析】论据：(1) 有些阔叶→常绿。

结论：(2) 阔叶→¬寒带。

要反驳结论，就要寻找结论的矛盾关系：(3) 有些阔叶→寒带。

所以，只需要添加条件，使 (1) 能推出 (3) 即可。

E 选项：常绿→寒带，与 (1) 传递可得，有些阔叶→常绿→寒带，即可得到，有些阔叶→寒带，正确。

故正确答案为 E 选项。

例 4.13 某科研机构对市民所反映的一种奇异现象进行研究，该现象无法用已有的科学理论进行解释。助理研究员小王由此断言，该现象是错觉。

以下哪项如果为真，最可能使小王的断言不成立？

A. 错觉都可以用已有的科学理论进行解释。

B. 所有错觉都不能用已有的科学理论进行解释。

C. 已有的科学理论尚不能完全解释错觉是如何形成的。

D. 有些错觉不能用已有的科学理论进行解释。

E. 有些错觉可以用已有的科学理论进行解释。

【解析】论据：(1) 该现象→¬解释。

结论：(2) 该现象→错觉。

要想证明上述结论不成立，就要推出结论的矛盾关系，即该现象→¬错觉。

若 A 选项正确，错觉→解释＝¬解释→¬错觉，与 (1) 传递可得：该现象→¬解释→¬错觉。

故正确答案为 A 选项。

命题方向 3：三段论结构相似

稳 特征识别	题干为三段论的逻辑论证过程，要求选出与题干的论证结构相似的选项
准 基本思路	三段论结构相似分为两类。 （1）纯相似。 　　典型问法：①以下哪项与题干的推理结构最为相似？ 　　　　　　　②以下哪项推理与上述推理在结构上最为相似？ 　　将词项表示为数字 123 或字母 ABC，简化题干结构，与选项进行比较，不需要关注题干的推理结构是否正确，只需要看结构是否相似即可。 （2）结构相似＋结论荒谬。 　　典型问法：①以下哪项推理明显说明上述论证不成立？ 　　　　　　　②与以下哪项推理做类比能说明上述推理不成立？ 　　要说明题干中的推理不成立，需要找出与题干推理结构相似，但是得出荒谬结论的选项
狠 提速技巧	**秒杀第五招：形式逻辑题型专属秒杀法** —— 形式逻辑结构相似：先性质再内容，先结论再论据 题目特征：题干为形式逻辑推理结构，需要选出与题干推理结构相似的选项。 命题思路：考查对逻辑推理结构的观察、提取及比对。 答案特征： （1）先观察题干和选项的语句性质。 　　例如：题干结构为所有 A 都是 B，内容为"有的 A 是 B、有的 A 不是 B"的选项可先排除。 　　题干的结论是否定的，优先验证结论也是否定的选项。 （2）标 123 或 ABC 时，先锁定论证的结论，并进行标注，与题干的标注保持一致，再向前标注论据

例 4.14 张老师说：这次摸底考试，我们班的学生全都通过了，所以，没有通过的都不是我们班的学生。

以下哪项和上述推理在结构上最为相似？

A. 所有摸底考试没有通过的学生都没有好好复习，所以没有好好复习的学生都没有通过。

B. 所有参加摸底考试的学生都经过了认真准备，所以没有参加摸底考试的学生都没有认真准备。

C. 英雄都是经得起考验的，所以经不起考验的就不是英雄。

D. 有的学生虽然没有好好复习，但是也通过了。

E. 所有摸底考试通过的学生都好好复习了，所以好好复习的学生都通过了。

【解析】题干信息：

　　　　我们班→通过　　　　　　A→B

　　　　￢通过→￢我们班　　　　￢B→￢A

题干的结论为"没有通过的都不是我们班的学生"，是否定的，优先锁定结论也是否定的 A、B、C 三项，并进行验证。

A 选项：￢通过→￢复习　　　　￢A→￢B

　　　　￢复习→￢通过　　　　￢B→￢A

该项与题干推理结构不相似，排除。

B 选项：参加→准备　　　　　　　　A→B
　　　　￢参加→￢准备　　　　　　￢A→￢B

该项与题干推理结构不相似，排除。

C 选项：英雄→考验　　　　　　　　A→B
　　　　￢考验→￢英雄　　　　　　￢B→￢A

该项与题干推理结构相似，正确。

故正确答案为 C 选项。

例 4.15 所有名词是实词，动词不是名词，所以，动词不是实词。

以下哪项推理与上述推理在结构上最为相似？

A. 凡细粮都不是高产作物，因为凡薯类都是高产作物，凡细粮都不是薯类。

B. 先进学生都是遵守纪律的，有些先进学生是大学生，所以，大学生都是遵守纪律的。

C. 铝是金属，又因为金属都是导电的，因此，铝是导电的。

D. 虚词不能独立充当句法成分，介词是虚词，所以，介词不能独立充当句法成分。

E. 实词能独立充当句法成分，连词不能独立充当句法成分，所以，连词不是实词。

【解析】题干信息：

　　　　名词→实词，动词→￢名词　　　B→C，A→￢B
　　　　动词→￢实词　　　　　　　　　A→￢C

题干的结论"动词不是实词"是否定的，所以优先锁定结论也是否定的 A、D、E 三项，并进行验证。

A 选项：薯类→高产，细粮→￢薯类　　　B→C，A→￢B
　　　　细粮→￢高产　　　　　　　　　A→￢C

该项与题干推理结构相似，正确。

注意：一定要注意此项的推理结构，不要被语句顺序干扰！

D 选项：虚词→￢独立，介词→虚词　　　B→￢C，A→B
　　　　介词→￢独立　　　　　　　　　A→￢C

该项与题干推理结构不相似，排除。

E 选项：实词→独立，连词→￢独立　　　C→B，A→￢B
　　　　连词→￢实词　　　　　　　　　A→￢C

该项与题干推理结构不相似，排除。

故正确答案为 A 选项。

例 4.16 所有重点大学的学生都是聪明的学生，有些聪明的学生喜欢逃学，小杨不喜欢逃学。所以，小杨不是重点大学的学生。

以下除哪项外，均与上述推理的形式类似？

A. 所有经济学家都懂经济学，有些懂经济学的爱投资企业，你不爱投资企业。所以，你不是经济学家。

B. 所有的鹅都吃青菜，有些吃青菜的也吃鱼，兔子不吃鱼。所以，兔子不是鹅。

C. 所有的人都是爱美的，有些爱美的还研究科学，亚里士多德不是普通人。所以，亚里士多德不研究科学。

D. 所有被高校录取的学生都是超过录取分数线的，有些超过录取分数线的是大龄考生，小张不是大龄考生。所以，小张没有被高校录取。

E. 所有想当外交官的都需要学外语，有些学外语的重视人际交往，小王不重视人际交往。所以，小王不想当外交官。

【解析】题干信息：重点大学→聪明，有些聪明→逃学，小杨→¬逃学。所以，小杨→¬重点大学。

D→B，有些B→C，A→¬C。所以，A→¬D。

C选项：人→爱美，有些爱美→科学，亚→¬普通人。所以，亚→¬科学。

　　　　B→C，有些C→D，A→¬B。所以，A→¬D。

该项与题干中的论证结构不类似，正确。

故正确答案为C选项。

例4.17 姜昆是相声演员，姜昆是曲艺演员，所以相声演员都是曲艺演员。

以下哪项推理明显说明上述论证不成立？

A. 人都有思想，狗不是人，所以狗没有思想。

B. 商品都有价值，商品都是劳动产品，所以，劳动产品都有价值。

C. 所有技术骨干都刻苦学习，小张不是技术骨干，所以，小张不是刻苦学习的人。

D. 犯罪行为都是违法行为，犯罪行为都应受到社会的谴责，所以，违法行为都应受到社会的谴责。

E. 黄金是金属，黄金是货币，所以，金属都是货币。

【解析】题干信息：B是A，B是C，所以A都是C。

题干结论"相声演员都是曲艺演员"是肯定的，优先锁定结论也是肯定的B、D、E三项，并进行验证。

E选项的结论"金属都是货币"，与正常认知不符，明显荒谬，锁定E选项。

E选项：B是A，B是C，所以A都是C，与题干推理结构相似，而且"金属都是货币"这一结论与事实不符，是荒谬的，可以说明题干论证不成立，正确。

故正确答案为E选项。

例4.18 科学不是宗教，宗教都主张信仰，所以主张信仰都不科学。

以下哪项最能说明上述推理不成立？

A. 所有渴望成功的人都必须努力工作，我不渴望成功，所以我不必努力工作。

B. 商品都有使用价值，空气当然有使用价值，所以空气当然是商品。

C. 不刻苦学习的人都成不了技术骨干，小张是刻苦学习的人，所以小张能成为技术骨干。

D. 台湾人不是北京人，北京人都说汉语，所以，说汉语的人都不是台湾人。

E. 犯罪行为都是违法行为，违法行为都应受到社会的谴责，所以应受到社会谴责的行为都是犯罪行为。

【解析】 题干信息：C 不是 B，B 都是 A，所以 A 都不是 C。

题干结论"主张信仰都不科学"是否定的，优先锁定结论也是否定的 A、D 两项，并进行验证。

D 选项的结论"说汉语的都不是台湾人"，与正常认知不符，明显荒谬，锁定 D 选项。

D 选项：C 不是 B，B 都是 A，所以 A 都不是 C，与题干推理结构相似，并且有的说汉语的是人台湾人，所以"说汉语的人都不是台湾人"是荒谬的结论，可以说明题干推理不成立，正确。

故正确答案为 D 选项。

三、配套练习：媛选好题

1. 环球旅游团中，所有去日本的游客都去过富士山，所有去美国的游客都没有去过富士山，所有自由行的游客都去了美国。

    如果上述断定都是真的，则以下哪项必定是真的？

    A. 有些自由行的游客去了日本。　　　　B. 有些自由行的游客没有去日本。

    C. 有些去日本的游客去了美国。　　　　D. 所有去美国的都是自由行的游客。

    E. 所有去富士山的游客都去了日本。

2. 藏獒是世界上最勇猛的狗，一只壮年的藏獒能与五只狼搏斗。所有的藏獒都对自己的主人忠心耿耿，而所有忠实于自己主人的狗也都为人所珍爱。

    如果以上陈述为真，则以下陈述都必然为真，除了：

    A. 有些为人所珍爱的狗不是藏獒。　　　B. 任何不为人所珍爱的狗都不是藏獒。

    C. 有些世界上最勇猛的狗为人所珍爱。　D. 有些忠实于自己主人的狗是世界上最勇猛的狗。

    E. 有些最勇猛的狗可以与五只狼搏斗。

3. 高校 2007 年秋季入学的学生中有些是免费师范生。所有的免费师范生都是家境贫寒的。凡是家境贫寒的学生都参加了勤工助学活动。

    如果以上陈述为真，则以下各项必然为真，除了：

    A. 2007 年秋季入学的学生中有人家境贫寒。

    B. 没有参加勤工助学活动的学生都不是免费师范生。

    C. 有些参加勤工助学活动的学生是 2007 年秋季入学的。

    D. 有些参加勤工助学活动的学生不是免费师范生。

    E. 有些家境不贫寒的学生不是免费师范生。

4. 学年末，某中学初一年级进行了学年评定，有些学生干部当上了区三好学生，有些学生入了团。在推选共青团员的活动中，所有校三好学生都递交了入团申请，所有区三好学生都没有写入团申请。

如果以上断定为真，则以下哪项也必定为真？

A. 所有学生干部都是三好学生。　　　　B. 有些学生干部递交了入团申请。

C. 所有团员都是校三好学生。　　　　　D. 有些学生不是校三好学生。

E. 并非所有校三好学生都是学生干部。

5. 在某住宅小区的居民中，有的中老年教员都办了人寿保险，所有买了四居室以上住房的居民都办了财产保险，而所有办了人寿保险的都没办理财产保险。

   如果上述断定是真的，则以下哪项关于该小区居民的断定必定是真的？

   Ⅰ. 有中老年教员买了四居室以上的住房。

   Ⅱ. 有中老年教员没办理财产保险。

   Ⅲ. 买了四居室以上住房的居民都没办理人寿保险。

   A. Ⅰ、Ⅱ和Ⅲ。　　　　B. 仅Ⅰ和Ⅱ。　　　　C. 仅Ⅱ和Ⅲ。

   D. 仅Ⅱ。　　　　　　　E. 仅Ⅲ。

6. 电视广告：这酒嘛，年头要长一点，工艺要精一点。好酒，可以喝一点。（广告者打量手中的板城烧锅酒）嗯！板城烧锅酒，可以喝一点。

   为了使题干中的最后一句话成为前面几句话的逻辑推论，需要补充下面哪一个前提？

   A. 茅台酒是中国最著名的好酒。　　　B. 板城烧锅酒年头很长。

   C. 五粮液和板城烧锅酒都是好酒。　　D. 板城烧锅酒工艺很精。

   E. 板城烧锅酒不伤胃。

7. 某些理发师留胡子，因此，某些留胡子的人穿白衣服。

   下述哪项如果为真，足以佐证上述论断的正确性？

   A. 某些理发师不喜欢穿白衣服。　　　B. 某些穿白衣服的理发师不留胡子。

   C. 所有理发师都穿白衣服。　　　　　D. 某些理发师不喜欢留胡子。

   E. 所有穿白衣服的人都是理发师。

8. 某些经济学家是大学数学系的毕业生，因此，某些大学数学系的毕业生是对企业经营很有研究的人。

   下列哪项如果为真，能够保证上述论断的正确？

   A. 某些经济学家专攻经济学的某一领域，对企业经营没有太多的研究。

   B. 某些对企业经营很有研究的经济学家不是大学数学系毕业的。

   C. 所有对企业经营很有研究的人都是经济学家。

   D. 某些经济学家不是大学数学系的毕业生，而是学经济学的。

   E. 所有经济学家都是对企业经营很有研究的人。

9. 在即将举行的全国投资大赛上，组委会对现有报名情况进行统计：所有参赛女选手都来自南方，所有来自南方的选手都不是在校学生。由此，组委会得出结论：所有参赛女选手都没有历次参赛经验。

   组委会得出的结论最可能依赖于以下哪项？

A. 在校学生参赛选手都没有历次参赛经验。

B. 来自北方的选手都是具有历次参赛经验的。

C. 在校学生参赛选手都具有历次参赛经验。

D. 具有历次参赛经验的参赛选手都是在校学生。

E. 参赛女选手都不是在校学生。

10.《神奇植物学杂志》创刊号中对神奇植物的介绍有：有些裸子植物是落叶植物，所有裸子植物都不是针叶植物。据此，张教授认为，有些落叶植物肯定不能生长在海拔超过 1 000 米的地方。

张教授是依据以下哪一项得出的结论？

A. 针叶植物都生长在海拔超过 1 000 米的地方。

B. 有些针叶植物生长在海拔低于 1 000 米的地方。

C. 在海拔低于 1 000 米的地方生长的植物都是针叶植物。

D. 裸子植物都是神奇植物。

E. 在海拔超过 1 000 米的地方生长的植物都是针叶植物。

11. 有些导演留大胡子，因此，有些留大胡子的人是大嗓门。

为使上述推理成立，必须补充以下哪项作为前提？

A. 有些导演是大嗓门。　　　　　　B. 所有大嗓门的人都是导演。

C. 所有导演都是大嗓门。　　　　　D. 有些大嗓门的人不是导演。

E. 有些导演不是大嗓门。

12. 第一机械厂的有些管理人员取得了 MBA 学位，因此，有些工科背景的大学毕业生取得了 MBA 学位。

以下哪项如果为真，则最能保证上述论证的成立？

A. 有些管理人员是工科背景的大学毕业生。

B. 有些取得 MBA 学位的管理人员不是工科背景的大学毕业生。

C. 第一机械厂所有的管理人员都是工科背景的大学毕业生。

D. 第一机械厂的有些管理人员还没有取得 MBA 学位。

E. 第一机械厂所有的工科背景的大学毕业生都是管理人员。

13. 超过 20 年使用期限的汽车都应当报废；有些超过 20 年使用期限的汽车存在不同程度的设计缺陷；在应当报废的汽车中有些不是 H 国进口车；所有的 H 国进口车都不存在设计缺陷。

如果上述断定为真，则以下哪项一定为真？

A. 有些 H 国进口车不应当报废。　　　B. 有些 H 国进口车应当报废。

C. 有些存在设计缺陷的汽车应当报废。　D. 所有应当报废的汽车的使用期限都超过 20 年。

E. 有些超过 20 年使用期限的汽车不应当报废。

14. 凡金属都是导电的，铜是导电的，所以，铜是金属。

下面哪项与上述推理结构最相似？

A. 所有的鸟都是卵生动物，蝙蝠不是卵生动物，所以，蝙蝠不是鸟。

B. 所有的鸟都是卵生动物，天鹅是鸟，所以，天鹅是卵生动物。

C. 所有从事工商管理工作的都要学习企业管理，老陈是学习企业管理的，所以，老陈是从事工商管理工作的。

D. 只有精通市场营销理论，才是一个合格的市场营销经理，老张精通市场营销理论，所以，老张一定是合格的市场营销经理。

E. 华山险于黄山，黄山险于泰山，所以，华山险于泰山。

15. 班干部都参加了奥运志愿服务，小赵也参加了奥运志愿服务，所以，小赵是班干部。

以下哪项推理与上述结构最相似？

A. 班干部都参加了奥运志愿服务，小刘没有参加奥运志愿服务，所以，小刘不是班干部。

B. 高一（2）班排名前10的都考上了大学，小赵考上了大学，所以，小赵在高一（2）班排名在前5。

C. 2008年以后购买的电脑都安装了Vista系统，我的电脑安装了Vista系统，所以，我的电脑是2008年以后购买的。

D. 学习成绩差的大学生不能参加国庆节广场联欢，小刘参加了国庆节广场联欢，所以，小刘成绩一定不错。

E. 在超市购买商品的顾客都能得到公园门票，我想得到公园门票，所以，我一定要去超市购物。

16. 赵亮是计算机学院大二的学生，他通过了计算机等级测试，所以，计算机学院大二的学生都通过了计算机等级测试。

以下哪项与上述论证方法最相近？

A. 小李是大学助教，小李不会开车，所以，有的大学助教不会开车。

B. 中石化没有亏损，中石化是国有大型企业，因此，有些国有大型企业没有亏损。

C. 王明是职业经理人，王明和很多人都学过人力资源课程，所以职业经理人都学过人力资源课程。

D. 大学生是知识分子，小赵是大学生，所以，小赵是知识分子。

E. 金属都是导电的，铜导电，因此，铜是金属。

17. 苹果是水果，但同时苹果也是食物，因此，水果都是食物。

以下哪项最能说明上述推理不成立？

A. 二人转是民间艺术，二人转不属于高雅文化，因此，民间艺术不属于高雅文化。

B. 鲁迅是绍兴人，鲁迅是文学家，因此，绍兴人都是文学家。

C. 商品都有使用价值，太阳光不是商品，因此，太阳光没有使用价值。

D. 爱迪生是科学家，爱迪生没有大学文凭，因此，没有大学文凭的人有可能成为科学家。

E. 姜昆是相声演员，姜昆又是曲艺演员，因此，相声演员都是曲艺演员。

18. 有些北方人喜欢吃火锅，喜欢吃火锅的人都不是多愁善感的，所以，有些多愁善感的人不是北方人。

以下哪项能够说明上述推理不成立？

A. 驾驶车辆都需要驾驶执照，有些人没有驾驶执照，所以，有些人不能驾驶车辆。

B. 所有正义的行为都是具有社会价值的，有些违法行为不具有社会价值，所以，有些正义的行为不是违法行为。

C. 所有青年人都是缺乏社会经验的，有些大学生不缺乏社会经验，所以，有些大学生不是青年人。

D. 泰国人都是亚洲人，新加坡人是亚洲人，所以，泰国人是新加坡人。

E. 有些女性是女运动员，所有女运动员都不是女青年，所以，有些女青年不是女性。

19~20题基于以下题干：

以下是某市体委根据对该市业余体育运动爱好者一项调查做出的若干结论：

所有的桥牌爱好者都爱好围棋；有的围棋爱好者爱好武术；所有的武术爱好者都不爱好健身操；有的桥牌爱好者同时爱好健身操。

19. 如果上述结论都是真的，则以下哪项不可能为真？

A. 所有的围棋爱好者也都爱好桥牌。
B. 有的桥牌爱好者爱好武术。

C. 健身操爱好者都爱好围棋。
D. 有的桥牌爱好者不爱好健身操。

E. 围棋爱好者都爱好健身操。

20. 如果在题干中再增加一个结论，即每个围棋爱好者爱好武术或者健身操，则以下哪个人的业余体育爱好和题干断定的条件矛盾？

A. 一个桥牌爱好者，既不爱好武术，也不爱好健身操。

B. 一个健身操爱好者，既不爱好围棋，也不爱好桥牌。

C. 一个武术爱好者，爱好围棋，但不爱好桥牌。

D. 一个武术爱好者，既不爱好围棋，也不爱好桥牌。

E. 一个围棋爱好者，爱好武术，但不爱好桥牌。

答案速查： BADDC CCEDE CCCCC CBEEA

1. **【解析】** 题干信息：（1）日本→富士山；（2）美国→¬富士山；（3）自由行→美国。

   结合（3）（2）（1）可得：（4）自由行→美国→¬富士山→¬日本。

   A 选项：有些自由行→日本，不符合（4），排除。

   B 选项：有些自由行→¬日本，由（4）可知，所有自由行的游客都没去日本，"所有"为真可推出"有些"为真，正确。

   C 选项：有些日本→美国，由（4）可知，所有去日本的游客都没有去美国，所以该项一定为假。

   D 选项：美国→自由行，不符合（4），排除。

   E 选项：富士山→日本，不符合（4），排除。

   故正确答案为 B 选项。

2. **【解析】** 题干信息：（1）藏獒→最勇猛；（2）壮年藏獒→搏斗；（3）藏獒→忠心；（4）忠心→珍爱。

结合（3）（4）可得：(5）藏獒→忠心→珍爱。

A 选项：有些珍爱→﹁藏獒，与题干逻辑关系不一致，所以该项不必然为真，正确。

B 选项：﹁珍爱→﹁藏獒 = 藏獒→珍爱，符合（5），所以该项必然为真，排除。

C 选项：有些最勇猛→珍爱，由（1）可得，有些藏獒→最勇猛，其等价于，有些最勇猛→藏獒，再结合（5）可得，有些最勇猛→藏獒→忠心→珍爱，所以该项必然为真，排除。

D 选项：有些忠心→最勇猛，由（1）可得，有些藏獒→最勇猛，其等价于，有些最勇猛→藏獒，再结合（3）可得，有些最勇猛→藏獒→忠心，所以该项必然为真，排除。

E 选项：有些最勇猛→搏斗 = 有些搏斗→最勇猛，由（2）可得，有些藏獒→搏斗 = 有些搏斗→藏獒，再结合（1）可得，有些搏斗→藏獒→最勇猛，所以该项必然为真，排除。

故正确答案为 A 选项。

3. 【解析】题干信息：（1）有些秋季→免费；（2）免费→贫寒；（3）贫寒→助学。

结合（1）（2）（3）可得：(4）有些秋季→免费→贫寒→助学。

A 选项：有些秋季→贫寒，符合（4），所以该项必然为真，排除。

B 选项：﹁助学→﹁免费 = 免费→助学，符合（4），所以该项必然为真，排除。

C 选项：有些助学→秋季 = 有些秋季→助学，符合（4），所以该项必然为真，排除。

D 选项：有些助学→﹁免费，不符合（4），所以该项不必然为真，正确。

E 选项：有些﹁贫寒→﹁免费，由（4）可知，免费→贫寒 = ﹁贫寒→﹁免费，"所有"为真可推出"有些"为真，所以该项必然为真，排除。

故正确答案为 D 选项。

4. 【解析】题干信息：（1）有些学生干部→区三好；（2）有些学生→入团；（3）校三好→申请；（4）区三好→﹁申请。

结合（1）（4）（3）可得：(5）有些学生干部→区三好→﹁申请→﹁校三好。

D 选项：有些学生→﹁校三好，符合（5），正确。

故正确答案为 D 选项。

5. 【解析】题干信息：（1）有的教员→人寿；（2）四居室→财产；（3）人寿→﹁财产。

结合（1）（3）（2）可得：(4）有的教员→人寿→﹁财产→﹁四居室。

复选项 I：有的教员→四居室，由（4）可知，有的教员没买四居室以上的住房，"有的"的数量范围为"1~全部"，所以无法判断是否有教员买了四居室以上的住房，该项真假不确定。

复选项 II：有的教员→﹁财产，符合（4），所以该项一定为真。

复选项 III：四居室→﹁人寿 = 人寿→﹁四居室，符合（4），所以该项一定为真。

故正确答案为 C 选项。

6. 【解析】题干信息：（1）好酒→可以喝；（2）板城烧锅酒→可以喝。

要由（1）得出（2），需要加上"板城烧锅酒→好酒"，这样就可以形成传递：板城烧锅酒→好酒→可以喝，此时（2）可以成立。

C 选项：五粮液∧板城烧锅酒→好酒，此题虽与五粮液无关，但只要该项能保证"板城烧锅酒是好酒"就是正确的。

故正确答案为 C 选项。

7. 【解析】题干信息：（1）某些理发师→胡子＝某些胡子→理发师；（2）某些胡子→白衣服。

要由（1）得出（2），需要加上"理发师→白衣服"，这样就可以形成传递：某些胡子→理发师→白衣服，此时（2）可以成立。

C 选项：理发师→白衣服，符合上述分析，正确。

故正确答案为 C 选项。

8. 【解析】题干信息：（1）某些经济→数学＝某些数学→经济；（2）某些数学→企业。

要由（1）得出（2），需要加上"经济→企业"，这样就可以形成传递：某些数学→经济→企业，此时（2）可以成立。

E 选项：经济→企业，符合上述分析，正确。

故正确答案为 E 选项。

9. 【解析】题干信息：（1）女选手→南方；（2）南方→¬在校；（3）女选手→¬经验。

要由（1）（2）得出（3），需要加上"经验→在校"，这样就可以形成传递：女选手→南方→¬在校→¬经验，此时（3）可以成立。

D 选项：经验→在校，符合上述分析，正确。

故正确答案为 D 选项。

10. 【解析】题干信息：（1）有些裸子→落叶；（2）裸子→¬针叶；（3）有些落叶→¬＞1 000 米。

要由（1）（2）得出（3），需要加上"¬针叶→¬＞1 000 米"，这样就可以形成传递：有些落叶→裸子→¬针叶→¬＞1 000 米，此时（3）可以成立。

E 选项：＞1 000 米→针叶＝¬针叶→¬＞1 000 米，符合上述分析，正确。

故正确答案为 E 选项。

11. 【解析】题干信息：（1）有些导演→胡子＝有些胡子→导演；（2）有些胡子→大嗓门。

要由（1）得出（2），需要加上"导演→大嗓门"，这样就可以形成传递：有些胡子→导演→大嗓门，此时（2）可以成立。

C 选项：导演→大嗓门，符合上述分析，正确。

故正确答案为 C 选项。

12. 【解析】题干信息：（1）有些管理→MBA＝有些 MBA→管理；（2）有些工科→MBA。

要由（1）得出（2），需要加上"管理→工科"，这样就可以形成传递：有些 MBA→管理→工科，有些 MBA→工科＝有些工科→MBA，此时（2）可以成立。

C 选项：管理→工科，符合上述分析，正确。

故正确答案为 C 选项。

13. 【解析】题干信息：（1）＞20 年→报废；（2）有些＞20 年→缺陷＝有些缺陷→＞20 年；（3）有些报废→¬H 国；（4）H 国→¬缺陷。

由（2）（1）传递可得：（5）有些缺陷→＞20 年→报废。

由（2）（4）传递可得：（6）有些 > 20 年→缺陷→¬H 国。

优先验证涉及"有些缺陷""报废"和"有些 > 20 年""¬H 国"的选项，即 C 选项。

C 选项：有些缺陷→报废，锁定链条首尾，符合（5），正确。

A 选项为，有些 H 国→¬报废；B 选项为，有些 H 国→报废；D 选项为，报废→ > 20 年。这三个选项均不符合题干逻辑关系，无法判断真假，排除。

E 选项：有些 > 20 年→¬报废，与（1）是矛盾关系，一定为假，排除。

故正确答案为 C 选项。

14. **【解析】** 题干信息：金属（C）→导电（B），铜（A）→导电（B），所以，铜（A）→金属（C）。

A 选项：题干推理未出现否定，该项与题干推理结构不相似，排除。

B 选项：鸟（B）→卵生（C），天鹅（A）→鸟（B），所以，天鹅（A）→卵生（C），与题干推理结构不相似，排除。

C 选项：管理（C）→学习（B），老陈（A）→学习（B），所以，老陈（A）→管理（C），与题干推理结构相似，正确。

D 选项：题干推理结构为直言命题构成的三段论，而选项出现"只有……才……"这一连接词，是假言命题，与题干推理结构不相似，排除。

E 选项：此选项是关系命题，与题干推理结构不相似，排除。

故正确答案为 C 选项。

15. **【解析】** 题干信息：班干部（C）→志愿（B），小赵（A）→志愿（B），所以，小赵（A）→班干部（C）。

A 选项：题干推理未出现否定，该项与题干推理结构不相似，排除。

B 选项：论据中的"排名前 10"与结论中的"排名前 5"不是一个词项，该项与题干推理结构不相似，排除。

C 选项：2008 年以后（C）→ Vista（B），我的电脑（A）→ Vista（B），所以，我的电脑（A）→ 2008 年以后（C），该项与题干推理结构相似，正确。

D 选项：题干推理未出现否定，该项与题干推理结构不相似，排除。

E 选项："能得到"与"想得到"不同，该项与题干推理结构不相似，排除。

故正确答案为 C 选项。

16. **【解析】** 题干信息：赵（B）→大二（A），赵（B）→通过（C），所以，大二（A）→通过（C）。

A 选项：题干推理未出现否定，题干结论未出现"有的"，该项与题干论证方法不相似，排除。

B 选项：题干结论未出现"有些"，该项与题干论证方法不相似，排除。

C 选项：王（B）→经理人（A），王（B）→学过（C），所以，经理人（A）→学过（C），该项与题干论证方法相似，正确。

D 选项：大学生（B）→知识分子（C），赵（A）→大学生（B），所以，赵（A）→知识分子（C），该项与题干论证方法不相似，排除。

E 选项：金属（C）→导电（B），铜（A）→导电（B），因此，铜（A）→金属（C），该项与题干论证方法不相似，排除。

故正确答案为C选项。

17.【解析】题干信息：苹果（B）→水果（A），苹果（B）→食物（C），因此，水果（A）→食物（C）。

A、C、D三项：题干推理未出现否定，该项与题干推理结构不相似，排除。

B选项：鲁迅（B）→绍兴人（A），鲁迅（B）→文学家（C），因此，绍兴人（A）→文学家（C），该项与题干推理结构相似，而且"绍兴人都是文学家"这一结论与常识不符，是荒谬的，可以说明题干推理不成立，正确。

E选项：姜昆（B）→相声（A），姜昆（B）→曲艺（C），因此，相声（A）→曲艺（C），该项与题干推理结构相似，但"相声演员都是曲艺演员"这一结论不荒谬，无法说明题干推理不成立，排除。

故正确答案为B选项。

18.【解析】题干信息：有些北方人（有些C）→火锅（B），火锅（B）→¬多愁善感（¬A），所以，有些多愁善感（有些A）→¬北方人（¬C）。

A、B、C、D四项：与题干推理结构不相似，排除。

E选项：有些女性（有些C）→女运动员（B），女运动员（B）→¬女青年（¬A），所以，有些女青年（有些A）→¬女性（¬C），该项与题干推理结构相似，而且结论"有些女青年不是女性"荒谬，可以说明题干推理不成立，正确。

故正确答案为E选项。

19.【解析】题干信息：（1）桥牌→围棋；（2）有的围棋→武术；（3）武术→¬健身；（4）有的桥牌→健身。

由（4）（3）传递可得：（5）有的桥牌 →健身→¬武术。

由（2）（3）传递可得：（6）有的围棋 →武术→¬健身。

锁定链条首尾找矛盾关系。与（5）矛盾，即所有桥牌爱好者都爱好武术，未找到正确答案。与（6）矛盾，即所有围棋爱好者都爱好健身操，E选项与此一致，正确。

A选项为，围棋→桥牌；B选项为，有的桥牌→武术；C选项为，健身→围棋；D选项为，有的桥牌→ ¬健身。这四项都不与题干矛盾，排除。

故正确答案为E选项。

20.【解析】问题附加信息：（7）围棋→武术∨健身。

由（1）（7）传递可得：桥牌 → 围棋 → 武术∨健身。

锁定链条首尾找矛盾关系：有的桥牌爱好者既不爱好武术，也不爱好健身操。因此，A选项正确，其他选项均不与题干断定的条件矛盾。

故正确答案为A选项。

第五章 模态命题

考频统计

考试	管理类综合能力（199）										经济类综合能力（396）		
年度	2014	2015	2016	2017	2018	2019	2020	2021	2022	2023	2021	2022	2023
题量	0	0	0	0	2	0	0	0	0	0	0	0	0

备考指导

模态命题在真题中考频较低，难度也不大，大家要学会识别考点，掌握本章涉及的知识点和题型。

本章导图

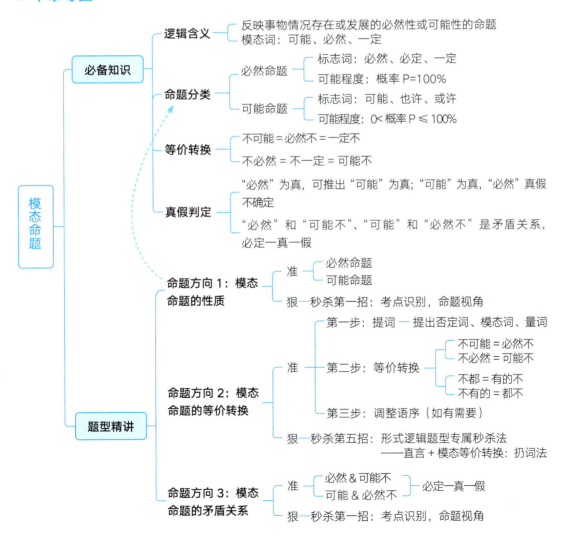

一、必备知识：逻辑含义、命题分类、等价转换、真假判定

	模态命题			
逻辑含义	定义：模态命题是反映事物情况存在或发展的必然性或可能性的命题。 特征：模态命题包含"可能""必然""一定"等模态词			
命题分类	命题种类	标志词	含义	可能程度
	必然命题	必然、必定、一定	在所有情况下，事情都会发生	概率 P=100%
	可能命题	可能、也许、或许	在有些情况下，事情会发生	0< 概率 P ≤ 100%
等价转换	（1）不可能 = 必然不 = 一定不。 （2）不必然 = 不一定 = 可能不。			
真假判定	（1）"必然"为真，可推出"可能"为真；"可能"为真，"必然"真假不确定。 （2）"必然"和"可能不"、"可能"和"必然不"是矛盾关系，必定一真一假。 　① "必然"和"可能不"。 　　否定了"必然 A"可得，不必然 A；不必然 A= 可能不 A。 　② "可能"和"必然不"。 　　否定了"可能 A"可得，不可能 A；不可能 A= 必然不 A			

二、题型精讲：稳准狠

命题方向 1：模态命题的性质

稳 特征识别	根据题干信息、可能命题与必然命题的性质进行判断
准 基本思路	必然命题：发生概率为 100%。 可能命题：0< 发生概率≤ 100%
狠 提速技巧	**秒杀第一招：考点识别，命题视角** 题目特征：选项中有"可能""必然"等模态词。 命题思路：需要识别模态命题这一考点，并且根据"可能""必然"的性质进行判定。 答案特征：如果想得到"必然""一定"等必然命题的结论，那么论据必须准确、充分且完整，否则只能得到"可能""也许"等可能命题的结论

例 5.1　盛夏时节的某一天，某市早报刊载了由该市专业气象台提供的全国部分城市当天的天气预报，择其内容列表如下：

天津	阴	上海	雷阵雨	昆明	小雨
呼和浩特	阵雨	哈尔滨	少云	乌鲁木齐	晴
西安	中雨	南昌	大雨	香港	多云
南京	雷阵雨	拉萨	阵雨	福州	阴

根据上述信息，以下哪项做出的论断最为准确？

A. 由于所列城市盛夏天气变化频繁，所以上面所列的 9 类天气一定就是所有的天气类型。

B. 由于所列城市在同一天不一定展示所有的天气类型，所以上面所列的 9 类天气可能不是所有的天气类型。

C. 由于所列城市分处我国的东南西北中，所以上面所列的 9 类天气一定就是所有的天气类型。

D. 由于所列城市在同一天可能展示所有的天气类型，所以上面所列的 9 类天气一定是所有的天气类型。

E. 由于所列城市并非我国的所有城市，所以上面所列的 9 类天气一定不是所有的天气类型。

【解析】题干信息：上表列示了我国 12 个城市在某一天的天气状况，要根据该信息做出准确的判断。

观察选项发现，每个选项都包含模态词"一定"或"可能"。上述 12 个城市只是众多城市中的一部分，而且某一天也只是一年中的个例，以上天气状况是否包含了所有的天气类型，论据并不充分，所以无法做出"一定"的判断，只能得出"可能"的论断。

故正确答案为 B 选项。

命题方向 2：模态命题的等价转换

稳 特征识别	题干和选项中均出现模态词，需要找到与题干逻辑含义一致的选项
准 基本思路	模态命题最常考的题型就是等价转换，掌握以下两个公式即可： （1）不可能 = 必然不 = 一定不； （2）不必然 = 不一定 = 可能不。 在真题中，除了会单独考查"模态命题的等价转换"（命题方向 2）之外，还会考查直言命题与模态命题相结合的等价转换。这类题型的解题步骤为： 　第一步：提词。 　　提出否定词（不、并非等）、模态词（可能、必然、一定等）、量词（有的、有些、都等）。 　第二步：等价转换。 　　模态命题等价转换公式：（1）不可能 = 必然不 = 一定不；（2）不必然 = 不一定 = 可能不。 　　直言命题等价转换公式：（1）不都 = 有的不；（2）不有的 = 都不。 　　注意：任何都 = 所有都 = 都，只需要对一个词进行转换即可。 　第三步：调整语序（如有需要）。 　　如果"第二步：等价转换"做完后已经有选项与其一致，则可直接选出答案。如果没有与转换结果一致的选项，就需要调整语序。在不改变否定词位置的情况下，模态词和量词互换位置不影响语义。 　　例如：有的人可能不是英雄 = 可能有的人不是英雄；所有动物都必然不是食物 = 必然所有动物都不是食物

狠 提速技巧	**秒杀第五招：形式逻辑题型专属秒杀法** ——**直言＋模态等价转换：扔词法** 题目特征：题干信息不止有一个量词或模态词，转换比较复杂。 命题思路：考查命题的等价转换。 答案特征： 　第一步：提词。提出否定词、模态词、量词。 　第二步：扔词。将否定词扔到最后。 　第三步：换词。将"可能"和"必然"互换，"都"和"有的"互换

例 5.2 某专家针对后半年的房价做出预测：房价可能上涨。

以下哪项和专家的意思相同？

A. 房价不可能不上涨。　　　　　　B. 房价不一定上涨。

C. 房价也可能维持原状。　　　　　D. 房价上涨的可能性很小。

E. 房价不一定不上涨。

【解析】题干信息：房价可能上涨。

问题要求找出与专家的意思相同的选项，即要找出与题干信息一致的选项。

解法一：等价转换。

A 选项：不可能不＝必然不不＝必然，排除。

B 选项：不一定＝可能不，排除。

C 选项：可能维持原状，与题干不一致，排除。

D 选项："可能上涨"表示的是上涨的可能性比不上涨大，而不是上涨的可能性很小，排除。

E 选项：不一定不＝可能不不＝可能，正确。

解法二：扔词法。

A 选项：

第一步，提词：不可能不。第二步，扔词：可能不不。第三步，换词：必然不不＝必然。该项与题干不一致，排除。

B 选项：

第一步，提词：不一定。第二步，扔词：一定不。第三步，换词：可能不。该项与题干不一致，排除。

C 选项：同解法一 C 选项，排除。

D 选项：同解法一 D 选项，排除。

E 选项：

第一步，提词：不一定不。第二步，扔词：一定不不。第三步，换词：可能不不＝可能。该项与题干一致，正确。

故正确答案为 E 选项。

例 5.3 人都不可能不犯错误，不一定所有人都会犯严重错误。

如果上述断定为真，则以下哪项一定为真？

A. 人都可能犯错误，但有的人可能不犯严重错误。

B. 人都可能犯错误，但所有的人都可能不犯严重错误。

C. 人都一定会犯错误，但有的人可能不犯严重错误。

D. 人都一定会犯错误，但所有的人都可能不犯严重错误。

E. 人都可能犯错误，但有的人一定不犯严重错误。

【解析】解法一：等价转换。

前半句：不可能不 = 必然不不 = 必然，排除 A、B、E 三项。

后半句：不一定都 = 可能不都 = 可能有的不 = 有的可能不，排除 D 选项。

解法二：扔词法。

前半句：

第一步，提词：不可能不。第二步，扔词：可能不不。第三步，换词：必然不不 = 必然。因此，排除 A、B、E 三项。

后半句：

第一步，提词：不一定都。第二步，扔词：一定都不。第三步，换词：可能有的不 = 有的可能不。因此，排除 D 选项。

故正确答案为 C 选项。

例 5.4 不必然任何经济发展都导致生态恶化，但不可能有不阻碍经济发展的生态恶化。

以下哪项最为准确地表达了题干的含义？

A. 任何经济发展都不必然导致生态恶化，但任何生态恶化都必然阻碍经济发展。

B. 有的经济发展可能导致生态恶化，而任何生态恶化都可能阻碍经济发展。

C. 有的经济发展可能不导致生态恶化，但任何生态恶化都可能阻碍经济发展。

D. 有的经济发展可能不导致生态恶化，但任何生态恶化都必然阻碍经济发展。

E. 任何经济发展都可能不导致生态恶化，但有的生态恶化必然阻碍经济发展。

【解析】解法一：等价转换。

前半句：不必然都 = 可能不都 = 可能有的不 = 有的可能不，排除 A、B、E 三项。

后半句：不可能有的不 = 必然不有的不 = 必然都不不 = 必然都 = 都必然，排除 C 选项。

解法二：扔词法。

前半句：

第一步，提词：不必然都。第二步，扔词：必然都不。第三步，换词：可能有的不 = 有的可能不。因此，排除 A、B、E 三项。

后半句：

第一步，提词：不可能有的不。第二步，扔词：可能有的不不。第三步，换词：必然都不不 = 必然都 = 都必然。因此，排除 C 选项。

故正确答案为 D 选项。

命题方向 3：模态命题的矛盾关系

稳 特征识别	题干出现模态命题的矛盾关系，需要找到矛盾，利用必定一真一假的特点进行解题
准 基本思路	（1）"必然 A"和"可能不 A"是矛盾关系，二者必定一真一假。 （2）"可能 A"和"必然不 A"是矛盾关系，二者必定一真一假
狠 提速技巧	**秒杀第一招：考点识别，命题视角** 题目特征：题干信息有一真一假的特征，选项中有"可能""必然"等模态词。 命题思路：需要识别模态命题及矛盾关系的考法。 答案特征：根据"可能""必然"的关系进行判定

例 5.5 小王参加了某公司的招工面试，不久，他得知以下消息：

（1）公司已决定，他与小陈至少录用一人；

（2）公司可能不录用他；

（3）公司一定录用他；

（4）公司已录用小陈。

其中两条消息为真，两条消息为假。

如果上述断定为真，则以下哪项为真？

A. 公司已录用小王，未录用小陈。　　B. 公司未录用小王，已录用小陈。

C. 公司既录用了小王，也录用了小陈。　　D. 公司未录用小王，也未录用小陈。

E. 不能确定录用结果。

【解析】第一步：简化题干信息。

（1）王∨陈；（2）可能不王；（3）一定王；（4）陈。

第二步：找矛盾关系或反对关系。

（2）和（3）中的"可能不"与"一定"是矛盾关系，必定一真一假。

第三步：推知其余项真假。

题干信息是两真两假，又已知（2）（3）一真一假，所以可知（1）（4）也一真一假。

第四步：根据其余项真假，得出真实情况。

由"或"的真值特点"一真则真"可知，如果（4）为真，那么（1）一定为真，此时就与题干信息矛盾了，所以（4）为假，（1）为真；由（4）为假推知真实情况为，￢陈，再由（1）为真推知真实情况为，王。

第五步：代回矛盾或反对项，判断真假，选出答案。

由"王∧￢陈"这一真实情况可知：（3）为真，（2）为假。

故正确答案为 A 选项。

三、配套练习：媛选好题

1. 小糯米和小汤圆围绕地球的运行轨道展开了讨论，小糯米认为：地球的运行轨道必然是椭圆的。

   以下哪项与小糯米的观点一致？

   A. 地球的运行轨道可能是椭圆的。　　B. 地球的运行轨道必然不是椭圆的。

   C. 地球的运行轨道不可能是椭圆的。　　D. 地球的运行轨道不必然是椭圆的。

   E. 地球的运行轨道不可能不是椭圆的。

2~3题基于以下题干：

   小黑："天上可能掉馅饼吗？"小白："不可能！"小黑："我不同意你的观点。"

2. 以下哪项与小白的意思一致？

   A. 天上可能掉馅饼。　　B. 天上可能不掉馅饼。

   C. 天上一定不会掉馅饼。　　D. 天上不一定会掉馅饼。

   E. 天上不一定不会掉馅饼。

3. 以下哪项与小黑的意思一致？

   A. 天上不可能掉馅饼。　　B. 天上可能掉馅饼。

   C. 天上一定会掉馅饼。　　D. 天上不一定会掉馅饼。

   E. 天上不可能不会掉馅饼。

4. 在这次110米栏比赛中，约翰逊可能获胜。

   以下哪个命题与上述命题的意思最为接近？

   A. 约翰逊不可能在这次110米栏的比赛中失败。

   B. 约翰逊必然会在这次110米栏的比赛中获胜。

   C. 约翰逊必然会在这次110米栏的比赛中失败。

   D. 在这次110米栏的比赛中，约翰逊并非必然失败。

   E. 在这次110米栏的比赛中，约翰逊不可能获胜。

5. 在市场预测中，专家说："明年电脑不降价是不可能的。"

   以下哪项和专家所说的意思一致？

   A. 明年电脑一定降价。　　B. 明年电脑可能降价。

   C. 不可能预测明年电脑是否降价。　　D. 明年电脑可能不降价。

   E. 明年电脑一定不降价。

6. 不可能所有的花都结果。

   以下哪项断定的含义，与上述断定最为接近？

   A. 可能所有的花都不结果。　　B. 可能有的花不结果。　　C. 可能有的花结果。

   D. 必然所有的花都不结果。　　E. 必然有的花不结果。

7. 即使天下最勤奋的人，也不可能读完天下所有的书。

   以下哪项与上述陈述表达一致？

   A. 天下最勤奋的人不一定能读完天下所有的书。

   B. 天下最勤奋的人必然读不完天下所有的书。

   C. 天下最勤奋的人有可能读完天下所有的书。

   D. 读完天下所有书的人必定是天下最勤奋的人。

   E. 天下最勤奋的人一定能读完天下所有的书。

8. 在国际大赛中，即使是优秀的运动员，也有人不必然不失误。当然，并非所有的优秀运动员都可能失误。

   以下哪项与上述意思最接近？

   A. 优秀运动员都可能失误，其中有的优秀运动员不可能不失误。

   B. 有的优秀运动员可能失误，有的优秀运动员可能不失误。

   C. 有的优秀运动员可能失误，有的优秀运动员不可能失误。

   D. 有的优秀运动员可能不失误，有的优秀运动员不可能失误。

   E. 有的优秀运动员一定失误，有的优秀运动员一定不失误。

9. 所有正直的人都不可能听信一些非正式渠道的流言。

   如果该命题为假，那么以下哪一项为真？

   A. 所有正直的人必然不会听信所有非正式渠道的流言。

   B. 一些正直的人必然不会听信一些非正式渠道的流言。

   C. 一些正直的人可能听信所有非正式渠道的流言。

   D. 一些正直的人可能听信一些非正式渠道的流言。

   E. 所有正直的人可能不会听信所有非正式渠道的流言。

10. 所有的错误决策都不可能不付出代价，但有的错误决策可能不造成严重后果。

    如果上述断定为真，则以下哪项一定为真？

    A. 有的正确决策也可能付出代价，但所有的正确决策都不可能造成严重后果。

    B. 有的错误决策必然付出代价，但所有的错误决策都不一定造成严重后果。

    C. 所有的正确决策都不可能付出代价，但有的正确决策也可能造成严重后果。

    D. 有的错误决策必然付出代价，但所有的错误决策都可能不造成严重后果。

    E. 所有的错误决策都必然付出代价，但有的错误决策不一定造成严重后果。

答案速查： ECBDA EBCDE

1. 【解析】题干信息：模态词是"必然"。

   A 选项：可能，与题干的"必然"不一致，排除。

   B 选项：必然不，与题干的"必然"不一致，排除。

   C 选项：不可能＝必然不，与题干的"必然"不一致，排除。

D 选项：不必然＝可能不，与题干的"必然"不一致，排除。

E 选项：不可能不＝必然不不＝必然，与题干的"必然"一致，正确。

故正确答案为 E 选项。

2. 【解析】小白的观点为：天上不可能掉馅饼＝天上必然不会掉馅饼＝天上一定不会掉馅饼。

A 选项：可能，与"一定不"不一致，排除。

B 选项：可能不＝不一定，与"一定不"不一致，排除。

C 选项：一定不，与小白的意思一致，正确。

D 选项：不一定＝可能不，与"一定不"不一致，排除。

E 选项：不一定不＝可能不不＝可能，与"一定不"不一致，排除。

故正确答案为 C 选项。

3. 【解析】小黑不同意小白的观点，即需要找小白的观点的矛盾命题，"必然不"的矛盾关系为"可能"，故小黑的观点为：天上可能掉馅饼。

A 选项：不可能，与"可能"不一致，排除。

B 选项：可能，是小黑的观点，正确。

C 选项：一定，与"可能"不一致，排除。

D 选项：不一定＝可能不，与"可能"不一致，排除。

E 选项：不可能不＝必然不不＝必然，与"可能"不一致，排除。

故正确答案为 B 选项。

4. 【解析】题干信息：可能获胜。

A 选项：不可能失败＝不可能不获胜＝必然不不获胜＝必然获胜，与"可能获胜"不一致，排除。

B 选项：必然获胜，与"可能获胜"不一致，排除。

C 选项：必然失败＝必然不获胜，与"可能获胜"不一致，排除。

D 选项：并非必然失败＝不必然失败＝可能不失败＝可能不不获胜＝可能获胜，正确。

E 选项：不可能获胜＝必然不获胜，与"可能获胜"不一致，排除。

故正确答案为 D 选项。

5. 【解析】题干信息：不可能不降价＝必然不不降价＝必然降价。

A 选项：一定降价＝必然降价，正确。

B 选项：可能降价，与"必然降价"不一致，排除

C 选项：不可能预测，与题干信息不一致，排除。

D 选项：可能不降价，与"必然降价"不一致，排除。

E 选项：一定不降价，与"必然降价"不一致，排除。

故正确答案为 A 选项。

6. 【解析】提词：不可能都。等价转换：不可能都＝必然不都＝必然有的不。

结果：必然有的花不结果。

故正确答案为 E 选项。

7. 【解析】提词：不可能所有。等价转换：不可能所有 = 必然不所有。

   结果：天下最勤奋的人必然读不完天下所有的书。

   故正确答案为 B 选项。

8. 【解析】（1）提词：不必然不。等价转换：不必然不 = 可能不不 = 可能。

   （2）提词：不都可能。等价转换：不都可能 = 有的不可能。

   结果（1）：有的优秀运动员可能失误。

   结果（2）：有的优秀运动员不可能失误。

   故正确答案为 C 选项。

9. 【解析】题干信息：都不可能。

   "该命题为假"即对题干信息加以否定，则需要在整句话前加"不"。

   提词：不都不可能。等价转换：不都不可能 = 有的不不可能 = 有的可能。有的 = 一些。

   结果：一些正直的人可能听信一些非正式渠道的流言。

   故正确答案为 D 选项。

10. 【解析】（1）提词：不可能不。等价转换：不可能不 = 必然不不 = 必然。

    （2）提词：可能不。等价转换：可能不 = 不一定。

    结果（1）：所有的错误决策都必然付出代价。

    结果（2）：有的错误决策不一定造成严重后果。

    故正确答案为 E 选项。

第六章 关系命题

考频统计

考试	管理类综合能力（199）										经济类综合能力（396）		
年度	2014	2015	2016	2017	2018	2019	2020	2021	2022	2023	2021	2022	2023
题量	0	0	0	0	1	0	0	0	0	0	0	0	0

备考指导

关系命题在真题中的考频较低，难度也不大，大家要学会识别考点，掌握本章涉及的知识点和题型。

本章导图

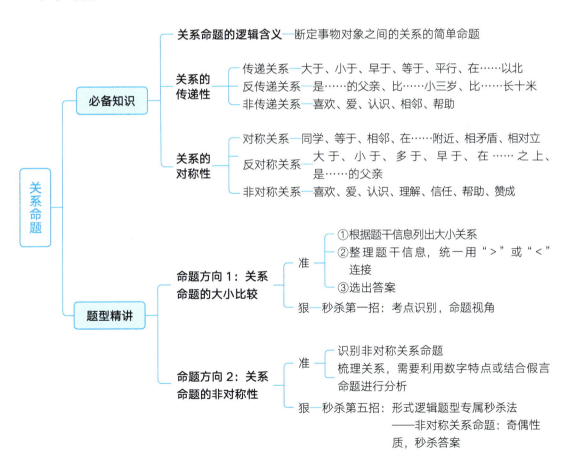

一、必备知识：逻辑含义、传递性、对称性

1. 关系命题的逻辑含义

关系命题是断定事物对象之间的关系的简单命题。

例如：①江媛和佳琪是师生；②大明比小宝个子高；③王大宝是王小宝的爸爸。

2. 关系的传递性

关系的传递性是指当事物对象A与B具有某种关系R，并且B与C也具有这种关系R时，A与C是否也具有这种关系R。关系的传递性具体可分为以下三类。

类型	定义	常见词语	例句
传递关系	当事物对象A与B具有某种关系R，并且B与C也具有这种关系R时，A与C一定也有这种关系R	大于、小于、早于、等于、平行、在……以北	A大于B，B大于C，则A一定大于C
反传递关系	当事物对象A与B具有某种关系R，并且B与C也具有这种关系R时，A与C一定没有这种关系R	是……的父亲、比……小三岁、比……长十米	A比B长十米，B比C长十米，A一定不会比C长十米
非传递关系	当事物对象A与B具有某种关系R，并且B与C也具有这种关系R时，A与C不一定有这种关系R	喜欢、爱、认识、相邻、帮助	A喜欢B，B喜欢C，则A不一定喜欢C

3. 关系的对称性

关系的对称性是指当事物对象A与B具有某种关系R时，B与A是否也具有这种关系R。关系的对称性具体可分为以下三类。

类型	定义	常见词语	例句
对称关系	当事物对象A与B具有某种关系R时，B与A也一定有这种关系R	同学、等于、相邻、在……附近、相矛盾、相对立	A等于B，则B一定也等于A
反对称关系	当事物对象A与B具有某种关系R时，B与A一定没有这种关系R	大于、小于、多于、早于、在……之上、是……的父亲	A大于B，则B一定不会大于A
非对称关系	当事物对象A与B具有某种关系R时，B与A不一定有这种关系R	喜欢、爱、认识、理解、信任、帮助、赞成	A喜欢B，则B不一定喜欢A

二、题型精讲：稳准狠

命题方向 1：关系命题的大小比较

稳 特征识别	题干给出对象之间的大小关系，要求利用关系命题的传递性整理并进行大小比较
准 基本思路	（1）根据题干信息列出大小关系； （2）整理题干信息，统一用">"或"<"连接； （3）选出答案
狠 提速技巧	<div align="center">秒杀第一招：考点识别，命题视角</div>题目特征：题干中有"多少""大小"等表示比较的词。 命题思路：考查对信息的整理和比较。 答案特征：清醒就行，能做对

例 6.1 甘蓝比菠菜更有营养。但是，因为绿芥蓝比莴苣更有营养，所以甘蓝比莴苣更有营养。

以下各项作为新的前提分别加入题干的前提中，都能使题干的推理成立，除了：

A. 甘蓝与绿芥蓝同样有营养。　　　　B. 菠菜比莴苣更有营养。

C. 菠菜比绿芥蓝更有营养。　　　　　D. 菠菜与绿芥蓝同样有营养。

E. 绿芥蓝比甘蓝更有营养。

【解析】题干信息：

已知：（1）甘蓝＞菠菜；（2）绿芥蓝＞莴苣。所以：（3）甘蓝＞莴苣。

从已知的（1）和（2）无法推出结论（3），所以需要补充条件。

A 选项：甘蓝＝绿芥蓝，结合（2）可得，甘蓝＝绿芥蓝＞莴苣，能使题干的推理成立。

B 选项：菠菜＞莴苣，结合（1）可得，甘蓝＞菠菜＞莴苣，能使题干的推理成立。

C 选项：菠菜＞绿芥蓝，结合（1）（2）可得，甘蓝＞菠菜＞绿芥蓝＞莴苣，能使题干的推理成立。

D 选项：菠菜＝绿芥蓝，结合（1）（2）可得，甘蓝＞菠菜＝绿芥蓝＞莴苣，能使题干的推理成立。

E 选项：绿芥蓝＞甘蓝，即使加上该条件，依然无法得知甘蓝与莴苣的关系，不能使题干的推理成立。

故正确答案为 E 选项。

例 6.2 在黑、蓝、黄、白四种由深至浅排列的涂料中，一种涂料只能被它自身或者比它颜色更深的涂料所覆盖。

若上述断定为真，则以下哪一项确切地概括了能被蓝色覆盖的颜色？

Ⅰ．这种颜色不是蓝色。

Ⅱ．这种颜色不是黑色。

Ⅲ．这种颜色不如蓝色深。

A. 只有Ⅰ。　　　　B. 只有Ⅱ。　　　　C. 只有Ⅲ。
D. 只有Ⅰ和Ⅱ。　　E. Ⅰ、Ⅱ和Ⅲ。

【解析】题干信息：黑＞蓝＞黄＞白。

若 A≥B，则 A 能覆盖 B。因此蓝色能覆盖的颜色有：蓝、黄、白。

复选项Ⅰ：不是蓝色，也可能是黑色，但黑色不能被蓝色覆盖，排除。

复选项Ⅱ：不是黑色，就是蓝、黄、白三种颜色，都可以被蓝色覆盖，正确。

复选项Ⅲ：不如蓝色深的颜色包括黄色和白色，少了蓝色，所以无法确切概括，排除。

故正确答案为 B 选项。

例 6.3 以下诸项结论都是东方理工学院学生处根据各个系收到的 2017—2018 学年助学金申请表综合得出的。在此项综合统计做出后，因为落实灾区政策，有的系又收到了一些学生补交上来的助学金申请表。

以下哪项结论最不可能被补交奖学金申请表的新事实所推翻？

A. 汽车系仅有 14 名学生交助学金申请表，总申请金额至少有 5 700 元。

B. 物理系最多有 7 名学生交助学金申请表，总申请金额为 2 800 元。

C. 数学系共有 8 名学生交助学金申请表，总申请金额等于 3 000 元。

D. 化学系至少有 5 名学生交助学金申请表，总申请金额多于 2 000 元。

E. 生物系至少有 7 名学生交助学金申请表，总申请金额不会多于汽车系。

【解析】"仅有""共有""为"等已经规定好上限的信息，可能会被新增加的信息推翻。"至少""多于"等只规定了下限，没有上限的信息，不会被新增加的信息推翻。

A 选项：若汽车系还有补交的助学金申请表，那么"仅有 14 名学生"这一信息就会被补交的助学金申请表推翻，排除。

B 选项：若物理系还有补交的助学金申请表，那么"最多 7 名学生""总申请金额为 2 800 元"这两个信息均会被补交的助学金申请表推翻，排除。

C 选项：若数学系还有补交的助学金申请表，那么"共有 8 名学生""总申请金额等于 3 000 元"这两个信息均会被补交的助学金申请表推翻，排除。

D 选项："至少""多于"这两个信息都不会被补交的助学金申请表推翻，正确。

E 选项：若生物系还有补交的助学金申请表，那么"总申请金额不会多于汽车系"这一信息可能会被补交的助学金申请表推翻，排除。

故正确答案为 D 选项。

命题方向 2：关系命题的非对称性

稳 特征识别	题干涉及喜欢、信任、帮助、认识等非对称关系，就需要利用关系命题的非对称性解题
准 基本思路	（1）识别非对称关系命题； （2）梳理关系，需要利用数字特点或结合假言命题进行分析

	秒杀第五招：形式逻辑题型专属秒杀法
狠 提速技巧	——非对称关系命题：奇偶性质，秒杀答案 题目特征：题干中有"喜欢""认识"等表示非对称关系命题的词。 命题思路：考查对非对称关系命题的识别及性质判定。 答案特征：如果题干中的关系数量为奇数，则说明一定存在单向的关系

例6.4 某学术会议正在举行分组会议。某一组有8个人出席。分组会议的主席问大家原来各自认识与否。结果是全组中仅有1个人认识小组中的3个人，有3个人认识小组中的2个人，有4个人认识小组中的1个人。

若以上统计是真实的，则最能得出以下哪项结论？

A. 会议主席认识小组的人最多，其他人相互认识的少。

B. 此类学术会议是第一次召开，大家都是生面孔。

C. 有些成员所说的认识可能仅是在电视上或报告会上见过而已。

D. 虽然会议成员原来的熟人不多，但原来认识的都是至交。

E. 通过这次会议，小组成员都相互认识了，以后见面就能直呼其名了。

【解析】本题所涉及的是"认识"这种非对称的关系：A认识B，但B并不一定认识A。

题干中的认识关系的数量：

1个人认识小组中的3个人：1×3=3，即3个认识关系。

3个人认识小组中的2个人：3×2=6，即6个认识关系。

4个人认识小组中的1个人：4×1=4，即4个认识关系。

认识关系的总数：3+6+4=13个。

13是奇数，说明一定存在单向的认识关系，即A认识B，但B不认识A（如果认识都是相互的，那么认识关系的数量一定为偶数，出现奇数就说明肯定不都是相互认识）。

故正确答案为C选项。

例6.5 互联网好比一个复杂多样的虚拟世界，每台联网主机上的信息又构成了一个微观虚拟世界。若在某主机上可以访问本主机的信息，则称该主机相通于自身；若主机X能通过互联网访问主机Y的信息，则称X相通于Y。已知代号分别为甲、乙、丙、丁的四台联网主机有如下信息：

（1）甲主机相通于任一不相通于丙的主机；

（2）丁主机不相通于丙；

（3）丙主机相通于任一相通于甲的主机。

若丙主机不相通于自身，则以下哪项一定为真？

A. 若丁主机相通于乙，则乙主机相通于甲。

B. 甲主机相通于丁，也相通于丙。

C. 甲主机相通于乙，乙主机相通于丙。

D. 只有甲主机不相通于丙，丁主机才相通于乙。

E. 丙主机不相通于丁，但相通于乙。

【解析】本题中的"相通于"是非对称关系，因为X相通于Y的时候，Y是否相通于X并不知道。遇到"甲主机相通于任一不相通于丙的主机"这类比较复杂的语句时，建议将其转换为"如果……那么……"等假言命题的句式，接着利用假言命题的规则进行推理。

题干信息：

（1）如果一个主机不相通于丙，那么甲主机相通于该主机，逻辑关系为，A不相通于丙→甲相通于A；

（2）丁不相通于丙；

（3）如果一个主机相通于甲，那么丙主机相通于该主机，逻辑关系为，B相通于甲→丙相通于B。

附加信息：（4）丙不相通于丙。

结合（1）（2）可得，甲相通于丁；结合（1）（4）可得，甲相通于丙。

故正确答案为B选项。

例6.6 在LH公司，从董事长、总经理、总会计师到每个员工，没有人信任所有的人。董事长信任总经理，总会计师不信任董事长，总经理信任所有信任董事长的人。

如果上述断定为真，则以下哪项不可能为真？

Ⅰ．总经理不信任董事长。

Ⅱ．总经理信任总会计师。

Ⅲ．所有的人都信任董事长。

A. 只有Ⅰ。 B. 只有Ⅱ。 C. 只有Ⅲ。

D. 只有Ⅱ和Ⅲ。 E. Ⅰ、Ⅱ和Ⅲ。

【解析】题干信息：本题涉及的"信任"是非对称关系：A信任B，B不一定信任A。

（1）没有人信任所有的人：每个人都有不信任的人。

（2）总经理信任所有信任董事长的人：如果A信任董事长，那么总经理信任A。

复选项Ⅰ："信任"是非对称关系，所以虽然董事长信任总经理，但是不知道总经理是否信任董事长，无法判断真假。

复选项Ⅱ：由题干信息可得，如果A信任董事长，那么总经理信任A，但A不信任董事长时，总经理是否信任A呢？无法得知，因此，该项无法由假言命题规则推出，无法判断真假。

复选项Ⅲ：由"总会计师不信任董事长"可推知，有的人不信任董事长，与复选项Ⅲ形成矛盾关系，不可能为真。

故正确答案为C选项。

三、配套练习：媛选好题

1. 张珊获得的奖金比李思的高，在得知王武的奖金比苗晓琴的高后，可知张珊的奖金比苗晓琴的高。
   以下各项假设均能使上述推断成立，除了：
   A. 王武的奖金比李思的高。
   B. 李思的奖金比苗晓琴的高。
   C. 李思的奖金比王武的高。
   D. 李思的奖金和王武的一样高。
   E. 张珊的奖金不比王武的低。

2. 与逻辑课比起来，小咖更喜欢英语课。事实上，他在四门考研课程中，最喜欢数学。而和逻辑比较起来，他更不喜欢写作。
   除了以下哪项外，均能从题干中推出？
   A. 比起英语，小咖更喜欢数学。
   B. 比起英语，小咖更喜欢逻辑。
   C. 比起英语，小咖更不喜欢写作。
   D. 比起写作，小咖更喜欢数学。
   E. 比起写作，小咖更喜欢逻辑。

3. 药检局对5种抗生素的药效进行了比较，得到了结果：甲药比乙药有效，丙药的副作用比丁药大，戊药的药效最差，乙药与丁药的药效相同。
   根据以上结果，以下哪项关于五种药的判断是真的？
   A. 甲药与丁药的药效相同。
   B. 戊药的副作用最大。
   C. 甲药是最有效的药物。
   D. 丁药比丙药的药效好。
   E. 甲药比丁药的药效好。

4. 某大学的某届校友会中，有10个湖南籍的同学。毕业数年后，这10个同学相见，聊天发现他们之间在毕业后没有人给3个以上的同学写信，有1个人给另外3个同学写信，有3个人给另外2个同学写信，有6个人给另外1个同学写信。
   如果上述断定为真，则下面哪个陈述也是正确的？
   Ⅰ.所有同学都给其他同学写了信。
   Ⅱ.所有同学都收到其他同学的来信。
   Ⅲ.至少有一个同学没有对所收到的每一封信进行回信。
   A. 只有Ⅰ。
   B. 只有Ⅰ、Ⅱ。
   C. 只有Ⅱ、Ⅲ。
   D. 只有Ⅰ、Ⅲ。
   E. Ⅰ、Ⅱ、Ⅲ。

5. 在某个国家，没有人信任所有的人，国王信任首相，元帅不信任国王，首相信任所有信任国王的人。
   如果上述断定都是真的，则以下哪一项不可能为真？
   Ⅰ.首相不信任国王。
   Ⅱ.首相信任元帅。
   Ⅲ.所有人都信任国王。

A. 只有Ⅰ。	B. 只有Ⅱ。	C. 只有Ⅲ。
D. 只有Ⅱ和Ⅲ。	E. Ⅰ、Ⅱ、Ⅲ。

答案速查：ABEDC

1. 【解析】题干信息：(1) 张＞李；(2) 王＞苗；(3) 张＞苗。

   从已知的（1）和（2）无法推出结论（3），所以需要补充条件。

   A 选项：王＞李，即使加上该条件，张与苗的关系依然无法得知，不能使题干推断成立，正确。

   B 选项：李＞苗，结合（1）可得，张＞李＞苗，能使题干推断成立，排除。

   C 选项：李＞王，结合（1）（2）可得，张＞李＞王＞苗，能使题干推断成立，排除。

   D 选项：李＝王，结合（1）（2）可得，张＞李＝王＞苗，能使题干推断成立，排除。

   E 选项：张≥王，结合（2）可得，张≥王＞苗，能使题干推断成立，排除。

   故正确答案为 A 选项。

2. 【解析】题干信息：(1) 英语＞逻辑；(2) 数学＞其他；(3) 逻辑＞写作。

   综合可得：(4) 数学＞英语＞逻辑＞写作。

   A 选项：数学＞英语，由（4）可以推出，排除。

   B 选项：逻辑＞英语，无法由（4）推出，正确。

   C 选项：英语＞写作，由（4）可以推出，排除。

   D 选项：数学＞写作，由（4）可以推出，排除。

   E 选项：逻辑＞写作，由（4）可以推出，排除。

   故正确答案为 B 选项。

3. 【解析】题干信息：

   药效：(1) 甲药＞乙药；(2) 戊药＜其他；(3) 乙药＝丁药。

   副作用：(4) 丙药＞丁药。

   结合（1）（2）（3）可得，药效：(5) 甲药＞乙药＝丁药＞戊药。

   A 选项：由（5）可知，甲药比丁药的药效好，排除。

   B 选项：关于戊药的副作用，题干信息并未表明，无法判断，排除。

   C 选项：丙药的药效未知，所以无法判断甲药是否是最有效的药物，排除。

   D 选项：丙药的药效未知，所以无法判断丁药与丙药的药效好坏关系，排除。

   E 选项：由（5）可知，甲药比丁药的药效好，正确。

   故正确答案为 E 选项。

4. 【解析】本题所涉及的是"写信"这种非对称的关系：A 给 B 写信，但 B 并不一定给 A 回信。

   题干中的写信关系的数量：

   1 个人给另外 3 个同学写信：1×3=3，即 3 个写信关系。

   3 个人给另外 2 个同学写信：3×2=6，即 6 个写信关系。

   6 个人给另外 1 个同学写信：6×1=6，即 6 个写信关系。

写信关系的总数：3+6+6=15 个。题干描述的人数：1+3+6=10 人。

复选项Ⅰ：题干中涉及 10 位同学，分别给别的同学写了 1~3 封信，因此可知，所有同学都给其他同学写了信，正确。

复选项Ⅱ：题干信息并未涉及收信的情况，无法判断真假，排除。

复选项Ⅲ：15 是奇数，说明一定存在单向的写信关系，即 A 给 B 写信，但 B 并没有给 A 回信（如果都回信了，那么写信关系的数量一定为偶数，出现奇数就说明肯定不都是相互写信）。所以复选项Ⅲ的陈述正确。

故正确答案为 D 选项。

5. **【解析】** 题干信息：本题涉及的是"信任"这种非对称关系：A 信任 B，B 不一定信任 A。

没有人信任所有的人：每个人都有不信任的人。

首相信任所有信任国王的人：如果 A 信任国王，那么首相信任 A。

复选项Ⅰ："信任"是非对称关系，所以虽然国王信任首相，但是不知道首相是否信任国王，无法判断真假。

复选项Ⅱ：由题干信息可知，如果 A 信任国王，那么首相信任 A，但 A 不信任国王时，首相是否信任 A 呢？无法得知，因此，该项无法判断真假。

复选项Ⅲ：由"元帅不信任国王"可推知，有的人不信任国王，与复选项Ⅲ形成矛盾关系，不可能为真。

故正确答案为 C 选项。

第七章 概 念

考频统计

考试年度	管理类综合能力（199）									经济类综合能力（396）		
	2014	2015	2016	2017	2018	2019	2020	2021	2022	2023	2021	2022	2023
题量	1	1	0	1	0	1	1	0	0	0	2	0	1

备考指导

概念在真题中的考频一般，难度中等，大家要学会识别考点，判断考查方向，掌握本章涉及的知识点和题型。

本章导图

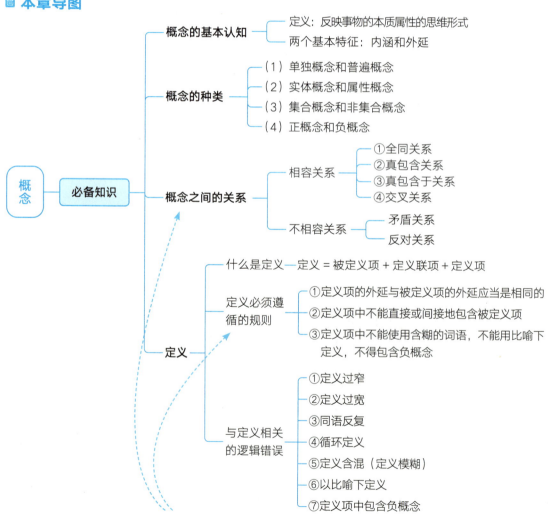

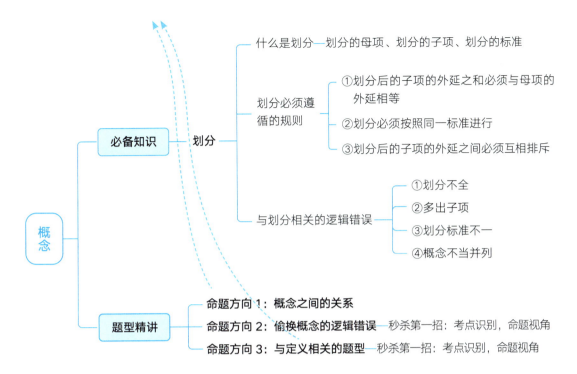

一、必备知识：基本认知、种类、划分

1. 概念的基本认知

（1）概念的定义。

概念是反映事物的本质属性的思维形式，是人类对一个复杂的过程或事物的理解。从哲学的观念来说，概念是思维的基本单位。

在日常用语中，人们往往将概念与一个词或一个名词同等对待。

（2）概念的基本特征。

概念具有两个基本特征：内涵和外延。

项目	内涵	外延
含义	指这个概念的含义，即该概念所反映的事物对象所特有的本质属性和特征	指这个概念所反映的事物对象的范围，即具有概念所反映的本质属性的事物对象
明确对象	明确概念"是什么"	明确概念"有哪些"
示例	"资产"的内涵： 由企业过去的交易或事项形成的、由企业拥有或者控制的、预期会给企业带来经济利益的资源	"资产"的外延： 库存现金、银行存款、存货、固定资产、在建工程、应收票据、应收股利、其他应收款等

续表

项目	内涵	外延
二者关系	反变关系：指同一个属种序列中，内涵越少，外延就越大，反之，内涵越多，外延就越小。 例如：包子、天津的包子、天津的水馅包子，三个概念中性质越多，包含的对象范围就越小	

2. 概念的种类

（1）单独概念和普遍概念。

项目	单独概念	普遍概念
划分标准	一个概念外延的大小，即所指对象的数量多少	
定义	反映世界上独一无二事物对象的概念，即只有一个外延的概念，包括人名、地名、事件名、书名等	反映两个或两个以上事物对象的概念，即把事物作为一类来加以反映的概念，也称类概念
示例	孙大宝、土耳其、海湾战争、《老人与海》等	人、旅游胜地、战争、书籍等

（2）实体概念和属性概念。

项目	实体概念	属性概念
划分标准	概念所反映的是事物本身，还是事物所具有的属性	
定义	以具体事物为反映对象的概念，其外延是一个或一类具体事物	以事物的某种属性、性质和关系为反映对象的概念，一般是由语词中的抽象名词或者形容词来表达
示例	地球、中国、学生、金属等	伟大、正确、善良、大于等

（3）集合概念和非集合概念。

项目	集合概念	非集合概念
划分标准	概念所反映的是否为事物的总体	
定义	将事物作为一个整体来加以反映的概念。所谓整体是由许多个体所组成的总体	反映事物的非整体性，即反映事物的类或其子类或分子的概念
示例	中国共产党、森林、犯罪团伙等	中国共产党党员、树木、犯罪分子等

练1 鲁迅的著作不是一天能读完的，《狂人日记》是鲁迅的著作，因此，《狂人日记》不是一天能读完的。

上述推理是否有逻辑错误？如果有，是什么逻辑错误呢？

📖 **析1** 有，集合概念与非集合概念的误用。

同一个词语，在某一具体语境中，概念具有一义性、确定性。但是在不同的语境下，可能表达不同的含义。我们分析某个概念是集合概念还是非集合概念，要考虑具体语言环境。

在真题中，常见的考法为：在不同的语言环境下，同一个词语有时表达集合概念，有时则表达非集合概念。

例如题干中的"鲁迅的著作不是一天能读完的"和"《狂人日记》是鲁迅的著作"。"鲁迅的著作"在不同的地方所表示的意义就不一样，前者中的"鲁迅的著作"是集合概念，因为"不是一天能读完的"这一性质，属于鲁迅著作这一整体，并不必然属于鲁迅的每一部作品；后者"鲁迅的著作"是非集合概念（个体概念），因为《狂人日记》是鲁迅的作品中的一部。

> ☆ **媛来如此**
> 区分集合概念和非集合概念的标准：
> **集合概念：** 整体才具有该性质（加上"每一个"句意发生变化）。
> **非集合概念：**（1）具体指明某个个体；（2）每一个个体均具有该性质（加上"每一个"句意不发生变化）。

✏️ **练2** 说明下列句子中"A 部落的人"是集合概念还是非集合概念。

（1）A 部落的人是勤劳的。

（2）A 部落的人都姓孙。

（3）甲是 A 部落的人。

（4）A 部落的人比 B 部落的人个子普遍要高。

（5）A 部落的人来自五湖四海。

📖 **析2** （1）（4）（5）是集合概念；（2）（3）是非集合概念。

（1）"勤劳"是 A 部落作为一个种族所具有的特征，并不是每一个"A 部落的人"都具有，所以"A 部落的人"是集合概念。

（2）"都"表示"每一个"，即每一个"A 部落的人"都具有"姓孙"这个属性，所以"A 部落的人"是非集合概念。

（3）具体指明"甲"这个个体，所以"A 部落的人"是非集合概念。

（4）"普遍要高"表明 A 部落整体具有"个子更高"的性质，但并不是每一个 A 部落的人都比 B 部落的人个子高，所以"A 部落的人"是集合概念。

（5）"来自五湖四海"不是每一个个体具有的属性，只有集体总和才具有，所以"A 部落的人"是集合概念。

(4) 正概念和负概念。

项目	正概念	负概念
划分标准	概念所反映的是事物具有某种属性还是不具有某种属性	
定义	反映事物具有某种属性的概念	反映事物不具有某种属性的概念，通常带有"不""无""非"等词语
示例	高端、大气、上档次等	不高端、不大气、不上档次等

3. 概念之间的关系

概念之间的关系就是概念外延之间的关系，可总结为下表，并用欧拉图（一种用圆圈来表示的概念之间在外延上的关系的图解）表示如下：

项目	相容关系				不相容关系	
	全同关系	属种关系		交叉关系	矛盾关系	反对关系
		真包含关系	真包含于关系			
示例	A 北京 B 中国首都	A 中国岛屿 B 南沙群岛	A 大学生 B 学生	A 大学生 B 共产党员	A 红色 B 非红色	A 红色 B 绿色
图示	A B	A Ⓑ	B Ⓐ	A◯B	A/B	A/B

4. 定义

(1) 什么是定义。

定义是明确概念内涵的逻辑方法，是对一种事物的本质特征的确切而简要的说明。

定义 = 被定义项 + 定义联项 + 定义项。

被定义项是被揭示其内涵的词项，定义项是用来揭示被定义项的内涵的词项，定义联项是把被定义项和定义项连接起来的词项。

例如：资产是由企业过去的交易或事项形成的、由企业拥有或者控制的、预期会给企业带来经济利益的资源。其中"资产"是被定义项，"由企业过去的交易或事项形成的、由企业拥有或者控制的、预期会给企业带来经济利益的资源"是定义项，"是"是定义联项。

(2) 定义必须遵循的规则。

①定义项的外延与被定义项的外延应当是相同的，否则就会犯"定义过窄"或"定义过宽"的逻辑错误。

②定义项中不能直接或间接地包含被定义项，否则就会犯"同语反复"或"循环定义"的逻辑错误。

③定义项中不能使用含糊的词语，不能用比喻下定义，不得包含负概念，否则就会犯"定义含

混（定义模糊）""以比喻下定义"或"定义项中包含负概念"的逻辑错误。

（3）与定义相关的逻辑错误。

错误类型	错误内涵	示例
定义过窄	定义项外延 < 被定义项外延	企业就是从事现代化生产的经济活动部门
定义过宽	定义项外延 > 被定义项外延	正方形就是四角相等的四边形
同语反复	定义项中直接包含被定义项	乐观主义者就是乐观地对待生活的人
循环定义	用 A 定义 B，再用 B 定义 A。或者，用 A 定义 B，用 B 定义 C，用 C 定义 A	什么是百度？ —— 百度是一个搜索引擎。 搜索引擎是什么意思？ —— 像百度那样的网站就叫作搜索引擎
定义含混（定义模糊）	用模糊概念充当定义项	潜规则就是暗规则
以比喻下定义	定义项中使用了比喻的方法	爱情是一场梦。 人生是一场马拉松。 考研是一场没有硝烟的战争
定义项中包含负概念	一般情况下定义不能使用否定句或负概念	好学生就是不迟到、不早退、不旷课的学生

5. 划分

（1）什么是划分。

划分就是根据某一标准，把一个属概念分为它所包含的各个种概念，以明确概念外延的逻辑方法。

划分由三部分组成：划分的母项、划分的子项、划分的标准。

划分的母项是指被划分的属概念，划分的子项是指从母项中划分出来的种概念，划分的标准是把母项分成若干子项的根据。

示例	划分的母项	划分的子项	划分的标准
人分为男人和女人	人	男人、女人	性别

（2）划分必须遵循的规则。

①划分后的子项的外延之和必须与母项的外延相等，否则就会犯"划分不全"或"多出子项"的逻辑错误。

②划分必须按照同一标准进行，否则就会犯"划分标准不一"的逻辑错误。

③划分后的子项的外延之间必须互相排斥，否则就会犯"概念不当并列"的逻辑错误。

(3) 与划分相关的逻辑错误。

错误类型	错误内涵	示例
划分不全	子项外延之和＜母项的外延	生物分为植物和动物
多出子项	子项外延之和＞母项的外延	直系亲属分为祖父母、父母、配偶、子女、配偶的兄弟姐妹
划分标准不一	在一次划分中，没有按照同一个标准	人分为男人、女人、黄种人、中国人、日本人
概念不当并列	在同一次划分中，并列了不同层次的概念	运输分为货运、国际客运、国内客运

注意： 在划分中，一旦出现了错误，往往同时还犯多个错误。

练3 我最爱阅读外国文学作品，英国的、法国的、古典的，我都爱读。
上述陈述在逻辑上犯了哪项错误？

A. 划分外国文学作品的标准混乱，前者是按国别，后者是按时代。

B. 外国文学作品，没有分是诗歌、小说还是戏剧。

C. 没有说最喜好什么。

D. 没有说是外文原版还是翻译本。

E. 在"古典的"后面，没有紧接着指出"现代的"。

析3 题干中对外国文学作品进行划分，其中"英国的""法国的"是按照国别划分的，"古典的"是按照时代划分的，划分标准不统一。

故正确答案为 A 选项。

二、题型精讲：稳准狠

命题方向1：概念之间的关系

稳 特征识别	题干涉及几类概念，概念之间可能是相容关系，也可能是不相容关系，需要对概念进行分类，并进行简单的计算和分析
准 基本思路	先找准题干涉及的概念，判定概念之间是否相容，再判定概念之间的具体关系

例7.1 概念 A 与概念 B 之间有交叉关系，当且仅当：(1) 存在对象 x，x 既属于 A 又属于 B；(2) 存在对象 y，y 属于 A 但不属于 B；(3) 存在对象 z，z 属于 B 但不属于 A。

根据上述定义，以下哪项中加点的两个概念之间有交叉关系？

A. 国画按题材分主要有人物画、花鸟画、山水画等；按技法分主要有工笔画和写意画等。

B.《盗梦空间》除了是最佳影片的有力争夺者外，它在技术类奖项的争夺中也将有所斩获。

C. 洛邑小学30岁的食堂总经理为了改善伙食，在食堂放了几个意见本，征求学生们的意见。

D. 在微波炉清洁剂中加入漂白剂,就会释放出氯气。

E. 高校教师包括教授、副教授、讲师和助教等。

【解析】题干信息描述了概念之间的交叉关系,根据这一描述可进行判断。

A 选项:"人物画"是按照题材进行分类,"工笔画"是按照技法进行分类,按照不同标准进行分类,所以会存在对象 x 既是人物画又是工笔画,存在对象 y 是人物画但不是工笔画,存在对象 z 是工笔画但不是人物画,完全符合交叉关系的定义,正确。

B 选项:《盗梦空间》只是"最佳影片"的有力争夺者,究竟是不是"最佳影片"未知,故无法断定二者之间的关系,排除。

C 选项:"洛邑小学 30 岁的食堂总经理"与"学生们"在外延上没有重合,是不相容关系,排除。

D 选项:"微波炉清洁剂"与"氯气"属于不同的范围,是不相容关系,排除。

E 选项:根据描述,"高校教师"包括"教授",所以"高校教师"与"教授"是真包含关系,排除。

故正确答案为 A 选项。

例 7.2　某大学一寝室中住着若干个学生。其中,一个是哈尔滨人,两个是北方人,一个是广东人,两个在法律系,三个是进修生。该寝室中恰好住了八个人。

如果题干中关于身份的介绍涉及了寝室中所有的人,则以下各项关于该寝室的断定都不与题干矛盾,除了:

A. 该校法律系每年都招收进修生。

B. 该校法律系从未招收过进修生。

C. 来自广东的室友在法律系就读。

D. 来自哈尔滨的室友在财政金融系就读。

E. 该寝室的三个进修生都是南方人。

【解析】题干信息从地域、系别、进修生这三个维度对该寝室学生进行描述,可列示如下。

地域:2 个北方人(含 1 个哈尔滨人,注意:北方人与哈尔滨人是包含关系);
　　　1 个广东人。

系别:2 个法律系。

进修生:3 个进修生。

假定上述概念不相容,则最多涵盖 8(地域 3 + 系别 2 + 进修生 3)个人,所以要满足题干所描述的 8 个人,其他概念之间就不能相容。此题需要选出与题干断定矛盾的选项,如果 C 选项为真,则"广东人"与"法律系"出现了相容关系,则题干最多只能介绍 7 个人,与题干断定矛盾。

故正确答案为 C 选项。

例 7.3　参加某国际学术研讨会的 60 名学者中,亚裔学者 31 人,博士 33 人,非亚裔学者中无博士学位的 4 人。

根据上述陈述，参加此次国际学术研讨会的亚裔博士有几人？

A. 1。　　　B. 2。　　　C. 4。　　　D. 7。　　　E. 8。

【解析】题干信息为概念之间关系的运算，可根据描述将信息梳理如下：

项目	博士	非博士	总数
亚裔	8（33-25）		31
非亚裔	25（29-4）	4	29（60-31）
总数	33		60

如上表所示，将题干信息及数量进行分解计算之后，可得出亚裔博士为 8 人。

故正确答案为 E 选项。

例 7.4　陈先生要举办一个亲朋好友的聚会。他出面邀请了他父亲的姐夫、他姐夫的父亲、他哥哥的岳母、他岳母的哥哥。

陈先生最少出面邀请了几个客人？

A. 未邀请客人。　　B. 1。　　C. 2。　　D. 3。　　E. 4。

【解析】题干中给出了四个身份，若求"最少"的人数，那么四个身份中可以相容的要尽量重叠，从性别来看，"姐夫""父亲""哥哥"均为男性，"岳母"为女性，男性和女性不能重叠，而三个男性的身份可以重叠在一个人身上（不考虑近亲不能结婚的限制），所以最少为 2 人，一男一女。

故正确答案为 C 选项。

例 7.5　某次讨论会共有 18 名参会者。已知：

（1）至少有 5 名青年教师是女性；

（2）至少有 6 名女教师已过中年；

（3）至少有 7 名女青年是教师。

根据上述信息，关于参会人员可以得出以下哪项？

A. 有些青年教师不是女性。　　　　B. 有些女青年不是教师。

C. 青年教师至少有 11 名。　　　　D. 女教师至少有 13 名。

E. 女青年至多有 11 名。

【解析】题干信息：（1）青年女教师≥5；（2）中年女教师≥6；（3）青年女教师≥7。

由此可知，（1）和（3）是包含关系，所以青年女教师≥7；又因为"中年"和"青年"是不相容关系，所以由（2）和（3）可得，女教师≥6+7，即女教师≥13。

故正确答案为 D 选项。

命题方向 2：偷换概念的逻辑错误

稳 特征识别	在思维和论辩过程中，将一些看似一样的概念进行偷换，实际上改变了概念的修饰语、适用范围、所指对象等具体内涵，即用一个概念去替换另一个不同的概念而产生的逻辑错误
准 基本思路	注意概念的修饰语、适用范围、所指对象等具体内涵是否发生变化
狠 提速技巧	**秒杀第一招：考点识别，命题视角** 题目特征：题干中有看似一样，但具体内涵并不相同的词语。 命题思路：考查对偷换概念的逻辑错误的识别及判定。 答案特征： （1）A ≠ A。同一个词前后含义不同。 （2）A ≠ B。将不同的词认为是相同的含义。 （3）不当同一替换。虽然本质上 A=B，但在论证中不能直接用 A 来替代 B

例 7.6 对同一事物，有的人说"好"，有的人说"不好"，这两种人之间没有共同语言。可见，不存在全民族通用的共同语言。

以下除哪项外，都与题干推理所犯的逻辑错误近似？

A. 甲："厂里规定，工作时禁止吸烟。"乙："当然，可我吸烟时从不工作。"

B. 有的写作教材上讲，写作中应当讲究语言形式的美。我的看法不同，我认为语言就应该朴实，不应该追求那些形式主义的东西。

C. 有意杀人者应处死刑，行刑者是有意杀人者，所以行刑者应处死刑。

D. 象是动物，所以小象是小动物。

E. 这种观点既不属于唯物主义，又不属于唯心主义，我看两者都有点像。

【解析】题干推理所犯的逻辑错误是偷换概念，"共同语言"这一词前后含义不同，前者指两种人之间没有相同的看法、态度、观点，后者指相互交流和沟通所使用的语音、符号、文字等。

A 选项："工作"这一词前后含义不同，前者指工作的时间段，后者指工作这个状态，属于偷换概念，排除。

B 选项："形式"这一词前后含义不同，前者指押韵、排比等语言的组织方式，后者指不注重内容、本质，只注重形式、现象，属于偷换概念，排除。

C 选项："有意杀人者"这一词前后含义不同，前者指法律允许范围之外的违法行为，后者指法律允许范围之内的工作职责，属于偷换概念，排除。

D 选项："小"这一词前后含义不同，前者指年龄小或体积相对于象这一群体而言比较小，后者指体积相对于整个动物群体而言是比较小的，属于偷换概念，排除。

E 选项：未出现同一词语前后含义不同的情况，与题干所犯的逻辑错误不近似，正确。

故正确答案为 E 选项。

例 7.7 克鲁特是德国家喻户晓的"明星"北极熊，北极熊是名副其实的北极霸主，因此，克鲁特是名副其实的北极霸主。

以下除哪项外，均与上述论证出现的谬误相似？

A. 儿童是祖国的花朵，小雅是儿童，因此，小雅是祖国的花朵。

B. 鲁迅的作品不是一天能读完的，《祝福》是鲁迅的作品，因此，《祝福》不是一天能读完的。

C. 中国人是不怕困难的，我是中国人，因此，我是不怕困难的。

D. 康怡花园坐落在清水街，清水街的建筑属于违章建筑，因此，康怡花园的建筑属于违章建筑。

E. 西班牙语是外语，外语是普通高等学校招生的必考科目，因此，西班牙语是普通高等学校招生的必考科目。

【解析】题干中"北极熊"一词，前者具体指明了"克鲁特"这一个体，是非集合概念；后者"北极霸主"这一属性是北极熊物种的群体所具有的，并不是每一只北极熊都具有，是集合概念。所以题干论证出现的谬误是集合概念与非集合概念的误用。

A 选项："儿童"一词，前者"祖国的花朵"这一属性是儿童这个群体所具有的，并不是每一个儿童都具有，是集合概念；后者具体指明了"小雅"这一个体，是非集合概念。该项与题干论证出现的谬误相似，排除。

B 选项："鲁迅的作品"一词，前者"不是一天能读完的"这一属性是鲁迅所有作品的集合体所具有的，并不是每一部作品都具有，是集合概念；后者具体指明了《祝福》这一个体，是非集合概念。该项与题干论证出现的谬误相似，排除。

C 选项："中国人"一词，前者"不怕困难"这一属性是中国人这个群体所具有的，并不是每一个中国人都具有，是集合概念；后者具体指明了"我"这一个体，是非集合概念。该项与题干论证出现的谬误相似，排除。

D 选项：康怡花园坐落在清水街＝康怡花园是清水街的建筑，"清水街的建筑"一词，前者具体指明了"康怡花园"这一个体，是非集合概念；后者"违章建筑"这一属性是每一个在清水街上的建筑都具有的，也是非集合概念，故未出现逻辑谬误，正确。

E 选项："外语"一词，前者具体指明了"西班牙语"这一个体，是非集合概念；后者"普通高等学校招生的必考科目"这一属性是外语的集合体所具有的，并不是每一门外语都具有，是集合概念。该项与题干论证出现的谬误相似，排除。

故正确答案为 D 选项。

例 7.8 李栋善于辩论，也喜欢诡辩，有一次他论证道："郑强知道数字 87654321，陈梅家的电话号码正好是 87654321，所以郑强知道陈梅家的电话号码。"

以下哪项与李栋辩论中所犯的错误最为类似？

A. 中国人是勤劳勇敢的，李岚是中国人，所以李岚是勤劳勇敢的。

B. 金砖是原子构成的，原子不是肉眼可见的，所以金砖不是肉眼可见的。

C. 黄兵相信晨星在早晨出现，而晨星其实就是暮星，所以黄兵相信暮星在早晨出现。

D. 张冉知道如果 1∶0 的比分保持到终场，他们的队伍就会出线，现在张冉听到了比赛结束的哨声，所以张冉知道他们的队伍出线了。

E. 所有蚂蚁是动物，所以所有大蚂蚁是大动物。

【解析】题干信息：郑强知道A，B正好是A，所以郑强知道B。

该辩论中所出现的逻辑错误是偷换概念，将A与B强行等价，郑强可能并不知道A就是B，属于"不当同一替换"，即"A是B"和"知道A是B"具有不同的含义，也就无法得出郑强知道B的结论。

A选项：集合概念（第一个"中国人"）与非集合概念（第二个"中国人"）的偷换，排除。

B选项：个体（原子）所具有的特点（不是肉眼可见的），整体（金砖）不一定具有，排除。

C选项：黄相信A，B就是A，所以黄相信B，与题干所犯的错误一样，强行将A与B等价，正确。

D选项：推不出，虽然听到结束的哨声，但1∶0的比分是否保持到终场未知，排除。

E选项：偷换概念，第一个"大"表示相对于蚂蚁来说是大的，第二个"大"表示相对于所有动物来说是大的，二者意思并不一样，排除。

故正确答案为C选项。

命题方向3：与定义相关的题型

稳 特征识别	题干：对某一概念下定义或进行描述。 问题：（1）以下哪项符合题干的断定？ （2）以下各项都符合题干的断定，除了： （3）以下哪项可以质疑上述论证？
准 基本思路	找准题干对概念的描述，逐一比对选项，并进行筛选，要紧紧围绕题干对核心概念的定义来判断选项
狠 提速技巧	**秒杀第一招：考点识别，命题视角** 题目特征：题干给出了核心概念的定义，需要进行削弱或质疑。 命题思路：考查对有效信息的锁定。 答案特征：一定要注意核心概念的定义，紧紧围绕核心概念进行选择

例7.9 在某次思维训练课上，张老师提出"尚左数"这一概念的定义：在连续排列的一组数字中，如果一个数字左边的数字都比其大（或无数字），且其右边的数字都比其小（或无数字），则称这个数字为尚左数。

根据张老师的定义，在8、9、7、6、4、5、3、2这列数字中，以下哪项包含了该列数字中所有的尚左数？

A. 4、5、7和9。　　B. 2、3、6和7。　　C. 3、6、7和8。
D. 5、6、7和8。　　E. 2、3、6和8。

【解析】题干信息：
一个数字是"尚左数"需符合两个特点：（1）左边的数字都比其大（或无数字）；（2）右边的数字都比其小（或无数字）。

此题需要根据题干对"尚左数"这一概念的定义，在一列数字中找出"尚左数"。例如数字"8"，左边无数字，符合定义，但其右边的数字并不是都比其小（9比8大），所以8不是"尚左数"；再如数字"7"，其左边的数字（8、9）都比其大，而且其右边的数字（6、4、5、3、2）都比其小，符合定义，故7是"尚左数"，同理可以判断出数字"6、3、2"均为"尚左数"。

A 选项：9 左边的 8 不比其大，不符合特点（1），排除。

B 选项：所有数字均符合上述两个特点，正确。

C、D、E 三项：8 右边的 9 不比其小，不符合特点（2），排除。

故正确答案为 B 选项。

例 7.10 根据学习在动机形成和发展中所起的作用，人的动机可分为原始动机和习得动机两种。原始动机是与生俱来的动机，它们是以人的本能需要为基础的，习得动机是指后天获得的各种动机，即经过学习产生和发展起来的各种动机。

根据以上陈述，以下哪项最可能属于原始动机？

A. 尊敬老人，孝敬父母。　　　　　　B. 尊师重教，崇文尚武。

C. 不入虎穴，焉得虎子。　　　　　　D. 窈窕淑女，君子好逑。

E. 宁可食无肉，不可居无竹。

【解析】此题需要根据题干对"原始动机"这一概念的描述，判断选项是否符合"原始动机"的定义。原始动机的特点：与生俱来，以本能需要为基础。

A、B 两项：这两项所描述的都是后天培养的美德，不是与生俱来的，排除。

C 选项：比喻不冒危险，就难以成事，也用来比喻不经历艰苦的实践，就难以取得真知，不属于动机的范畴，排除。

D 选项：婀娜多姿的淑女啊，是仁人君子的佳偶，这是人的本能需要，属于原始动机，正确。

E 选项：表达了物质上可以清贫，但是必须有气节和精神的观点，不是原始动机，排除。

故正确答案为 D 选项。

例 7.11 足球是一项集体运动，若想不断取得胜利，每个强队都必须有一位核心队员，他总能在关键场次带领全队赢得比赛。友南是某国甲级联赛强队西海队队员。据某记者统计，在上赛季参加的所有比赛中，有友南参赛的场次，西海队胜率高达 75.5%，只有 16.3% 的平局，8.2% 的场次输球；而在友南缺阵的情况下，西海队胜率只有 58.9%，输球的比率高达 23.5%。该记者由此得出结论，友南是上赛季西海队的核心队员。

以下哪项如果为真，最能质疑该记者的结论？

A. 上赛季友南上场且西海队输球的比赛，都是西海队与传统强队对阵的关键场次。

B. 西海队队长表示："没有友南我们将失去很多东西，但我们会找到解决办法。"

C. 本赛季开始以来，在友南上阵的情况下，西海队胜率暴跌 20%。

D. 上赛季友南缺席且西海队输球的比赛，都是小组赛中西海队已经确定出线后的比赛。

E. 西海队教练表示："球队是一个整体，不存在有友南的西海队和没有友南的西海队。"

【解析】题干信息：核心队员总能在关键场次带领全队赢得比赛。

要质疑该记者的结论，即表明友南不是核心队员，只要能够说明其不符合核心队员的定义即可。友南在关键场次上场，但是该队没有赢得比赛，表明友南不是核心队员，所以 A 选项正确。

C 选项干扰性较强，但是其并没有针对题干中关于"核心队员"的定义进行质疑，并且 C 选项指的是"本赛季"，而记者的结论是"上赛季"，所以无法质疑结论。

故正确答案为 A 选项。

三、配套练习：媛选好题

1. 在某校新当选的校学生会的 7 名委员中，有 1 个大连人、2 个北方人、1 个福州人、2 个特长生（有特殊专长的学生）、3 个贫困生（有特殊经济困难的学生）。

   假设上述介绍涉及该学生会中的所有委员，则以下各项关于该学生会委员的断定都与题干不矛盾，除了：

   A. 2 个特长生都是贫困生。　　　　B. 贫困生不都是南方人。
   C. 特长生都是南方人。　　　　　　D. 大连人是特长生。
   E. 福州人不是贫困生。

2. 在某个饭店中，一桌人边用餐边谈生意。其中，1 个人是哈尔滨人，2 个人是北方人，1 个人是广东人，2 个人只做电脑生意，3 个人只做服装生意。

   假设以上的介绍涉及这餐桌上所有的人，那么，这一餐桌上最少可能是几个人？最多可能是几个人？

   A. 最少可能是 3 人，最多可能是 8 人。　　B. 最少可能是 5 人，最多可能是 8 人。
   C. 最少可能是 5 人，最多可能是 9 人。　　D. 最少可能是 3 人，最多可能是 9 人。
   E. 无法确定。

3. 元宵夜，一女子想到灯市观灯。其丈夫说道："家中已点灯了。"该女子答道："我不仅想观灯，而且想观人。"她的丈夫怒吼道："难道我是鬼吗？"

   试分析上述议论中出现了什么谬误？

   A. 转移论题。　　　B. 自相矛盾。　　　C. 偷换概念。
   D. 论据不足。　　　E. 推不出。

4. 某单位要从 100 名报名者中挑选 20 名献血者进行体检。最不可能被挑选上的是 2013 年以来已经献过血，或是 2015 年以来在献血体检中不合格的人。

   如果上述断定是真的，则以下哪项所言及的报名者最有可能被选上？

A. 小张 2015 年献过血，他的血型是 O 型，医用价值最高。

B. 小王是区献血标兵，近年来每年献血，这次她坚决要求献血。

C. 小刘 2016 年报名献血，因"澳抗"阳性体检不合格，这次出具了"澳抗"转阴的证明，并坚决要求献血。

D. 大陈最近一次献血时间是在 2012 年，他因工伤截肢，血管中流动着义务献血者的血。他说，我比任何人都有理由献血。

E. 老孙 2013 年因体检不合格未能献血，2015 年体检合格献血。

5. 某地召开有关《红楼梦》的小型学术研讨会。与会者中，4 个是北方人，3 个是黑龙江人，1 个是贵州人，3 个是作家，2 个是文学评论家，1 个是男性。以上提到的是全体与会者。

根据以上陈述，参加该研讨会的最少可能有几人？最多可能有几人？

A. 最少可能有 4 人，最多可能有 6 人。

B. 最少可能有 5 人，最多可能有 11 人。

C. 最少可能有 6 人，最多可能有 14 人。

D. 最少可能有 8 人，最多可能有 10 人。

E. 最少可能有 2 人，最多可能有 12 人。

6. 根据男婴出生率，甲和乙展开了辩论。

甲：人口统计发现一条规律，在新生婴儿中，男婴的出生率总是维持在 22/43 左右，而不是 1/2。

乙：不对，许多资料都表明，世界上大多数国家，如俄罗斯、日本、德国以及我国台湾地区的人口都是女性比男性多。可见，认为男婴出生率总在 22/43 左右的看法是不正确的。

试分析甲、乙的对话，下列哪一个选项能说明甲或乙的逻辑错误。

A. 甲所说的统计规律不存在。　　　　B. 甲的统计调查不符合科学。

C. 乙的资料不可信。　　　　　　　　D. 乙混淆了概念。

E. 上述论证没有逻辑错误。

7. 这所大学的学生学习了很多课程，小马是这所大学的一名学生，所以他学习了很多课程。

以下哪项论证展示的推理错误与上述论证中的最相似？

A. 这所学校里的学生都学习数学这门课程，小马是这所学校的一名学生，所以他也学习数学这门课程。

B. 这本法律期刊的编辑们写了许多法律方面的文章，老李是其中的一名编辑，所以他也写过许多法律方面的文章。

C. 这所大学的大多数学生学习成绩很好，小贞不是这所大学的一名学生，所以她的学习成绩不好。

D. 所有的旧汽车需要经常换零件，这部汽车是新的，所以不需要经常换零件。

E. 独立的大脑细胞是不能够进行思考的，所以整个大脑也不能够进行思考。

8. 我国正常婴儿在3个月时的平均体重在5~6公斤。因此，如果一个3个月的婴儿的体重只有4公斤，则说明其间他（她）的体重增长低于平均水平。

以下哪项如果为真，最有助于说明上述论证存在漏洞？

A. 婴儿体重增长低于平均水平不意味着发育不正常。

B. 上述婴儿在6个月时的体重高于平均水平。

C. 上述婴儿出生时的体重低于平均水平。

D. 母乳喂养的婴儿体重增长较快。

E. 我国婴儿的平均体重较20年前有了显著的增加。

9. 小莫十分渴望成为一名微雕艺术家，为此，他去请教微雕大师孔先生："您如果教我学习微雕，我将要多久才能成为一名微雕艺术家？"孔先生回答道："大约十年。"小莫不满足于此，再问："如果我不分昼夜每天苦练，能否缩短时间？"孔先生道："那要用二十年。"

以下哪项最可能是孔先生的回答所提示的微雕艺术家的重要素质？

A. 谦虚。　　B. 勤奋。　　C. 尊师。　　D. 耐心。　　E. 决心。

10. 如今，人们经常讨论职工下岗的问题，但也常常弄不清"下岗职工"的准确定义。《国家统计局（1997）261号统计报表》的填表说明中对"下岗职工"的说明是：下岗职工是指由于企业的生产和经营状况等原因，已经离开本人的生产和工作岗位，并已不在本单位从事其他工作，但仍与用人单位保留劳动关系的人员。

按照以上划分标准，以下哪项所描述的人员可以称为下岗职工？

A. 孟师傅原来在汽车制造厂工作，半年前辞去工作，开了一个汽车修理铺。

B. 苏女士原来是某咨询公司的办公室秘书。最近，公司以经营困难为由，解除了她的工作合同，她只能在家做家务。

C. 孙技工原来在手表厂工作，因长期疾病不能工作，经批准提前办理了退休手续。

D. 姜裁缝原来在某服装厂工作，长期请病假。其实他的身体并不坏，目前在家里开了个缝纫部。

E. 周先生原来在电视机厂工作，今年53岁。去年工厂因产品积压，人员富余，让50岁以上的人回家休息，等55岁时再办正式退休手续。

答案速查： ABCDB　DBCDE

1. **【解析】** 题干信息从地域、特长生、贫困生这三个维度对校学生会委员进行描述，可列示如下。

   地域：北方人2（含大连人1，注意：北方人与大连人是包含关系），福州人1。

   特长生：特长生2。

   贫困生：贫困生3。

   假定上述概念不相容，则最多涵盖8（地域3＋特长生2＋贫困生3）个人，所以要满足题干所描述的7个人，则有一个人需具有两个属性（比如：既是特长生又是贫困生）。此题需要选出与题干断定矛盾的选项，如果A选项为真，则有两个人都具有两个属性，则题干最多只能介绍6个人，与题干断定矛盾，正确。

B 选项：贫困生与南方人的重合情况未知，与题干信息不矛盾，排除。

C 选项：即使特长生都是南方人，也不一定就是福州人，即使是福州人，也只有一人具有两个属性，与题干信息不矛盾，排除。

D 选项：当只有一个人具有两个属性时，符合题干所描述的 7 个人，不矛盾，排除。

E 选项：表明福州人不具有两个属性，与题干信息不矛盾，排除。

故正确答案为 A 选项。

2. 【解析】题干信息从地域、职业两个角度对人员进行描述，可列示如下。

地域：北方人 2（含哈尔滨人 1）、广东人 1，共 3 人。

职业：只做电脑生意 2、只做服装生意 3，共 5 人。

若地域与职业身份重叠，可得出最少人数：5 人。

若地域与职业身份完全不重叠，可得出最多人数：3+5=8 人。

故正确答案为 B 选项。

3. 【解析】上述议论中的"灯"与"人"两个概念都出现了偷换概念的逻辑谬误。

（1）"灯"：女子所说的观"灯"，指的是元宵节的花灯，而丈夫将其偷换为家中照明所用的灯，偷换概念。

（2）"人"：女子所说的观"人"，指的是元宵节出游的游人，而丈夫将其偷换为人类（自己也是人类）的人，偷换概念。

故正确答案为 C 选项。

4. 【解析】只要满足下列条件中的任意一个就不可能被选上：

（1）2013 年以来已经献过血的；

（2）2015 年以来在献血体检中不合格的。

根据（1）排除 A、B、E 三项。根据（2）排除 C 选项。

故正确答案为 D 选项。

5. 【解析】题干信息从地域、职业、性别这三个维度对该研讨会与会者进行描述，可列示如下。

地域：北方人 4（含黑龙江人 3，注意：北方人与黑龙江人是包含关系），贵州人 1（注意：北方人与贵州人不相容，所以从地域角度来看人数是 5 人）。

职业：作家 3，文学评论家 2（注意：作家与文学评论家可以相容也可以不相容，如果文学评论家同时都是作家，那么从职业角度来看有 3 人；如果文学评论家都不是作家，那么从职业角度来看有 5 人。综上分析，从职业角度来看人数范围是 3~5 人）。

性别：男性 1。

假定上述概念不相容，则最多可能有 11（地域 5 + 职业 5 + 性别 1）个人。

假定地域、职业、性别相容，则最少可能有 5 个人。

故正确答案为 B 选项。

6. 【解析】甲探讨的是新生儿中男婴的出生率，乙探讨的是男性与女性的数量关系，前者只涉及婴儿，后者涉及所有年龄段的人，乙混淆了概念，无法推翻甲的论证。

故正确答案为 D 选项。

7. 【解析】题干论证中的推理错误是集合概念与非集合概念的误用，"这所大学的学生"前后含义不一致，前者"学习了很多课程"这一属性是这所大学的学生整体所具有的，是集合概念；后者具体指明了"小马"这一个体，是非集合概念。

   A 选项："这所学校的学生"前后含义一致，前者表明每一个对象均具有该性质，后者具体指明"小马"这一个体，均为非集合概念，排除。

   B 选项："这本法律期刊的编辑"前后含义不一致，前者是集合概念，后者是非集合概念，与题干论证的错误一致，正确。

   C 选项：这所大学的大多数学生学习成绩很好，小贞不是这所大学的学生，那么小贞的成绩好不好呢？无法推知，因此所犯错误为"推不出"，与题干论证的错误不相似，排除。

   D 选项：论据无法推出结论，新车是否需要换零件未知，属于"推不出"的逻辑错误，排除。

   E 选项：合成谬误，即部分具有的性质整体不一定具有，排除。

   故正确答案为 B 选项。

8. 【解析】论据：一个 3 个月的婴儿比我国正常婴儿的平均体重轻。

   结论：体重增长低于平均水平。

   体重的绝对值与体重增长是不同的概念，如果该婴儿出生时体重就低于平均水平，那么其体重增长仍可能符合平均水平，C 选项明确地指出了该漏洞，正确。

   A 选项：题干并未论证发育是否正常，排除。

   B 选项：题干论证的区间为 0~3 个月，与 6 个月的情况无关，排除。

   D、E 两项：题干论证与"母乳喂养""我国婴儿的平均体重的增加"无关，排除。

   故正确答案为 C 选项。

9. 【解析】题干信息：小莫十分渴望成为一名微雕艺术家，其希望能缩短时间，大师孔先生却告知，不分昼夜每天苦练的话则时间会翻倍。

   题干说明，在学习的过程中，不要急于求成，要有耐心。

   故正确答案为 D 选项。

10. 【解析】根据题干中对"下岗职工"的描述，下岗职工需满足以下标准：

    （1）离开本人的生产和工作岗位的原因为企业的生产和经营状况等；

    （2）已不在本单位从事其他工作；

    （3）仍与用人单位保留劳动关系。

    由标准（1）排除 A、D 两项，由标准（3）排除 B、C 两项。

    故正确答案为 E 选项。

第二部分
综合推理

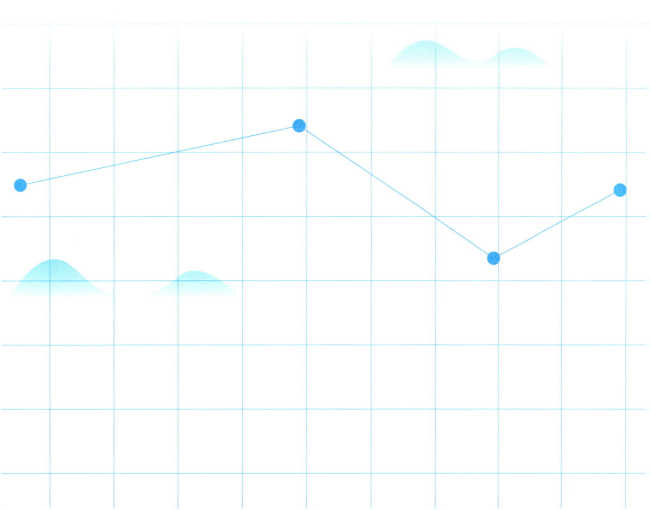

第八章 综合推理解题思路

考频统计

考试	管理类综合能力（199）										经济类综合能力（396）		
年度	2014	2015	2016	2017	2018	2019	2020	2021	2022	2023	2021	2022	2023
题量	11	7	8	10	10	13	12	11	10	13	7	8	7

本章导图

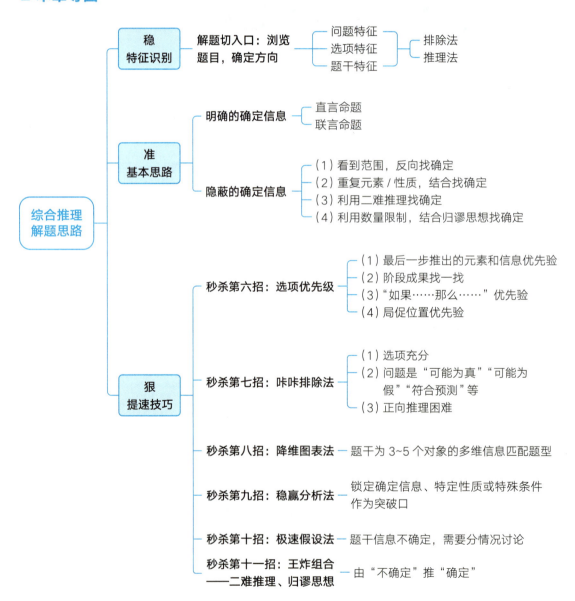

一、综合推理切入口、选项优先级

稳 特征识别	解题切入口：浏览题目，确定方向，判定该题使用"排除法"还是"推理法"。 若题目呈现下述特征，则可以马上采用排除法处理，该方法速度快、准确率高。 （1）问题特征：以下哪项可能为真？以下哪项符合题干信息？ （2）选项特征：选项信息充分，将排序关系或匹配关系完整地列出。 （3）题干特征：正向推理情况≥4种，或很难推出确定信息。 若题目没有上述特征，则采用推理法
准 基本思路	推理法最重要的核心是"确定信息"，如何找到确定信息呢？ （1）明确的确定信息。 　①直言命题（如A是红色，庚周四值日）。 　②联言命题（如刘和赵都被天璇公司录用，孙和孟都会说闽南方言）。 　当题干中出现确定信息时，从该信息入手，顺着题干信息进行推理即可。 　确定信息经常出现的位置：①题干条件的最后一句；②问题中的附加信息。 （2）隐蔽的确定信息。 　①看到范围，反向找确定。 　当题干给出范围信息时，就要马上转换为确定的信息。 　已知：在A、B范围内。可得：不在C。 　例如：周和赵住在第三层和第四层之一，每人所住楼层各不相同。 　可得：周和赵不住在其他楼层。 　②重复元素/性质，结合找确定。 　如果题干条件中反复提到某个信息，则可综合相关信息得出结论。 　例如：黄椒必须与豇豆同一组，芹菜不能在黄椒一组。 　可得：豇豆与芹菜不在同一组。 　③利用二难推理找确定。 　已知：A→B，¬A→B。可得：B。 　例如：如果今天下雨，那么能考上。如果今天不下雨，也能考上。 　可得：能考上。 　④利用数量限制，结合归谬思想找确定。 　例如：每个人去一个地方旅行，如果甲去北京，那么甲也要去上海。 　可得：甲不去北京
狠 提速技巧	**秒杀第六招：选项优先级** 题目特征：已经对题目信息进行了分析和推理，需要快速选出正确答案。 命题思路：考查对信息的甄别和定位。 答案特征： （1）最后一步推出的元素和信息优先验。 　当所有已知信息都被用尽或无法再进行推理时，要注意观察选项，优先锁定最后一步推出的信息或元素，最有可能对应正确答案。 （2）阶段成果找一找。 　在解综合推理题的过程中，很多时候根据题目信息无法推出所有的最终结果，但是只要能选出答案，就达成了目标，所以当无法进行下一步推理时，要看看根据目前的结果是否可以选出答案。 （3）"如果……那么……"优先验。 　如果题干信息不确定，无法直接得出答案，则可以结合选项，优先考虑"如果……那么……"的句式。因为"如果"后面的信息相当于新增了一个条件，更有可能推出有效信息。

狠 提速技巧	（4）局促位置优先验。 综合推理题目条件多、情况多，那如何更快锁定入手点和选项呢？这就需要大家重点关注局促位。"局促位"是指限制条件较多的位置或元素，由于限制条件多，所以存在的可能情况比较少，最容易入手突破

例 8.1~例 8.2 基于以下题干：

> 六一节快到了。幼儿园老师为班上的小明、小雷、小刚、小芳、小花 5 位小朋友准备了红、橙、黄、绿、青、蓝、紫 7 份礼物。已知所有礼物都送了出去，每份礼物只能由一人获得，每人最多获得两份礼物。另外，礼物派送还需满足如下要求：
>
> （1）如果小明收到橙色礼物，则小芳会收到蓝色礼物；
>
> （2）如果小雷没有收到红色礼物，则小芳不会收到蓝色礼物；
>
> （3）如果小刚没有收到黄色礼物，则小花不会收到紫色礼物；
>
> （4）没有人既能收到黄色礼物，又能收到绿色礼物；
>
> （5）小明只收到橙色礼物，而小花只收到紫色礼物。

例 8.1 根据上述信息，以下哪项可能为真？

A. 小明和小芳都收到两份礼物。

B. 小雷和小刚都收到两份礼物。

C. 小刚和小花都收到两份礼物。

D. 小芳和小花都收到两份礼物。

E. 小明和小雷都收到两份礼物。

【解析】问题是"以下哪项可能为真"，适用排除法。

此题虽然题干中条件较多，信息也比较丰富，但思路正确的话难度并不大。题干为 5 个人 7 份礼物，每份礼物由一人获得，每人最多获得两份礼物。5 个条件中，（1）（2）（3）（4）均为假言命题，（5）为确定信息，这是解题的突破口。

观察问题及选项，需要选出不可能收到两份礼物的对象，由（5）可知，小明和小花都只收到一份礼物，不可能收到两份，所以选项中包含"小明"的 A 选项、E 选项以及包含"小花"的 C 选项、D 选项都排除掉，只剩下 B 选项。

故正确答案为 B 选项。

例 8.2 根据上述信息，如果小刚收到两份礼物，则可以得出以下哪项？

A. 小雷收到红色和绿色两份礼物。

B. 小刚收到黄色和蓝色两份礼物。

C. 小芳收到绿色和蓝色两份礼物。

D. 小刚收到黄色和青色两份礼物。

E. 小芳收到青色和蓝色两份礼物。

【解析】问题是"可以得出以下哪项"，并且题干中有确定信息，适用推理法。

观察问题及题干信息,从(5)这个确定信息入手,由小明(橙色)结合(1)可得小芳(蓝色),结合(2)逆否可得小雷(红色)。由小花(紫色)结合(3)逆否可得小刚(黄色),结合(4)可得小刚没有收到绿色,所以只剩下青色,那么小刚收到的两份礼物是黄色和青色。

故正确答案为 D 选项。

例 8.3 在某公司的招聘会上,公司行政部、人力资源部和办公室拟各招聘一名工作人员,来自中文系、历史系和哲学系的三名毕业生前来应聘这三个不同的职位。招聘信息显示,历史系毕业生比应聘办公室的年龄大,哲学系毕业生和应聘人力资源部的着装颜色相近,应聘人力资源部的比中文系毕业生年龄小。

根据以上陈述,可以得出以下哪项?

A. 哲学系毕业生比历史系毕业生年龄大。

B. 中文系毕业生比哲学系毕业生年龄大。

C. 历史系毕业生应聘行政部。

D. 中文系毕业生应聘办公室。

E. 应聘办公室的比应聘行政部的年龄大。

【解析】题干信息:(1)行政部、人力资源部、办公室三个职位,与中文系、历史系、哲学系三个专业一一对应;(2)历史系 > 办公室,可知,历史系≠办公室;(3)哲学系≠人力资源部;(4)中文系 > 人力资源部,可知,人力资源部≠中文系。

此题信息较多,可将重复出现的信息相结合,作为突破口。

结合(1)(3)(4)可知,应聘人力资源部的不是哲学系,不是中文系,所以一定是历史系。结合年龄大小可知:中文系 > 历史系(人力资源部)> 办公室。结合(1)可得:中文系(行政部)> 历史系(人力资源部)> 哲学系(办公室)。

故正确答案为 B 选项。

例 8.4 甲、乙、丙、丁、戊和己六人围坐在一张正六边形的小桌前,每边各坐一人,已知:

(1)甲与乙正面相对;

(2)丙与丁不相邻,也不正面相对。

如果乙与己不相邻,则以下哪一项为真?

A. 戊与乙相邻。

B. 甲与丁相邻。

C. 己与乙正面相对。

D. 如果甲与戊相邻,则丁与己正面相对。

E. 如果丙与戊不相邻,则丙与己相邻。

【解析】由题干信息可画出下图,由该图判断选项。

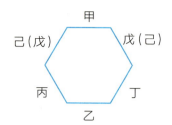

题干情况较多,优先验证 D、E 两项"如果……那么……"句式的选项。

D 选项:如果甲与戊相邻,那么丁与己相邻或者正面相对,而不只是正面相对的情况存在,排除。

E 选项:如果丙与戊不相邻,则丙与己相邻,正确。

A、B、C 三项:不符合,排除。

故正确答案为 E 选项。

例 8.5 某著名风景区有"妙笔生花""猴子观海""仙人晒靴""美人梳妆""阳关三叠""禅心向天"6 个景点。为方便游人,景区提示如下:

(1)只有先游"猴子观海",才能游"妙笔生花";

(2)只有先游"阳关三叠",才能游"仙人晒靴";

(3)如果游"美人梳妆",就要先游"妙笔生花";

(4)"禅心向天"应第四个游览,之后才能游览"仙人晒靴"。

张先生按照上述提示,顺利游览了上述 6 个景点。

根据上述信息,关于张先生的游览顺序,以下哪项不可能为真?

A. 第一个游览"猴子观海"。　　　　B. 第二个游览"阳关三叠"。

C. 第三个游览"美人梳妆"。　　　　D. 第五个游览"妙笔生花"。

E. 第六个游览"仙人晒靴"。

【解析】题干信息:

(1)先"猴子观海"后"妙笔生花";

(2)先"阳关三叠"后"仙人晒靴";

(3)先"妙笔生花"后"美人梳妆";

(4)"禅心向天"第四位,"仙人晒靴"第五位或第六位。

条件(1)(2)(3)都是对象之间的相对位置关系,只有(4)是确定信息,所以由(4)入手可知,"禅心向天"在第四位,后面只有第五和第六两个位置,"仙人晒靴"在第五位或第六位,此时只剩下一个位置,可以优先验证提到第五个和第六个位置的选项。

如果"妙笔生花"是第五个游览,其后面只有一个位置,但是结合(3)(4)可知,后面还有"美人梳妆"和"仙人晒靴"两个景点未游览,所以"妙笔生花"不可能是第五个游览。

故正确答案为 D 选项。

例 8.6~ 例 8.7 基于以下题干：

某食堂采购四类（各蔬菜名称的后一个字相同，即为一类）共十二种蔬菜：芹菜、菠菜、韭菜、青椒、红椒、黄椒、黄瓜、冬瓜、丝瓜、扁豆、毛豆、豇豆。并根据若干条件将其分成三组，准备在早、中、晚三餐中分别使用。已知条件如下：

（1）同一类别的蔬菜不在一组；

（2）芹菜不能与黄椒一组，冬瓜不能与扁豆一组；

（3）毛豆必须与红椒或韭菜同一组；

（4）黄椒必须与豇豆同一组。

例 8.6 根据以上信息，可以得出以下哪项？

A. 芹菜与豇豆不在同一组。   B. 芹菜与毛豆不在同一组。

C. 菠菜与扁豆不在同一组。   D. 冬瓜与青椒不在同一组。

E. 丝瓜与韭菜不在同一组。

【解析】此题需要将 12 种蔬菜分为 3 组，观察题干信息，条件（4）为确定信息，条件（2）与（4）都出现了黄椒这种蔬菜，可以将两个条件相结合。

结合（2）"芹菜≠黄椒"和（4）"黄椒 = 豇豆"可得：芹菜≠豇豆。

故正确答案为 A 选项。

例 8.7 如果韭菜、青椒与黄瓜在同一组，则可得出以下哪项？

A. 芹菜、红椒与扁豆在同一组。   B. 菠菜、黄椒与豇豆在同一组。

C. 韭菜、黄瓜与毛豆在同一组。   D. 菠菜、冬瓜与豇豆在同一组。

E. 芹菜、红椒与丝瓜在同一组。

【解析】观察选项信息可知，只需要推出三种蔬菜在一组即可。

由（1）可得，韭菜、芹菜、菠菜分属三组；

由（2）可得，芹菜不能与黄椒一组，又因韭菜与青椒在同一组，故芹菜与红椒一组，菠菜与黄椒一组；再由（4）可得，黄椒与豇豆一组，由此可推知，菠菜、黄椒、豇豆在同一组。列表如下：

1	韭菜、青椒、黄瓜
2	芹菜、红椒
3	菠菜、黄椒、豇豆

观察选项发现，B 选项符合上述结果。

故正确答案为 B 选项。

二、综合推理技巧

秒杀第七招：咔咔排除法

(题目特征) 适合采用排除法的题目特征：

（1）选项充分。当选项中已经将排列关系或匹配关系完全列出，排除与题干信息不符的，就可以得出正确答案。

（2）问题是"可能为真""可能为假""符合预测"等。如果题目问题是"以下哪项可能为真"，那么只需要将不可能为真的（与题干信息矛盾的）选项排除即可。如果题目问题是"以下哪项可能为假"，那么只需要将不可能为假的（符合题干信息的）选项排除即可。

（3）正向推理困难。虽然根据题干信息可以推出真实情况，但推理较复杂或很难推出。

(命题思路) 考查对题干信息的提取及选项的充分利用。

(答案特征) 将与题干问题矛盾或不符的选项排除掉，剩下的就是正确答案。

例 8.8 某天，同班级的小赵、小钱、小孙、小李、小周在谈论各自喜欢的电视频道。已知：小赵不喜欢新闻频道，喜欢艺术频道的和小李不同岁，小钱比喜欢艺术频道的年龄大，喜欢财经频道的和小周不是来自同一个地方，小孙喜欢教育频道。

根据上述信息可以推出小赵、小钱、小孙、小李、小周分别喜欢哪些频道？

A. 纪实频道、艺术频道、教育频道、新闻频道、财经频道。
B. 新闻频道、财经频道、教育频道、纪实频道、艺术频道。
C. 纪实频道、教育频道、艺术频道、新闻频道、财经频道。
D. 纪实频道、新闻频道、教育频道、财经频道、艺术频道。
E. 财经频道、艺术频道、教育频道、新闻频道、纪实频道。

【解析】由题干信息可知，小赵不喜欢新闻频道，所以排除 B 选项。

喜欢艺术频道的和小李不同岁，说明小李不喜欢艺术频道，无法排除。

小钱比喜欢艺术频道的年龄大，说明小钱不喜欢艺术频道，排除 A、E 两项。

喜欢财经频道的和小周不是来自同一个地方，说明小周不喜欢财经频道，排除 C 选项。

故正确答案为 D 选项。

例 8.9 某城市有五个公园：甲、乙、丙、丁、戊。它们由南至北基本在一条直线上，同时：
（1）乙与丁相邻并且在丁的北边；（2）戊和甲相邻；（3）丙在乙的北边。

根据以上线索，可以推断五个公园由北至南的顺序可以是：

A. 甲、丙、戊、乙、丁。　　B. 乙、丁、戊、甲、丙。　　C. 丙、甲、戊、乙、丁。
D. 丙、丁、乙、甲、戊。　　E. 乙、丁、丙、戊、甲。

【解析】按照由北至南的顺序：（1）乙、丁（相邻），排除 D 选项；（2）戊、甲（相邻）或甲、戊（相邻），排除 A 选项；（3）丙、乙（不一定相邻），排除 B、E 两项。

故正确答案为 C 选项。

例 8.10 有甲、乙、丙、丁、戊五个短跑运动员进行男子 100 米决赛。看台上，赵明和钱亮在预测他们的名次。

赵明说：名次排序是戊、丁、丙、甲、乙。

钱亮说：名次排序是甲、戊、乙、丙、丁。

决赛结果表明：赵明既没有猜对任何一个运动员的正确名次，也没有猜对任何一对名次相邻运动员的顺序关系；钱亮猜对了两个运动员的正确名次，又猜中两对名次相邻运动员的顺序关系。

据此可知，五个短跑运动员的名次排序应该是：

A. 甲、乙、丙、丁、戊。   B. 乙、甲、戊、丙、丁。

C. 丁、戊、甲、乙、丙。   D. 丙、丁、戊、甲、乙。

E. 乙、甲、丙、丁、戊。

【解析】赵明没猜对任何一个，也没猜对任何一对；钱亮猜对两个，又猜中两对。利用这些信息进行正向推理难度较大，所以可以马上转换思路，采用排除法。

赵明没猜对任何一个运动员的正确名次，说明丁不是第二名，排除 D 选项；丙不是第三名，排除 A、E 两项。

钱亮猜对了两个运动员的正确名次，B 选项中钱亮猜对了丙、丁两人的名次；C 选项中钱亮只猜对了戊一人的名次，排除。

故正确答案为 B 选项。

秒杀第八招：降维图表法

题目特征 题干为 3~5 个对象的多维信息匹配题型。

命题思路 考查对题干信息的提取、整理及综合运用。

答案特征 可以通过列二维信息表、画方位图及连线等方法将题干信息进行标注和整理，厘清条件关系，从而选出正确答案。

例 8.11 在编号壹、贰、叁、肆的 4 个盒子中装有绿茶、红茶、花茶和白茶 4 种茶，每个盒子只装一种茶，每种茶只装在一个盒子中，已知：

（1）装绿茶和红茶的盒子在壹、贰、叁号范围之内；

（2）装红茶和花茶的盒子在贰、叁、肆号范围之内；

（3）装白茶的盒子在壹、叁号范围之内。

根据以上陈述，可以得出以下哪项？

A. 绿茶装在壹号盒子中。   B. 红茶装在贰号盒子中。   C. 白茶装在叁号盒子中。

D. 花茶装在肆号盒子中。   E. 绿茶装在叁号盒子中。

【解析】解法一：图表法。

题干对两个维度信息进行了描述（例如：对象＆号码、人＆职业、车辆品牌＆颜色），可使用二维信息法解题。

方法：（1）列二维信息表，横行和竖列分别标示一个维度的信息。

（2）根据题干表述的对应关系或不对应关系，打√或×。

（3）结合相同话题，将进一步推出的对应或不对应关系进行标示。

题干给出4种茶和4个盒子，"每个盒子只装一种茶，每种茶只装在一个盒子里"，证明茶和盒子是一一对应的关系。接着给出3个限定条件，以推出匹配关系，这里需要注意利用题干条件。

第一步，对题干条件进行转换：（1）绿茶和红茶不在肆号盒子里；（2）红茶和花茶不在壹号盒子里；（3）白茶不在贰号和肆号盒子里。

此题如果不转换题干条件而正向运用的话，需要对可能的情况进行讨论，这样比较复杂，所以大家一定要学会这种转换思路，当题干的信息是一个不确定的范围时，应转换为确定信息再进行推理。

第二步，列表并在表里标注出上述信息，如下表所示：

项目	1	2	3	4
绿茶				×
红茶	×			×
花茶	×			
白茶		×		×

由上表可知，肆号盒子里不是绿茶，不是红茶，也不是白茶，所以是花茶。

解法二：分析法。

此题也可以直接观察题干条件进行分析。

结合条件（1）（3）可知，装红茶、绿茶、白茶的盒子在壹、贰、叁号范围内，虽然无法推知这三种茶分别对应哪个盒子，但可以确定剩下的花茶一定在肆号盒子。

故正确答案为D选项。

例8.12 International House 住进了四名留学生A、B、C、D，他们的国籍各不相同，分别来自英、法、德、美四个国家。而且他们入学前的职业也各不相同，现已知德国人是医生，美国人年龄最小且是警察，C比德国人年龄大，B是法官且与英国人是好朋友，D从未学过医。

请问：C是哪国人？

A. 英国。　　　B. 法国。　　　C. 德国。　　　D. 美国。　　　E. 无法确定。

【解析】题干对多个维度信息进行了描述（例如：车＆颜色＆品牌、人＆国籍＆职业＆年龄），可使用多维信息表法解题。

方法：（1）无论题干中是几个维度的信息，都要降维画表，列二维信息表，横行和竖列分别标示题干中出现次数比较多的信息维度。

（2）根据题干表述的对应关系或不对应关系，打√或×。

（3）结合相同话题，将进一步推出的对应或不对应关系进行标示。

题干给出四个人的国籍、年龄、职业三个维度的信息，需要进行匹配，条件中描述职业和国籍的信息比较多和完整，可以采用二维信息表进行列示。

（1）德国人是医生，美国人是警察。

（2）C比德国人年龄大，美国人年龄最小，可知年龄顺序为：C＞德国人＞美国人，所以C既不是德国人也不是美国人。

（3）B是法官，而且与英国人是好朋友，说明B不是英国人，不是德国人，也不是美国人，所以B是法国人。

（4）因为B是法国人，所以其他人都不是法国人。

（5）综合以上分析可知，C是英国人。

项目	A	B	C	D
英		×（3）	√（5）	
法	×（4）	√（3）	×（4）	×（4）
德（医）		×（3）	×（2）	
美（警）		×（3）	×（2）	

故正确答案为A选项。

例8.13 某公司为员工免费提供菊花、绿茶、红茶、咖啡和大麦茶5种饮品，现有甲、乙、丙、丁、戊5位员工，他们每人都只喜欢其中的2种饮品，且每种饮品都只有2人喜欢。已知：

（1）甲和乙喜欢菊花，且分别喜欢绿茶和红茶中的一种；

（2）丙和戊分别喜欢咖啡和大麦茶中的一种。

根据上述信息，可以得出以下哪项？

A. 甲喜欢菊花和绿茶。　B. 乙喜欢菊花和红茶。　C. 丙喜欢红茶和咖啡。

D. 丁喜欢咖啡和大麦茶。　E. 戊喜欢绿茶和大麦茶。

【解析】解法一：图表法。

题干对两个维度（饮品＆员工）信息进行了描述，可使用二维信息表解题。每人喜欢2种饮品，每种饮品有2个人喜欢，所以每行每列有2个√3个×。

项目	甲	乙	丙	丁	戊
菊花	√（1）	√（1）	×（1）	×（1）	×（1）
绿茶					
红茶					
咖啡	×（1）	×（1）			
大麦茶	×（1）	×（1）			

由（1）可得菊花的2个√在甲和乙，所以菊花在丙、丁、戊都是×。又因为甲和乙分别喜欢绿茶和红茶中的一种，所以甲喜欢两种（菊花＋绿/红），乙喜欢两种（菊花＋绿/红）。可知甲和乙在咖啡和大麦茶都是×。

由（2）可知丙和戊分别喜欢咖啡和大麦茶中的一种，因为咖啡需要有两个√，已经有丙/

戊，所以另一个喜欢咖啡的一定是丁。同理，另一个喜欢大麦茶的也一定是丁。

由上述分析可得，丁喜欢咖啡和大麦茶。

解法二：排除法。

由问题"可以得出以下哪项"可知，选项是需要确定能推出的，因此可以排除无法确定推出的选项。由（1）无法确定得知甲和乙与绿茶和红茶的匹配关系，排除A、B选项。由（2）无法确定得知丙和戊与咖啡和大麦茶的匹配关系，排除C、E选项。

故正确答案为D选项。

例8.14 某乡镇进行新区规划，决定以市民公园为中心，在东南西北分别建设一个特色社区。这四个社区分别定为：文化区、休闲区、商业区和行政服务区。已知，行政服务区在文化区的西南方向，文化区在休闲区的东南方向。

根据以上陈述，可以得出以下哪项？

A. 市民公园在行政服务区的北面。　　B. 休闲区在文化区的西南方向。

C. 文化区在商业区的东北方向。　　　D. 商业区在休闲区的东南方向。

E. 行政服务区在市民公园的西南方向。

【解析】题干将对象与对象之间的方位特征进行了描述，可使用方位信息图示法解题。

方法：（1）根据题干表述画出图示（例如：围坐在方桌前——画方桌，围坐在正六边形的桌子前——画正六边形桌子，A在B的东北方向——画出方位图标示位置）。

（2）从确定信息或重复出现次数多的信息入手标示。

（3）结合相同话题，将进一步推出的对应或不对应关系进行标示。

行政服务区在文化区的西南方向，休闲区在文化区的西北方向，所以休闲区在市民公园的北面，文化区在市民公园的东面，行政服务区在市民公园的南面，商业区只可能在市民公园的西面。方位信息如下图所示：

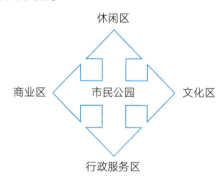

故正确答案为A选项。

秒杀第九招：稳赢分析法

> **题目特征** 题干条件较多，无法列表画图，但可以找到突破口一步步分析。
>
> **命题思路** 考查对题干信息的提取、整理及综合运用。
>
> **答案特征** 锁定确定信息、特定性质或特殊条件，将其作为突破口，利用联言命题、选言命题、假言命题的性质及推理规则进行推理。

例8.15 某单位拟在椿树、枣树、楝树、雪松、银杏、桃树中，选择4种栽种在庭院里，已知：

（1）椿树、枣树至少种植一种；

（2）如果种植椿树，则种植楝树但不种植雪松；

（3）如果种植枣树，则种植雪松但不种植银杏。

如果在庭院中种植银杏，则以下哪项是不可能的？

A. 种植椿树。　　　　　B. 种植桃树。　　　　　C. 不种植枣树。

D. 不种植雪松。　　　　E. 不种植桃树。

【解析】题干条件中有确定的信息，锁定确定信息，利用联言命题、选言命题、假言命题的性质及推理规则进行推理。

由"种植银杏"，结合（3）可知，不种植枣树；再结合（1）可知，种植椿树；再结合（2）可知，种植楝树但不种植雪松；再结合"选择4种栽种在庭院里"可知，桃树也要栽种。

A、B、C、D四项：与已知信息一致，为真，排除。

E选项：与已知信息不一致，为假，正确。

故正确答案为E选项。

例8.16 几位同学对物理竞赛的名次进行猜测。小钟说："小华第三，小任第五。"小华说："小闽第五，小宫第四。"小任说："小钟第一，小闽第四。"小闽说："小任第一，小华第二。"小宫说："小钟第三，小闽第四。"

已知本次竞赛没有并列名次，并且每个名次都有人猜对。

那么，具体名次应该是：

A. 小华第一、小钟第二、小任第三、小闽第四、小宫第五。

B. 小闽第一、小任第二、小华第三、小宫第四、小钟第五。

C. 小任第一、小华第二、小钟第三、小宫第四、小闽第五。

D. 小任第一、小闽第二、小钟第三、小宫第四、小华第五。

E. 小宫第一、小任第二、小华第三、小闽第四、小钟第五。

【解析】题干条件有特定性质或特殊条件，锁定特殊条件，结合题干信息可得出答案。

观察题干发现，只有一个人猜第二名，根据题干中"每个名次都有人猜对"可知，这个猜测肯定是对的，所以可以确定小华第二。选项中，只有C选项表明小华是第二名。

故正确答案为C选项。

例8.17 有红、蓝、黄、白、紫五种颜色的皮球，分别装在五个盒子里。甲、乙、丙、丁、戊五人猜测盒子里皮球的颜色。

甲：第二盒是紫的，第三盒是黄的。

乙：第二盒是蓝的，第四盒是红的。

丙：第一盒是红的，第五盒是白的。

丁：第三盒是蓝的，第四盒是白的。

戊：第二盒是黄的，第五盒是紫的。

猜完之后打开盒子发现，每人都只猜对了一种，并且每盒都有一个人猜对。

由此可以推测：

A. 第一个盒子内的皮球是蓝色的。　　B. 第二个盒子内的皮球是紫色的。

C. 第三个盒子内的皮球不是黄色的。　　D. 第四个盒子内的皮球是白色的。

E. 第五个盒子内的皮球是红色的。

【解析】解法一：只有丙一个人猜第一盒，根据"每盒都有一个人猜对"可知，该猜测肯定是对的，所以第一盒是红的，乙的后半句"第四盒是红的"猜错了。

因为"每盒都有一个人猜对"，有乙和丁两个人猜第四盒，既然乙猜错了，那么丁一定猜对了，因此第四盒是白的。

解法二：只有丙一个人猜第一盒，根据"每盒都有一个人猜对"可知，该猜测肯定是对的，所以第一盒是红的，乙的后半句"第四盒是红的"猜错了。

又因为"每个人都只猜对了一种"，所以乙的前半句"第二盒是蓝的"猜对了。

甲和戊的前半句猜错了，所以他们的后半句猜对了，即第三盒是黄的，第五盒是紫的。

丁的前半句猜错了，所以后半句猜对了，因此第四盒是白的。

故正确答案为 D 选项。

例8.18 在某科室公开选拔副科长的招录考试中，共有甲、乙、丙、丁、戊、己、庚 7 人报名。根据统计，7 人的最高学历分别是本科和博士，其中博士毕业的有 3 人，女性 3 人。已知，甲、乙、丙的学历层次相同，己、庚的学历层次不同；戊、己、庚的性别相同，甲、丁的性别不同。最终录用的是一名女博士。

根据以上陈述，可以得出以下哪项？

A. 甲是男博士。　　B. 己是女博士。　　C. 庚不是男博士。

D. 丙是男博士。　　E. 丁是女博士。

【解析】（1）由题干中对学历的描述可知，己和庚一个是本科一个是博士，又因为有 4 个本科，并且甲、乙、丙的学历相同，所以己和庚中一定有一人与甲、乙、丙的学历相同，因此可知，甲、乙、丙是本科，不是博士。

（2）由题干中对性别的描述可知，甲和丁一个是男性一个是女性，又因为有 4 个男性，并且戊、己、庚的性别相同，所以甲和丁中一定有一人与戊、己、庚的性别相同，于是可知，戊、己、庚是男性，不是女性。综上可知，女博士应该是丁。

故正确答案为 E 选项。

例8.19 某学期学校新开设 4 门课程："《诗经》鉴赏""老子研究""唐诗鉴赏""宋词选读"。李晓明、陈文静、赵珊珊和庄志达 4 人各选修了其中一门课程。已知：

（1）他们 4 人选修的课程各不相同；

（2）喜爱诗词的赵珊珊选修的是诗词类课程；

（3）李晓明选修的不是"《诗经》鉴赏"就是"唐诗鉴赏"。

以下哪项如果为真，就能确定赵珊珊选修的是"宋词选读"？

A. 庄志达选修的是"老子研究"。　　B. 庄志达选修的不是"老子研究"。

C. 庄志达选修的是"《诗经》鉴赏"。　　D. 庄志达选修的不是"宋词选读"。

E. 庄志达选修的不是"《诗经》鉴赏"。

【解析】 由（2）可知，赵珊珊选修的课程在《诗经》、唐诗、宋词之间。要得到赵选宋词，只需要将《诗经》和唐诗排除即可。结合（3）可知，李晓明已经选择了其中一门，所以需要一个选项将《诗经》和唐诗中的另外一门选走，锁定 C 选项可以达到目标。

故正确答案为 C 选项。

秒杀第十招：极速假设法

题目特征 题干信息不确定，无法找到入手点，需要分情况讨论。通常会分为 2~3 种可能的情况，分别进行假设并分析，选出正确答案。

命题思路 考查对题干信息的提取、整理及综合运用。

答案特征 选择简单的、分类情况少的信息入手，大多数真题都是分两种情况进行讨论，发现得出一样的结果；或两种情况中的一种与题干信息矛盾，另一种情况必然为真，此时根据另一种情况选择答案即可。

例8.20 一个旅行者遇到了 3 个美女，他不知道哪个是天使，哪个是魔鬼。天使只说真话，魔鬼只说假话。

甲说："在乙和丙之间，至少有一个是天使。"

乙说："在丙和甲之间，至少有一个是魔鬼。"

丙说："我只说真话。"

你能判断出有几个天使吗？

A. 0。　　B. 1。　　C. 2。　　D. 3。　　E. 无法确定。

【解析】 题干信息不确定，需要分为 n 种情况进行讨论，但是无论哪种情况都可得出统一的结论，即分类假设答案归一。大家可以选择简单的、分类情况少的信息入手。大多数真题都是分为两种情况进行讨论，发现得出一样的结果，此时选择答案即可。

如果讨论第一种情况，就只有 1 个答案可选，则无须再讨论其他情况。

由题干信息可知，丙说的话最简单，可以从丙入手，分"丙是天使"和"丙是魔鬼"两种情况进行讨论。(1)如果丙是天使，那么甲说了真话，甲也是天使；乙说了假话，所以乙是魔鬼。此种情况下，有2个天使。(2)如果丙是魔鬼，那么乙说了真话，乙是天使；甲说了真话，甲也是天使。此种情况下，有2个天使。无论哪种情况，都可以得到天使是2个。

故正确答案为C选项。

例8.21 晨曦公园拟在园内东南西北四个区域种植四种不同的特色树木，每个区域只种植一种。选定的特色树种为：水杉、银杏、乌桕和龙柏。布局和基本要求是：

（1）如果在东区或者南区种植银杏，那么在北区不能种植龙柏或者乌桕；

（2）北区或者东区要种植水杉或者银杏。

根据上述种植要求，如果水杉必须种植于西区或者南区，则以下哪项一定为真？

A. 南区种植水杉。　　B. 西区种植水杉。　　C. 东区种植银杏。

D. 北区种植银杏。　　E. 南区种植乌桕。

【解析】题干信息不确定，需要分为 n 种情况进行讨论，讨论发现（$n-1$）种情况都与题干信息不符，出现矛盾，排除之后得出唯一确定的结果，即分类假设矛盾排除。大家可以选择简单的、分类情况少的信息入手，当发现讨论的某种情况与题干信息矛盾时便将该种情况排除，最终可得出唯一的结果。

题干信息：(1) 东区银杏 ∨ 南区银杏 → ¬北区龙柏 ∧ ¬北区乌桕，逆否可得，北区龙柏 ∨ 北区乌桕 → ¬东区银杏 ∧ ¬南区银杏；

（2）北区水杉 ∨ 北区银杏 ∨ 东区水杉 ∨ 东区银杏；

（3）西区水杉 ∨ 南区水杉。

由（2）可得，银杏在北区或东区。

如果银杏在东区，由（1）可知，¬北区龙柏 ∧ ¬北区乌桕；又由（3）可知，¬北区水杉；此时银杏就必然在北区，与"银杏在东区"矛盾，所以可得，银杏在北区。

故正确答案为D选项。

秒杀第十一招：王炸组合 —— 二难推理、归谬思想

题目特征 由"不确定"推"确定"。

（1）题干信息为推理；（2）题干信息为真；（3）选项是真实情况。

命题思路 （1）二难推理

二难推理是由假言命题和选言命题相结合构成的推理结构，因为可以使人进入"左右为难""进退维谷"的境地而命名为"二难推理"。其主要推理形式有以下六种：

① A ∨ B，A → B，B → C，所以 C。

② ¬B ∨ ¬C，A → B，A → C，所以，¬A。

③ A ∨ B，A → C，B → D，所以 C ∨ D。

④ ¬C ∨ ¬D，A → C，B → D，所以，¬A ∨ ¬B。

⑤ A → B，¬A → B，所以，B。

⑥ A → B，A → ¬B，所以，¬A。

（2）归谬思想

归谬法是一种论证方式，他首先假设某个前提条件成立，然后以此出发，进行一系列的推导，最后推导出一个与已知条件或现实相矛盾的结果，这个结果显然是不可能的，因此，可以反证出我们之前"假设的那个前提条件"是不成立的。

例如：如果大家考不上，太阳就从西边出来了。

"太阳从西边出来"明显与现实矛盾，所以可知"大家考不上"这个前提不能成立。

答案特征 可以根据题干信息提炼出二难推理模型，进而得出答案；或者假设某个前提为真，推理发现与题干信息矛盾，所以该前提一定为假，进而得出答案。

例8.22 某国大选在即，国际政治专家陈研究员预测：选举结果或者是甲党控制政府，或者是乙党控制政府。如果甲党赢得对政府的控制权，该国将出现经济问题；如果乙党赢得对政府的控制权，该国将陷入军事危机。

根据陈研究员的上述预测，可以得出以下哪项？

A. 该国可能不会出现经济问题，也不会陷入军事危机。

B. 如果该国出现经济问题，那么甲党赢得了对政府的控制权。

C. 该国将出现经济问题，或者将陷入军事危机。

D. 如果该国陷入了军事危机，那么乙党赢得了对政府的控制权。

E. 如果该国出现了经济问题并且陷入了军事危机，那么甲党与乙党均赢得了对政府的控制权。

【解析】题干信息：（1）甲∨乙；（2）甲→经济问题；（3）乙→军事危机。

C选项：经济问题∨军事危机，由（1）（2）（3）联立可得，正确【二难推理形式③】。

故正确答案为C选项。

例8.23 小李考上了清华，或者小孙未考上北大。如果小张考上了北大，则小孙也考上了北大；如果小张未考上北大，则小李考上了清华。

如果上述断定为真，则以下哪项一定为真？

A. 小李考上了清华。　　B. 小张考上了北大。　　C. 小李未考上清华。

D. 小张未考上北大。　　E. 以上断定都不一定为真。

【解析】题干信息：（1）李清华∨¬孙北大 = 孙北大→李清华；（2）张北大→孙北大；（3）¬张北大→李清华。

由（2）（1）联立可得：（4）张北大→孙北大→李清华。由（4）（3）可知：张北大→李清华；¬张北大→李清华。所以，无论张是否考上了北大，都可以推出李考上了清华。根据二难推理形式⑤可知，一定可以推出，李考上了清华。

故正确答案为A选项。

例 8.24 太阳风中的一部分带电粒子可以到达 M 星表面，将足够的能量传递给 M 星表面粒子，使后者脱离 M 星表面，逃逸到 M 星大气中。为了判定这些逃逸的粒子，科学家们通过三个实验获得了如下信息。

实验一：或者是 X 粒子，或者是 Y 粒子。

实验二：或者不是 Y 粒子，或者不是 Z 粒子。

实验三：如果不是 Z 粒子，就不是 Y 粒子。

根据上述三个实验，以下哪项一定为真？

A. 这种粒子是 X 粒子。　　　　　　　　B. 这种粒子是 Y 粒子。

C. 这种粒子是 Z 粒子。　　　　　　　　D. 这种粒子不是 X 粒子。

E. 这种粒子不是 Z 粒子。

【解析】题干信息：(1) X ∨ Y = ¬Y → X；(2) ¬Y ∨ ¬Z = Z → ¬Y；(3) ¬Z → ¬Y。

(2)(3) 构成二难推理形式⑤，无论是 Z 还是 ¬Z 均可推出 ¬Y，所以真实情况为 ¬Y。结合 (1) 可得，¬Y → X，所以这种粒子为 X 粒子。

故正确答案为 A 选项。

例 8.25 某民乐小组拟购买几种乐器，购买要求如下：

(1) 二胡、箫至多购买一种；

(2) 笛子、二胡和古筝至少购买一种；

(3) 箫、古筝、唢呐至少购买两种；

(4) 如果购买箫，则不购买笛子。

根据上述要求，可以得出以下哪项？

A. 至多可以购买三种乐器。　　　　　　B. 箫、笛子至少购买一种。

C. 至少要购买三种乐器。　　　　　　　D. 古筝、二胡至少购买一种。

E. 一定要购买唢呐。

【解析】题干信息中对箫的限制条件较多，可以针对此信息做出假设：购买箫；不购买箫。

项目	二胡	箫	笛子	古筝	唢呐
购买箫	×(1)	√	×(4)	√(1)(4)(2)	
不购买箫		×		√(3)	√(3)

从上表可知，无论是否购买箫，一定会购买古筝，所以"古筝、二胡至少购买一种"为真。

故正确答案为 D 选项。

例 8.26 某地人才市场招聘保洁、物业、网管、销售 4 种岗位的从业者，有甲、乙、丙、丁 4 位年轻人前来应聘。事后得知，每人只选择了一种岗位应聘，且每种岗位都有其中一人应聘。另外，还知道：

(1) 如果丁应聘网管，那么甲应聘物业；

(2) 如果乙不应聘保洁，那么甲应聘保洁且丙应聘销售；

(3) 如果乙应聘保洁，那么丙应聘销售，丁也应聘保洁。

根据以上陈述，可以得出以下哪项？

A. 甲应聘网管岗位。　　B. 丙应聘保洁岗位。　　C. 甲应聘物业岗位。

D. 乙应聘网管岗位。　　E. 丁应聘销售岗位。

【解析】题干信息：(1) 丁网管→甲物业；(2) ¬乙保洁→甲保洁∧丙销售；(3) 乙保洁→丙销售∧丁保洁。

由"每人只选择了一种岗位应聘，且每种岗位都有其中一人应聘"，结合"归谬思想"和(3)可知，乙和丁不可能都应聘保洁，所以乙不应聘保洁；由(2)可知，甲应聘保洁，丙应聘销售；再结合(1)可知，甲保洁→¬甲物业→¬丁网管，所以丁不应聘网管。

综上可得：甲应聘保洁，乙应聘网管，丙应聘销售，丁应聘物业。

故正确答案为 D 选项。

例 8.27 某剧团拟将历史故事"鸿门宴"搬上舞台，该剧有项王、沛公、项伯、张良、项庄、樊哙、范增 7 个主要角色，甲、乙、丙、丁、戊、己、庚 7 名演员每人只能扮演其中一个，且每个角色只能由其中一人扮演。根据各演员的特点，角色安排如下：

(1) 如果甲不扮演沛公，则乙扮演项王；

(2) 如果丙或己扮演张良，则丁扮演范增；

(3) 如果乙不扮演项王，则丙扮演张良；

(4) 如果丁不扮演樊哙，则庚或戊扮演沛公。

根据上述信息，可以得出以下哪项？

A. 甲扮演沛公。　　B. 乙扮演项王。　　C. 丙扮演张良。

D. 丁扮演范增。　　E. 戊扮演樊哙。

【解析】题干信息：7 名演员 7 个角色，一一匹配。

(1) ¬甲沛公→乙项王；　(2) 丙张良∨己张良→丁范增；

(3) ¬乙项王→丙张良；　(4) ¬丁樊哙→庚沛公∨戊沛公。

题目中的信息都是"不确定"的信息，而且有一一匹配的数量限制，第一思路为归谬，备选思路为二难推理。

解法一：利用"¬乙项王"进行归谬。

由"¬乙项王"结合 (3)(2)(4)(1) 传递可得：

¬乙项王→丙张良→丁范增→¬丁樊哙→庚沛公∨戊沛公→¬甲沛公→乙项王。

由"¬乙项王"得到"乙项王"，出现了谬误，所以可得：乙项王。

解法二：利用"甲沛公"及"¬甲沛公"进行二难推理。

由"甲沛公"结合 (4)(2)(3) 可得：

甲沛公→¬(庚沛公∨戊沛公)→丁樊哙→¬丁范增→¬(丙张良∨己张良)→¬丙张良→乙项王。

由"¬甲沛公"结合（1）可得：¬甲沛公→乙项王。

所以由"甲沛公"及"¬甲沛公"均可以得到：乙项王。

解法三：利用"丙张良"及"¬丙张良"进行二难推理。

由"丙张良"结合（2）（4）（1）可得：

丙张良→丁范增→¬丁樊哙→庚沛公∨戊沛公→¬甲沛公→乙项王。

由"¬丙张良"结合（3）可得：¬丙张良→乙项王。

所以由"丙张良"及"¬丙张良"均可以得到：乙项王。

解法四：利用"丁樊哙"及"¬丁樊哙"进行二难推理。

由"丁樊哙"结合（2）（3）可得：

丁樊哙→¬丁范增→¬（丙张良∨己张良）→¬丙张良→乙项王。

由"¬丁樊哙"结合（4）（1）可得：

¬丁樊哙→庚沛公∨戊沛公→¬甲沛公→乙项王。

所以由"丁樊哙"及"¬丁樊哙"均可以得到：乙项王。

解法五：利用"丁范增"及"¬丁范增"进行二难推理。

由"丁范增"结合（4）（1）可得：

丁范增→¬丁樊哙→庚沛公∨戊沛公→¬甲沛公→乙项王。

由"¬丁范增"结合（2）（3）可得：

¬丁范增→¬（丙张良∨己张良）→¬丙张良→乙项王。

所以由"丁范增"及"¬丁范增"均可以得到：乙项王。

故正确答案为 B 选项。

> ☆ 媛来如此
>
> 此类题型通常有一定的难度，可以寻找题干中重复出现次数最多的信息作为切入口。

三、配套练习：媛选好题

1. 甲、乙、丙均为教师，其中一位是大学教师，一位是中学教师，一位是小学教师。并且大学教师比甲的学历高，乙的学历与小学教师不同，小学教师的学历比丙的高。
   由此可以推出：
   A. 甲是中学教师，乙是大学教师，丙是小学教师。
   B. 甲是中学教师，乙是小学教师，丙是大学教师。
   C. 甲是大学教师，乙是小学教师，丙是中学教师。
   D. 甲是大学教师，乙是中学教师，丙是小学教师。
   E. 甲是小学教师，乙是大学教师，丙是中学教师。

2. 孙大宝、孟大宝和江大宝住在相邻的公寓里。孟大宝住在中间。她们的职业分别是化学家、医生和电台播音员中的一个。此外：(1)当江大宝外出时，电台播音员带着她的狗去散步；(2)当孙大宝的立体声音乐太响时，邻居化学家就敲她套房的墙。

那么孙大宝、孟大宝和江大宝依次是什么职业？

A. 化学家、电台播音员和医生。 B. 化学家、医生和电台播音员。
C. 电台播音员、化学家和医生。 D. 电台播音员、医生和化学家。
E. 医生、化学家和电台播音员。

3. 赵、钱、孙、李四个人中既有大人也有小孩。给他们称体重时，赵、钱两人的体重几乎等于孙、李两人的体重；将钱、李对换一下，赵、李两人的体重明显大于孙、钱两人的体重，并且赵、孙两人的体重还小于钱的体重。

根据题干信息，下面哪项是赵、钱、孙、李的体重的正确排序(由重至轻)？

A. 李、钱、赵、孙。　　B. 李、钱、孙、赵。　　C. 钱、孙、李、赵。
D. 钱、赵、李、孙。　　E. 李、赵、钱、孙。

4. 甲、乙、丙、丁是四位天资极高的艺术家，他们分别是舞蹈家、画家、歌唱家和作家中的一位，尚不能确定其中每个人所从事的专业领域，已知：

(1) 有一天晚上，甲和丙出席了歌唱家的首次演出；
(2) 画家曾为乙和作家两个人画过肖像；
(3) 作家正准备写一本甲的传记，他所写的丁传记是畅销书；
(4) 甲从来没有见过丙。

下面哪一选项正确地描述了每个人的身份？

A. 甲是歌唱家，乙是作家，丙是画家，丁是舞蹈家。
B. 甲是舞蹈家，乙是歌唱家，丙是作家，丁是画家。
C. 甲是画家，乙是作家，丙是歌唱家，丁是舞蹈家。
D. 甲是作家，乙是画家，丙是舞蹈家，丁是歌唱家。
E. 甲是作家，乙是歌唱家，丙是画家，丁是舞蹈家。

5. 六个人排队，排队顺序如下：

(1) 小孙没有排在最后，而且他和最后一个人之间还有两个人；
(2) 小吴不是最后一个人，在小王的前面至少还有四个人，但他没有排在最后；
(3) 小李没有排在第一位，但他前后至少都有两个人；
(4) 小赵没有排在最前面，也没有排在最后。

请问：他们六个人的前后顺序是怎么排的？

A. 小赵，小吴，小孙，小李，小王，小张。
B. 小吴，小赵，小孙，小李，小王，小张。
C. 小孙，小李，小赵，小王，小吴，小张。
D. 小李，小张，小赵，小王，小吴，小孙。
E. 小李，小王，小吴，小赵，小孙，小张。

6. 五名幼儿园的小朋友围坐成一圈玩游戏。已知：小红不坐在小兰和小白旁边；小白坐在小敏旁边；小兰坐在小杉旁边。

如果上述陈述属实，可以确定以下哪项？

Ⅰ．小红坐在小杉和小敏的中间。

Ⅱ．小兰坐在小杉和小白的中间。

Ⅲ．小白坐在小杉的旁边。

Ⅳ．小敏坐在小白和小兰的中间。

A. Ⅱ和Ⅳ不是真的。　　　B. Ⅰ和Ⅱ是真的。　　　C. Ⅱ和Ⅲ是真的。

D. Ⅱ和Ⅲ不是真的。　　　E. Ⅰ、Ⅱ、Ⅲ、Ⅳ都不是真的。

7. 某部从1、2、3班各抽一名战士举行军事技术比赛。比赛结束后得知：战士甲的成绩比2班战士的成绩好；3班战士的成绩比战士乙的成绩差；战士丙称赞3班战士比自己成绩好。

据此，可以推出甲、乙、丙3位战士的成绩按从高到低依次排列为：

A. 甲、乙、丙。　　　B. 乙、丙、甲。　　　C. 丙、甲、乙。

D. 乙、甲、丙。　　　E. 甲、丙、乙。

8. 某公司年终评选优秀员工，张一、王二、李三、赵四是入选的四个候选人。该公司规定的评选条件是：①有硕士研究生学历；②岗位业务熟练；③缺勤在两次以内。现在已知：

（1）张一和李三两人中有一人只上过本科；

（2）李三和赵四的最高学历相同；

（3）王二和赵四岗位业务熟练程度相仿；

（4）每个人至少符合一个条件，有三人符合条件①，两人符合条件②，一人符合条件③，四人中只有一人被评选为优秀员工。

这个人是：

A. 张一。　　　B. 李三。　　　C. 王二。　　　D. 赵四。　　　E. 不能确定。

9. 小周、小吴、小郑、小王四人的职业是舞蹈演员、护士、教师和服装设计师。还知道：小周比护士的工资高，小郑比小吴的工资低，舞蹈演员比服装设计师的工资低，教师比护士的工资低，服装设计师不是小郑就是小王。

根据上述陈述，可知下述哪项为真？

A. 四个人的职业都能确定。　　　　　B. 四人中有三个人的职业能确定。

C. 四人中有两个人的职业能确定。　　D. 四个人的职业都不能确定。

E. 以上答案都不对。

10. 某教育机构接到一项课程任务，需要在代号为G、H、J、K、L、M的六个队员中挑选若干人去侦查一件案子。人员的配备需要满足以下条件：

（1）G、H两个人中至少去一个人；

（2）G、K不能一起去；

（3）G、L、M三个人中要派两个人去；

（4）H、J两个人都去或都不去；

（5）J、K两个人中去一人；

（6）L不去，除非K去。

以下哪项是符合题干要求的人员配备？

A. J、K、L三个人去。　　B. L、M两个人去。　　C. H、K、M三个人去。

D. G、H、J、M四个人去。　　E. G、L、K三个人去。

11.在一项庆祝活动中，一名学生依次为甲、乙、丙旗座安插彩旗，每个旗座只安插一杆彩旗。这名学生有三杆红旗、三杆绿旗、三杆黄旗。安插彩旗必须符合下列条件：

（1）如果甲安插红旗，则乙安插黄旗；

（2）如果乙安插绿旗，则甲安插绿旗；

（3）如果丙安插红旗或者黄旗，则乙安插红旗。

以下哪项陈述为真，能确定唯一的安插方案？

A. 丙安插黄旗。　　B. 乙安插红旗。　　C. 乙安插黄旗。

D. 甲安插红旗。　　E. 丙安插绿旗。

12.一个旅行者要去火车站，早上从旅馆出发，到达一个十字路口。十字路口分别通向东南西北四个方向，四个方向上分别有饭店、旅馆、书店和火车站。书店在饭店的东北方，饭店在火车站的西北方。

该旅行者要去火车站，应当往哪个方向走？

A. 东。　　B. 南。　　C. 西。

D. 北。　　E. 朝哪个方向走都可以，条条大路通罗马。

13.王五、张三、李四三人是来自公安局、检察院、法院的工作人员。

下列说法中只有一个是对的：

（1）王五是公安局的；

（2）张三不是公安局的；

（3）李四不是法院的。

王五、张三、李四分别是哪个单位的工作人员？

A. 王五是法院的，张三是公安局的，李四是检察院的。

B. 王五是检察院的，张三是公安局的，李四是法院的。

C. 王五是公安局的，张三是法院的，李四是检察院的。

D. 王五是检察院的，张三是法院的，李四是公安局的。

E. 王五是公安局的，张三是检察院的，李四是法院的。

14.有三户人家，每家都有一个孩子。孩子的名字分别是小萍（女）、小红（女）和小虎（男）；孩子的爸爸分别是老王、老张和老陈；孩子的妈妈分别是刘蓉、李玲和方丽。对于这三家人，已知：

（1）老王家和李玲家的孩子都参加了少年女子游泳队；

（2）老张的女儿不是小红；

（3）老陈和方丽不是一家。

依据以上条件，下面哪项判断是正确的？

A. 老王、刘蓉和小萍是一家。 B. 老张、李玲和小红是一家。
C. 老陈、方丽和小虎是一家。 D. 老王、方丽和小红是一家。
E. 老陈、刘蓉和小红是一家。

15. 某国承办了一次国际大赛，决定将赛事分配给该国的3个城市具体筹办。现有甲、乙、丙、丁、戊、己、庚7个候选城市通过了初选。根据要求，最终负责筹办的城市还需符合以下条件：

（1）甲和乙要么都入选，要么都不入选；

（2）丙与丁至多只能有一个入选；

（3）丙和甲至少有一个入选。

如果戊入选，那么下列哪两个城市也可能同时入选？

A. 甲和丙。 B. 甲和己。 C. 乙和丙。
D. 丙和己。 E. 甲和庚。

16. 甲、乙、丙、丁四人分别到航天博物馆、历史博物馆、乐器博物馆和军事博物馆去参观，已知：航天博物馆周二不对外接待，历史博物馆周三不对外接待，乐器博物馆周四不对外接待，军事博物馆只有周三、周五开放，周一四个单位均休息。某天，甲说："我要去的博物馆这两天都闭馆，明天才能去。"乙说："我也要明天去，因为后天不能去。"丙说："我和甲的情况正好相反，我明天去了没用，今天去倒是开的。"丁说："我从明天开始，连续五天随便哪天都可以去。"

根据以上信息，乙去的博物馆是以下哪项？

A. 航天博物馆。 B. 历史博物馆。 C. 乐器博物馆。
D. 军事博物馆。 E. 无法确定。

17. 智能实验室开发了三个能回答简单问题的机器人，起名为天使、魔鬼、常人。天使从不说假话，魔鬼从不说真话，常人既说真话也说假话。它们被贴上A、B、C三个标记，但忘了标记和名字的对应。实验者希望通过它们对问题的回答来辨别它们。三个机器人对问题"A是谁？"分别做了以下回答：A的回答是"我是常人"，B的回答是"A是魔鬼"，C的回答是"A是天使"。

根据这些回答，以下哪项为真？

A. A是天使，B是魔鬼，C是常人。 B. A是天使，B是常人，C是魔鬼。
C. A是魔鬼，B是天使，C是常人。 D. A是常人，B是天使，C是魔鬼。
E. A是常人，B是魔鬼，C是天使。

18. 一场马术表演中共有七个障碍物：一个鸡笼、一扇障碍门、两面石墙以及三道栅栏。这七个障碍物从1到7被连续编号，它们的编号和摆放符合下列条件：

（1）任何两道栅栏都不能连续摆放；

（2）石墙必须连续摆放。

如果有一道栅栏被摆放在3号位，还有一道栅栏被摆放在6号位，则下列哪一项必定为真？

A. 鸡笼在7号位。 B. 障碍门在2号位。 C. 障碍门在7号位。

D. 有一面石墙在 1 号位。　　E. 有一面石墙在 4 号位。

19~20 题基于以下题干：

某校组建篮球队，需要从甲、乙、丙、丁、戊、己、庚、辛 8 名候选者中选出 5 名球员，为获得球队最佳组合，选拔需满足以下条件：

（1）甲、乙、丙 3 人中必须选出 2 人；

（2）丁、戊、己 3 人中必须选出 2 人；

（3）甲与丙不能都被选上；

（4）如果丁被选上，则乙不能被选上。

19. 如果添加前提"如果庚被选上，则辛也被选上"，则可以得出以下哪项？

　　A. 甲和乙能被选上。　　B. 丁和戊能被选上。　　C. 乙和庚能被选上。

　　D. 己和辛能被选上。　　E. 甲和辛能被选上。

20. 如果添加前提"如果戊被选上，则甲不能被选上"，则可以得出以下哪项？

　　A. 甲和乙能被选上。　　B. 乙和丙能被选上。　　C. 乙和辛能被选上。

　　D. 丁和庚能被选上。　　E. 己和辛能被选上。

答案速查： ECABB　BDBAD　DBADD　CCEDB

1. 【解析】排除法。根据题干信息可知：甲不是大学教师，排除 C、D 两项；乙不是小学教师，排除 B 选项；丙不是小学教师，排除 A 选项。

   故正确答案为 E 选项。

2. 【解析】分析法。由于孟大宝住在公寓中间，所以孙大宝和江大宝不是邻居。根据（2）可知，当孙大宝的立体声音乐太响时，敲她套房的墙的一定不是江大宝，而是孟大宝，所以孟大宝是化学家。根据（1）可知，江大宝不是电台播音员，所以江大宝是医生。于是孙大宝就只能是电台播音员了。

   故正确答案为 C 选项。

3. 【解析】排除法。题干信息：（1）赵 + 钱 = 孙 + 李；（2）赵 + 李 > 孙 + 钱；（3）钱 > 赵 + 孙。

   由（1）排除 B、D 两项；由（2）排除 C 选项；由（3）排除 E 选项。

   故正确答案为 A 选项。

4. 【解析】排除法。由（1）可知，甲和丙均不是歌唱家，排除 A、C 两项。

   由（2）可知，乙既不是作家也不是画家，排除 D 选项。

   由（3）可知，甲和丁均不是作家，排除 E 选项。

   故正确答案为 B 选项。

5. 【解析】排除法。由（1）可知，小孙排在第三位，排除 C、D、E 三项。

   由（2）可知，小王排在第五位。

   由（3）（1）可知，小李排在第四位。

   由（4）可知，小赵没有排在第一位和第六位，排除 A 选项。

故正确答案为 B 选项。

6. 【解析】分析法。由"小红不坐在小兰和小白旁边；小白坐在小敏旁边；小兰坐在小杉旁边"可知，这五名幼儿园小朋友的顺序，有可能存在两种情况：第一种情况为，按照小白、小敏、小红、小杉、小兰的顺序围成一圈；第二种情况为，按照小敏、小白、小兰、小杉、小红的顺序围成一圈。

   由上述两种顺序可得：复选项Ⅰ和复选项Ⅱ一定是真的，复选项Ⅲ和复选项Ⅳ一定是假的。

   故正确答案为 B 选项。

7. 【解析】分析法。题干信息：(1) 甲＞2班；(2) 乙＞3班；(3) 3班＞丙。

   由（2）和（3）可知，3班战士既不是乙也不是丙，所以甲是3班战士。于是可知，三者的顺序为：乙＞甲＞丙。

   故正确答案为 D 选项。

8. 【解析】分析法、假设法。三个人符合条件①，即四人中三个人有硕士研究生学历；再结合（1）（2）可知，李三和赵四是硕士研究生学历，张一是本科学历，王二是硕士研究生学历，优秀员工不可能是张一。

   两个人符合条件②，即四人中有两人岗位业务熟练；再结合（3）可知，王二和赵四熟练度相仿，张一和李三熟练度相仿。

   四人中只有一人被评为优秀员工，如果王二和赵四岗位业务熟练，那么张一和李三就不熟练，此时张一既不满足条件①，也不满足条件②，要保证每个人都至少符合一个条件，那么张一必须要满足条件③，那么就没有人同时满足三个条件，无法选出优秀员工，与题干信息矛盾，所以说明王二和赵四不会是岗位业务熟练的候选人，则张一和李三岗位业务熟练，再结合"张一不可能是优秀员工"可以得出：李三是符合三个条件的候选人。

   故正确答案为 B 选项。

9. 【解析】图表法。题干信息：(1) 小周＞护士；(2) 小吴＞小郑；(3) 服装设计师＞舞蹈演员；(4) 护士＞教师；(5) 服装设计师不是小周和小吴。

   由（1）和（4）可知，小周不是护士，也不是教师；结合（5）可得，小周是舞蹈演员。四人职业按照工资高低排序结果为：服装设计师＞舞蹈演员＞护士＞教师。由（2）和（5）可知，服装设计师不是小郑、小周和小吴，所以服装设计师是小王。于是四人的职业为：小王是服装设计师，小周是舞蹈演员，小吴是护士，小郑是教师。

   故正确答案为 A 选项。

10. 【解析】排除法。此题信息较多，可以代入选项，排除不符合题干条件的选项。

    A、B 两项：不符合（1），排除。

    C 选项：不符合（3），排除。

    E 选项：不符合（2），排除。

    故正确答案为 D 选项。

11. 【解析】分析法。题干信息：(1) 甲红→乙黄；(2) 乙绿→甲绿；(3) 丙红∨丙黄→乙红。

根据（1）和（3）可知，甲红→乙黄→（¬丙红∧¬丙黄），则丙绿，可以确定唯一的安插方案。

故正确答案为 D 选项。

12.【解析】图表法。题干信息：已知饭店、旅馆、书店、火车站分别位于东南西北四个方向上，由"书店在饭店的东北方"可知，书店位于北方、饭店位于西方或者书店位于东方、饭店位于南方。由"饭店在火车站的西北方"可知，书店在北方，饭店在西方，则火车站位于南方。

故正确答案为 B 选项。

13.【解析】排除法。本题需进行职业匹配，题干信息真假不确定，且知道一真两假，故用选项代入法去解题。

A 选项：（1）错、（2）错、（3）对，符合题意。

B 选项：三个说法全错，不符合题意，排除。

C 选项：三个说法全对，不符合题意，排除。

D 选项：（1）错、（2）对、（3）对，不符合题意，排除。

E 选项：（1）对、（2）对、（3）错，不符合题意，排除。

故正确答案为 A 选项。

14.【解析】分析法。由（1）可知，老王家的孩子和李玲家的孩子是女孩，不是小虎。

由（2）可知，老张家的孩子是女孩，而且不是小红，所以老张家的孩子是小萍，老王家的孩子是小红，老陈家的孩子是小虎。

由（3）可知，方丽家的孩子不是小虎，且李玲家的孩子是女孩，也不是小虎，所以刘蓉家的孩子是小虎。于是可得：李玲是小萍的妈妈，方丽是小红的妈妈。

故正确答案为 D 选项。

15.【解析】分析法。如果"戊"入选，那么根据题干信息，筹办城市只剩下 2 个名额；又根据（1）可知，甲和乙要么同时入选，要么同时不入选，所以可以排除甲和乙单独出现的选项，即排除 A、B、C、E 四项。

故正确答案为 D 选项。

16.【解析】分析法、图表法。题干信息如表所示：

博物馆	一	二	三	四	五	六	日
航天	×	×					
历史	×		×				
乐器	×			×			
军事	×	×		×		×	×

由丁的话可知，丁去的是航天博物馆，今天是周二；结合甲的话可知，甲去的是军事博物馆；再结合乙的话可知，乙去的是乐器博物馆。

故正确答案为 C 选项。

17. 【解析】假设法、排除法。

　　A、B两项：如果A是天使，那么它不可能回答"我是常人"，与题干信息矛盾，排除。

　　C选项：如果A是魔鬼，说假话，则可能会回答"我是常人"；如果B是天使，说真话，则会回答"A是魔鬼"；C是常人，可说真话可说假话，不需考虑，与题干信息不矛盾，正确。

　　D选项：如果A是常人，可说真话可说假话，不需考虑；如果B是天使，说真话，应该回答"A是常人"，矛盾，排除。

　　E选项：A是常人，可说真话可说假话，不需考虑；如果C是天使，说真话，应该回答"A是常人"，矛盾，排除。

　　故正确答案为C选项。

18. 【解析】分析法。如果有一道栅栏被摆放在3号位，还有一道栅栏被摆放在6号位，则根据（1）可推出，第三道栅栏必须摆放在1号位。列表如下：

1	2	3	4	5	6	7
栅栏		栅栏			栅栏	

　　根据（2）可知，石墙要连续摆放，所以两道石墙必须摆放在4号位和5号位。列表如下：

1	2	3	4	5	6	7
栅栏		栅栏	石墙	石墙	栅栏	

　　由上表可以看出，正确答案为E选项。

19. 【解析】分析法、归谬法。题干信息：（1）甲、乙、丙3选2；（2）丁、戊、己3选2；（3）¬甲∨¬丙；（4）丁→¬乙；（5）庚→辛。

　　由（1）和（3）可得，乙一定被选上；由"乙"结合（4）可得，¬丁；由"¬丁"结合（2）可得，戊和己一定被选上。

　　因为需要8选5，而由（1）和（2）已经确定了4个人，所以庚和辛中2选1；结合（5）可知，如果庚被选上，则辛也被选上，不符合题干要求，所以庚不会被选上，而辛会被选上。

　　综上可知，乙、戊、己、辛会被选上。

　　故正确答案为D选项。

20. 【解析】分析法、归谬法。题干信息：（1）甲、乙、丙3选2；（2）丁、戊、己3选2；（3）¬甲∨¬丙；（4）丁→¬乙；（5）戊→¬甲。

　　由（1）和（3）可得，乙一定被选上；由"乙"结合（4）可得，¬丁；由"¬丁"结合（2）可得，戊和己一定被选上；由"戊"结合（5）可得，甲不会被选上；由"¬甲"结合（1）可得，乙和丙一定被选上。综上可知，乙、丙、戊和己会被选上。

　　故正确答案为B选项。

第九章 综合推理题型

考频统计

考试	管理类综合能力（199）										经济类综合能力（396）		
年度	2014	2015	2016	2017	2018	2019	2020	2021	2022	2023	2021	2022	2023
真话假话	1	1	2	0	0	1	0	0	0	0	2	0	0
排序	0	0	2	3	0	1	0	0	0	0	0	0	2
匹配	5	3	3	6	5	5	6	5	6	8	5	1	3
分组	3	2	0	1	5	5	3	4	4	3	0	7	1
数字相关	2	1	1	0	0	1	3	2	0	2	0	0	1
综合题组	5	6	4	6	8	6	8	6	6	8	4	4	4

备考指导

综合推理是近年真题中的"重头戏"，此类题题量大、信息多，需要同学们熟悉真题命题规律，勤练多想，保持对题目的敏感度和熟练度，不仅仅要能做出答案，还需要思路清晰，学会总结归纳。

本章导图

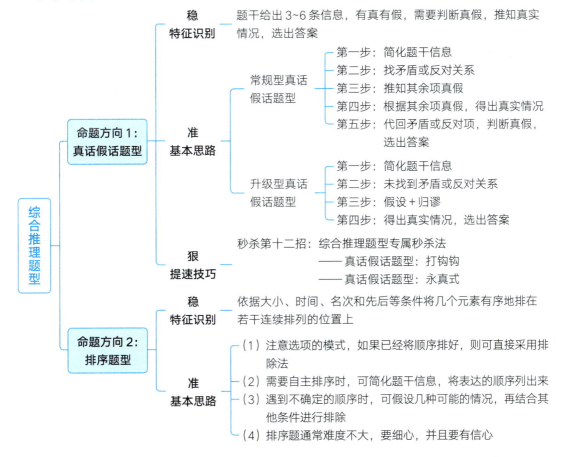

- 综合推理题型
  - 命题方向2：排序题型
    - 狠 提速技巧
      - 秒杀第十二招：综合推理题型专属秒杀法——排序题型策略
        - ①先确定再不定
        - ②先捆绑再排序
        - ③先已知再剩余
  - 命题方向3：匹配题型
    - 稳 特征识别
      - 题干一般提供3~5个对象和2~3个维度的信息，并描述某对象及信息间的条件关系，要求将信息进行匹配
    - 准 基本思路
      - （1）注意选项的模式，如果已经将关系匹配好，可直接采用排除法
      - （2）需要自主推理时，要马上想到画表的方法，将题干信息在表中列示标注
      - （3）遇到不确定的范围信息，可尝试进行转换，翻译成确定的信息再进行推理
    - 狠 提速技巧
      - 秒杀第十二招：综合推理题型专属秒杀法——匹配题型策略
        - ①先排除再推理
        - ②先确定再重复
        - ③先数量再归谬
  - 命题方向4：分组题型
    - 稳 特征识别
      - 题干给出5~7个对象和2~5个限制条件，需根据题干要求分为2~3组
    - 准 基本思路
      - （1）锁定数量，明确分组情况
      - （2）将题干信息用符号简单表示或标注
      - （3）如果选项中已经将分组情况列出，优先使用排除法
      - （4）注意题干给出的附加信息
      - （5）善于利用假言命题的性质
      - （6）分组题型使用的方法较灵活，排除法、假设法、分析法、图表法、注意数量限制等方法均有所涉及，需要反复训练，培养思路
    - 狠 提速技巧
      - 秒杀第十二招：综合推理题型专属秒杀法——分组题型策略
        - ①锁定数量
        - ②分组占位
        - ③捆绑占位
        - ④剩余元素
  - 命题方向5：数字相关题型
    - 稳 特征识别
      - 与数字相关的综合推理题可能涉及方程、不等式、分子与分母比值关系、百分比、概率、集合运算等，可结合数学方法或利用数字规律进行解题
    - 准 基本思路
      - （1）提取题干信息，找到数量关系
      - （2）建立数字模型或寻找数字特征
      - （3）善于利用方程等思想进行解题
    - 狠 提速技巧
      - 秒杀第十二招：综合推理题型专属秒杀法——数字相关题型策略
        - ①二维信息分类
        - ②三维信息分类
        - ③数量计算
        - ④基数比例相关

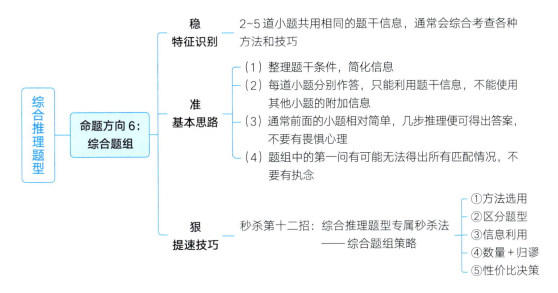

一、题型精讲：稳准狠

命题方向 1：真话假话题型

稳 特征识别	题干给出 3~6 条信息，有真有假，需要根据矛盾关系和反对关系等命题的真假特点进行判断，推知真实情况，选出正确答案
准 基本思路	真话假话题型可以分为常规型（例 9.1~例 9.6）和升级型（例 9.7~例 9.14）两种。 具体区分方法及做题步骤如下。 （1）常规型真话假话题型（有矛盾或反对关系）的做题步骤。 　　第一步：简化题干信息。 　　　将每个人所说的话用简单的汉字及符号表示出来。 　　第二步：找矛盾或反对关系。 　　　矛盾关系："A"VS "¬A"、"都"VS "有的不"、"都不"VS "有的"，必一真一假。 　　　反对关系："都"VS "都不"，至少一假。 　　　下反对关系："有的"和"有的不"，至少一真。 　　第三步：推知其余项真假。 　　　结合题干中的"只有一真""只有一假"等描述推知除了矛盾或反对项之外，其他信息的真假情况。 　　第四步：根据其余项真假，得出真实情况。 　　　由其余项的真假，推知真实情况是什么。 　　第五步：代回矛盾或反对项，判断真假，选出答案。 　　　将推知的真实情况代回矛盾或反对项中，判断所有信息的真假状况，最终选出答案。 （2）升级型真话假话题型（无矛盾或反对关系）的做题步骤。 　　第一步：简化题干信息。 　　　将每个人所说的话用简单的汉字及符号表示出来。 　　第二步：找矛盾或反对关系。 　　　如果未找到矛盾关系、反对关系、下反对关系，则马上将"→"（推理关系）转换为"或"的关系。

	第三步：假设＋归谬。 　　找到重复出现的元素，进行假设，发现如果该元素为真（或为假），会与题干信息矛盾，由此可知，该假设不能成立。 第四步：得出真实情况，选出答案。 　　由该假设不成立，即可推知真实情况，将真实情况对照选项进行选择
狠 提速技巧	**秒杀第十二招：综合推理题型专属秒杀法** **——真话假话题型：打钩钩** 题目特征： （1）升级型真话假话题型（无矛盾或反对关系）； （2）话题对象只有一个（例如：冠军、小组第一）。 命题思路：考查对信息的整理及判定。 答案特征： （1）在可能的对象下面打√。 　　例如：①冠军队不是甲，就是乙。（在甲和乙下面打√） 　　　　②甲、乙、丙、丁四人，冠军不是丙。（推出冠军可能是甲、乙、丁，在甲、乙和丁下面打√） （2）根据每个对象下面√的数量，结合题干中对真假数量的限定锁定答案。 　　例如：①题干要求只有一真。（观察哪个对象下面有1个√，就是正确答案） 　　　　②题干要求有三真。（观察哪个对象下面有3个√，就是正确答案） **秒杀第十二招：综合推理题型专属秒杀法** **——真话假话题型：永真式** 题目特征：（1）升级型真话假话题型（无矛盾或反对关系）； 　　　　　（2）题干信息中存在"永真式"。 命题思路：考查对信息的整理及判定。 答案特征：在简化题干信息之后，发现没有矛盾或反对关系，而是升级型的真话假话题型。此时可观察题干信息之间是否存在"永真式"。 "永真式"特征：矛盾出现在"或"里。 例如：①A和￢A∨B。（A要么真，要么假。如果A真，那么"A"为真；如果A假，那么"￢A∨B"为真，所以"A和￢A∨B"中一定有一真。） 　　②A∨B和￢A∨B。（A要么真，要么假。如果"A"真，那么"A∨B"为真；如果"A"假，那么"￢A∨B"为真；如果"B"真，那么"A∨B"和"￢A∨B"均为真。综上分析可知，"A∨B和￢A∨B"二者至少一真。如果题干要求"只有一真"，那么唯一的真话一定在这二者之间，可推知其他信息为假。）

（1）常规型真话假话题型。

例9.1　学校的抗洪赈灾义捐活动收到一大笔没有署真名的捐款，经过多方查找，可以断定是周、吴、郑、王中的某一位捐的。经询问，周说："不是我捐的。"吴说："是王捐的。"郑说："是吴捐的。"王说："我肯定没有捐。"最后经过详细调查，证实四个人中只有一个人说的是真话。根据已知条件，请你判断下列哪项为真？

　　A. 周说的是真话，是吴捐的。　　　　B. 周说的是假话，是周捐的。

　　C. 吴说的是真话，是王捐的。　　　　D. 郑说的是假话，是郑捐的。

　　E. 王说的是真话，是郑捐的。

【解析】第一步：简化题干信息。

(1) 周: ¬周。(2) 吴: 王。(3) 郑: 吴。(4) 王: ¬王。

第二步: 找矛盾或反对关系。

(2) 和 (4) 是矛盾关系, 必一真一假。

第三步: 推知其余项真假。

题干中只有一个人说真话, 所以真话一定在 (2) 和 (4) 之间, 故 (1) 和 (3) 为假话。

第四步: 根据其余项真假, 得出真实情况。

由 (1) 为假, 可知真实情况是周捐了;

由 (3) 为假, 可知真实情况是吴没有捐。

第五步: 代回矛盾或反对项, 判断真假, 选出答案。

由真实情况是周捐了, 可知 (2) 为假, (4) 为真; 故周说的是假话, 是周捐的。

故正确答案为 B 选项。

例 9.2 甲、乙、丙、丁四人在一起议论本班同学申请建行学生贷款的情况。

甲说:"我班所有同学都已申请了贷款。"

乙说:"如果班长申请了贷款, 那么学习委员就没申请。"

丙说:"班长申请了贷款。"

丁说:"我班有人没有申请贷款。"

已知四人中只有一人说假话, 则可推出以下哪项结论?

A. 甲说假话, 班长没申请。 B. 乙说假话, 学习委员没申请。

C. 丙说假话, 班长没申请。 D. 丁说假话, 学习委员申请了。

E. 甲说假话, 学习委员没申请。

【解析】第一步: 简化题干信息。

(1) 甲: 都。(2) 乙: 班长→¬学习委员。(3) 丙: 班长。(4) 丁: 有的不。

第二步: 找矛盾或反对关系。

(1)(4) 矛盾, 必一真一假。

第三步: 推知其余项真假。

四人中只有一人说假话, 所以 (2)(3) 均为真。

第四步: 根据其余项真假, 得出真实情况。

由 (3) 为真可得: 班长。由 (2) 为真可得: ¬学习委员。

第五步: 代回矛盾或反对项, 判断真假, 选出答案。

由 "¬学习委员" 这一真实情况, 可以判断出 (1) 为假, (4) 为真。

故正确答案为 E 选项。

例 9.3 某商店失窃, 四职工涉嫌被拘审。

甲: 只有乙作案, 丙才会作案。

乙: 甲和丙两人中至少有一人作案。

丙: 乙没作案, 作案的是我。

丁：是乙作的案。

如果四人中只有一个人说假话，可推出以下哪项成立？

A. 甲说假话，丙作案。　　B. 乙说假话，乙作案。　　C. 丙说假话，乙作案。

D. 丁说假话，丙作案。　　E. 丙说假话，丙没作案。

【解析】第一步：简化题干信息。

（1）甲：丙→乙。（2）乙：甲∨丙。（3）丙：¬乙∧丙。（4）丁：乙。

第二步：找矛盾或反对关系。

（1）（3）矛盾，必一真一假。

第三步：推知其余项真假。

四人中只有一人说假话，所以（2）（4）均为真。

第四步：根据其余项真假，得出真实情况。

由（4）为真可得：乙。由（2）为真可得：甲∨丙。

第五步：代回矛盾或反对项，判断真假，选出答案。

由"乙"这一真实情况，可以判断出（3）为假，（1）为真。

故正确答案为 C 选项。

例9.4 某集团公司有四个部门，分别生产冰箱、彩电、电脑和手机。根据前三个季度的数据统计，四个部门经理对 2010 年全年的赢利情况做了如下预测。

冰箱部门经理：今年手机部门会赢利。

彩电部门经理：如果冰箱部门今年赢利，那么彩电部门就不会赢利。

电脑部门经理：如果手机部门今年没赢利，那么电脑部门也没赢利。

手机部门经理：今年冰箱和彩电部门都会赢利。

全年数据统计完成后，发现上述四个预测只有一个符合事实。

关于该公司各部门的全年赢利情况，以下除哪项外，均可能为真？

A. 彩电部门赢利，冰箱部门没赢利。　　B. 冰箱部门赢利，电脑部门没赢利。

C. 电脑部门赢利，彩电部门没赢利。　　D. 冰箱部门和彩电部门都没赢利。

E. 冰箱部门和电脑部门都赢利。

【解析】第一步：简化题干信息。

（1）手机；（2）冰箱→¬彩电；（3）¬手机→¬电脑；（4）冰箱∧彩电。

第二步：找矛盾或反对关系。

（2）（4）矛盾，必一真一假。

第三步：推知其余项真假。

四个预测中只有一个为真，所以（1）（3）均为假。

第四步：根据其余项真假，得出真实情况。

由（1）为假可得：¬手机。由（3）为假可得：¬手机∧电脑。

第五步：代回矛盾或反对项，判断真假，选出答案。

除哪项外均可能为真，即选择不可能为真的，即与推知信息矛盾的；推知电脑部门赢利了，与 B 选项中电脑部门没赢利矛盾。

故正确答案为 B 选项。

例 9.5 某仓库失窃，四个保管员因涉嫌而被传讯，四人的供述如下。

甲：我们四人都没作案。

乙：我们中有人作案。

丙：乙和丁至少有一人没作案。

丁：我没作案。

如果四人中有两人说的是真话，有两人说的是假话，则以下哪项断定成立？

A. 说真话的是甲和丙。　　B. 说真话的是甲和丁。　　C. 说真话的是乙和丙。

D. 说真话的是乙和丁。　　E. 说真话的是丙和丁。

【解析】第一步：简化题干信息。

（1）甲：都不。（2）乙：有的。（3）丙：¬乙∨¬丁。（4）丁：¬丁。

第二步：找矛盾或反对关系。

（1）和（2）是矛盾关系，必一真一假。

第三步：推知其余项真假。

题干中两真两假，所以（3）和（4）之间也是一真一假。

第四步：根据其余项真假，得出真实情况。

若（4）为真，则（3）也为真，不符合一真一假，所以（4）为假，（3）为真，真实情况是丁作案了，乙没作案。

第五步：代回矛盾或反对项，判断真假，选出答案。

由丁作案这一真实情况可知，（1）为假，（2）为真。

故说真话的是乙和丙。

正确答案为 C 选项。

例 9.6 某县领导参加全县的乡计划生育干部会，临时被邀请上台讲话。由于事先没有做调查研究，也不熟悉县里计划生育的具体情况，只能说些模棱两可、无关痛痒的话。他讲道："在我们县 14 个乡中，有的乡完成了计划生育指标；有的乡没有完成计划生育指标；李家集乡就没有完成嘛。"在领导讲话时，县计划生育委员会主任手里捏了一把汗，因为领导讲的三句话中有两句不符合实际，真后悔临时拉领导来讲话。

以下哪项正确表示了该县计划生育工作的实际情况？

A. 在 14 个乡中至少有一个乡没有完成计划生育指标。

B. 在 14 个乡中除李家集乡外还有别的乡没有完成计划生育指标。

C. 在 14 个乡中没有一个乡没有完成计划生育指标。

D. 在 14 个乡中只有一个乡没有完成计划生育指标。

E. 在 14 个乡中只有李家集乡完成了计划生育指标。

【解析】第一步：简化题干信息。

（1）有的；（2）有的不；（3）￢李。

第二步：找矛盾或反对关系。

（1）和（2）是下反对关系，至少一真。

第三步：推知其余项真假。

题干中只有一句话为真话，所以真话一定出现在（1）和（2）之间，故（3）为假话。

第四步：根据其余项真假，得出真实情况。

由（3）为假，可知真实情况是李家集乡完成了。

第五步：代回矛盾或反对项，判断真假，选出答案。

由真实情况是李家集乡完成了，可知（1）为真，（2）为假，由"有的不"为假可推知真实情况是"都"完成了；C选项"没有一个乡没有完成"=都完成。

故正确答案为C选项。

（2）升级型真话假话题型。

例 9.7 某市的红光大厦工程建设任务进行招标。有四个建筑公司投标，为简便见，称它们为甲、乙、丙、丁。在标底公布以前，各公司经理分别做出猜测。甲公司经理说："我们公司最有可能中标，其他公司不可能。"乙公司经理说："中标的公司一定出自乙和丙两个公司之中。"丙公司经理说："中标的若不是甲公司就是我们公司。"丁公司经理说："如果四个公司中必有一个中标，那就非我们莫属了！"当标底公布后发现，四人中只有一个人的预测成真了。

以下哪项判断最可能为真？

A. 甲公司经理猜对了，甲公司中标了。

B. 乙公司经理猜对了，丙公司中标了。

C. 甲公司和乙公司的经理都说错了。

D. 乙公司和丁公司的经理都说错了。

E. 乙公司、丙公司和丁公司的经理都说错了。

【解析】第一步：简化题干信息。

（1）甲：甲。（2）乙：乙∨丙。（3）丙：甲∨丙。（4）丁：丁。

第二步：找矛盾或反对关系。

未出现矛盾或反对关系，转换思路，采用"假设＋归谬"的思路解题。

第三步：假设＋归谬。

若甲中标为真，则（1）（3）都为真，与题干中只有一真相矛盾，所以可得：甲没中标。若丙中标为真，则（2）（3）都为真，与题干中只有一真相矛盾，所以可得：丙没中标。由"甲没中标"和"丙没中标"的事实情况可以推知：甲公司经理说错了，丙公司经理也说错了。

第四步：分析选项。

A选项：事实情况是甲没中标，所以甲公司经理说错了，排除。

B选项：事实情况是丙没中标，排除。

C 选项：乙公司经理的话未知真假，有可能甲公司、乙公司和丙公司经理都说错了。

D 选项：上一步已推知甲公司、丙公司经理都说错了，如果乙公司和丁公司经理也说错了，那么四位经理的话就都是错的，与题干中的一人为真相矛盾，排除。

E 选项：上一步已推知甲公司经理说错了，如果乙公司、丙公司和丁公司经理也说错了，那么四位经理的话就都是错的，与题干中的一人为真相矛盾，排除。

第五步：选出答案。

由上述分析可知，A、B、D、E 四项都不可能为真。

故正确答案为 C 选项。

例 9.8　近日，某集团高层领导研究了发展方向问题。王总经理认为：既要发展纳米技术，也要发展生物医药技术。赵副总经理认为：只有发展智能技术，才能发展生物医药技术。李副总经理认为：如果发展纳米技术和生物医药技术，那么也要发展智能技术。最后经过董事会研究，只有其中一位的意见被采纳。

根据以上陈述，以下哪项符合董事会的研究决定？

A. 发展纳米技术和智能技术，但是不发展生物医药技术。

B. 发展生物医药技术和纳米技术，但是不发展智能技术。

C. 发展智能技术和生物医药技术，但是不发展纳米技术。

D. 发展智能技术，但是不发展纳米技术和生物医药技术。

E. 发展生物医药技术、智能技术和纳米技术。

【解析】第一步：简化题干信息。

（1）王：纳米∧生物。

（2）赵：生物→智能 = ¬生物∨智能。

（3）李：纳米∧生物→智能 = ¬纳米∨¬生物∨智能。

第二步：找矛盾关系或反对关系。

未找到矛盾关系或反对关系，转换思路，采用"假设 + 归谬"的思路解题。

第三步：假设 + 归谬。

由题干信息可知，若（2）为真，则（3）必为真，与题干中只有一真矛盾，所以可得，（2）为假。

第四步：得出真实情况，选出答案。

由（2）为假，得出真实情况是，生物∧¬智能。

选出符合董事会研究决定的选项，即选出与推知的真实情况不矛盾的选项。A、D 两项与"发展生物医药技术"矛盾，排除；C、E 两项与"不发展智能技术"矛盾，排除。

故正确答案为 B 选项。

例 9.9　某金库发生了失窃案。公安机关侦查确定，这是一起典型的内盗案，可以断定金库管理员甲、乙、丙、丁中至少有一人是作案者。办案人员对四人进行了询问，四人的回答如下。

甲："如果乙不是窃贼，我也不是窃贼。"

乙："我不是窃贼，丙是窃贼。"

丙："甲或者乙是窃贼。"

丁："乙或者丙是窃贼。"

后来事实表明，他们四人中只有一人说了真话。

根据以上陈述，以下哪项一定为假？

A. 丙说的是假话。　　B. 丙不是窃贼。　　C. 乙不是窃贼。

D. 丁说的是真话。　　E. 甲说的是真话。

【解析】 第一步：简化题干信息。

（1）甲：¬乙→¬甲 = 乙∨¬甲。

（2）乙：¬乙∧丙。

（3）丙：甲∨乙。

（4）丁：乙∨丙。

第二步：找矛盾或反对关系。

未找到矛盾关系或反对关系，转换思路，采用"假设＋归谬"的思路解题。

第三步：假设＋归谬。

若乙是窃贼，那么（1）（3）（4）都为真，与题干信息矛盾，所以乙不是窃贼。

若丙是窃贼，那么结合"乙不是窃贼"可知，（2）（4）都为真，与题干信息矛盾，所以丙不是窃贼。

其他情况无法推出。

第四步：得出真实情况，选出答案。

由第三步可知，¬乙∧¬丙，乙说假话，丁说假话。

故正确答案为 D 选项。

例 9.10 甲、乙、丙、丁四人进入某围棋邀请赛半决赛，最后要决出一名冠军。张、王、李三人对结果做了如下预测：

张：冠军不是丙。

王：冠军是乙。

李：冠军是甲。

已知张、王、李三人中恰有一人的预测正确，以下哪项为真？

A. 冠军是甲。　　B. 冠军是乙。　　C. 冠军是丙。

D. 冠军是丁。　　E. 无法确认冠军是谁。

【解析】 题干信息：（1）张：¬丙 = 甲∨乙∨丁。（2）王：乙。（3）李：甲。

解法一：假设＋归谬。

如果冠军是甲，那么张和李的预测都为真，不符合只有一真的要求，排除甲。

如果冠军是乙，那么张和王的预测都为真，不符合只有一真的要求，排除乙。

如果冠军是丙，那么没有人的预测为真，不符合只有一真的要求，排除丙。

如果冠军是丁,那么只有张一个人的预测为真,符合题干的要求,所以冠军是丁。

解法二:打钩钩。

	甲	乙	丙	丁
(1)	√	√		√
(2)		√		
(3)		√		

观察发现,丁这一列只有一个√,符合只有一真,所以冠军是丁。

故正确答案为 D 选项。

例 9.11 有五只球队参加比赛,对于比赛结果,观众有如下议论:

(1)冠军队不是山南队,就是江北队;

(2)冠军队既不是山北队,也不是江南队;

(3)冠军队是江南队;

(4)冠军队不是山南队。

比赛结果显示,只有一条议论是正确的,那么获得冠军的队是:

A. 山南队。　　B. 江南队。　　C. 山北队。　　D. 江北队。　　E. 江东队。

【解析】题干信息:(1)山南∨江北;(2)¬山北∧¬江南 = 山南∨江北∨江东;(3)江南;(4)¬山南 = 江南∨山北∨江北∨江东。

解法一:假设 + 归谬。

如果冠军是山南,那么(1)(2)都为真,不符合只有一真的要求,排除 A 选项。

如果冠军是江南,那么(3)(4)都为真,不符合只有一真的要求,排除 B 选项。

如果冠军是山北,那么只有(4)为真,符合只有一真的要求,C 选项正确。

如果冠军是江北,那么(1)(2)(4)都为真,不符合只有一真的要求,排除 D 选项。

如果冠军是江东,那么(2)(4)都为真,不符合只有一真的要求,排除 E 选项。

解法二:打钩钩。

	山南	江南	山北	江北	江东
(1)	√			√	
(2)	√			√	√
(3)		√			
(4)		√	√	√	√

观察发现,山北这一列只有一个√,符合只有一真,所以冠军队是山北队。

故正确答案为 C 选项。

例 9.12 临江市地处东部沿海,下辖临东、临西、江南、江北四个区。近年来,文化旅游产业成为该市新的经济增长点。2010 年,该市一共吸引了全国数十万人次游客前来参观旅游。12 月底,关于该市四个区当年吸引游客人次多少的排名,各位旅游局局长做了如下预测:

临东区旅游局局长:如果临西区第三,那么江北区第四。

临西区旅游局局长：只有临西区不是第一，江南区才第二。

江南区旅游局局长：江南区不是第二。

江北区旅游局局长：江北区第四。

最终的统计表明，只有一位局长的预测符合事实，则临东区当年吸引游客人次的排名是：

A. 第一。　　　B. 第二。　　　C. 第三。　　　D. 第四。　　　E. 在江北区之前。

【解析】第一步：简化题干信息。

(1) 西三→北四 = ﹁西三∨北四。

(2) 南二→﹁西一 = ﹁南二∨﹁西一。

(3) ﹁南二。

(4) 北四。

第二步：找矛盾或反对关系。

未发现矛盾关系或反对关系，转换思路，采取"假设+归谬"的思路解题。

第三步：假设+归谬。

由"或"的真值特点可知，若（3）为真则（2）为真，不符合只有一真的要求，所以得出（3）为假，江南是第二。

同理，若（4）为真则（1）为真，不符合只有一真的要求，所以得出（4）为假，江北不是第四。

综上可知，（3）（4）为假，题干中只有一真，故（1）（2）一定一真一假。

假设（1）为真、（2）为假可得，西一、北三、南二，所以临东是第四。

假设（1）为假、（2）为真可得，西三、北一、南二，所以临东是第四。

第四步：得出真实情况，选出答案。

通过上述两种假设可知，临东均为第四。

故正确答案为 D 选项。

例 9.13 一天中午，快递公司张经理将 12 个快递包裹安排给张平、李安、赵明、王亮 4 位快递员投递。未到傍晚，张经理就发现自己交代的任务完成了，于是问 4 人实际投递的快递数量，4 人的回答如下：

张平：我和李安共送了 5 个。

李安：张平和赵明共送了 7 个。

赵明：我和王亮共送了 6 个。

王亮：我和张平共送了 6 个。

事实上，4 人的回答中只有 1 人说错了，而这位说错的快递员送了 4 个快递。

根据以上信息，可以得出张平、李安、赵明、王亮 4 人送的快递数依次为：

A. 4、3、2、3。　　　　　B. 4、1、5、2。　　　　　C. 3、2、4、3。

D. 3、4、2、3。　　　　　E. 2、3、4、3。

【解析】第一步：简化题干信息。

(1) 张：张 + 李 =5。(2) 李：张 + 赵 =7。(3) 赵：赵 + 王 =6。(4) 王：王 + 张 =6。

第二步：找矛盾或反对关系。

未找到矛盾关系或反对关系，转换思路，采用"假设 + 归谬"的思路解题。

第三步：假设 + 归谬。

假设张和赵的话为真，则（1）+（3）= 张 + 李 + 赵 + 王 =11，与题干中的 4 位快递员共送 12 个快递不符，所以假话一定在（1）（3）之间。于是可知，（2）（4）均为真。

第四步：得出真实情况，选出答案。

由（2）为真可知，张和赵共送了 7 个快递；由（4）为真可知，王和张共送了 6 个快递。

A 选项：张 + 赵 =6，不符合，排除。

B 选项：张 + 赵 =9，不符合，排除。

C 选项：张 + 赵 =7，王 + 张 =6，符合，正确。

D 选项：张 + 赵 =5，不符合，排除。

E 选项：张 + 赵 =6，不符合，排除。

故正确答案为 C 选项。

例 9.14 某公司年度审计期间，审计人员发现一张车票，上面有赵义、钱仁礼、孙智、李信 4 个签名，签名者的身份各不相同，是经办人、复核、出纳或审批领导之中的一个，且每个签名都是本人所签。询问 4 位相关人员，得到以下回答：

赵义："审批领导的签名不是钱仁礼。"

钱仁礼："复核的签名不是李信。"

孙智："出纳的签名不是赵义。"

李信："复核的签名不是钱仁礼。"

已知上述每个回答中，如果提到的人是经办人，则该回答为假；如果提到的人不是经办人，则为真。

根据以上信息，可以得出经办人是：

A. 赵义。　　　B. 钱仁礼。　　　C. 孙智。　　　D. 李信。　　　E. 不能确定。

【解析】第一步：简化题干信息。

（1）赵：审批（¬钱）。（2）钱：复核（¬李）。（3）孙：出纳（¬赵）。（4）李：复核（¬钱）。

第二步：找矛盾或反对关系。

未找到矛盾关系或反对关系，转换思路，采用"假设 + 归谬"的思路解题。

第三步：假设 + 归谬。

根据题干信息"如果提到的人是经办人，则该回答为假，如果提到的人不是经办人，则为真"，可以进行假设和归谬来得到有效信息。

假设钱仁礼是经办人，那么（1）为假，审批领导是钱仁礼，此时钱仁礼既是经办人又是审批领导，与每人一个身份不符，所以可知钱仁礼不是经办人。

假设李信是经办人，那么（2）为假，复核是李信，此时李信既是经办人又是复核，与每人一个身份不符,所以可知李信不是经办人。

同理可知,赵义不是经办人。

第四步:得出真实情况,选出答案。

根据上述分解可知,经办人不是钱仁礼、李信、赵义,那么一定是孙智。

故正确答案为 C 选项。

命题方向 2:排序题型

稳 特征识别	排序题通常是依据大小、时间、名次和先后等条件将几个元素有序地排在若干连续排列的位置上。解题时要找出一个对整个排列起决定作用的条件,然后将涉及先后位置的条件尽可能结合起来解题
准 基本思路	(1) 注意选项的模式,如果已经将顺序排好,则可直接采用排除法。 (2) 需要自主排序时,可简化题干信息,将表达的顺序列出来。 (3) 遇到不确定的顺序时,可假设几种可能的情况,再结合其他条件进行排除。 (4) 排序题通常难度不大,要细心,并且要有信心

狠
提速技巧
	秒杀第十二招:综合推理题型专属秒杀法
	——排序题型策略
	(1) 先确定再不定。
	    题干中有"A 在第 n 位"这类确定信息,要从确定信息入手,根据相关性结合已知信息,一步步排出顺序。
	(2) 先捆绑再排序。
	    题干条件较多,注意"捆绑元素",将其作为整体考虑。
	    例如:李比吴晚 2 天,二人的情况为,吴×李。
	    钱比王早 3 天,二人的情况为,钱××王。
	    当元素的相对位置确定后,将其放入序列中,注意先放跨度比较大的组合,这样情况更少,更容易确定答案。
	(3) 先已知再剩余。
	    如果根据题干信息无法将顺序排列完整,就结合选项,注意空余位置。
	    例如:有 1、2、3、4、5 五个位置,A、B、C、D、E 五个元素,已知 B 在第 2 位,C 和 D 紧挨着。
	    由上述信息可知:C 和 D 在 3 和 4 位或 4 和 5 位,所以第 4 位不可能是 A 和 E。
	    剩下的位置为 1 和 5 或 1 和 3,所以 A 和 E 不可能紧挨着。
	    A 和 E 在 1 和 5 或 1 和 3,其中一定有一个在 1 号位,会和 B 紧挨着

(1) 基础排序 —— 排除法、确定信息入手。

要求根据题干信息进行"由左到右""由大到小""由东向西"等顺序的排列,选项或题干中已经将顺序完整给出,可采用排除法解题。

例 9.15 小明、小红、小丽、小强、小梅五人去听音乐会。他们五人在同一排且座位相连,其中只有一个座位最靠近走廊,如果小强想坐在最靠近走廊的座位上,小丽想跟小明紧挨着,小红不想跟小丽紧挨着,小梅想跟小丽紧挨着,但不想跟小强或小明紧挨着。

以下哪项排序符合上述五人的意愿?

A. 小明、小梅、小丽、小红、小强。   B. 小强、小红、小明、小丽、小梅。

C. 小强、小梅、小红、小丽、小明。　　D. 小明、小红、小梅、小丽、小强。

E. 小强、小丽、小梅、小明、小红。

【解析】题干信息：（1）小强想坐在最靠近走廊的座位上；（2）小丽想跟小明紧挨着；（3）小红不想跟小丽紧挨着；（4）小梅想跟小丽紧挨着，但不想跟小强或小明紧挨着。

根据（2），排除 A、D、E 三项；根据（3），排除 C 选项。

故正确答案为 B 选项。

例 9.16　某次认知能力测试，刘强得了 118 分，蒋明的得分比王丽高，张华和刘强的得分之和大于蒋明和王丽的得分之和，刘强的得分比周梅高。此次测试 120 分以上为优秀，5 人之中有 2 人没有达到优秀。

根据以上信息，以下哪项是上述五人在此次测试中得分由高到低的排列？

A. 张华、王丽、周梅、蒋明、刘强。　　B. 张华、蒋明、王丽、刘强、周梅。

C. 张华、蒋明、刘强、王丽、周梅。　　D. 蒋明、张华、王丽、刘强、周梅。

E. 蒋明、王丽、张华、刘强、周梅。

【解析】题干信息：（1）刘 =118 分；（2）蒋 > 王；（3）张 + 刘 > 蒋 + 王；（4）刘 > 周；（5）2 人 < 120 分。

由（1）（4）（5）可知，刘和周没有达到优秀，并且刘 > 周，所以最后两名一定分别是刘和周，排除 A、C 两项。根据（3），排除 D、E 两项。

故正确答案为 B 选项。

例 9.17　在超市购物后，张林把七件商品放在超市的传送带上，肉松后面紧跟着蛋糕，酸奶后面接着放的是饼干，可口可乐汽水紧跟在水果汁后面，方便面后面紧跟着酸奶，肉松和饼干之间有两件商品，方便面和水果汁之间有两件商品，最后放上去的是一个蛋糕。

如果上述陈述为真，那么以下哪项也为真？

Ⅰ.水果汁在倒数第三位置上。

Ⅱ.酸奶放在第二。

Ⅲ.可口可乐汽水放在中间。

A. 只有Ⅰ。　　　　B. 只有Ⅱ。　　　　C. 只有Ⅲ。

D. 只有Ⅰ和Ⅱ。　　E. Ⅰ、Ⅱ和Ⅲ。

【解析】题干信息：（1）肉松、蛋糕；（2）酸奶、饼干；（3）水果汁、可口可乐汽水；（4）方便面、酸奶；（5）肉松（饼干）、×、×、饼干（肉松）；（6）方便面（水果汁）、×、×、水果汁（方便面）；（7）蛋糕在第 7 位。

由确定信息（7）入手，"蛋糕在第 7 位"结合（1）可知，肉松在第 6 位；再由（5）可知，饼干在第 3 位。由（2）和（4）可知，商品顺序为方便面、酸奶、饼干，所以方便面在第 1 位，酸奶在第 2 位。综上，水果汁只能在第 4 位，可口可乐汽水在第 5 位。

最终的顺序为：方便面、酸奶、饼干、水果汁、可口可乐汽水、肉松、蛋糕。

故正确答案为 B 选项。

（2）升级排序——多情况分类讨论、综合分析。

例9.18 赵、钱、孙、李、吴、郑、王7名保安每周轮流值夜班。就值班时间而言，现已知赵比孙晚1天；李比吴晚2天；钱比王早3天；郑在钱、孙之间，并且是在星期四。

根据上述题干，下面哪一个关于值夜班的选项是真的？

A. 吴在星期日。　　B. 李在星期二。　　C. 钱在星期二。
D. 孙在星期五。　　E. 王在星期六。

【解析】题干信息：（1）赵比孙晚1天，即孙、赵；（2）李比吴晚2天，即吴、×、李；（3）钱比王早3天，即钱、×、×、王；（4）郑在钱、孙之间，即钱、郑、孙/孙、郑、钱（间隔数未知）；（5）郑在星期四。

由确定信息（5）可知，郑在星期四；比较（1）（2）（3）发现，（3）中的排列链条最长，可能性最少。由（3）可知，钱只可能在星期二或星期三；再结合（1）（4）可知，钱只可能在星期二。

最终可确定值夜班情况如下：

星期一	星期二	星期三	星期四	星期五	星期六	星期日
吴	钱	李	郑	王	孙	赵

故正确答案为C选项。

例9.19~例9.20 基于以下题干：

近期女子乒乓球世界排名前7名（没有并列）在甲、乙、丙、丁、戊、己和庚（这不是排名顺序）7人中产生。已知：

（1）甲排名第4；

（2）乙和丙的排名在甲之前；

（3）丁的排名在乙之前；

（4）排名第6名的是一名外国选手；

（5）排名中，每一名外国选手的前一名都是中国选手；

（6）戊是一名外国选手。

例9.19 如果以上信息为真，则戊是第几名？

A. 第1名。　　B. 第3名。　　C. 第5名。
D. 第6名。　　E. 第7名。

【解析】由（1）（2）（3）可知，乙、丙、丁都在甲之前，所以戊、己和庚在第4名之后。由（4）（5）（6）可知，第5名和第7名都是中国选手，第6名是外国选手，所以戊是第6名。故正确答案为D选项。

例9.20 如果己和丙排名之间隔着两人，则可以得出以下哪项？

A. 己排名第7。　　　　　　　　　B. 庚排名第5。
C. 乙和庚排名之间隔着两人。　　D. 乙和庚排名之间隔着三人。

E. 丁和甲排名之间隔着三人。

【解析】 由上题可知，己只剩第 5 和第 7 两个位置可选择。假设己是第 7 名，那么丙是第 4 名，与题干矛盾，所以己是第 5 名，庚是第 7 名，丙是第 2 名，丁是第 1 名，乙是第 3 名。
7 个人的排名顺序为：丁、丙、乙、甲、己、戊、庚。

故正确答案为 D 选项。

命题方向 3：匹配题型

稳 特征识别	题干一般提供 3~5 个对象和 2~3 个维度的信息，并描述某对象及信息间的条件关系，要求将信息进行匹配。要从条件出发，通过逻辑推理，得出正确答案
准 基本思路	（1）注意选项的模式，如果已经将关系匹配好，可直接采用排除法。 （2）需要自主推理时，要马上想到画表的方法，将题干信息在表中列示标注。 （3）遇到不确定的范围信息，可尝试进行转换，翻译成确定的信息再进行推理
狠 提速技巧	**秒杀第十二招：综合推理题型专属秒杀法** **—— 匹配题型策略** （1）先排除再推理。 　　如果选项中已经将匹配关系完整给出，优先采用排除法解题。 （2）先确定再重复。 　　当题干信息较多时，可先从确定信息入手，再找出重复出现次数最多的信息并将相关信息综合分析，锁定条件，推出有效信息，再结合其他条件进行推理。 （3）先数量再归谬。 　　在匹配题型中，当题干中给出了数量限制，一定要注意结合数量情况进行推理，并且通常要结合归谬思想。 例如：①有张、李、王 3 人和甲、乙、丙 3 种饮品，每人喜欢 2 种饮品，每种饮品被 2 人喜欢。 　　②如果张喜欢甲，那么张也喜欢乙。 　　③如果张喜欢甲，那么李也喜欢甲。 由上述信息可知： 　　由①②可得：假设张不喜欢乙，那么张也不喜欢甲，此时无法满足每人喜欢 2 种饮品，产生矛盾，所以张喜欢乙。 　　由①③可得：假设李不喜欢甲，那么张也不喜欢甲，此时无法满足每种饮品被 2 人喜欢，产生矛盾，所以李喜欢甲。

（1）基础匹配 —— 排除法、确定信息、重复信息。

例 9.21 在某次考试中，有 3 个关于北京旅游景点的问题，要求考生每题选择某个景点的名称作为唯一答案。其中 6 位考生关于上述 3 个问题的答案依次如下：

第一位考生：天坛、天坛、天安门。

第二位考生：天安门、天安门、天坛。

第三位考生：故宫、故宫、天坛。

第四位考生：天坛、天安门、故宫。

第五位考生：天安门、故宫、天安门。

第六位考生：故宫、天安门、故宫。

考试结果表明，每位考生都至少答对其中1道题。

根据以上陈述可知，这3个问题的正确答案依次是：

A. 天坛、故宫、天坛。
B. 故宫、天安门、天安门。
C. 天安门、故宫、天坛。
D. 天坛、天坛、故宫。
E. 故宫、故宫、天坛。

【解析】题干信息：每位考生都至少答对其中1道题。

本题信息不确定性较大，但选项充分，采用选项代入排除法解题最快。

A选项：第六位考生不符合，排除。B选项：第一位至第五位考生分别答对1道题，第六位考生答对2道题，符合题干条件，正确。C选项：第一、四、六位考生不符合，排除。D选项：第二、三、五位考生不符合，排除。E选项：第一、四位考生不符合，排除。

故正确答案为B选项。

例9.22 大学新生张强、史宏和黎明同住一个宿舍，他们分别来自东北三省。其中，张强不比来自黑龙江的同学个子矮，史宏比来自辽宁的同学个子高，黎明的个子和来自辽宁的同学一样高。

如果上述为真，则以下哪项也为真？

A. 张强来自辽宁，史宏来自黑龙江，黎明来自吉林。
B. 张强来自辽宁，史宏来自吉林，黎明来自黑龙江。
C. 张强来自黑龙江，史宏来自辽宁，黎明来自吉林。
D. 张强来自吉林，史宏来自黑龙江，黎明来自辽宁。
E. 张强来自黑龙江，史宏来自吉林，黎明来自辽宁。

【解析】题干信息：（1）张强≥黑龙江；（2）史宏＞辽宁；（3）黎明＝辽宁。

本题采用"先确定再重复"的解法最快。结合（2）（3）可知，张强是辽宁人，排除C、D、E三项。结合（1）可得，史宏＞辽宁≥黑龙江，所以史宏是吉林人，于是可推知，黎明是黑龙江人。

故正确答案为B选项。

例9.23 张明、李英、王佳和陈蕊四人在一个班组工作，他们来自江苏、安徽、福建和山东四个省，每个人只会说原籍的一种方言。现已知福建人会说闽南方言，山东人学历最高且会说中原官话，王佳比福建人的学历低，李英会说徽州话并且和来自江苏的同事是同学，陈蕊不懂闽南方言。

根据以上陈述，可以得出以下哪项？

A. 陈蕊不会说中原官话。
B. 张明会说闽南方言。
C. 李英是山东人。
D. 王佳会说徽州话。
E. 陈蕊是安徽人。

【解析】题干信息：（1）福建人∧闽南方言；（2）山东人∧中原官话，学历最高；（3）福建人的学历＞王佳；（4）李英∧徽州话，李英≠江苏人；（5）陈蕊≠闽南方言。

解法一：先确定再重复。

由（1）这一确定信息出发，结合（3）可知，王佳不是福建人；结合（4）可知，李英不是福建人；结合（5）可知，陈蕊不是福建人。所以张明是福建人，会说闽南方言。

解法二：图表法。

由（2）（3）可知，学历上：山东人＞福建人＞王佳。所以可知，（6）王佳既不是山东人，也不是福建人。由（4）（1）（2）可知，李英不是福建人、山东人、江苏人。所以可知，（7）李英是安徽人。由（6）（7）可推出，（8）王佳是江苏人。由（5）可知，陈蕊不是福建人，所以陈蕊是山东人。最终推出张明是福建人。可列表如下：

项目	张	李	王	陈
江苏	×	×	√	×
安徽	×	√	×	×
福建（闽南）（1）	√	×	×	×
山东（中原）（2）	×	×	×	√

故正确答案为 B 选项。

（2）升级匹配——方位图示、轮换模型、数量归谬。

例9.24 某小区业主委员会的4名成员晨桦、建国、向明和嘉媛围坐在一张方桌前（每边各坐一人）讨论小区大门旁的绿化方案。4人的职业各不相同，每个人的职业是高校教师、软件工程师、园艺师或邮递员之中的一种。已知：晨桦是软件工程师，他坐在建国的左手边；向明坐在高校教师的右手边；坐在建国对面的嘉媛不是邮递员。

根据以上信息，可以得出以下哪项？

A. 嘉媛是高校教师，向明是园艺师。　　B. 向明是邮递员，嘉媛是园艺师。

C. 建国是邮递员，嘉媛是园艺师。　　D. 建国是高校教师，向明是园艺师。

E. 嘉媛是园艺师，向明是高校教师。

【解析】当题干中有围坐桌子、对象之间的相对位置关系等信息时，可将题干给出的信息列示出来，方便解题。

（1）设建国坐在方桌的下方，可确定晨桦、嘉媛的位置，进一步可得知向明的位置。

（2）因为向明坐在高校教师的右手边，所以建国是高校教师。

（3）嘉媛不是邮递员，所以推知其是园艺师。

（4）最后剩下的向明就是邮递员。

所以4人位置及职业如下图所示：

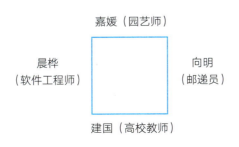

故正确答案为 B 选项。

> ☆ 媛来如此
>
> "围坐桌子"这类题要注意视角问题,要从所提到的人的视角来进行"左手边"或"右手边"的判断。

例 9.25 某单位有负责网络、文秘以及后勤的三名办公人员:文珊、孔瑞和姚薇。为了培养年轻干部,领导决定让他们三人在这三个岗位之间实行轮岗,并将他们原来的工作间 110 室、111 室和 112 室也进行了轮换。结果,原本负责后勤的文珊接替了孔瑞的文秘工作,由 110 室调到了 111 室。

根据以上信息,可以得出以下哪项?

A. 姚薇接替孔瑞的工作。 B. 孔瑞接替文珊的工作。

C. 孔瑞被调到了 110 室。 D. 孔瑞被调到了 112 室。

E. 姚薇被调到了 112 室。

【解析】题干提及轮岗、错拿别人东西、前后性质不同等,本质为元素的完全错排。

题干信息及可推出的信息列表如下:

项目		文珊	孔瑞	姚薇
轮岗前		后勤(已知)	文秘(已知)	网络(推知)
		110(已知)	111(已知)	112(推知)
轮岗后		文秘(已知)	网络(推知)	后勤(推知)
		111(已知)	112(推知)	110(推知)

故正确答案为 D 选项。

例 9.26 为了加强学习型机关建设,某机关党委开展了菜单式学习活动,拟开设课程有"行政学""管理学""科学前沿""逻辑"和"国际政治"5 门,要求其下属的 4 个支部各选择其中两门课程进行学习。已知:第一支部没有选择"管理学""逻辑",第二支部没有选择"行政学""国际政治",只有第三支部选择了"科学前沿",任意两个支部所选课程均不完全相同。

根据上述信息,关于第四支部的选课情况可以得出以下哪项?

A. 如果没有选择"行政学",那么选择了"管理学"。

B. 如果没有选择"管理学",那么选择了"国际政治"。

C. 如果没有选择"行政学",那么选择了"逻辑"。

D. 如果没有选择"管理学",那么选择了"逻辑"。

E. 如果没有选择"国际政治",那么选择了"逻辑"。

【解析】题干信息：

支部	行政学	管理学	科学前沿	逻辑	国际政治
一	√	×	×	×	√
二	×	√	×	√	×
三			√		
四			×		

A、C 两项：如果没有选择"行政学"，那么为了避免与第二支部所选课程完全相同，则其必须要选择"国际政治"，因此要另外在"管理学"和"逻辑"中二选一，排除。

B、D 两项：如果没有选择"管理学"，那么为了避免与第一支部所选课程完全相同，则其必须要选择"逻辑"，因此要另外在"行政学"和"国际政治"中二选一，排除 B 选项，选择 D 选项。

E 选项：如果没有选择"国际政治"，那么为了避免与第二支部所选课程完全相同，则其必须要选择"行政学"，因此要另外在"管理学"和"逻辑"中二选一，排除。

故正确答案为 D 选项。

例 9.27 风云、长金、天怡、雨涵四家公司参加了某高校举办的小型招聘会，有物理、化学、数学、生物四个专业的毕业生参加。结果每家公司至多录用了三个专业的学生。此外，已知：

（1）每个专业的毕业生都有且仅有三家公司录用；

（2）对于风云公司，只有录用了化学专业的毕业生，才会录用物理专业的毕业生；

（3）对于天怡公司，如果录用了数学专业的毕业生，就会录用化学专业的毕业生；

（4）只有天怡公司录用了生物专业的毕业生，长金公司才会录用生物专业的毕业生；

（5）如果雨涵公司录用了数学专业的毕业生，那么风云公司不会录用化学专业的毕业生。

根据上述信息，以下哪项是一定正确的？

A. 风云公司录用了物理专业的毕业生。　　B. 风云公司录用了生物专业的毕业生。

C. 长金公司没录用生物专业的毕业生。　　D. 天怡公司录用了物理专业的毕业生。

E. 雨涵公司录用了数学专业的毕业生。

【解析】题干信息：（1）每个专业的毕业生都有且仅有三家公司录用（4×3=12，共有 12 个匹配关系），每家公司至多录用了三个专业的学生（4 家公司，要形成 12 个匹配关系，每家公司一定录用 3 个专业的毕业生）；（2）风云物理→风云化学；（3）天怡数学→天怡化学；（4）长金生物→天怡生物；（5）雨涵数学→￢风云化学。

由（2）可知，如果风云不录用化学专业的毕业生，那么也不录用物理专业的毕业生，与（1）矛盾，所以风云一定会录用化学专业的毕业生。同理，由（3）可知，天怡一定会录用化学专业的毕业生；由（4）可知，天怡一定会录用生物专业的毕业生。由"风云录用化学专业的毕业生"结合（5）可知，雨涵不录用数学专业的毕业生，所以雨涵录用另外三个专业的毕业生，另外三家公司录用数学专业的毕业生。由此可推知，长金不录用化学专业的毕业生，风云不录用生物专业的毕业生，天怡不录用物理专业的毕业生。

故正确答案为 A 选项。

命题方向 4：分组题型

稳 特征识别	题干给出 5~7 个对象和 2~5 个限制条件，需根据题干要求分为 2~3 组
准 基本思路	（1）锁定数量，明确分组情况。 　　根据题干信息明确共有几个对象，需分为几组，每组有几个对象。 （2）将题干信息用符号简单表示或标注。 　　例如：A 和 B 不能分为同一组，可表示为 A ≠ B。 （3）如果选项中已经将分组情况列出，优先使用排除法。 （4）注意题干给出的附加信息。 　　附加信息通常为确定的信息，可从该信息出发，结合题干的限制因素正向推理。 （5）善于利用假言命题的性质。 　　例如：题干信息为"若 A 在第一组，则 B 在第二组"，优先寻找"A 在第一组"或"B 不在第二组"的选项，利用假言命题的性质推理出确定的信息。 （6）分组题型使用的方法较灵活，排除法、假设法、分析法、图表法、注意数量限制等方法均有所涉及，需要反复训练，培养思路
狠 提速技巧	**秒杀第十二招：综合推理题型专属秒杀法** ——分组题型策略 （1）锁定数量。 　　每个步骤都要注意题干中对数量的限制，这通常是解题的关键条件！ （2）分组占位。 　　共分 N 组，N 个对象不在同一组，则可以结合减法原理，得到每组有一个对象的定性不定位的有效信息。 （3）捆绑占位。 　　N 个对象在同一组，则属于捆绑元素，需要有足够的位置来安置。 （4）剩余元素。 　　如果根据上述步骤仍无法得出答案，则要注意剩余的元素，可能与答案相关

（1）基础分组 —— 占位、选人。

例 9.28~ 例 9.29 基于以下题干：

　　天南大学准备选派 2 名研究生、3 名本科生到山村小学支教。经过个人报名和民主评议，最终人选将在研究生赵婷、唐玲、殷倩 3 人和本科生周艳、李环、文琴、徐昂、朱敏 5 人中产生。按规定，同一学院或者同一社团至多选派一人。已知：

（1）唐玲和朱敏均来自数学学院；
（2）周艳和徐昂均来自文学院；
（3）李环和朱敏均来自辩论协会。

例 9.28 根据上述条件，以下必定入选的是：

　　A. 文琴。　　B. 唐玲。　　C. 周艳。　　D. 殷倩。　　E. 赵婷。

【解析】题干信息：同一学院或者同一社团至多选派一人。

列表如下：

项目	赵（研）	唐（研）	殷（研）	周（本）	李（本）	文（本）	徐（本）	朱（本）
数学		√						√
文学				√			√	
辩论					√			√

由题干信息可知，本科生中5选3，也就是不选2人。其中，周艳和徐昂至多选一个（至少一个不选），李环和朱敏至多选一个（至少一个不选），此时已经有2人不选，所以剩下的文琴一定会入选。

故正确答案为A选项。

例9.29 如果唐玲入选，那么以下必定入选的是：

A. 赵婷。　　　B. 殷倩。　　　C. 徐昂。　　　D. 李环。　　　E. 周艳。

【解析】根据题干信息及上表，如果唐玲入选，那么朱敏不入选，周艳和徐昂至多选一个，所以李环和文琴一定入选。

故正确答案为D选项。

例9.30 某公司有F、G、H、I、M和P六位总经理助理、三个部门，每一个部门恰由三位总经理助理分管，每位总经理助理至少分管一个部门。以下条件必须满足：

Ⅰ.有且只有一位总经理助理同时分管三个部门。

Ⅱ.F和G不分管同一部门。

Ⅲ.H和I不分管同一部门。

以下哪项一定为真？

A. 有的总经理助理恰分管两个部门。　　　B. 任一部门由F或G分管。

C. M或P只分管一个部门。　　　D. 没有部门由F、M和P分管。

E. P分管的部门M都分管。

【解析】题干信息：（1）三个部门，每个部门恰由三位总经理助理分管，所以一共九个职位的分管关系；（2）有且只有一位总经理助理同时分管三个部门。

由（1）（2）可知，在六个人、九个职位中除去（2）中的一个人和其分管的三个职位后，还剩下五个人、六个职位。又因为"每位总经理助理至少分管一个部门"，所以数量组合一定为1、1、1、1、2，一定会有四个人每人占一个职位，还有一个人占两个职位，即有的总经理助理恰分管两个部门。

故正确答案为A选项。

例9.31~例9.33 基于以下题干：

甲、乙、丙、丁、戊5艘舰艇被分配到金港、木港、水港三个港口，每艘舰艇只能停靠在一个港口，每个港口至少停靠一艘舰艇，且遵循以下条件：

（1）甲、乙、丙这3艘舰艇停靠的港口互不相同；

(2) 恰好有 2 艘舰艇停靠在木港；

(3) 丙和丁停靠在不同的港口；

(4) 甲和戊中的一艘舰艇停靠在金港时，另一艘也停靠在金港。

例 9.31 下面哪一项准确地列出了甲、乙、丙、丁、戊可以分别停靠的港口？

A. 金港、木港、木港、水港、金港。　　B. 金港、水港、木港、木港、金港。

C. 木港、水港、金港、金港、金港。　　D. 木港、水港、金港、木港、水港。

E. 金港、金港、木港、水港、木港。

【解析】选项中已经将舰艇停靠的具体港口完全列出，最佳的解题方法就是排除法。

根据（1）排除 A、E 两项；根据（3）排除 B 选项；根据（4）排除 C 选项。

故正确答案为 D 选项。

例 9.32 下面哪两艘舰艇可以一起停靠在金港？

A. 甲、丁。　　B. 乙、丁。　　C. 乙、戊。　　D. 丙、乙。　　E. 甲、丙。

【解析】问题为"可以"，最佳解题方法是排除法，排除"不可以"的，剩下的就是"可以"的。根据（1），排除 D、E 两项。根据（4）（2）可知，若 A 选项或 C 选项成立，则有 3 艘舰艇停靠在金港，2 艘舰艇停靠在木港，而水港无舰艇停靠，不符合题干条件，排除 A、C 两项。

故正确答案为 B 选项。

例 9.33 若戊停靠在木港，则除了以下哪项外都可能为真？

A. 乙停靠在金港。　　B. 甲停靠在水港。　　C. 甲停靠在木港。

D. 丁停靠在木港。　　E. 丁停靠在金港。

【解析】本题问题是"除了以下哪项外都可能为真"，也就是要选不可能为真的选项。由（1）可知，甲、乙、丙中一定有一艘停靠在木港，结合附加信息"戊停靠在木港"，2 艘停靠在木港的舰艇已经确定，所以其他舰艇不可能停靠在木港，即"丁停靠在木港"是不可能的。

故正确答案为 D 选项。

（2）升级分组 —— 数量 + 归谬、分类讨论。

例 9.34 放假 3 天，小李夫妇除安排一天休息之外，其他两天准备做 6 件事：①购物（这件事编号为①，其他依次类推）；②看望双方父母；③郊游；④带孩子去游乐场；⑤去市内公园；⑥去影院看电影。他们商定：

(1) 每件事均做一次，且在 1 天内完成，每天至少做两件事；

(2) ④和⑤在同一天完成；

(3) ②在③之前 1 天完成。

如果假期第 2 天只做⑥等 3 件事，则可以得出以下哪项？

A. ②安排在①的前一天。　　B. ①安排在休息一天之后。　　C. ①和⑥安排在同一天。

D. ②和④安排在同一天。　　E. ③和④安排在同一天。

【解析】解法一：分组占位、捆绑剩余。

共6件事分2组，每组3件事。由（3）可知，②和③不在同一组，各占一个位置之后，两组各剩下2个位置。由（2）可知，④⑤捆绑，无论属于哪一组，该组名额都已经满了。所以剩下的①和⑥一定在同一组。

解法二：分类讨论。

已知确定信息⑥在第2天，要满足条件（1）（3），那么捆绑元素④⑤不能在第2天，只能在第1天或第3天。此时可以进行分类讨论。

如果④⑤在第1天，那么②在第1天，③在第2天，第3天休息。此时第1天名额满了，剩下的①在第2天。第1天：②④⑤。第2天：①③⑥。

如果④⑤在第3天，那么②在第2天，③在第3天，第1天休息。此时第3天名额满了，剩下的①在第2天。第2天：①②⑥。第3天：③④⑤。

上述两种情况中，①和⑥都一定在同一组。

故正确答案为C选项。

例9.35~例9.36 基于以下题干：

一个博物馆将展出七座雕像P、Q、R、S、T、U和W。展出分两个展室：展室A和展室B。其中有四座雕像在展室A展出，另外三座雕像在展室B展出。每一座雕像在哪一个展室展出由下列条件决定：

（1）U与W不能在同一个展室展出；

（2）S和T都不能与R在同一个展室展出。

例9.35 如果P在展室A展出，W在展室B展出，则展室A可以展出下列任意两座雕像，除了：

A. Q和R。　　B. Q和T。　　C. Q和U。　　D. R和U。　　E. S和T。

【解析】题干条件将七个对象分为两组，信息较多，可使用分组选人连线法解题。

方法：①将对象和组别列示为两行，相同类别的信息写在同一行；

②将确定信息进行连线匹配；

③结合相同话题，将进一步推出的对应或不对应关系进行标示。

由确定信息"W在展室B展出"，结合（1）可推出，U在展室A展出，所以目前展室A有P和U两座雕像，展室B有W一座雕像。

由（2）可知，S和T在同一个展室，R在另一个展室。

如果S和T都在展室A，那么R和Q都在展室B，此时展室A有P、U、S、T。

如果S和T都在展室B，那么R和Q都在展室A，此时展室A有P、U、R、Q。

无论哪种情况，Q和T都不能同时在展室A展出。

故正确答案为B选项。

例9.36 如果T在展室B展出，那么下列哪两座雕像不能在同一个展室展出？

A. P和S。　　B. Q和R。　　C. Q和W。　　D. R和U。　　E. T和W。

【解析】如果T在展室B展出，则根据（2）可推出，S在展室B展出，R在展室A展出。根据（1）可推出，U和W一个在展室A展出，另一个在展室B展出。由于展室B名额已满，所以剩余的P和Q一定都在展室A展出。

展室A：P、Q、R、U/W。展室B：S、T、W/U。综上可以看出，P和S不能在同一个展室展出。

故正确答案为A选项。

例9.37~例9.38基于以下题干：

某逻辑教研组有甲、乙、丙、丁、戊、己、庚7名助教老师，拟组成两个小组进驻班级，一班需要3名助教老师，二班需要4名助教老师。排班还需满足以下条件：

（1）己老师必须排在二班；

（2）戊和丙至多有一个排在一班；

（3）甲和丙不在同一班级；

（4）如果乙排在一班，则丁也必须排在一班。

例9.37 如果甲排在二班，则下列哪位老师也一定排在二班？

　　A. 乙。　　　B. 丙。　　　C. 丁。　　　D. 戊。　　　E. 庚。

【解析】题干信息：（1）己排在二班；（2）¬戊一班∨¬丙一班；（3）甲、丙不在同一班级；（4）乙一班→丁一班。

由"甲排在二班"这一确定信息出发，结合（3）可得，丙排在一班；结合（2）可得，戊排在二班。

故正确答案为D选项。

例9.38 如果丁和庚在同一班级，则可以得出以下哪项？

　　A. 甲在一班。　　B. 乙在一班。　　C. 丙在一班。　　D. 戊在二班。　　E. 庚在二班。

【解析】由"丁和庚在同一班级"这一捆绑信息，结合数量无法确定二者的位置，所以可以进行分类讨论。假设丁和庚都在二班，结合（4）可得，乙排在二班，又由（3）可知甲和丙分别在一班和二班中的一个，此时就有乙、丁、己、庚及甲、丙中的一位助教老师（共5位助教老师）在二班，与题干中"二班需要4名助教老师"相矛盾，故可得丁和庚都在一班，甲和丙中的一位助教老师在一班，乙和戊均在二班。

故正确答案为D选项。

> ☆ 媛来如此
>
> "分组题型"要注意题干中的数量限制，一定要注意每组共有几个名额，如果某一条件为真，会超出该数量限制，就表明该条件不成立，要善于结合归谬思想，一步步得出真实情况。

命题方向 5：数字相关题型

稳 特征识别	与数字相关的综合推理题在逻辑科目中扮演着非常重要的角色，可能涉及方程、不等式、分子与分母比值关系、百分比、概率、集合运算等，可结合数学方法或利用数字规律进行解题
准 基本思路	（1）提取题干信息，找到数量关系。 （2）建立数字模型或寻找数字特征。 （3）善于利用方程等思想进行解题
狠 提速技巧	**秒杀第十二招：综合推理题型专属秒杀法** ——数字相关题型策略 （1）二维信息分类。 　　解法一：二维信息分类列表计算。 　　解法二：多多＞少少。 （2）三维信息分类。 　　解法一：陈列关系求极值。 　　解法二：分类数量相加减去总数求差值，交叉概念≤差值。 （3）数量计算。 　　根据题干中已知的信息列方程，或结合数量特征进行推理计算。 （4）基数比例相关。 　　题干中给出百分比、平均数等信息，可以由比例得出基数，再选出答案。

（1）二维信息分类。

题干中将同一群对象用两种标准进行分类，我们可以用两种方法秒杀，即二维信息表计算和多多＞少少。

例 9.39 某市优化投资环境，2010 年累计招商引资 10 亿元。其中外资 5.7 亿元，投资第三产业 4.6 亿元，投资非第三产业 5.4 亿元。

根据以上陈述，可以得出以下哪项结论？

A. 投资第三产业的外资大于投资非第三产业的内资。

B. 投资第三产业的外资小于投资非第三产业的内资。

C. 投资第三产业的外资等于投资非第三产业的内资。

D. 投资第三产业的外资和投资非第三产业的内资无法比较大小。

E. 投资第三产业的外资为 4.3 亿元。

【解析】根据题干信息列表如下：

产业	外资	内资
第三产业	a	b
非第三产业	c	d

根据题干信息可知：（1）$a+b+c+d=10$；（2）$a+c=5.7$；（3）$a+b=4.6$；（4）$c+d=5.4$。

由（2）可得：$a=5.7-c$。由（4）可得：$d=5.4-c$。

所以，$a-d=0.3$，即投资第三产业的外资大于投资非第三产业的内资。

故正确答案为 A 选项。

例9.40 某综合性大学只有理科与文科,理科学生多于文科学生,女生多于男生。

如果上述断定为真,则以下哪项关于该大学学生的断定也一定为真?

Ⅰ.文科的女生多于文科的男生。

Ⅱ.理科的男生多于文科的男生。

Ⅲ.理科的女生多于文科的男生。

A. 只有Ⅰ和Ⅱ。　　　　B. 只有Ⅲ。　　　　C. 只有Ⅱ和Ⅲ。

D. Ⅰ、Ⅱ和Ⅲ。　　　　E. Ⅰ、Ⅱ和Ⅲ都不一定是真的。

【解析】题干将该校学生按照两个维度分类,文科/理科、女生/男生,所以可以将该校学生分为四类,即理科女生、理科男生、文科女生、文科男生。

根据题干中的数量关系可得如下关系。

(1) 理科>文科:理科女生 + 理科男生 > 文科女生 + 文科男生。

(2) 女生>男生:理科女生 + 文科女生 > 理科男生 + 文科男生。

将(1)和(2)的左边和右边分别相加,可得:

(理科女生 + 理科男生)+(理科女生 + 文科女生)>(文科女生 + 文科男生)+(理科男生 + 文科男生)= 2理科女生 + 理科男生 + 文科女生 > 2文科男生 + 文科女生 + 理科男生 = 理科女生 > 文科男生。其他关系无法推知。

故正确答案为B选项。

(2)三维信息分类。

题干信息为将同一群对象用三种标准进行分类,可以寻找交叉概念,并通过计算数量之和与总数的差值,进行比较之后得出答案。

例9.41 据统计,去年在某校参加高考的385名文、理科考生中,女生189人,文科男生41人,非应届男生28人,应届理科考生256人。

由此可见,去年在该校参加高考的考生中:

A. 非应届文科男生多于20人。　　　B. 应届理科女生少于130人。

C. 应届理科男生多于129人。　　　D. 应届理科女生多于130人。

E. 非应届文科男生少于20人。

【解析】根据题干信息列表如下:

性别	应届文科	非应届文科	应届理科	非应届理科
女生	a	b	c	d
男生	e	f	g	h

解法一:由题干信息可得:①385 = $a+b+c+d+e+f+g+h$;②189 = $a+b+c+d$;③41 = $e+f$;④28 = $f+h$;⑤256 = $c+g$。

②+③+④+⑤ − ① = $a+b+c+d+e+f+f+h+c+g − (a+b+c+d+e+f+g+h)$
= $c+f$ = 129。

因此，c 和 f 都必定小于 129。

解法二：由题干信息"总人数 385 人，女生 189 人"得出，男生 196 人；而文科男生 41 人，故理科男生（g + h）155 人。非应届男生 28 人，即 f + h=28；应届理科考生 256 人，即 c + g=256。接下来可用极限值的方法求出范围。

(1) h = 0 时，g = 155，f = 28，c = 101；(2) h = 28 时，g = 127，f = 0，c = 129。

所以，非应届文科男生（f）的范围是 0~28，A、E 两项都不对。

应届理科女生（c）的范围是 101~129，B 选项正确、D 选项错误。

应届理科男生（g）的范围是 127~155，C 选项错误。

解法三：(1) 分类数量相加 - 总数 = 差值。189 + 41 + 28 + 256-385=129。

(2) 寻找交叉概念≤差值。"女生"和"应届理科考生"有交集，交叉概念为"应届理科女生"。所以可得：应届理科女生≤129，一定少于 130。

故正确答案为 B 选项。

（3）数量计算。

题干中给出与数量相关的信息，需要使用方程、不等式等方法进行计算。

例 9.42 在丈夫或妻子至少有一个是中国人的夫妻中，中国女性比中国男性多 2 万。

如果上述断定为真，则以下哪项一定为真？

Ⅰ．恰有 2 万中国女性嫁给了外国人。

Ⅱ．在和中国人结婚的外国人中，男性多于女性。

Ⅲ．在和中国人结婚的人中，男性多于女性。

A. 只有Ⅰ。　　　　　　B. 只有Ⅱ。　　　　　　C. 只有Ⅲ。

D. 只有Ⅱ和Ⅲ。　　　　E.Ⅰ、Ⅱ和Ⅲ。

【解析】(1)"丈夫或妻子至少有一个是中国人"包含三种情况：a.丈夫是中国人，妻子是外国人；b.丈夫是外国人，妻子是中国人；c.丈夫是中国人，妻子是中国人。

(2) 中国女性比中国男性多 2 万。

中国女性即妻子是中国人，中国男性即丈夫是中国人。

因为本题默认一夫一妻制，所以可以将上述信息总结为下表：

情况	丈夫	妻子
a	中国人（x）	外国人（x）
b	外国人（y）	中国人（y）
c	中国人（z）	中国人（z）

中国女性 = $y + z$，中国男性 = $x + z$。

根据题干信息可得：$(y + z) - (x + z) = y - x = 2$ 万。

复选项Ⅰ：y=2 万，从上述分析无法得出，排除。

复选项Ⅱ：和中国人结婚的外国男性（y）多于和中国人结婚的外国女性（x），即 $y > x$，正确。

复选项Ⅲ：和中国人结婚的男性（$y+z$）多于和中国人结婚的女性（$x+z$），即 $y+z>x+z$，正确。

故正确答案为 D 选项。

例 9.43 在国庆 70 周年仪仗队的训练营地，某连队一百多个战士在练习不同队形的转换。如果他们排成五列人数相等的横队，只剩下连长在队伍前面喊口令；如果他们排成七列这样的横队，仍然只有连长可以在前面领队；如果他们排成八列，就可以有两人作为领队了。在全营排练时，营长要求他们排成三列横队。

以下哪项是最可能出现的情况？

A. 该连队官兵正好排成三列横队。

B. 除了连长外，正好排成三列横队。

C. 排成了整齐的三列横队，另有两人作为全营的领队。

D. 排成了整齐的三列横队，其中有一人是其他连队的。

E. 排成了三列横队，连长在队外喊口令，但营长临时排在队中。

【解析】由题干信息可知：总人数 $=5x+1=7y+1=8z+2$。

因为 5 和 7 是互质的，所以要满足"$5x+1$"和"$7y+1$"，就需要满足"$35a+1$"。

结合共有一百多人这一线索，可以尝试将 $a=3$ 代入，可得"$35×3+1=106$"，验证"$8z+2$"也成立，所以总人数为 106。

$(106-1)/3=35$，所以除了连长外，正好排成三列横队。

故正确答案为 B 选项。

例 9.44 有人养了一些兔子。别人问他有多少只雌兔，多少只雄兔。他答：在我所养的兔子中，每只雄兔的雌性同伴比它的雄性同伴少 1 只；而每只雌兔的雄性同伴比它的雌性同伴的两倍少 2 只。

根据上述回答，判断他养了多少只雌兔，多少只雄兔？

A. 6 只雌兔，8 只雄兔。   B. 8 只雌兔，10 只雄兔。

C. 10 只雌兔，12 只雄兔。   D. 8 只雌兔，14 只雄兔。

E. 12 只雌兔，14 只雄兔。

【解析】假设雌兔 a 只，雄兔 b 只，那么雄兔的雌性同伴有 a 只，雄兔的雄性同伴有 $b-1$ 只，雌兔的雄性同伴有 b 只，雌兔的雌性同伴有 $a-1$ 只。

根据题干中的数量关系可以得到如下方程组。

(1) $(b-1)-a=1$。(2) $2(a-1)-b=2$。

联立（1）（2）计算得出：$a=6$，$b=8$。

故正确答案为 A 选项。

(4)基数比例相关。

此类题型需要同学们识别相对数及绝对数。绝对数：统计得出，如人数、产量等。相对数："分子/分母"计算得出，如比例、%、率。相对数是由分子和分母共同决定的，无法只根据某一项推出。

例9.45 某校以年级为单位，把学生的学习成绩分为优、良、中、差四等。在一年中，各门考试总分前10%的为优；后30%的为差，其余的为良与中。在上一年中，高二年级成绩为优的学生多于高一年级成绩为优的学生。

如果上述断定为真，则以下哪一项一定为真？

A. 高二年级成绩为差的学生少于高一年级成绩为差的学生。

B. 高二年级成绩为差的学生多于高一年级成绩为差的学生。

C. 高二年级成绩为优的学生多于高一年级成绩为良的学生。

D. 高二年级成绩为优的学生少于高一年级成绩为良的学生。

E. 高二年级成绩为差的学生多于高一年级成绩为中的学生。

【解析】题干中给出了优和差的分级标准，以考试总分排名的前10%为优，后30%为差。高二年级成绩为优的学生多于高一年级成绩为优的学生，由此可得，高二年级的学生总数多于高一年级的学生总数。成绩差也是以固定比例划分的，所以可知，高二年级成绩为差的学生多于高一年级成绩为差的学生。

A选项：与上述分析矛盾，排除。

B选项：与上述分析一致，正确。

C、D两项：题干未表明如何划分成绩为良的学生，故无法推知。

E选项：题干未表明如何划分成绩为中的学生，故无法推知。

故正确答案为B选项。

例9.46 近10年来，某电脑公司的个人笔记本电脑的销量持续增长，但其增长率低于该公司所有产品总销量的增长率。

以下哪项关于该公司的陈述与上述信息相冲突？

A. 近10年来，该公司个人笔记本电脑的销量每年略有增长。

B. 个人笔记本电脑销量占该公司产品总销量的比例近10年来由68%上升到72%。

C. 近10年来，该公司总销量增长率与个人笔记本电脑的销量增长率每年同时增长。

D. 近10年来，该公司个人笔记本电脑的销量占该公司产品总销量的比例逐年下降。

E. 个人笔记本电脑的销量占该公司总销量的比例近10年来由64%下降到49%。

【解析】题干信息：(1)个人笔记本电脑的销量持续增长；(2)个人笔记本电脑销量的增长率低于所有产品总销量的增长率。

A选项：不与题干信息冲突，排除。

B选项：若该产品销量增长速度低于总销量增长速度，那么其占总销量的比例必然下降。

例如：以5年笔记本销量增长率为50%，总销量增长率为100%为例，列表如下：

项目	1	2	3	4	5
笔记本	100	150	225	337.5	506.25
总销量	1 000	2 000	4 000	8 000	16 000
比例（%）	10	7.5	5.625	4.219	3.164

所以B选项与题干信息相矛盾，正确。
C选项：是可能的情况，不冲突，排除。
D选项：符合题干所描述的情况，排除。
E选项：是可能的情况，不冲突，排除。
故正确答案为B选项。

命题方向6：综合题组

稳 特征识别	2~5道小题共用相同的题干信息，通常会综合考查各种方法和技巧	
准 基本思路	（1）整理题干条件，简化信息。 （2）每道小题分别作答，只能利用题干信息，不能使用其他小题的附加信息。 （3）通常前面的小题相对简单，几步推理便可得出答案，不要有畏惧心理。 （4）题组中的第一问有可能无法得出所有匹配情况，不要有执念	
狠 提速技巧	**秒杀第十二招：综合推理题型专属秒杀法** ——综合题组策略 （1）方法选用。 　根据题干信息选择使用排除法或者推理法。 （2）区分题型。 　根据题目特征，识别排序、匹配、分组等题目方向，使用相应思路解决。 （3）信息利用。 　题干信息优先级：确定信息、重复信息、捆绑信息。 （4）数量+归谬。 　当题干信息有数量限制时，一定要锁定数量，结合归谬思想推知有效信息。 （5）性价比决策。 　由于考场上时间非常紧张，综合题组信息多，思路灵活，有一定的难度，所以当判定题目难度较大或没有思路时，可以战略性跳过，以保证整体分数最高	

例9.47~例9.50基于以下题干：

某大学文学院语言学专业2019年毕业的5名研究生张、王、李、赵、刘分别被三家用人单位天枢、天机、天璇中的一家录用，并且各单位至少录用了其中的一名。已知：
（1）李被天枢录用；
（2）李和赵没有被同一家单位录用；

(3) 刘和赵被同一家单位录用；

(4) 如果张被天璇录用，那么王也被天璇录用。

例 9.47 以下哪项可能是正确的？

A. 李和刘被同一单位录用。　　　B. 王、赵、刘都被天机录用。

C. 只有刘被天璇录用。　　　　　D. 只有王被天璇录用。

E. 天枢录用了其中的 3 个人。

【解析】题干信息：(1) 李枢；(2) 李≠赵；(3) 刘=赵；(4) 张璇→王璇；(5) 5 名研究生为张、王、李、赵、刘，每人被一家单位录用；(6) 3 家用人单位为天枢、天机、天璇，每家单位至少录用一名。

此题要求选择"可能正确"的选项，可以采用排除法，排除"不可能正确"的选项。

A 选项：若该项正确，那么李、刘、赵均被天枢录用，此时与 (2) 矛盾，排除。

B 选项：若该项正确，那么由 (4) 可知，¬王璇→¬张璇；再结合 (1) 可知，天璇没有录用任何人，与题干条件矛盾，排除。

C 选项：与 (3) 矛盾，排除。

D 选项：可能出现的情况是，王被天璇录用，张和李被天枢录用，刘和赵被天机录用，正确。

E 选项：若天枢录用了 3 个人，则录用的是张、王、李；再结合 (3) 可知，这样会导致一家公司无人录用，与题干条件矛盾，排除。

故正确答案为 D 选项。

例 9.48 以下哪项一定是正确的？

A. 张、王被同一单位录用。　　　B. 王和刘被不同的单位录用。

C. 天枢至多录用了 2 个人。　　　D. 天枢和天璇录用的人数相同。

E. 王没有被天枢录用。

【解析】A 选项：可能出现的情况是，王被天璇录用，李被天枢录用，刘、赵和张被天机录用，所以张、王不一定被同一单位录用，排除。

B 选项：可能出现的情况是，王、刘和赵被天璇录用，李被天枢录用，张被天机录用，所以王和刘可以被同一单位录用，排除。

C 选项：由上题分析可知，天枢不可能录用 3 个人，当然也不可能录用 4 个人或 5 个人，所以至多录用 2 个人，正确。

D 选项：由 B 选项的分析可知，天枢和天璇录用的人数不一定相同，排除。

E 选项：可能出现的情况是，刘和赵被天璇录用，李和王被天枢录用，张被天机录用，所以王可能被天枢录用，排除。

故正确答案为 C 选项。

例 9.49 下列哪项如果正确，则可以确定每个毕业生的录用单位？

A. 李被天枢录用。　　B. 张被天璇录用。　　C. 张被天枢录用。

D. 刘被天机录用。　　E. 王被天机录用。

【解析】题干中只有一个假言命题（4），可以充分利用该条件。

B 选项：若张被天璇录用，则王被天璇录用，赵和刘被天机录用，李被天枢录用，每个毕业生的录用单位均可确定。

故正确答案为 B 选项。

例 9.50 如果刘被天璇录用，则以下哪项一定是错误的？

A. 天璇录用了 3 个人。 B. 录用李的单位只录用了他 1 个人。
C. 王被天璇录用。 D. 天机只录用了其中的 1 个人。
E. 张被天璇录用。

【解析】若刘被天璇录用，那么赵也被天璇录用。如果张再被天璇录用的话，则根据（4）可知，王也被天璇录用，此时天机将无人录用，与题干信息矛盾，所以 E 选项一定是错误的。

故正确答案为 E 选项。

例 9.51~例 9.53 基于以下题干：

孔智、孟睿、荀慧、庄聪、墨灵、韩敏六人组成一个代表队参加某次棋类大赛，其中两人参加围棋比赛，两人参加中国象棋比赛，还有两人参加国际象棋比赛。有关他们具体参加比赛项目的情况还需满足以下条件：

（1）每位选手只能参加一个比赛项目；
（2）孔智参加围棋比赛，当且仅当，庄聪和孟睿都参加中国象棋比赛；
（3）如果韩敏不参加国际象棋比赛，那么墨灵参加中国象棋比赛；
（4）如果荀慧参加中国象棋比赛，那么庄聪不参加中国象棋比赛；
（5）荀慧和墨灵至少有一人不参加中国象棋比赛。

例 9.51 如果荀慧参加中国象棋比赛，那么可以得出以下哪项？

A. 庄聪和墨灵都参加围棋比赛。 B. 孟睿参加围棋比赛。
C. 孟睿参加国际象棋比赛。 D. 墨灵参加国际象棋比赛。
E. 韩敏参加国际象棋比赛。

【解析】题干信息：（1）每位选手参加一个项目；（2）孔智围棋⟷庄聪中国象棋∧孟睿中国象棋；（3）¬韩敏国际象棋→墨灵中国象棋；（4）荀慧中国象棋→¬庄聪中国象棋；（5）¬荀慧中国象棋∨¬墨灵中国象棋。

由"荀慧中国象棋"这一确定信息，结合（5）可得，¬墨灵中国象棋；再结合（3）可得，韩敏国际象棋。

故正确答案为 E 选项。

例 9.52 如果庄聪和孔智参加相同的比赛项目，且孟睿参加中国象棋比赛，那么可以得出以下哪项？

A. 墨灵参加国际象棋比赛。 B. 庄聪参加中国象棋比赛。
C. 孔智参加围棋比赛。 D. 荀慧参加围棋比赛。
E. 韩敏参加中国象棋比赛。

【解析】补充信息：（6）庄聪＝孔智；（7）孟睿中国象棋。

由（6）这一捆绑信息，结合（2）可知，庄聪和孔智参加的项目不是围棋。由（6）（7）结合"每个项目都有 2 人参加"这一数量限制可知，庄聪和孔智参加的项目不是中国象棋，所以庄聪和孔智参加的项目应为国际象棋。参加国际象棋的两人已经确定，所以可知韩敏没有参加国际象棋，结合（3）可得，墨灵参加中国象棋。参加中国象棋的两人也已经确定，即孟睿和墨灵，所以剩下的荀慧和韩敏应参加围棋。

故正确答案为 D 选项。

例 9.53 根据题干信息，以下哪项可能为真？

A. 庄聪和韩敏参加中国象棋比赛。　　B. 韩敏和荀慧参加中国象棋比赛。

C. 孔智和孟睿参加围棋比赛。　　　　D. 墨灵和孟睿参加围棋比赛。

E. 韩敏和孔智参加围棋比赛。

【解析】问题要求找"可能为真"的选项，所以应采取排除法。

A 选项：韩敏参加中国象棋，即不能参加国际象棋，根据（3）可得，墨灵参加中国象棋，此时有庄聪、韩敏、墨灵三人参加中国象棋，与题干中的每项比赛只有两人参加相矛盾，不可能为真。

B 选项：韩敏参加中国象棋，即不能参加国际象棋，根据（3）可得，墨灵参加中国象棋，此时有荀慧、韩敏、墨灵三人参加中国象棋，与题干中的每项比赛只有两人参加相矛盾，不可能为真。

C 选项：孔智参加围棋，由（2）可知，庄聪和孟睿参加中国象棋，所以孟睿不可能参加围棋，矛盾，不可能为真。

D 选项：与题干中的任何条件都不矛盾，可能为真。

E 选项：韩敏参加围棋，即不能参加国际象棋，根据（3）可得，墨灵参加中国象棋；孔智参加围棋，由（2）可知，庄聪和孟睿参加中国象棋，此时有墨灵、庄聪和孟睿三人参加中国象棋，与题干中的每项比赛只有两人参加相矛盾，不可能为真。

故正确答案为 D 选项。

例 9.54~ 例 9.55 基于以下题干：

某项测试共有 4 道题，每道题给出 A、B、C、D 四个选项，其中只有一项是正确答案。现有张、王、赵、李 4 人参加了测试，他们的答题情况和测试结果如下：

答题者	第一题	第二题	第三题	第四题	测试结果
张	A	B	A	B	均不正确
王	B	D	B	C	只答对 1 题
赵	D	A	A	B	均不正确
李	C	C	B	D	只答对 1 题

例 9.54 根据以上信息，可以得出以下哪项？

A. 第二题的正确答案是 C。　　　　B. 第二题的正确答案是 D。

C. 第三题的正确答案是 D。　　　　D. 第四题的正确答案是 A。

E. 第四题的正确答案是 D。

【解析】①根据题干信息，张和赵都不正确，所以全都打×。

②观察第一题，四个人的答案分别是 A、B、C、D，其中一定有一个是正确答案。第二题同理。所以王和李各答对的 1 题一定是一个人答对第一题，另一个人答对第二题。于是可知，王和李的第三题和第四题都答错了，打×。

③观察第四题，排除 B、C、D，所以第四题的正确答案为 A。

列表如下：

答题者	第一题	第二题	第三题	第四题	测试结果
张	A（×①）	B（×①）	A（×①）	B（×①）	均不正确
王	B	D	B（×②）	C（×②）	只答对1题
赵	D（×①）	A（×①）	A（×①）	B（×①）	均不正确
李	C	C	B（×②）	D（×②）	只答对1题

故正确答案为 D 选项。

例 9.55 如果每道题的正确答案各不相同，则可以得出以下哪个选项？

A. 第一题的正确答案是 B。　　　B. 第一题的正确答案是 C。

C. 第二题的正确答案是 D。　　　D. 第二题的正确答案是 A。

E. 第三题的正确答案是 C。

【解析】根据上题分析可知，第四题的正确答案为 A，第二题的正确答案不是 A 和 B，只能是 C 或 D；第三题的正确答案不是 A 和 B，只能是 C 或 D。再结合每道题的正确答案各不相同可知，第二题和第三题的正确答案分别是 C 和 D 中的某一个。所以剩下的 B 一定是第一题的正确答案。

故正确答案为 A 选项。

二、配套练习：媛选好题

1. 有 A、B、C、D 四个有实力的排球队进行循环赛（每个队与其他队各比赛 1 场）。比赛结果，B 队输掉了 1 场，C 队比 B 队少赢 1 场，而 B 队又比 D 队少赢 1 场。

   关于 A 队的名次，下列哪项为真？

   A. 第一名。　　　　　　B. 第二名。　　　　　　C. 第三名。

   D. 第四名。　　　　　　E. 条件不足，不能判定。

2. 孙大宝、孟大宝和姜大宝三个同学在议论刚参加完的高考。孙大宝很有把握地说："我肯定能考上重点大学。"孟大宝犹豫了一下才说："重点大学我是考不上了。"姜大宝说："要是不论重点或不重点，我考上是没有问题的。"

   结果表明：三人中一人考上了重点大学，一人考上了一般大学，另一人则没考上大学，而且预言中只有一个人说对了，另外两人的预言都与事实相反。

如果上述情况属实，那么考上重点大学、考上一般大学和没考上大学的名单是：

A. 孙大宝、姜大宝和孟大宝。　　　　　　B. 孙大宝、孟大宝和姜大宝。

C. 孟大宝、姜大宝和孙大宝。　　　　　　D. 孟大宝、孙大宝和姜大宝。

E. 姜大宝、孟大宝和孙大宝。

3. 教练在甲、乙、丙三人的背上分别贴了三个数字，三人都能看到对方的数字，但是看不到自己的数字，甲、乙、丙背上的数字分别用 A、B、C 代替。甲说："B＞C。"乙说："A＜C。"丙说："A＜B。"教练说："你们之中最多有一个人说了假话。"

假如教练说的是假话，则甲、乙、丙背上的数字的大小顺序可能是：

A. A＞B＞C。　　　　B. C＞B＞A。　　　　C. B＞C＞A。

D. B＞A＞C。　　　　E. B＝C＞A。

4. 在夏夜星空的某一区域，有 7 颗明亮的星星：A 星、B 星、C 星、D 星、E 星、F 星、G 星。它们由北至南排列成一条直线，同时发现：

（1）C 星与 E 星相邻；

（2）B 星和 F 星相邻；

（3）F 星与 C 星相邻；

（4）G 星与位于最南侧的那颗星相邻；

（5）F 星在 E 星的北侧和 A 星的南侧。

由此可以推出，位于正中的星星是：

A. B 星。　　　　　　B. C 星。　　　　　　C. D 星。

D. E 星。　　　　　　E. F 星。

5. 夏雨、夏雪和夏阳三个同学一起出去郊游，为了照相方便，每个人拿着同学的相机，背着另一个同学的背包。

如果背着夏阳背包的人拿着夏雪的相机，那么以下哪项一定为真？

A. 夏雪拿着夏阳的相机。　　　　　　　　B. 夏雨拿着夏阳的相机。

C. 夏阳背着夏雨的背包。　　　　　　　　D. 夏雪背着夏阳的背包。

E. 夏雨背着夏雪的背包。

6. 甲、乙、丙、丁、戊 5 人一起参加象棋比赛，计划每两个人要比赛 1 盘。到目前为止，甲比赛了 4 盘，乙比赛了 3 盘，丙比赛了 2 盘，丁比赛了 1 盘。

到目前为止，戊比赛了几盘？

A. 0。　　　B. 1。　　　C. 2。　　　D. 3。　　　E. 4。

7. 某单位组建兴趣小组，每人选择一项参加。羽毛球组人数是乒乓球组人数的 2 倍，足球组人数是篮球组人数的 3 倍，乒乓球组人数的 4 倍与其他三个组人数的和相等。

由此可知羽毛球组人数等于：

A. 篮球组人数的 3 倍。　　　　　　　　　B. 乒乓球组人数与足球组人数之和。

C. 足球组人数的 1.5 倍。　　　　　　　D. 足球组人数与篮球组人数之和。

E. 乒乓球组人数与篮球组人数之和。

8. 刚刚结束了男子排球的赛事，体育新闻报道："在男子排球比赛中，中国队在与美国队比赛时，发扬了不屈不挠、勇于拼搏的精神，尤其是在第五局比赛中，中国队在 2∶10 落后的不利形势下，不急不躁，敢打敢拼，奋起直追，将比分扳成 10∶10 平，并最终以 16∶14 拿下了这关键的一局。"

根据以上报道，在第五局比赛中，下面哪种情况是不可能发生的？

A. 中国队与美国队的比分为 0∶6。　　　B. 中国队与美国队的比分为 1∶7。

C. 中国队与美国队的比分为 2∶8。　　　D. 中国队与美国队的比分为 3∶11。

E. 中国队与美国队的比分为 10∶11。

9. 高校食堂某窗口前有张明、李伟、王刚、赵曼、钱强 5 人在排队买菜。每人只买一份菜。已知：

（1）要买红烧肉的人排在张明的后面；

（2）李伟紧排在要买芹菜炒香干的人的前面；

（3）王刚虽然排在队伍的第 2 位，但他还不知道要买什么；

（4）赵曼一向吃素，今天她来得有点晚，排在了队伍的最后。

由此可以推出：

A. 李伟排在队伍的正中间位置。　　　　B. 钱强排在队伍的正中间位置。

C. 李伟不可能排在队伍的最前面。　　　D. 张明排在队伍的最前面。

E. 赵曼排在队伍的倒数第 4 位。

10. 六一儿童节，可爱班的 6 个小朋友围坐在一圈玩丢手绢的游戏。已知：

（1）刘悦看见昂熙和辰子已经做了邻居；

（2）昂熙不和云天相邻；

（3）辰子和子辰是双胞胎，他俩必须相邻；

（4）如果子辰和允晨没有相邻，那么昂熙和辰子也不会相邻。

根据以上陈述，当游戏开始时，以下哪项一定为真？

A. 昂熙和辰子相邻，允晨和刘悦相邻。　B. 辰子和子辰相邻，辰子和云天相邻。

C. 刘悦和辰子相邻，允晨和子辰相邻。　D. 子辰和云天相邻，刘悦和允晨相邻。

E. 云天和允晨相邻，昂熙和刘悦相邻。

11. 甲班考试结束后，几位老师在一起议论。

张老师说："班长和学习委员都能得优秀。"

李老师说："除非生活委员得优秀，否则体育委员不能得优秀。"

陈老师说："我看班长和学习委员两人中至少有一人不能得优秀。"

郭老师说："我看生活委员不能得优秀，但体育委员可以得优秀。"

基于以上断定，可推出以下哪项一定为真？

A. 四位老师中有且只有一位的断定为真。　B. 四位老师中有且只有两位的断定为真。

C. 四位老师的断定都可能为真。 D. 四位老师的断定都可能为假。

E. 题干的条件不足以推出确定的结论。

12. 有四个外表看起来没有任何分别的小球，它们的重量可能有所不同。取一个天平，将甲、乙归为一组，丙、丁归为另一组，分别放在天平的两边，天平是基本平衡的。将乙和丁对调一下，甲、丁一边明显地要比乙、丙一边重得多。可奇怪的是，我们在天平一边放上甲、丙，而另一边刚放上乙，还没有来得及放上丁，天平就压向了乙一边。

请你判断，这四个球中由重到轻的顺序是什么？

A. 丁、乙、甲、丙。 B. 丁、乙、丙、甲。 C. 乙、丙、丁、甲。

D. 乙、甲、丁、丙。 E. 乙、丁、甲、丙。

13~14 题基于以下题干：

一个艺术博物馆拥有六幅 18 世纪画家绘的画。这些画以估计价值由低到高的排列顺序为：F、G、H、S、T 和 U。其中，F、G、H 是风景画，S、T、U 是肖像画。博物馆在展出这些画时，总是只展出其中的 3 幅画。而且被展出的画受下列条件限制：

（1）展出的画不能都是风景画；

（2）假如展出的仅有一幅肖像画，那一定是 U；

（3）H 和 T 不能同时展出。

13. 以下哪项如果正确，则画展必须展出 S？

A. T 被展出时。 B. T 不被展出时。

C. H 作为唯一的风景画被展出时。 D. U 被展出时。

E. 展出的画中要么包括 F，要么包括 G 时。

14. 如果 U 正在修复而不能展出，则以下哪幅画也一定不能展出？

A. F。 B. G。 C. H。 D. S。 E. T。

15~16 题基于以下题干：

有赵甲、钱乙、孙丙、李丁、周戊、吴己和郑庚 7 名员工要被派往国外工作。其中有 1 人需要分配到加拿大，有 3 人需要分配到澳大利亚，另外 3 人需要分配到新西兰。这 7 名员工的人事分配必须满足以下条件：

（1）孙丙和郑庚必须分配到同一国家；

（2）赵甲和钱乙不能分配到同一国家；

（3）如果吴己分配到新西兰，则周戊分配到澳大利亚；

（4）赵甲必须分配到澳大利亚。

15. 以下哪项列出的可能是这 7 名员工最终的分配结果？

A. 加拿大：周戊。澳大利亚：赵甲、孙丙、郑庚。新西兰：钱乙、李丁、吴己。

B. 加拿大：周戊。澳大利亚：钱乙、李丁、吴己。新西兰：赵甲、孙丙、郑庚。

C. 加拿大：吴己。澳大利亚：赵甲、钱乙、孙丙。新西兰：李丁、郑庚、周戊。

D. 加拿大：吴己。澳大利亚：赵甲、郑庚、钱乙。新西兰：周戊、孙丙、李丁。

E. 加拿大：吴己。澳大利亚：赵甲、李丁、周戊。新西兰：钱乙、孙丙、郑庚。

16. 以下哪项陈述如果为真，能使 7 名员工的分配得到完全确定？

   A. 李丁和周戊分配到新西兰。　　　　B. 钱乙和郑庚分配到新西兰。

   C. 孙丙和郑庚分配到新西兰。　　　　D. 赵甲和周戊分配到澳大利亚。

   E. 李丁和周戊分配到澳大利亚。

17~18 题基于以下题干：

风云公司将三位员工韩敏、孟睿、林浩如分别派往甲、乙、丙三个子公司中的一个，这三个公司分别位于北京、上海和南京中的一个，每家公司的吉祥物分别为老虎、猴子和大熊猫中的一个。已知：

（1）韩敏被派往甲公司工作，该公司不在北京；

（2）孟睿去上海工作；

（3）林浩如所在公司的吉祥物是大熊猫。

17. 根据以上断定，以下哪项可以确定为真？

   A. 孟睿所在公司的吉祥物是猴子。　　B. 林浩如所在公司的吉祥物是猴子。

   C. 林浩如在北京工作。　　　　　　　D. 韩敏在丙公司工作。

   E. 韩敏所在公司的吉祥物是老虎。

18. 增加"丙公司的吉祥物是老虎"这个条件，以下哪项可以确定为真？

   A. 林浩如在甲公司工作。　　　　　　B. 林浩如在丙公司工作。

   C. 孟睿所在公司的吉祥物是猴子。　　D. 林浩如在乙公司工作。

   E. 韩敏所在公司的吉祥物是老虎。

19~20 题基于以下题干：

某音乐厅中有四位音乐家——卡特、布朗、保罗、詹姆斯。他们中有一位英国人、一位法国人、一位意大利人、一位奥地利人，他们演奏的乐器是大提琴、钢琴、单簧管，上述每种乐器都有人演奏，每人只演奏上述乐器中的一种。已知：

（1）布朗演奏的是单簧管；

（2）法国音乐家演奏的是钢琴；

（3）保罗和卡特演奏的是同一种乐器；

（4）詹姆斯是意大利人。

19. 根据以上信息，以下哪项一定为真？

   A. 英国音乐家演奏的是单簧管。　　　B. 奥地利音乐家演奏的是钢琴。

   C. 卡特演奏的是大提琴。　　　　　　D. 詹姆斯演奏的是钢琴。

   E. 詹姆斯演奏的是大提琴。

20. 增加以下哪项后，可以确定四位音乐家每人演奏的乐器和他们的国籍？

   A. 卡特不是奥地利人。　　B. 卡特不是法国人。　　C. 卡特不是英国人。

   D. 卡特是法国人。　　　　E. 卡特是英国人。

答案速查： DCABA CDDCE BACCE ACDEE

1. 【解析】排球比赛没有平局的情况，四个队进行循环赛，所以每个队要比赛3场，四个队一共比赛了12场。而这12场比赛的结果应该是6赢6输。根据题干可知，B队输1场，即赢2（3-1）场，C队赢1（2-1）场，D队赢3（2+1）场。于是B队、C队和D队已赢6（2+1+3）场，所以A队赢0场，即3场皆输。

   故正确答案为D选项。

2. 【解析】（1）假设孙大宝的预言对，那么根据题意可推出，孟大宝的预言不对，于是孙大宝和孟大宝都考上了重点大学，这不符合题意，所以孙大宝的预言不对。

   （2）假设孟大宝的预言对，那么根据题意可推出，孙大宝和姜大宝的预言都不对，于是孙大宝和孟大宝都没有考上重点大学而且姜大宝没有考上大学。这时，就没有人考上重点大学了，这不符合题意，所以孟大宝的预言不对。

   由（1）和（2）可推出，姜大宝的预言是对的。

   由孟大宝的预言不对可推出，孟大宝考上了重点大学。

   由姜大宝的预言对可推出，姜大宝考上了大学。因为孟大宝考上了重点大学，所以姜大宝考上的是一般大学。这样可知，孙大宝没有考上大学。

   故正确答案为C选项。

3. 【解析】教练说三人中最多有一个人说了假话。而教练所说为假，因此可知：不是最多有一个人说了假话，即至少有两个人说假话。代入选项进行验证。

   A选项：甲说真话，乙说假话，丙说假话，两假一真，符合题干条件。

   B选项：甲说假话，乙说真话，丙说真话，两真一假，排除。

   C选项：甲说真话，乙说真话，丙说真话，三真零假，排除。

   D选项：甲说真话，乙说假话，丙说真话，两真一假，排除。

   E选项：甲说假话，乙说真话，丙说真话，两真一假，排除。

   故正确答案为A选项。

4. 【解析】由（1）（2）（3）（5）可知，由北向南相邻的顺序应为：ABFCE。结合（4）可得，完整的顺序为：ABFCEGD。

   故正确答案为B选项。

5. 【解析】（1）由题干信息"每个人拿着同学的相机，背着另一个同学的背包"，以及"背着夏阳背包的人拿着夏雪的相机"可知，此人是夏雨。

   （2）由"夏雨拿着夏雪的相机"，并且"三人都不拿自己的相机"可知，夏雪拿着夏阳的相机，夏阳拿着夏雨的相机。

   （3）由"夏雨背着夏阳的背包"，并且"三人都不背自己的背包"可知，夏阳背着夏雪的背包，夏雪背着夏雨的背包。

列表如下：

物品	夏雨	夏雪	夏阳
相机	夏雪（1）	夏阳（2）	夏雨（2）
背包	夏阳（1）	夏雨（3）	夏雪（3）

故正确答案为 A 选项。

6. 【解析】题干信息：5个人一起比赛，每两个人要比赛1盘；甲、乙、丙、丁分别比赛了4盘、3盘、2盘、1盘。

甲比赛了4盘，说明甲与乙、丙、丁、戊都进行了比赛；丁只比赛了1盘，说明其只与甲进行了比赛。于是可知，乙分别与甲、丙、戊进行了3盘比赛；此时，丙分别与甲和乙进行了比赛，也就满足了"丙比赛了2盘"的条件。由此可得，戊分别与甲和乙进行了比赛，所以戊比赛了2盘。

故正确答案为 C 选项。

7. 【解析】题干信息：（1）羽毛球=2×乒乓球；（2）足球=3×篮球；（3）4×乒乓球=羽毛球＋足球＋篮球。

将（1）代入（3）可得，2×羽毛球=羽毛球＋足球＋篮球，即羽毛球=足球＋篮球。

故正确答案为 D 选项。

8. 【解析】比分过程：（1）0∶0→（2）2∶10→（3）10∶10→（4）16∶14。

A 选项：可能是在（1）到（2）的过程中出现的分数，即 0∶0→0∶6→2∶10。

B 选项：可能是在（1）到（2）的过程中出现的分数，即 0∶0→1∶7→2∶10。

C 选项：可能是在（1）到（2）的过程中出现的分数，即 0∶0→2∶8→2∶10。

D 选项：中国队是3分，说明是在（2）到（3）的过程中；美国队是11分，说明是在（3）到（4）的过程中。两个过程并不一致，说明这种情况不可能发生。

E 选项：可能是在（3）到（4）的过程中出现的分数，即 10∶10→10∶11→16∶14。

故正确答案为 D 选项。

9. 【解析】由（2）和（3）结合可知，王刚在第2位，李伟不可能排在王刚的前面，即不可能排在队伍的最前面。

故正确答案为 C 选项。

10. 【解析】由（3）和（1）可知，昂熙和辰子相邻，子辰和辰子相邻；再由（4）可知，昂熙、辰子、子辰、允晨依次相邻；这时结合（2）可知，昂熙和刘悦相邻，刘悦和云天相邻，云天和允晨相邻，形成完整的一圈。

故正确答案为 E 选项。

11. 【解析】第一步：简化题干信息。

（1）张：班长∧学习。（2）李：¬生活→¬体育。（3）陈：¬班长∨¬学习。（4）郭：¬生活∧体育。

第二步：找矛盾或反对关系。

（1）和（3）矛盾，必定一真一假。

（2）和（4）矛盾，必定一真一假。

故四位老师说的话两真两假，正确答案为 B 选项。

12.【解析】题干信息：(1) 甲 + 乙 = 丙 + 丁；(2) 丙 + 乙 < 甲 + 丁；(3) 甲 + 丙 < 乙。

由（1）排除 B、D、E 三项。由（2）排除 C 选项。

故正确答案为 A 选项。

13.【解析】如果 H 作为唯一的风景画被展出，则根据"画展要展出 3 幅画"可知，还要展出 2 幅肖像画。根据（3）可推出，不能展出 T。这样，剩下的 2 幅肖像画 S 和 U 都要被展出。所以画展必须展出 S。

故正确答案为 C 选项。

14.【解析】如果 U 正在修复而不能展出，则根据（1）（2）可推出，展出的肖像画不止一幅，即 S 和 T 都要被展出。再根据（3）可推出，不能展出 H。

故正确答案为 C 选项。

15.【解析】A 选项违反了（3），B 选项违反了（4），C、D 两项同时违反了（1）和（2）。

故正确答案为 E 选项。

16.【解析】已知赵甲去澳大利亚，若 A 选项为真，则孙丙和郑庚显然只能去澳大利亚；周戊没去澳大利亚，则吴己不能去新西兰，只能去加拿大，所以钱乙只能去新西兰。

故正确答案为 A 选项。

17.【解析】此题信息较多，可画表进行匹配。列表如下：

员工	甲	乙	丙	北京	上海	南京	老虎	猴子	大熊猫
韩	√(1)	×(1)	×(1)	×(1)	×(2)				×(3)
孟	×(1)			×(2)	√(2)	×(2)			×(3)
林	×(1)				×(2)		×(3)	×(3)	√(3)

根据已知信息标注之后可得，（4）韩敏在南京，林浩如在北京。

故正确答案为 C 选项。

18.【解析】设"丙公司的吉祥物是老虎"为（5）。根据（5）和（3）可得，（6）林不在丙公司，林在乙公司，孟在丙公司。

（6）结合（5）和（3）可得，（7）孟所在公司的吉祥物是老虎，韩所在公司的吉祥物是猴子。

列表如下：

员工	甲	乙	丙	北京	上海	南京	老虎	猴子	大熊猫
韩	√(1)	×(1)	×(1)	×(1)	×(2)	√(4)	×(7)	√(7)	×(3)
孟	×(1)	×(6)	√(6)	×(2)	√(2)	×(2)	√(7)	×(7)	×(3)
林	×(1)	√(6)	×(6)	√(4)	×(2)	×(4)	×(3)	×(3)	√(3)

故正确答案为 D 选项。

19. 【解析】根据（1）和（3）可知，詹姆斯不会演奏单簧管；再根据（4）可知，他不是法国人；结合（2）可得，詹姆斯不演奏钢琴。因此，詹姆斯演奏大提琴。

故正确答案为 E 选项。

20. 【解析】根据（1）和"詹姆斯演奏大提琴"可知，保罗和卡特演奏钢琴。如果卡特是英国人，再根据（2）和（4）可知，保罗是法国人，布朗是奥地利人。综合可得：英国人卡特演奏钢琴；奥地利人布朗演奏单簧管；法国人保罗演奏钢琴；意大利人詹姆斯演奏大提琴。这样就可以确定四位音乐家每人演奏的乐器和他们的国籍。

故正确答案为 E 选项。

第三部分
论证逻辑

第十章 论证推理总体认知

本章导图

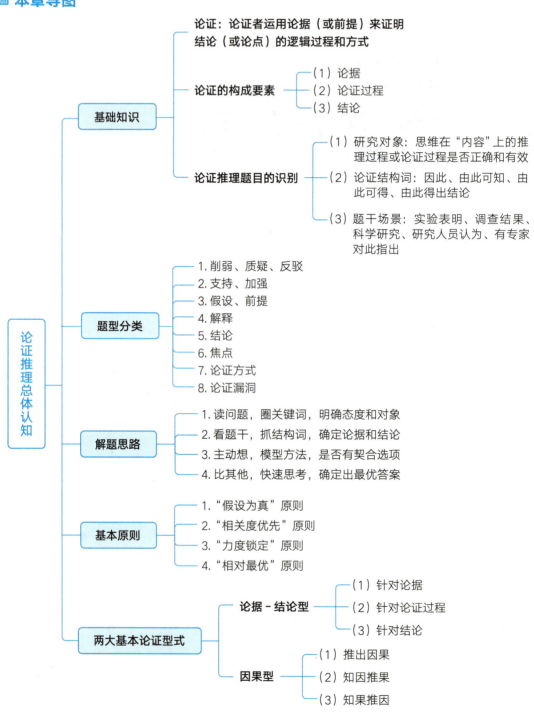

1. 论证推理基础知识

（1）什么是论证。

论证是论证者运用论据（或前提）来证明结论（或论点）的逻辑过程和方式，是用一个或一些真实的判断确定另一个或一些判断真实性的思维过程。

（2）论证的构成要素。

论证是由论据、论证过程和结论三个要素构成的。

论证 = 论据 + 论证过程 + 结论

①论据：又称前提，是用来确定结论的真实性的判断。它是使论题成立并让人信服的理由或根据，它所回答的是"用什么来论证"的问题。其通常是事实、现象、调查结果、数据等事实性的描述。

论据标志词：因为、由于、是因为、证据是、研究显示、实验表明、因为这个、鉴于这个事实……

②论证过程：它是指论据和结论之间的联系方式，即论证过程中所采用的推理形式，它所回答的是"怎样用论据论证结论"的问题。

③结论：又称论点，是通过论证来确定真实性的判断，它要回答的是"论证什么"的问题。其通常是判断、评价、预测、因果关系等推断出的内容。

结论标志词：因此、所以、可见、这说明、这意味着、由此可知、由此可得、科学家由此做出断定、研究人员由此认为……

例 10.1 阅读题干，找到论据和结论。

（1）在过去的十年中，由于美国半导体工业生产的半导体增加了 200%，但日本半导体工业生产的半导体增加了 500%。因此，日本现在比美国制造的半导体多。

（2）目前的大学生普遍缺乏中国传统文化的学习和积累。国家教委有关部门及部分高等院校最近做的一次调查表明，大学生中喜欢和比较喜欢京剧艺术的只占被调查人数的 14%。

（3）某国报载："在过去的 20 年里，州立法机关的黑人成员人数增长超过了 100%，而白人成员却略微下降。这充分说明黑人的政治力量将很快与白人基本相等。"

（4）北方航空公司实行对教师机票六五折优惠，这实际上是吸引乘客的一种经营策略，该航空公司并没有实际让利，因为当某天某航班的满员率超过 90% 时，就停售当天优惠价机票，而即使在高峰期，航班的满员率也很少有超过 90% 的。有座位空着，何不以优惠价促销它呢？

（5）很多自称职业足球运动员的人，尽管日常生活中的很多时间都在进行足球训练和比赛，但其实他们并不真正属于这个行业，因为足球的比赛和训练并不是他们主要的经济来源。

（6）某学校最近进行的一项关于奖学金对学习效率促进作用的调查表明，获得奖学金的学生比那些没有获得奖学金的学生的学习效率平均高出 25%。调查的内容包括自习的出勤率、完成作业所需要的时间、日阅读量等许多指标。这充分说明，奖学金对帮助学生提高学习效率的作用是很明显的。

【解析】

编号	结构词	论据 & 结论
（1）	由于……因此	论据：美国生产的半导体增加了 200%，日本生产的半导体增加了 500%。 结论：日本现在比美国制造的半导体多
（2）	调查表明	论据：大学生中喜欢和比较喜欢京剧艺术的只占被调查人数的 14%。 结论：目前的大学生普遍缺乏中国传统文化的学习和积累
（3）	这充分说明	论据：黑人成员人数增长超过了 100%，而白人成员却略微下降。 结论：黑人的政治力量将很快与白人基本相等
（4）	因为	论据：当某天某航班的满员率超过 90% 时，就停售当天优惠价机票，而即使在高峰期，航班的满员率也很少有超过 90% 的。 结论：该航空公司并没有实际让利
（5）	因为	论据：足球的比赛和训练并不是他们主要的经济来源。 结论：很多自称职业足球运动员的人并不真正属于这个行业
（6）	这充分说明	论据：获得奖学金的学生比那些没有获得奖学金的学生的学习效率平均高出 25%。 结论：奖学金对帮助学生提高学习效率的作用是很明显的

注意：（1）结论出现的位置并不固定，虽然大多数在段尾，但是也可能会出现在段首或者段中，用结构词来判断更加准确。

（2）在实际做题过程中，可能会出现没有论证结构词或无法准确判断论据和结论的情况，此时可以根据"已知"和"推知"来界定。通常"已知"的为论据，"推知"的为结论。

例如：文亮既咳嗽又发烧，医生断定他肺部感染了。

论据：既咳嗽又发烧（文亮已经出现的事实性的症状）。

结论：肺部感染了（医生根据文亮的症状做出的推断）。

例如：医生发现文亮肺部感染，所以他很可能会出现咳嗽、发烧等症状。

论据：文亮肺部感染（已经发现的事实）。

结论：很可能会出现咳嗽、发烧等症状（根据事实推断的可能出现的结果）。

由上面两个例子可知，同样是"肺部感染"和"咳嗽、发烧"两件事，因为论证方式不同，二者可能是论据，也可能是结论，所以同学们在分析论证时一定要注意区分。总的来说，事实性的描述通常是论据，由已知所推断出的内容通常是结论。

例 10.2 有一论证（相关语句用序号表示）如下：

①今天，我们仍然要提倡勤俭节约；②节约可以增加社会保障资源；③我国尚有不少地区的人民生活贫困，亟需更多社会保障资源，但也有一些人浪费严重；④节约可以减少资源消耗；⑤因为被浪费的任何粮食或者物品都是消耗一定的资源得来的。

如果用"甲→乙"表示甲支持（或证明）乙，则以下哪项对上述论证基本结构的表示最为准确？

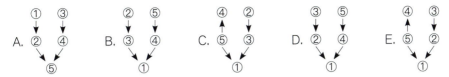

【解析】解法一：此题可根据语句间的关系进行分析。

很明显，①是结论，排除 A 选项；②和④都在说节约的作用，是平行的结构，排除 B、C、E 三项。

解法二：此题也可以根据语句的关键词进行选择。

②和③都有关键词"社会保障资源"，可考虑二者的关系。②→③不成立，因为"节约可以增加社会保障资源"显然不支持"有一些人浪费严重"，但③→②成立，排除 A、B、C 三项。

④和⑤都有关键词"资源消耗"，可考虑二者的关系。⑤以"因为"开头，显然是论据，因此⑤→④成立，②和④是①的两个分论点，地位相当，排除 E 选项。

故正确答案为 D 选项。

此题比较新颖，考查了推理结构，这是论证推理的基础知识。在学习论证推理时，要提升准确寻找论据和结论的能力，重视基础，以不变应万变！

(3) 论证推理题目的识别。

项目	形式逻辑	论证推理
研究对象	思维在"形式"上是否正确和有效，即推理的形式是否正确和有效	思维在"内容"上的推理过程或论证过程是否正确和有效
指示词	形式逻辑连接词： 如果 A 那么 B、所有 A 都是 B、A 必须 B、除非 A 否则 B	论证结构词： 因此、由此可知、由此可得、由此得出结论
题干场景	大多无场景，只是语句的陈述	实验表明、调查结果、科学研究、研究人员认为、有专家对此指出

2. 论证推理题型分类

在对论证推理的题目进行分析时，首先要通过阅读问题确定题型，明确解题方向。论证推理题型及解题方向如下：

题型	常见问题	基本解题方向
削弱、质疑、反驳	(1) 以下哪项如果为真，能最严重地削弱（质疑/反驳）上述结论？ (2) 以下哪项如果为真，最能削弱（质疑/反驳）……的结论？ (3) 下列哪项如果为真，将对以上结论提出最严重的质疑？ (4) 除哪项之外，都能削弱（质疑/反驳）上述结论？	指出题干论证的漏洞，使论证不成立

题型	常见问题	基本解题方向
支持、加强	（1）以下哪项如果为真，最能加强上述结论的说服力？ （2）以下哪项如果为真，最能支持题干的论证？	将题干论证的漏洞补上，使论证成立
假设、前提	（1）上述论述是基于以下哪项假设？ （2）基于以下哪项假设能使上述推理成立？ （3）上述论证依赖于以下哪项假设？ （4）得到这一结论的前提条件是	补上题干论证成立的必要条件，使论证成立
解释	（1）以下哪项如果为真，能最好地解释上面的矛盾？ （2）如果以上资料为真，则以下哪项最能解释上述这种看起来让人怀疑的结论？ （3）以下哪项如果为真，最有助于解释上述现象？ （4）以下各项如果是真的，都有助于解释上述看起来矛盾的断定，除了	使题干论证中的"不合理""冲突""矛盾""现象"合理化
结论	（1）如果上述断定为真，可以得出以下哪项结论？ （2）上述断定最能支持以下哪项结论？ （3）以下哪项最为恰当地表达了上述断定所要表达的结论？	根据题干信息做出合理推断
焦点	（1）在以下哪个问题上，甲和乙最可能有不同意见？ （2）以下哪项最为恰当地概括了上述争论的问题？ （3）以下哪项最为确切地概括了甲与乙争论的焦点？	两个人对某问题持有相反的观点
论证方式	（1）以下哪项最为恰当地概括了上述论证方法？ （2）为了评价上述论证的正确性，回答以下哪个问题最为重要？ （3）以下哪项与上述论证方式最相似？	识别归谬、类比、反例等论证方式
论证漏洞	（1）以下哪项最为恰当地指出了题干逻辑推理中的漏洞？ （2）上述论证中的逻辑漏洞，与以下哪项中出现的最为类似？	判断论证是否成立，识别漏洞并描述

3. 论证推理解题思路

（1）读问题，圈关键词，明确态度和对象。

每道逻辑题都由题干、问题和选项三个部分组成。

我们首先要读题目中的问题，弄清楚题型，为解题明确方向。很多题目只要弄清楚问题的态度，就能选出答案。

例 10.3　开车上路，一个人不仅需要有良好的守法意识，也需要有特别的"理性计算"：在拥堵的车流中，只要有"加塞"的，你开的车就一定要让着它；你开着车在路上正常直行，有车不打方向灯在你近旁突然横过来要撞上你，原来它想要变道，这时你也得让着它。

以下除了哪项，均能质疑上述"理性计算"的观点？

A. 有理的让着没理的，只会助长歪风邪气，有悖于社会的法律与道德。

B. "理性计算"其实就是胆小怕事，总觉得凡事能躲则躲，但有的事很难躲过。

C. 一味退让也会给行车带来极大的危险，不但可能伤及自己，而且可能伤及无辜。

D. 即使碰上也不可怕，碰上之后如果立即报警，警方一般会有公正的裁决。

E. 如果不让，就会碰上；碰上之后，即使自己有理，也会有许多麻烦。

【解析】题干信息："理性计算"即在拥堵的车流中要让着别的车。

质疑"理性计算"：不要让。

除了哪项，均能质疑，即寻找"让着"或与题干无关的选项。如果两类选项同时出现，则优先考虑体现"让着"的选项。

A 选项："理性计算"助长歪风邪气，有悖于法律与道德，不要让。

B 选项：有的事很难通过"理性计算"躲过，不要让。

C 选项："理性计算"会带来危险，不要让。

D 选项：不需要"理性计算"，警方会有公正的裁决，不要让。

E 选项：不"理性计算"会带来麻烦，需要"理性计算"，让着。

故正确答案为 E 选项。

（2）看题干，抓结构词，确定论据和结论。

论证推理题目的题干通常是一个论证，识别论证的最佳方法就是利用论证结构词寻找论据和结论。例如，"因为"等"论据结构词"以及"因此"等"结论结构词"。在解题时，要锁定结构词前后的语句，很容易找出答案。

例 10.4 长期以来，人们认为地球是已知唯一能支持生命存在的星球，不过这一情况开始出现改观。科学家近期指出，在其他恒星周围，可能还存在着更加宜居的行星。他们尝试用崭新的方法开展地外生命搜索，即搜寻放射性元素钍和铀。行星内部含有这些元素越多，其内部温度就会越高，这在一定程度上有助于行星的板块运动，而板块运动有助于维系行星表面的水体，因此板块运动可被视为行星存在宜居环境的标志之一。

以下哪项最可能是科学家的假设？

A. 行星如能维系水体，就可能存在生命。

B. 行星板块运动都是由放射性元素钍和铀驱动的。

C. 行星内部温度越高，越有助于它的板块运动。

D. 没有水的行星也可能存在生命。

E. 虽然尚未证实，但地外生命一定存在。

【解析】锁定题干最后一句中的"因此"，前面一句为论据，后面一句为结论。

论据：板块运动（a）有助于维系行星表面的水体（b）。

结论：板块运动（a）可被视为行星存在宜居环境的标志之一（c）。

假设题的第一思路是建立论据与结论的联系，本题只需要建立 b 和 c 之间的联系即可。

A 选项：建立了水体和生命之间的联系，是必须要有的假设，正确。

B、C、E 三项：与题干的论证过程无关，排除。

D 选项：与题干论证相悖，排除。

故正确答案为 A 选项。

（3）主动想，模型方法，是否有契合选项。

找到论据和结论之后，我们可以根据题型主动思考。比如，如果问题问的是削弱，则有哪些思路？如果问题问的是支持，则如何支持？这道题是否为典型的论证模型，最优解题思路是什么？主动预判正确答案的方向，这个思考过程不仅有利于快速提高解题能力，而且对写作科目也大有裨益。

例10.5 1991年6月15日，菲律宾吕宋岛上的皮纳图博火山突然爆发，2 000万吨二氧化硫气体冲入平流层，形成的霾像毯子一样盖在地球上空，把部分要照射到地球的阳光反射回太空。几年之后，气象学家发现这层霾使得当时地球表面的温度累计下降了0.5℃，而皮纳图博火山喷发前的一个世纪，因人类活动而造成的温室效应已经使地球表面温度上升了10℃。某位持"人工气候改造论"的科学家据此认为，可以用火箭弹等方式将二氧化硫充入大气层，阻挡部分阳光，达到给地球表面降温的目的。

以下哪项如果为真，最能对该科学家提议的有效性构成质疑？

A. 如果利用火箭将二氧化硫充入大气层，会导致航空乘客呼吸不适。

B. 如果在大气层上空放置反光物，就可以避免地球表面受到强烈阳光的照射。

C. 可以把大气中的碳提出来存储到地下，减少大气层中的碳含量。

D. 不论何种方式，"人工气候改造"都将破坏地球的大气层结构。

E. 火山喷发形成的降温效应只是暂时的，经过一段时间温度将再次回升。

【解析】 题干为"方法-目的"型论证，对提议的有效性构成质疑，即指出该措施无法达到使地球表面降温的目的。

方法（用火箭弹等方式将二氧化硫充入大气层）⇒目的（给地球表面降温）。

A、D两项：指出该措施可能会导致一些不好的结果，但这与是否能降温无关，不能质疑科学家提议的有效性，排除。

B、C两项：与题干中提出的方法无关，即使有其他途径，也不能否认原方法的有效性，排除。

E选项：表明提出的降温方法所达到的效果只是暂时的，日后温度还会回升，长期来看，该提议无法达到目的，质疑了科学家提议的有效性，正确。

故正确答案为E选项。

（4）比其他，快速思考，确定出最优答案。

逻辑学习是一个循序渐进的过程，在学习初期做逻辑题时，我们不仅仅要选出正确答案，而且要全面分析题目，尤其是要分析做错题目的原因。通过对每道题的全面分析，不断地查漏补缺，反复练习，构建出一个整体的逻辑思维框架，培养自己严谨的逻辑思维能力。读完题目之后，就能马上找到论证结构，甚至立刻反应出正确选项应该是什么样子的，则可达到考场上又快又准选出正确答案的效果。

例10.6 社会成员的幸福感是可以运用现代手段精确量化的。衡量一项社会改革措施是否成功，要看社会成员的幸福感总量是否增加。S市最近推出的福利改革明显增加了公务员的幸福感总量，因此，这项改革措施是成功的。

以下哪项如果为真，最能削弱上述论证？

A. 上述改革措施并没有增加 S 市所有公务员的幸福感。

B. S 市公务员只占全市社会成员很小的比例。

C. 上述改革措施在增加公务员幸福感总量的同时，减少了 S 市民营企业人员的幸福感总量。

D. 上述改革措施在增加公务员幸福感总量的同时，减少了 S 市全体社会成员的幸福感总量。

E. 上述改革措施已经引起 S 市市民的广泛争议。

【解析】结构词：因此。

论据：衡量一项社会改革措施是否成功的标准是社会成员的幸福感总量是否增加；公务员的幸福感总量增加。

结论：这项改革措施是成功的。

第一思路：公务员的幸福感总量增加⇒社会成员的幸福感总量增加。

A 选项：无关选项，题干中的衡量标准是"总量"，与每一个公务员的幸福感无关，排除。

B 选项：力度较弱，虽然所占比例很小，但未表明社会成员的幸福感总量是否增加。

C 选项：力度较弱，虽然民营企业人员也是社会成员的一部分，但该市除了公务员和民营企业人员之外还有其他的社会成员，该项并未表明社会成员的幸福感总量是否增加。

D 选项：表明 S 市全体社会成员的幸福感总量下降，说明该项改革措施并不成功，削弱了题干的论证，正确。

E 选项：无关选项，与题干论证无关，排除。

注意：此题需比较 B、C、D 三项的削弱力度。B、C 两项无法表明社会成员的幸福感总量是否增加，D 选项表明社会成员的幸福感总量减少，力度更强、更明确。

故正确答案为 D 选项。

4. 论证推理基本原则

（1）"假设为真"原则。

论证推理题目的解题方向分为自上而下和自下而上。

①自上而下：假设题干断定为真，推出选项信息，如结论题型。

②自下而上：假设选项信息为真，结合题干论据进行论证，如削弱题型、支持题型、假设题型、解释题型等。

无论是哪种论证方式，都要遵守"假设为真"原则。"假设为真"原则，即无论题干信息与事实、认知、常识是否相符，均要以其为准。

例 10.7 一般将缅甸所产的经过风化或经河水搬运至河谷、河床中的翡翠大砾石，称为"老坑玉"。老坑玉的特点是"水头好"、质坚、透明度高，其上品透明如玻璃，故称"玻璃种"或"冰种"。同为老坑玉，其质量相对也有高低之分，有的透明度高一些，有的透明度稍差些，所以价值也有差别。在其他条件都相同的情况下，透明度高的老坑玉比透明度较其低的单位价值高，但是开采的实践告诉人们，没有单位价值最高的老坑玉。

以上陈述如果为真，可以得出以下哪项结论？

A. 没有透明度最高的老坑玉。

B. 透明度高的老坑玉未必"水头好"。

C. "新坑玉"中也有质量很好的翡翠。

D. 老坑玉的单位价值还决定于其加工的质量。

E. 随着年代的增加，老坑玉的单位价值会越来越高。

【解析】题干信息：在水头、质坚度等条件都相同的情况下，透明度高的老坑玉比透明度较其低的单位价值高，但是实践得知，没有单位价值最高的老坑玉。

第一思路：本题的解题方向是"自上而下"，根据题干信息推出选项。

假设了"题干陈述为真"，所以无论对玉石是否有了解，我们需要考虑的都是选项是否可以通过题干信息得出。

A选项：透明度越高单位价值越高，没有单位价值最高的，就没有透明度最高的，正确。

B、D两项：老坑玉的单位价值虽然受很多因素影响，但是与题干表达的意思不符。

C、E两项：无关选项，本题与"新坑玉"及老坑玉未来的单位价值无关，排除。

故正确答案为 A 选项。

（2）"相关度优先"原则。

在筛选正确答案时，要优先考虑题干与选项的相关度，正确答案的话题、主语、关键动词、核心定义等要与题干保持一致，尽量不要"加戏"，一切信息都要从题干出发。

例10.8 也许令许多经常不刷牙的人感到意外的是，这种不良习惯已使他们成为易患口腔癌的高危人群。为了帮助这部分人早期发现口腔癌，市卫生部门发行了一本小册子，教人们如何使用一些简单的家用照明工具，如台灯、手电等，进行每周一次的口腔自检。

以下哪项如果为真，最能对上述小册子的效果提出质疑？

A. 有些口腔疾病的病症靠自检难以发现。

B. 预防口腔癌的方案因人而异。

C. 经常刷牙的人也可能患口腔癌。

D. 口腔自检的可靠性不如在医院所做的专门检查。

E. 经常不刷牙的人不大可能做每周一次的口腔自检。

【解析】第一思路：方法（发行小册子教人们进行每周一次的口腔自检）⇒目的（帮助经常不刷牙的人早期发现口腔癌）。

A选项：力度较弱，"有些口腔疾病"是否包括题干中的口腔癌呢？未知，如果口腔癌是可以靠自检发现的，那么题干中的论证依然可能成立，无法削弱，排除。

B选项：相关度较弱，关键动词不一致，小册子的作用是"发现"口腔癌，而不是"预防"，选项与题干信息不一致，排除。

C 选项：相关度较弱，主语不一致，题干中的对象是"经常不刷牙的人"，而不是"经常刷牙的人"，排除。

D 选项：相关度较弱，无效比较，题干中只探讨口腔自检，并未涉及医院的专门检查，无论自检与医院的专门检查的可靠性哪个比较高，只要自检能帮助经常不刷牙的人早期发现口腔癌，那么题干的论证依然成立，无法削弱，排除。

E 选项：说明经常不刷牙的人不大可能做每周一次的口腔自检，当然就无法达到帮助他们早期发现口腔癌的目的，可以质疑，正确。

故正确答案为 E 选项。

（3）"力度锁定"原则。

论证推理为或然性推理，所以会存在选项力度的区别。可能有几个选项都能够起作用，此时就可以从力度的角度入手来筛选出正确答案。

需力度从强的题型：削弱题型、支持题型、解释题型。

需力度从弱的题型：假设题型、结论题型。

注意：假设题型和结论题型的力度还需要结合题干的情况综合考虑，如果题干中有强力度表述，则选项中也可以出现强力度，选项力度≤题干力度。

强力度词：都、大部分、必然、很可能、唯一、主要、经常。

弱力度词：有的、可能、有时候。

例 10.9 随着互联网的发展，人们的购物方式有了新的选择。很多年轻人喜欢在网络上选择自己满意的商品，通过快递送上门，购物足不出户，非常便捷。刘教授据此认为，那些实体商店的竞争力会受到互联网的冲击，在不远的将来，会有更多的网络商店取代实体商店。

以下哪项如果为真，最能削弱刘教授的观点？

A. 网络购物虽然有某些便利，但容易导致个人信息被不法分子利用。

B. 有些高档品牌的专卖店，只愿意采取街面实体商店的销售方式。

C. 网络商店与快递公司在货物丢失或损坏的赔偿方面经常互相推诿。

D. 购买黄金、珠宝等贵重物品，往往需要现场挑选，且不适宜网络支付。

E. 通常情况下，网络商店只有在其实体商店的支撑下才能生存。

【解析】结构词：据此认为。

论据：互联网的发展使网上购物非常便捷，也成了很多年轻人的选择。

结论：实体商店的竞争力会受到互联网的冲击，在不远的将来，会有更多的网络商店取代实体商店。

第一思路：喜欢网购⇏不远的将来，会有更多的网络商店取代实体商店。

A、C 两项：力度较弱，指出网络购物的弊端，虽然网络商店有这些短板，但是只要其总体上比实体商店有优势即可，排除。

B、D 两项：力度较弱，指出有些品牌或商品只能采用实体商店的方式，不适合网络商店，但因为题干中刘教授的观点只是"更多的"实体商店被取代，并不是完全取代，所以即使有的商品不能使用网络支付也并不影响该观点，排除。

E 选项：表明实体商店是网络商店的基础，网络商店的发展必须依托于实体商店，所以实体商店不会被取代，削弱。

故正确答案为 E 选项。

（4）"相对最优"原则。

如前所述，论证推理是或然性推理，在五个选项中，可能有 2~3 个选项都能对论证起到一定的作用，但正确答案只有一个，这就涉及选项之间的比较，要选择"相对最优"的选项作为正确答案。可能"正确答案"不够严谨，但是只要其比其他选项合适即可。

例 10.10 鸽子走路时，头部并不是有规律地前后移动，而是一直在往前伸。行走时，鸽子脖子往前一探，然后头部保持静止，等待着身体和爪子跟进。有学者曾就鸽子走路时伸脖子的现象做出假设：在等待身体跟进的时候，暂时静止的头部有利于鸽子获得稳定的视野，看清周围的食物。

以下哪项如果为真，最能支持上述假设？

A. 鸽子行走时如果不伸脖子，很难发现远处的食物。

B. 步伐大的鸟类，伸缩脖子的幅度远比步伐小的要大。

C. 鸽子行走速度的变化，刺激内耳控制平衡的器官，导致伸脖子。

D. 鸽子行走时一举翅一投足，都可能出现脖子和头部肌肉的自然反射，所以头部不断运动。

E. 如果雏鸽步态受到限制，功能发育不够完善，那么，成年后鸽子的步伐变小，脖子伸缩幅度则会随之降低。

【解析】现象：鸽子走路时伸脖子。

假设：在等待身体跟进的时候，暂时静止的头部有利于鸽子获得稳定的视野，看清周围的食物。

第一思路：鸽子走路伸脖子⇒获得稳定的视野，看清周围的食物。

A 选项：无因无果，不伸脖子看不清食物，表明"伸脖子"和"看清食物"之间有联系，待选。

B 选项：无关选项，该项说的是步伐大和步伐小的鸟类伸缩脖子幅度的比较，排除。

C、D 两项：无关选项，这两项解释了鸽子伸脖子的原理，排除。

E 选项：无关选项，该项说的是雏鸽功能发育不够完善带来的后果，排除。

虽然 A 选项中的"发现远处的食物"与题干中的"看清周围的食物"不太一致，但是其他选项都与题干无关，所以 A 选项相对最优，正确。

故正确答案为 A 选项。

5. 两大基本论证型式

论证推理从题型上来看，可以分为削弱、支持、假设等方向，但从基本论证型式来看，有"论据-结论型"和"因果型"两大类。

例如：论据-结论型，针对论据，削弱题型是质疑论据，表明论据不成立；支持和假设题型是表明论据为真。它们只是方向不同，但本质一致。所以接下来我们来讲解这两大基本论证型式，掌握了本质之后，把握好方向即可轻松解题。

（1）论据-结论型。

前面讲到论证由"论据""论证过程""结论"三个部分构成，可以通过结构词以及"已知""推知"来判定论据和结论。针对这个论证型式，有如下解题思路。

题型	论据	论证过程	结论
削弱	质疑论据，表明论据不成立，故而使题干中的结论得不到充分的论证	质疑论证过程（第一思路），指出虽然论据成立，但无法推出结论	质疑结论，表明结论不成立
支持	支持论据，表明论据确实成立	支持论证过程（第一思路），指出由论据确实可以推出结论，建立论据与结论的关系	支持结论，表明结论成立
假设			

①针对论据。

题型	思路	举例	备注
削弱	质疑论据，表明论据不成立，论据为假	论据：我吃了1个包子。结论：我饱了。削弱：我根本没吃包子。支持、假设：我确实吃了1个包子。	通常认为论据为已知的事实性的描述，所以针对论据的思路理论上存在，但在真题中考的非常少，不作为首选思路来考虑
支持	支持论据，表明论据确实成立，论据为真		
假设	假设论据为真，表明论据确实成立		

例10.11 人们经常使用微波炉给食品加热。有人认为，微波炉加热时食物的分子结构发生了改变，产生了人体不能识别的分子。这些奇怪的新分子是人体不能接受的，有些还具有毒性，甚至可能致癌。因此，经常吃微波食品的人或动物，体内会发生严重的生理变化，从而造成严重的健康问题。

以下哪项最能质疑上述观点？

A. 微波加热不会比其他烹调方式导致更多的营养流失。

B. 我国微波炉生产标准与国际标准、欧盟标准一致。

C. 发达国家使用微波炉也很普遍。

D. 微波炉只是加热食物中的水分子，食品并未发生化学变化。

E. 自1947年发明微波炉以来，还没有因微波食品导致癌变的报告。

【解析】论据：微波炉加热食品，会产生人体不能接受的新分子。

结论：经常吃微波食品会造成健康问题。

通常情况下，一般认为论证中的论据为真，即论据是成立的，所以最优解题思路是，虽然微波炉加热食品，会产生人体不能接受的新分子，但是可能这些新分子可以排出体外，从而不会造成健康问题。观察选项发现，并没有出现这一思路，此时削弱论据的选项也可以作为正确答案，即如果没有其他合适的选项，也可以对论据进行质疑。

A、B、C 三项：无关选项，题干论证与"营养流失""微波炉生产标准""发达国家使用微波炉"无关，排除。

D 选项：否定论据，表明微波炉加热食物并没有产生新分子，也就不存在人体不能接受、有毒、致癌等结果，正确。

E 选项：诉诸无知，虽然 1947 年至今还没有癌变报告，但不能说明以后也没有，可能微波食品对健康的危害比较小，需要较长时间才能表现出来，无法削弱。

故正确答案为 D 选项。

②针对论证过程。

针对论证过程是解题的第一思路，80% 以上的真题都是针对论证过程来进行削弱、支持或假设。

题型	思路	模型化思维	举例	备注
削弱	割裂关系，表明论据无法推出结论	a. 概念不同。 论据：A。 结论：B。 思路：A 与 B 不同。 b. 割裂关系。 论据：A。 结论：B。 思路：A 与 B 无关；A 只与 C 有关。 c. 包子模型。 论据：A 与 B 有关。 结论：A 与 C 有关。 思路：B 推不出 C；B 与 C 不同	论据：我吃了 1 个包子。 结论：我饱了。 削弱： a. 概念不同。 吃包子是食物摄入情况；饱是吃足，无饥饿感，二者不能混淆。 b. 割裂关系。 饱不饱只与喝没喝西北风有关，与包子无关，所以无法由吃了 1 个包子推出饱了这个结论。 c. 包子模型。 由吃了 1 个包子无法推出饱了，因为我的饭量是一万个包子。 支持、假设： a. 建立联系。 我一吃包子就饱，所以吃包子确实能推出饱。 b. 包子模型。 吃个包子确实饱了，因为我的饭量就是 1 个包子	模型化思维相当于形式逻辑中的【公式】，如果题目论证结构比较明显，能够识别，就用模型思路解题，如果无法识别或该题确实没有模型，使用基本思路解题即可。两种思路都能够得到正确答案
支持	建立联系，表明论据与结论有关，论据确实可以推出结论	a. 建立联系。 论据：A。 结论：B。 思路：A 与 B 有关；A 确实能推出 B。 b. 包子模型。 论据：A 与 B 有关。 结论：A 与 C 有关。 思路：B 能推出 C		
假设	建立联系，表明论据确实可以推出结论			

例 10.12~ 例 10.13 基于以下题干：

> 因为照片的影像是通过光线与胶片的接触形成的，所以每张照片都具有一定的真实性。但是，从不同角度拍摄的照片总是反映了物体某个侧面的真实而不是全部的真实，在这个意义上，照片又是不真实的。因此，在目前的技术条件下，以照片作为证据是不恰当的，特别是在法庭上。

例 10.12 以下哪项是上述论证所假设的？

A. 不完全反映全部真实的东西不能成为恰当的证据。

B. 全部的真实性是不可把握的。

C. 目前的法庭审理都把照片作为重要物证。

D. 如果从不同角度拍摄一个物体，就可以把握它的全部真实性。

E. 法庭具有判定任一证据真伪的能力。

【解析】 结构词：因此。

论据：照片只是反映了某个侧面的真实，不是全部的真实。

结论：在目前的技术条件下，以照片作为证据是不恰当的。

假设思路：建立论据与结论的联系，表明论据确实可以推出结论。

A 选项：建立联系，表明不能完全反映全部真实情况的照片，确实不能作为证据，正确。

B、D 两项：无关选项，与结论"照片不能作为证据"无关。

C、E 两项：无关选项，与论据"照片不是全部的真实"无关。

故正确答案为 A 选项。

例 10.13 以下哪项如果为真，最能削弱上述论证？

A. 摄影技术是不断发展的，理论上说，全景照片可以从外观上反映物体的全部真实。

B. 任何证据只需要反映事实的某个侧面。

C. 在法庭审理中，有些照片虽然不能成为证据，但有重要的参考价值。

D. 有些照片是通过技术手段合成或伪造的。

E. 就反映真实性而言，照片的质量有很大的差别。

【解析】 削弱思路：割裂论据与结论的联系，表明论据无法推出结论。

A 选项：力度较弱。首先，从思路来讲，选项在质疑论据，表明有些照片其实可以反映全部的真实，与论据中"照片不能反映全部的真实"相悖；其次，从相关度来讲，题干的结论是"在目前的技术条件下"，而不是"技术不断发展之后"，其与结论时点不一致。结合上述两点，选项排除。

B 选项：质疑论证过程，表明虽然照片不是全部的真实，但是任何证据只需要反映事实的某个侧面。因为照片可以反映某个侧面，所以可以作为证据，说明该论据无法得出结论，题干的论证被削弱，正确。

C 选项：态度错误，支持题干，表明照片确实不能成为证据，排除。

D 选项：态度错误，支持题干，更加表明照片不真实，不能成为证据，排除。

E 选项：无关选项，与结论无关，无法表明照片是否可以作为证据，排除。

故正确答案为 B 选项。

例 10.14 一脸"萌"相的康恩·莱维，看似与其他新生儿并无两样。但因为是全球首例经新一代基因测序技术筛查后的试管婴儿，他的问世受到专家学者的关注。前不久，在英国伦敦召开的"欧洲人类生殖和胚胎学会年会"上，这则新闻引爆全场。普通人也由此认为，人类或许迎来了"定制宝宝"的时代。

以下哪项如果为真，最能反驳上述普通人的观点？

A."人工"的基因筛查不排除会有漏洞，自然受孕中，大自然优胜劣汰准则似乎更为奥妙、有效。

B. 从近代科技发展史可见，技术发展往往快于人类认知，有时技术会走得更远，偏离人类认知的轨道。

C. 筛查基因主要是避免生殖缺陷，这一技术为人类优生优育带来契机；至于"定制宝宝"，更多涉及克隆概念，二者不能混淆。

D."定制宝宝"在全球范围内尚无尝试，这一概念也挑战了最具有争议的人类生殖伦理。

E. 生物技术飞速发展，"定制宝宝"的时代可能尚未热身就已经被别的时代所取代。

【解析】论据：经新一代基因测序技术筛查后的试管婴儿诞生。

结论：人类或许迎来了"定制宝宝"的时代。

削弱思路：论据为"试管婴儿"，结论为"定制宝宝"，二者并不是同一概念，如果指出二者不一样，就能直接割裂二者之间的关系，则可削弱题干论证。

A 选项：无效比较，题干论证并未涉及基因筛查和自然受孕的优劣比较，排除。

B 选项：关系不明，技术可能会与人类认知不同，但基因筛查是否会带来"定制宝宝"呢？未知，无法削弱。

C 选项：割裂关系，表明基因筛查与"定制宝宝"不同，由论据无法推出结论，正确。

D 选项：诉诸无知，"尚无尝试"无法说明未来是否会有"定制宝宝"，排除。

E 选项：力度较弱，"可能"一词力度较弱，可能性大小未知，排除。

故正确答案为 C 选项。

例 10.15 卫健委的报告表明，这些年来医疗保健费的确是增加了。可见，我们每个人享受到的医疗条件大大改善了。

以下哪项对上述结论提出了最严重的质疑？

A. 医疗保健费的绝大部分用在了对高危病人的高技术强化护理上。

B. 在不增加费用的情况下，我们的卫生条件也可能提高。

C. 国家给卫健委的拨款中有 70% 用于基础设施的建设。

D. 老年慢性病的护理费用是非常庞大的。

E. 每个公民都有享受国家提供的卫生保健的权利。

【解析】论据：医疗保健费增加了。

结论：每个人享受到的医疗条件大大改善了。

A 选项：虽然论据成立（医疗保健费增加），但得不出结论（无法大大改善每个人享受到的医疗条件），因为绝大部分医疗保健费并未用于医疗条件的改善，而是用在了对高危病人的高技术强化护理上，可以削弱。

B 选项：无法削弱，题干论证的是在增加了医疗保健费的情况下可以改善每个人享受到的医疗条件，并未探讨不增加费用的情况下卫生条件是否会提高，而且"可能"一词力度较弱，情况不确定，无法削弱。

C 选项：无法削弱，基础设施的建设是每个人都可以享受到的，无法削弱。

D 选项：无法削弱，虽然这一费用非常庞大，但是否出自医疗保健费呢？未知，无法削弱。

E 选项：无关选项，该项说的是每个公民的卫生保健的权利，与题干论证无关，排除。

故正确答案为 A 选项。

例 10.16 有研究发现，冬季在公路上撒盐除冰，会让本来要成为雌性的青蛙变成雄性，这是因为这些路盐中的钠元素会影响青蛙的受体细胞并改变原可能成为雌性青蛙的性别。有专家据此认为，这会导致相关区域青蛙数量的下降。

以下哪项如果为真，最能支持上述专家的观点？

A. 雌雄比例会影响一个动物种群的规模，雌性数量的充足对物种的繁衍生息至关重要。

B. 如果一个物种以雄性为主，该物种的个体数量就可能受到影响。

C. 在多个盐含量不同的水池中饲养青蛙，随着水池中盐含量的增加，雌性青蛙的数量不断减少。

D. 如果每年冬季在公路上撒很多盐，盐水流入池塘，就会影响青蛙的生长发育过程。

E. 大量的路盐流入池塘可能会给其他水生物造成危害，破坏青蛙的食物链。

【解析】论据：在公路上撒盐让本来要成为雌性的青蛙变成雄性。

结论：相关区域青蛙数量下降。

A 选项：建立联系，指出雌性青蛙减少会影响青蛙的繁衍生息，导致青蛙数量的减少，正确。

B 选项："可能"一词力度较弱，对物种的个体数量是否会造成影响未知，排除。

C 选项：表明雌性青蛙的数量随着盐含量的增加而减少，与结论无关，排除。

D、E 两项：指出盐流入池塘会影响青蛙的生长发育，破坏青蛙的食物链，但这与论据无关，排除。

故正确答案为 A 选项。

例 10.17 《淮南子·齐俗训》中有曰："今屠牛而烹其肉，或以为酸，或以为甘，煎熬燖炙，齐味万方，其本一牛之体。"其中的"熬"便是熬牛肉制汤的意思。这是考证牛肉汤做法最早的文献资料，某民俗专家由此推论，牛肉汤的起源不会晚于春秋战国时期。

以下哪项如果为真，最能支持上述推论？

A.《淮南子·齐俗训》完成于西汉时期。

B. 早在春秋战国时期，我国已经开始使用耕牛。

C.《淮南子·齐俗训》的作者是来自齐国故地的人。

D. 春秋战国时期我国已有熬汤的鼎器。

E.《淮南子·齐俗训》记述的是春秋战国时期齐国的风俗习惯。

【解析】论据：《淮南子·齐俗训》是考证牛肉汤最早的文献资料。

结论：牛肉汤的起源不会晚于春秋战国时期。

要支持上述推论，就要建立论据与结论的关系。

A 选项：《淮南子·齐俗训》完成时期和题干论证无关，排除。

B 选项：使用耕牛和制作牛肉汤没有直接关系，排除。

C 选项：《淮南子·齐俗训》的作者所在的年代和题干论证无关，排除。

D 选项：只是提及熬汤的鼎器，与论据无关，排除。

E 选项：表明《淮南子·齐俗训》记述的就是春秋战国时期的风俗习惯，如果这是最早的文献资料，那么牛肉汤的起源就不会晚于春秋战国时期，直接搭建了《淮南子·齐俗训》和"春秋战国时期"的关系，正确。

故正确答案为 E 选项。

例 10.18 生活成本与一个地区的主导行业支付的工资平均水平呈正相关。例如，某省雁南地区的主导行业是农业，而龙山地区的主导行业是汽车制造业。由此，我们可以得出结论：龙山地区的生活成本一定比雁南地区高。

以下哪项最可能是上文所做的假设？

A. 龙山地区的生活质量比雁南地区高。

B. 雁南地区参与汽车制造业的人比龙山地区少。

C. 汽车制造业支付的工资平均水平比农业高。

D. 龙山地区的生活成本比其他地区都高。

E. 龙山地区的居民希望离开龙山地区，到生活成本较低的地区生活。

【解析】论据：生活成本与一个地区的主导行业支付的工资平均水平呈正相关，雁南地区的主导行业是农业，龙山地区的主导行业是汽车制造业。

结论：龙山地区的生活成本一定比雁南地区高。

A、B、E 三项：无关选项，"生活质量""参与人数""希望离开"与题干论证无关，排除。

C 选项：题干推理明显存在缺陷，要使其推理成立，必须要指出"汽车制造业支付的工资平均水平比农业高"，在"主导行业"与"生活成本"之间建立联系，正确。

D 选项：假设过强，题干论证与"其他地区"无关，排除。

故正确答案为 C 选项。

③针对结论。

题型	思路	举例	备注
削弱	质疑结论，表明结论不成立，结论为假	观点：我饱了。 削弱：我没饱，我好饿。 支持、假设：我确实饱了	如果题干中没有论证过程，而是在表明观点或态度，可以直接针对结论寻找答案
支持	支持结论：a.表明结论确实成立，结论为真；b.提出新的正面论据支持结论		
假设	假设结论为真，表明结论确实成立		

例 10.19 旅游是一种独特的文化体验。游客可以跟团游，也可以自由行。自由行游客虽避免了跟团游的集体束缚，但也放弃了人工导游的全程讲解，而近年来他们了解旅游景点的文化需求却有增无减。为适应这一市场需求，基于手机平台的多款智能导游 APP 被开发出来。它们可定位用户位置，自动提供景点讲解、游览问答等功能。有专家就此指出，未来智能导游必然会取代人工导游，传统的导游职业行将消亡。

以下哪项如果为真，最能质疑上述专家的论断？

A. 至少有 95% 的国外景点所配备的导游讲解器没有中文语音，中国出境游客因为语言和文化上的差异，对智能导游 APP 的需求比较强烈。

B. 旅行中才会使用的智能导游 APP，如何保持用户黏性、未来又如何取得商业价值等都是待解问题。

C. 好的人工导游可以根据游客需求进行不同类型的讲解，不仅关注景点，还可表达观点，个性化很强，这是智能导游 APP 难以企及的。

D. 目前发展较好的智能导游 APP 用户量在百万级左右，这与当前中国旅游人数总量相比还只是一个很小的比例，市场还没有培养出用户的普遍消费习惯。

E. 国内景区配备的人工导游需要收费，大部分导游讲解的内容都是事先背好的标准化内容。但是，即便人工导游没有特色，其退出市场也需要一定的时间。

【解析】背景信息：介绍旅游以及智能导游 APP。

结论（专家的论断）：未来智能导游必然会取代人工导游，传统的导游职业行将消亡。

削弱思路：表明人工导游不可取代，智能导游不会取代人工导游。

A 选项：支持论断，表明游客对智能导游 APP 的需求比较强烈，排除。

B 选项：诉诸无知，未来这些问题是否能解决呢？未知，排除。

C 选项：质疑结论，说明好的人工导游的优势是智能导游 APP 难以企及的，直接表明智能导游未必会取代人工导游，人工导游具有不可取代性，正确。

D 选项：诉诸无知，目前市场还没有培养出用户的普遍消费习惯，不代表未来不能培养出，不能质疑专家的论断，排除。

E 选项：支持论断，说明人工导游退出市场需要一定的时间，一定程度上支持了"传统的导游职业行将消亡"的结论，排除。

故正确答案为 C 选项。

例10.20 统计数字表明，近年来，民用航空飞行的安全性有很大提高。例如，某国2008年每飞行100万次发生恶性事故的次数为0.2次，而1989年为1.4次。从这些年的统计数字看，民用航空恶性事故发生率总体呈下降趋势。由此看出，乘飞机出行越来越安全。

以下哪项不能加强上述结论？

A. 近年来，飞机事故中"死里逃生"的概率比以前提高了。
B. 各大航空公司越来越注意对机组人员的安全培训。
C. 民用航空的空中交通控制系统更加完善。
D. 避免"机鸟互撞"的技术与措施日臻完善。
E. 虽然飞机坠毁很可怕，但从统计数字上讲，驾车仍然要危险得多。

【解析】论据：民用航空恶性事故发生率总体呈下降趋势。

结论：乘飞机出行越来越安全。

A选项："死里逃生"的概率提高，即使出现了恶性事故也有机会生还，支持了结论。

B选项：安全培训越来越受重视，发生恶性事故时，机组人员更容易做出正确的决策，支持了结论。

C选项：空中交通控制系统更加完善，这使得空中飞行更加安全，支持了结论。

D选项：避免"机鸟互撞"的技术与措施日臻完善，"机鸟互撞"的概率会越来越低，飞行更安全，支持了结论。

E选项：与驾车进行比较，表明飞机比驾车安全，但这与题干论证无关，无法加强。

故正确答案为E选项。

（2）因果型。

如果题干论证包含了因果关系，也可以从因果的角度入手解题。

因果关系的识别：

①明确的因果关系。关键词：导致、因为。

②隐蔽的因果关系。

例如：光纤网络将大幅提高人们的生活质量。

因：光纤网络。果：大幅提高人们的生活质量。

题型	推出因果	知因推果	知果推因
削弱	①割裂因果。 ②因果倒置。 ③举反例：有因无果，无因有果	①割裂因果。 ②他因削弱：他因导致B不发生	①割裂因果。 ②他因削弱：他因导致B发生
支持、假设	①建立联系。 ②排除因果倒置。 ③举正例：有因有果，无因无果	①建立联系。 ②排除他因	

①推出因果。

结构	例子
论据：A 和 B 同时发生。 结论：A 和 B 有因果关系；A 导致了 B	论据：我吃了 1 个包子，我饱了。 结论：吃包子导致饱

题型	思路	举例	备注
削弱	a. 割裂因果。 A 与 B 无关。 B 只与 C 有关。 b. 因果倒置。 不是 A 导致了 B，而是 B 导致了 A。 c. 举反例。 有 A 时没有 B。 有 B 时没有 A。	a. 割裂因果。 吃包子与饱无关， 饱只与吃饺子有关。 b. 因果倒置。 不是因为吃包子导致饱，而是每次饱的时候我都吃了个包子。 c. 举反例。 我吃了包子却没饱。 我没吃包子也饱了	常见问题：不同的思路该如何选择，是否有力度的区分呢？ 媛媛回复：绝大多数的题目中并不会将不同思路的选项放在一起让同学们进行力度比较，因为上述思路都可以对论证起到作用。如果同学们在做题过程中发现了几个对论证都有作用的选项，那么一定要从别的方面进行比较。例如：相关度和力度。例题解析基本会对每个选项的正确和错误原因进行分析，同学们可以参考，并一步步修正自己的思路
支持、假设	a. 建立联系。 A 与 B 存在因果关系，确实是 A 导致了 B。 b. 排除因果倒置。 就是 A 导致了 B，不是 B 导致了 A。 c. 举正例。 有 A 就有 B，没 A 就没 B	a. 建立联系。 吃包子确实与饱有关，吃包子确实能饱。 b. 排除因果倒置。 不是因为吃饱了才吃包子，就是因为吃包子导致饱。 c. 举正例。 一吃包子就饱，不吃包子就不饱	

例 10.21 随着光纤网络带来的网速大幅度提升，高速下载电影、在线观看大片都不再是困扰我们的问题。即使在社会生产力水平较低的国家，人们也可以通过网络随时随地获得最快的信息、最贴心的服务和最佳体验。有专家据此认为：光纤网络将大幅提高人们的生活质量。

以下哪项如果为真，最能质疑该专家的观点？

A. 即使没有光纤网络，同样可以创造高品质的生活。

B. 快捷的网络服务可能使人们把大量时间消耗在娱乐上。

C. 随着高速网络的普及，相关上网费用随之增加。

D. 网络上所获得的贴心服务和美妙体验有时候是虚幻的。

E. 人们生活质量的提高仅决定于社会生产力的发展水平。

【解析】论据：光纤网络使网速大幅度提升，也给社会生产力水平较低的国家的人们带来便利。

结论：光纤网络（因）将大幅提高人们的生活质量（果）。

A 选项：相关性较弱，概念不一致，"创造高品质的生活"与"提高生活质量"不一致，排除。

B 选项：力度较弱，"可能"表明该情况并不一定出现，无法质疑，排除。

C 选项：力度较弱，"上网费用随之增加"是否会影响生活质量的提高？未知，排除。

D 选项：力度较弱，"有时候是虚幻的"是否会影响生活质量的提高？未知，排除。

E 选项：割裂因果关系，表明生活质量的提高仅仅与社会生产力的发展水平有关，与光纤网络无关，直接割裂了二者的关系，可以质疑。

故正确答案为 E 选项。

例 10.22 一种常见的现象是，从国外引进的一些畅销科普读物在国内并不畅销，有人对此解释说，这与我们多年来沿袭的文理分科有关。文理分科人为地造成了自然科学与人文社会科学的割裂，导致科普类图书的读者市场还没有真正形成。

以下哪项如果为真，最能加强上述观点？

A. 有些自然科学工作者对科普读物也不感兴趣。

B. 科普读物不是没有需求，而是有效供给不足。

C. 由于缺乏理科背景，非自然科学工作者对科学敬而远之。

D. 许多科普电视节目都拥有固定的收视群，相应的科普读物也大受欢迎。

E. 国内大部分科普读物只是介绍科学知识，很少真正关注科学精神的传播。

【解析】原因：文理分科人为地造成了自然科学与人文社会科学的割裂。

结果：从国外引进的一些畅销科普读物在国内并不畅销，科普类图书的读者市场没有真正形成。

A 选项：自然科学工作者对科普读物也不感兴趣，证明学理科的人对科普读物也不感兴趣，是无因有果的削弱，排除。

B 选项：指出是有效供给不足导致科普类读物不畅销，起到了他因削弱的作用，排除。

C 选项：非自然科学工作者缺乏理科背景，使他们对科学敬而远之，而缺乏理科背景正是题干中的文理分科造成的，所以加强了题干观点，正确。

D 选项：表明与科普电视节目相应的科普读物大受欢迎，但整个市场上的科普读物不畅销的原因未知，无法加强。

E 选项：科普读物自身的缺陷导致其不畅销，而不是文理分科造成的，起到了他因削弱的作用，不是加强，排除。

故正确答案为 C 选项。

例 10.23 最近举行的一项调查表明，师大附中的学生对滚轴溜冰的着迷程度远远超过其他任何游戏，同时调查发现经常玩滚轴溜冰的学生的平均学习成绩相对其他学生更好一些。看来，玩滚轴溜冰可以提高学生的学习成绩。

以下哪项如果为真，最能削弱上面的推论？

A. 师大附中与学生家长签订了协议，如果孩子的学习成绩的名次没有排在前二十名，双方共同禁止学生玩滚轴溜冰。

B. 玩滚轴溜冰能够锻炼身体，保证学习效率的提高。

C. 玩滚轴溜冰的同学受到了学校有效的指导，其中一部分同学才不至于因此荒废学业。

D. 玩滚轴溜冰有助于智力开发，从而提高学习成绩。

E. 玩滚轴溜冰很难，能够锻炼学生克服困难做好一件事情的毅力，这对学习是有帮助的。

【解析】论据：经常玩滚轴溜冰的学生的平均学习成绩相对其他学生更好一些。

结论：玩滚轴溜冰（因）可以提高学生的学习成绩（果）。

A 选项：表明是因为成绩好才有资格玩滚轴溜冰，成绩好是因，玩滚轴溜冰是果，题干论证出现了因果倒置的漏洞，可以削弱。

B、D、E 三项：支持了题干的因果关系，排除。

C 选项：说明是受到了学校有效的指导导致玩滚轴溜冰的学生的平均学习成绩相对其他学生更好一些，而不是玩滚轴溜冰，但是"一部分"力度较弱，排除。

故正确答案为 A 选项。

例10.24 一项调查显示，某班参加挑战杯比赛的同学，与那些未参加此项比赛的同学相比，学习成绩一直保持较高的水平。此项调查得出结论：挑战杯比赛通过开拓学生的视野，增加学生的学习兴趣，激发学生的创造潜力，有效地提高了学生的学习成绩。

以下哪项如果为真，最能加强上述调查结论的说服力？

A. 没有参加挑战杯比赛的同学如果通过其他活动开拓视野，也能获得好成绩。

B. 整天在教室内读书而不参加课外科技活动的学生，他们的视野、学习兴趣和创造力都会受到影响。

C. 没有参加挑战杯比赛的同学大都学习很努力。

D. 参加挑战杯比赛并不以学习成绩好为条件。

E. 参加挑战杯比赛的同学约占全班的半数。

【解析】论据：参加挑战杯比赛的同学学习成绩一直保持较高的水平。

结论：挑战杯比赛（因）有效地提高了学生的学习成绩（果）。

A 选项：说明挑战杯比赛与学习成绩之间不存在必然的因果关系，有削弱作用，排除。

B 选项：未提及挑战杯比赛是否会影响学习成绩，无法加强，排除。

C 选项：学习努力与学习成绩好之间不存在必然的因果关系，无法加强，排除。

D 选项：排除因果倒置，说明不存在因果倒置的情况，确实是参加挑战杯比赛导致学习成绩好，而不是学习成绩好的学生才能参加挑战杯比赛，可以加强。

E 选项：参加挑战杯比赛的人数与题干论证无关，排除。

故正确答案为 D 选项。

例10.25 有医学研究显示，行为痴呆症患者大脑组织中往往含有过量的铝。同时有化学研究表明，一种硅化合物可以吸收铝。陈医生认为，可以用这种硅化合物治疗行为痴呆症。

以下哪项是陈医生最可能依赖的假设？

A. 行为痴呆症患者大脑组织的含铝量通常过高，但具体数量不会变化。

B. 该硅化合物在吸收铝的过程中不会产生副作用。

C. 用来吸收铝的硅化合物的具体数量与行为痴呆症患者的年龄有关。

D. 过量的铝是导致行为痴呆症的原因，患者脑组织中的铝不是行为痴呆症引起的结果。

E. 行为痴呆症患者脑组织中的铝含量与病情的严重程度有关。

【解析】论据：（1）行为痴呆症患者大脑组织中铝过量；（2）一种硅化合物可以吸收铝。
结论：可以用硅化合物治疗行为痴呆症。

题干中"行为痴呆症"与"大脑组织中往往含有过量的铝"两种现象同时出现。陈医生认为可以用硅化合物吸收铝，从而治疗行为痴呆症，所以陈医生认为是过量的铝导致了行为痴呆症，如果过量的铝只是行为痴呆症产生的结果，那么即使将铝吸收也毫无作用。

故正确答案为 D 选项。

例10.26 在我国北方严寒冬季的夜晚，车辆前挡风玻璃会因低温而结冰霜。第二天对车辆发动预热后，玻璃上的冰霜会很快融化。何宁对此不解，李军解释道：因为车辆仅有的除霜孔位于前挡风玻璃，而车辆预热后除霜孔完全开启，因此，是开启除霜孔使车辆玻璃冰霜融化。

以下哪项如果为真，最能质疑李军对车辆玻璃冰霜迅速融化的解释？

A. 车辆一侧玻璃窗没有出现冰霜现象。

B. 尽管车尾玻璃窗没有除霜孔，其玻璃上的冰霜融化速度与前挡风玻璃没有差别。

C. 当吹在车辆玻璃上的空气气温增加，其冰霜的融化速度也会增加。

D. 车辆前挡风玻璃除霜孔排出的暖气流排出后可能很快冷却。

E. 即使启用车内空调暖风功能，除霜孔的功能也不能被取代。

【解析】题干信息：因为开启除霜孔，所以车辆玻璃冰霜融化。

A 选项：该项说的是没有出现冰霜现象，与题干描述的情景无关，排除。

B 选项：车尾玻璃窗没有除霜孔，但是与有除霜孔的前挡风玻璃冰霜融化速度一样，说明冰霜的融化与是否有除霜孔无关，可以削弱。

C 选项：并未表明空气气温增加对除霜孔和冰霜之间的关系有什么影响，无法削弱，排除。

D 选项：与冰霜融化无关，排除。

E 选项：表明除霜孔还是有作用的，无法削弱，排除。

故正确答案为 B 选项。

例10.27 自闭症会影响社会交往、语言交流和兴趣爱好等方面的行为。研究人员发现，实验鼠体内神经连接蛋白的蛋白质如果合成过多，会导致自闭症。由此他们认为，自闭症与神经连接蛋白的蛋白质合成量具有重要关联。

以下哪项如果为真，最能支持上述观点？

A. 神经连接蛋白正常的老年实验鼠患自闭症的比例很低。

B. 如果将实验鼠控制蛋白质合成的关键基因去除，其体内的神经连接蛋白就会增加。

C. 抑制神经连接蛋白的蛋白质合成可缓解实验鼠的自闭症状。

D. 生活在群体之中的实验鼠较之独处的实验鼠患自闭症的比例要小。

E. 雄性实验鼠患自闭症的比例是雌性实验鼠的 5 倍。

【解析】论据：实验鼠体内神经连接蛋白的蛋白质如果合成过多（原因），会导致自闭症（结果）。

结论：自闭症与神经连接蛋白的蛋白质合成量具有重要关联。

A、D、E 三项：题干与实验鼠的"年龄""群居或独处""性别"无关，排除。

B 选项：去除控制蛋白质合成的关键基因，神经连接蛋白会增加，但未提及其与自闭症的关系，排除。

C 选项：无因无果，蛋白质合成的少，自闭症得到缓解，说明该蛋白质与自闭症相关，支持。

故正确答案为 C 选项。

例 10.28 宏达山钢铁公司由 5 个子公司组成。去年，其子公司火龙公司试行与利润挂钩的工资制度，其他子公司则维持原有的工资制度。结果，火龙公司的劳动生产率比其他子公司的平均劳动生产率高出 13%。因此，在宏达山钢铁公司实行与利润挂钩的工资制度有利于提高该公司的劳动生产率。

以下哪项如果为真，最能削弱上述论证？

A. 实行了与利润挂钩的分配制度后，火龙公司从其他子公司挖走了不少人才。

B. 宏达山钢铁公司去年从国外购进的先进技术装备，主要用于火龙公司。

C. 火龙公司是 3 年前组建的，而其他子公司都有 10 年以上的历史。

D. 红塔钢铁公司去年也实行了与利润挂钩的工资制度，但劳动生产率没有明显提高。

E. 宏达山公司的子公司金龙公司去年没有实行与利润挂钩的工资制度，但劳动生产率比火龙公司略高。

【解析】论据：火龙公司试行与利润挂钩的工资制度，其他子公司维持原有的工资制度；火龙公司的劳动生产率比其他子公司的平均劳动生产率高。（题干构造了一个对照实验）

结论：在宏达山钢铁公司实行与利润挂钩的工资制度有利于提高该公司的劳动生产率。

因：实行了与利润挂钩的工资制度（推知）。

果：提高了劳动生产率（已知）。

A 选项：其挖走的人才很可能与该工资制度有关，起到间接因果的作用，无法削弱，排除。

B 选项：表明火龙公司劳动生产率的提高很可能是由其他原因造成的，而与工资制度无关，他因削弱，正确。

C 选项：劳动生产率的高低与公司历史的长短无必然联系，排除。

D 选项：红塔钢铁公司的情况与火龙公司的情况是否相似未知，有可能红塔钢铁公司实行了与利润挂钩的工资制度，而劳动生产率没有明显提高是由于设备老化造成的，如果是这样，那么题干论证依然有可能成立，无法削弱。注意：如果用另一个主体来举反例，必须要保证该对象与题干对象相似，否则就是"别人家的孩子"，无法起到削弱作用。

E 选项：金龙公司与火龙公司的情况是否相似未知，很可能并不具有可比性，而且即使其劳动生产率比火龙公司略高也无法削弱论证，有可能原来金龙公司的劳动生产率一直都比火龙公司高，所以该比较并无意义，排除。

故正确答案为 B 选项。

②知因推果。

结构	例子
论据：原因 A 出现。 结论：会产生结果 B	论据：我吃了 1 个包子。 结论：我肯定会饱

题型	思路	举例	备注
削弱	a. 割裂因果。 A 与 B 无关。 b. 他因削弱。 他因导致 B 不发生	a. 割裂因果。 吃包子与饱无关。 b. 他因削弱。 饱只与吃饺子有关	"知因推果"这一模型中，"因"在论据中，为已知的事实性的描述，而"果"通常是对未来的推测和预测，是还没有发生的情况，所以削弱时要表明该预测不成立，该结果不会发生
支持、假设	a. 建立联系。 A 与 B 存在因果关系，确实是 A 导致了 B。 b. 排除他因。 不存在其他原因导致 B 无法发生，A 确实会导致 B	a. 建立联系。 吃包子确实与饱有关，吃包子确实能饱。 b. 排除他因。 不是因为吃饺子才饱，就是因为吃包子导致饱	

例 10.29 去年，和羊毛的批发价不同，棉花的批发价大幅度下跌。因此，虽然目前商店中棉织品的零售价还没有下跌，但它肯定会下跌。

以下哪项如果为真，最能削弱上述论证？

A. 去年，由于引进新的工艺，棉织品的生产加工成本普遍上升。

B. 去年，羊毛批发价的上涨幅度，小于棉花批发价的下跌幅度。

C. 棉织品比羊毛制品更受消费者的欢迎。

D. 零售价的变动一般都滞后于批发价的变动。

E. 目前商品中羊毛制品的零售价没有大的变动。

【解析】论据：棉花的批发价大幅下跌（因）。

结论：棉织品的零售价肯定会下跌（果）。

此题中因是已经发生的事实，果是对未来的推测，属于知因推果型的论证型式。

A 选项：表明他因（棉织品的生产加工成本上升）导致该结果（棉织品的零售价下跌）不会出现，可以削弱。

B、C、E 三项：题干论证与羊毛以及羊毛制品无关，排除。

D 选项：如果 D 选项成立，则棉花的批发价下跌，棉织品的零售价在一段时间之后也会下跌，符合题干论证，有支持作用，排除。

故正确答案为 A 选项。

例 10.30 研究发现，市面上 X 牌香烟的 Y 成分可以抑制 EB 病毒。实验证实，EB 病毒是很强的致鼻咽癌的病原体，可以导致正常的鼻咽部细胞转化为癌细胞。因此，经常吸X牌香烟的人将减少患鼻咽癌的风险。

以下哪项如果为真，最能削弱上述论证？

A. 不同条件下的实验，可以得出类似的结论。

B. 已经患有鼻咽癌的患者吸X牌香烟后并未发现病情好转。

C. Y成分可以抑制EB病毒，也可以对人的免疫系统产生负面作用。

D. 经常吸X牌香烟会加强Y成分对EB病毒的抑制作用。

E. Y成分的作用可以被X牌香烟的Z成分中和。

【解析】 论据：EB病毒会导致鼻咽癌，X牌香烟的Y成分可以抑制EB病毒（因）。

结论：经常吸X牌香烟的人将减少患鼻咽癌的风险（果）。

A选项：不同条件下的实验，可以得出类似结论，对题干论证起到了支持作用，排除。

B选项：题干中的结论是"减少患鼻咽癌的风险"，而不是患癌后吸X牌香烟病情会好转，排除。

C选项：Y成分对EB病毒的抑制作用与对免疫系统的负面作用孰强孰弱未知，而且只要Y成分可以抑制EB病毒，就可以减少患鼻咽癌的风险，那么题干论证依然成立，排除。

D选项：支持了题干的论证，排除。

E选项：他因削弱，表明其他因素（Z成分中和了Y成分的作用）导致结果（减少患鼻咽癌的风险）不会出现，可以削弱。

故正确答案为E选项。

③知果推因。

结构	例子
论据：结果B出现。 结论：该结果是原因A导致的	论据：我饱了。 结论：是吃包子导致了饱

题型	思路	例子	备注
削弱	a. 割裂因果。 A与B无关。 b. 他因削弱。 B的发生是由C导致的，不是A导致的	a. 割裂因果。 吃包子与饱无关。 b. 他因削弱。 吃饱了是由吃饺子导致的，不是吃包子导致的	"知果推因"这一模型中，"果"在论据中，为已知的事实性的描述，通常是事实、统计数据、现象等，而"因"是推断出来的，是根据已经发生的结果推断的导致该结果的原因。所以削弱时，要表明结果这个已经出现的事实是由其他原因导致的，不能否定果
支持、假设	a. 建立联系。 A与B存在因果关系，确实是A导致了B。 b. 排除他因。 不存在其他原因导致B发生，B确实是A导致的	a. 建立联系。 吃包子确实与饱有关，吃包子确实能饱。 b. 排除他因。 不是因为吃饺子才饱，饱就是因为吃了包子	

例10.31 最近10年，地震、火山爆发和异常天气对人类造成的灾害比数十年前明显增多，这说明，地球正变得对人类愈来愈充满敌意和危险。这是人类在追求经济高速发展中因破坏生态环境而付出的代价。

以下哪项如果为真，最能削弱上述论证？

A. 经济发展使人类有可能运用高科技手段来减轻自然灾害的危害。

B. 经济发展并不必然导致全球生态环境的恶化。

C. W 国和 H 国是两个毗邻的小国，W 国经济发达，H 国经济落后，地震、火山爆发和异常天气所造成的灾害，在 H 国显然比 W 国严重。

D. 自然灾害对人类造成的危害，远低于战争、恐怖主义等人为灾害。

E. 全球经济发展的不平衡所造成的人口膨胀和相对贫困，使得越来越多的人不得不居住在生态环境恶劣甚至危险的地区。

【解析】论据：最近10年，地震等各种自然状况给人类造成的灾害比数十年前明显增多（果）。

结论：地球变得越来越危险，这是人类破坏生态环境而付出的代价（因）。

A 选项："减轻自然灾害的危害"与题干论证无关，排除。

B 选项："不必然＝可能不"，所以经济发展是否会导致生态环境的恶化未知，无法削弱。

C 选项：W 国和 H 国是否具有代表性未知，无法削弱。

D 选项：题干中并未出现自然灾害与人为灾害的比较，该比较无意义，排除。

E 选项：他因削弱，说明是因为"居住在生态环境恶劣甚至危险的地区"的人数比十年前多了，导致了地震、火山爆发和异常天气对人类造成的灾害明显增多，即存在其他的原因导致了该结果。

故正确答案为 E 选项。

例10.32 黄土高原以前植被丰富，长满大树，而现在千沟万壑，不见树木，这是植被遭破坏后水流冲刷大地造成的惨痛结果。有专家进一步分析认为，现在黄土高原不长植被，是因为这里的黄土其实都是生土。

以下哪项最可能是上述专家推断的假设？

A. 生土不长庄稼，只能通过土壤改造等手段才适宜种植粮食作物。

B. 因缺少应有的投入，生土无人愿意耕种，无人耕种的土地贫瘠。

C. 生土是水土流失造成的恶果，缺乏植物生长所需的营养成分。

D. 东北的黑土地中含有较厚的腐殖层，这种腐殖层适合植物的生长。

E. 植物的生长依赖熟土，而熟土的存在依赖人类对植被的保护。

【解析】论据：黄土高原的黄土是生土（因）。

结论：黄土高原不长植被（果）。

C 选项：建立了"生土"和"不长植被"之间的联系，正确。

其他选项均与题干论证无关，排除。

故正确答案为 C 选项。

例 10.33 3 年来，在河南信阳息县淮河河滩，连续发掘出 3 艘独木舟。其中，2010 年息县城郊乡徐庄村张庄组的淮河河滩下发现第一艘独木舟，被证实为目前我国考古发现最早、最大的独木舟之一。该艘独木舟长 9.3 米，最宽处 0.8 米，高 0.6 米。根据碳 -14 测定，这些独木舟的选材竟和云南热带地区所产的木头一样。这说明，3 000 多年前的古代，河南的气候和现在热带的气候很相似。淮河中下游两岸气候温暖湿润，林木高大茂密，动植物种类繁多。

以下哪项如果为真，最能支持以上论证？

A. 这些独木舟的原料不可能从遥远的云南原始森林运来，只能就地取材。

B. 这些独木舟在水中浸泡了上千年，十分沉重。

C. 刻舟求剑故事的发生地，就是包括当今河南许昌以南在内的楚地。

D. 独木舟舟体两头呈尖状，由一根完整的原木凿成，保存较为完整。

E. 在淮河流域的原始森林中，今天仍然生长着一些热带植物。

【解析】论据：考古发掘的独木舟的选材和云南热带地区所产的木头一样。

结论：3 000 多年前的古代，河南的气候和现在热带的气候很相似。

A 选项：排除了该独木舟所使用的木头是从云南原始森林运来的可能性，以此说明发掘的独木舟是从本地取材，支持了题干的论证。

B、C、D 三项：与题干论证无关，排除。

E 选项："一些"数量未知，如果只生长着很少的热带植物，那么也无法说明气候状况，排除。

故正确答案为 A 选项。

例 10.34 类人猿和其后的史前人类所使用的工具很相似。最近在非洲东部考古所发现的古代工具，就属于史前人类和类人猿都使用过的类型。但是，发现这些工具的地方是热带大草原，热带大草原有史前人类居住过，而类人猿只生活在森林中。因此，这些被发现的古代工具是史前人类而不是类人猿使用过的。

为使上述论证有说服力，以下哪项是必须假设的？

A. 即使在相当长的环境生态变化过程中，森林也不会演变为草原。

B. 史前人类从未在森林中生活过。

C. 史前人类比类人猿能更熟练地使用工具。

D. 史前人类在迁移时并不携带工具。

E. 类人猿只能使用工具，并不能制造工具。

【解析】论据：（1）在热带大草原上发现的古代工具是史前人类和类人猿都使用过的类型；
（2）史前人类在热带大草原居住过，而类人猿只生活在森林中。

结论：这些被发现的古代工具不是类人猿使用过的，而是史前人类使用过的。

因为发现该工具（最近）与该工具被史前人类或类人猿使用（史前）之间存在巨大的时间

差，在这个过程中，有可能森林演变为草原，那么该工具就可能是类人猿在森林中生活时留下的，现在该森林演变成了大草原，进而被发现。如果是上述情况的话，那么题干结论就不成立了，所以必须要将此种情况排除，以确保题干论证成立。

A 选项：排除森林会演变为草原的情况，从而使题干论证更可靠，正确。

其他选项均与题干论证无关，排除。

故正确答案为 A 选项。

第十一章 削弱、质疑、反驳[1]

考频统计

考试	管理类综合能力（199）										经济类综合能力（396）		
年度	2014	2015	2016	2017	2018	2019	2020	2021	2022	2023	2021	2022	2023
题量	3	2	6	1	1	3	2	2	3	6	2	1	2

备考指导

削弱题型在真题中的考频较高，能够很好地考查思维方式、解题思路，同时也对写作科目的论证有效性分析大有裨益。

本章导图

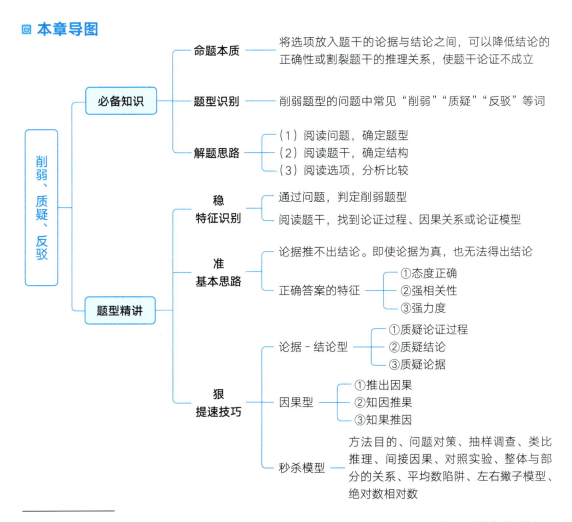

---

[1] 秒杀模型对同学们学习削弱、支持、假设题型以及它们的解题技巧更有帮助，老师在课程中会先讲"第十三章 假设、前提"中的"三、十大论证秒杀模型"（内容在P254），以帮助同学们更快地理解和掌握。

一、必备知识：命题本质、题型识别、解题思路

	削弱、质疑、反驳
命题本质	将选项放入题干的论据与结论之间，可以降低结论的正确性或割裂题干的推理关系，使题干论证不成立
题型识别	削弱题型的问题中常见"削弱""质疑""反驳"等词，主要问法有： （1）以下哪项如果为真，最能严重地削弱（质疑/反驳）上述结论？ （2）以下哪项如果为真，最能削弱（质疑/反驳）……的结论？ （3）下列哪项如果为真，将对以上结论提出最严重的质疑？ （4）"排除型"问法：除哪项之外，都能削弱（质疑/反驳）上述结论？
解题思路	（1）阅读问题，确定是否为削弱题型。 （2）阅读题干，根据结构词确定论据和结论，基本解题思路是质疑论证过程，表明从论据无法推出结论。如果可以确定题干中的因果关系，则可以利用因果关系进行削弱；如果能够识别模型，则利用模型思路解题即可。 （3）阅读选项，分析和比较是否可以削弱以及哪项最能起到削弱作用

二、题型精讲：稳准狠

命题方向：削弱题型

稳 特征识别	（1）通过问题，判定削弱题型。 （2）阅读题干，找到论证过程、因果关系或论证模型
准 基本思路	论据推不出结论。即使论据为真，也无法得出结论。 正确答案的特征： ①态度正确：表明对题干中结论或观点的质疑。 ②强相关性：与题干论证的话题、主语、关键动词保持一致或强相关。 ③强力度：力度尽可能强，削弱力度越强、越明确、越直接越好。
狠 提速技巧	论证模型削弱思路汇总如下：

模型	模型特征	解题思路
论据-结论型	结构词、论据、结论	①质疑论证过程：即使论据为真，也无法得出结论。 ②质疑结论：表明结论不成立，结论为假。 ③质疑论据：表明论据不成立，论据为假
因果型	**推出因果** 论据：A 和 B 同时发生。 结论：A 和 B 有因果关系；A 导致了 B	①割裂因果。 ②因果倒置。 ③举反例：有因无果，无因有果
	知因推果 论据：原因 A 出现。 结论：会产生结果 B	①割裂因果。 ②他因削弱：他因导致 B 不发生

续表

模型	模型特征	解题思路
因果型	**知果推因** 论据：结果 B 出现。 结论：该结果是原因 A 导致的	①割裂因果。 ②他因削弱：他因导致 B 发生

秒杀第十三招：削弱、支持、假设题型专属秒杀法
—— 削弱题型秒杀模型

狠 提速技巧	**方法目的** 提出一个方法、措施或建议，并且表明了希望达到的目的	①达不到目的。 ②有恶果。 ③方法不可行
	问题对策 目前存在某问题，并且提出了一个对策	该对策解决不了问题
	抽样调查 用部分或样本的情况推出总体的情况	①样本不具有代表性，以偏概全。 ②调查方法不科学。 ③调查机构不中立
	类比推理 将 A 的情况类推到 B，得出结论	类比不当：A、B 二者不相似，破坏二者之间的可比性
	间接因果 论据：A 没有直接导致 B。 结论：A 和 B 没有因果关系	A、B 有关，二者是间接因果关系。 例如：A 导致了 C，C 导致了 B
	对照实验 实验组：有因素 A，出现结果 B。 对照组：没有因素 A，未出现结果 B。 结论：A 是 B 的原因	有他差：二者还有其他的影响结果的差异
	整体与部分的关系 ①论据给出整体的情况，进而推出部分。 ②论据给出部分的情况，进而推出整体	①整体具有的性质部分未必具有。 ②部分具有的性质整体未必具有
	平均数陷阱 题干论证中给出某个对象群体的平均数情况，进而得出结论	该对象的情况两极分化严重，平均数无法代表大多数群体的情况，结论不可靠
	左右撇子模型 论据：某特定群体 A 中 B 占比高（低）。 结论：A 和 B 有因果关系	在总体中，B 的占比本来就高（低），所以 A 中 B 占比高（低）很正常，无法说明 A 和 B 有因果关系
	绝对数相对数 论据：给出绝对数或相对数。 结论：根据该数据进行推断，得出结论	①分子变大，所以比例会变大：分母在变大。 ②分母变大，所以比例会变小：分子在变大。 ③比例变大，所以分子会变大：分母在变小。 ④比例变小，所以分子会变小：分母在变大

例 11.1　不仅人上了年纪会难以集中注意力，就连蜘蛛也有类似的情况。年轻蜘蛛结的网整齐均匀，角度完美；年老蜘蛛结的网可能出现缺口，形状怪异。蜘蛛越老，结的网就越没有章法。科学家由此认为，随着时间的流逝，这种动物的大脑也会像人脑一样退化。

以下哪项如果为真，最能质疑科学家的上述论证？

A. 优美的蛛网更容易受到异性蜘蛛的青睐。

B. 年老蜘蛛的大脑较之年轻蜘蛛，其脑容量明显偏小。

C. 运动器官的老化会导致年老蜘蛛结网能力下降。

D. 蜘蛛结网只是一种本能的行为，并不受大脑控制。

E. 形状怪异的蛛网较之整齐均匀的蛛网，其功能没有大的差别。

【解析】 论据：蜘蛛越老，结的网就越没有章法（果）。

结论：蜘蛛的大脑会像人脑一样退化（因）。

A 选项：与题干论证无关，排除。

B 选项：脑容量与大脑退化之间关系未知，排除。

C 选项：结网能力下降是导致结网速度慢还是没有章法呢？未知，排除。

D 选项：表明蜘蛛结网与大脑无关，直接割裂了题干中的因果关系，正确。

E 选项：与题干论证无关，排除。

故正确答案为 D 选项。

例 11.2　一般认为，一个人 80 岁和他在 30 岁时相比，其理解和记忆能力都显著减退。最近一项调查显示，80 岁的老人和 30 岁的年轻人在玩麻将时所表现出的理解和记忆能力没有明显差别。因此，认为一个人到了 80 岁理解和记忆能力会显著减退的看法是站不住脚的。

以下哪项如果为真，最能削弱上述论证？

A. 玩麻将需要的主要不是理解和记忆能力。

B. 玩麻将只需要较低的理解和记忆能力。

C. 80 岁的老人比 30 岁的年轻人有更多时间玩麻将。

D. 玩麻将有利于提高一个人的理解和记忆能力。

E. 一个人到了 80 岁理解和记忆能力会显著减退的看法，是对老年人的偏见。

【解析】 论据：80 岁的老人和 30 岁的年轻人在玩麻将时所表现出的理解和记忆能力没有明显差别。

结论：一个人到了 80 岁理解和记忆能力不会显著减退。

削弱思路：本题通过玩麻将表现是否好来判断理解和记忆能力是否减退，如果选项可以表明玩麻将无法体现出理解和记忆能力就可以削弱题干。

A 选项：关系不明，力度较弱，如果理解和记忆能力对于玩麻将而言也很重要，只不过是次要的，这时题干的论证可能依然成立，无法削弱。

B 选项：割裂关系，玩麻将只需要较低的理解和记忆能力，说明理解和记忆能力与玩麻将关系不大，因此不能从玩麻将的表现来推断理解和记忆能力，表明论据与结论无关，割裂了二者之间的关系，可以削弱。

C 选项：无关选项，有更多时间玩麻将不等于玩麻将的时间确实更长，也无法得知玩麻将的时间与熟练程度之间的关系，无法削弱。

D、E 两项：与题干论证无关，无法削弱。

故正确答案为 B 选项。

例 11.3　利兹鱼生活在距今约 1.65 亿年前的侏罗纪中期，是恐龙时代一种体形巨大的鱼类。利兹鱼在出生后 20 年内可长到 9 米长，平均寿命 40 年左右的利兹鱼，最大的体长甚至可达到 16.5 米。这个体形与现在最大的鱼类鲸鲨相当，而鲸鲨的平均寿命约为 70 年，因此利兹鱼的生长速度很可能超过鲸鲨。

以下哪项如果为真，最能反驳上述论证？

A. 利兹鱼和鲸鲨都以海洋中的浮游生物、小型动物为食，生长速度不可能有大的差异。

B. 利兹鱼和鲸鲨尽管寿命相差很大，但是它们均在 20 岁左右达到成年，体形基本定型。

C. 鱼类尽管寿命长短不同，但其生长阶段基本与其幼年、成年、中老年相适应。

D. 侏罗纪时期的鱼类和现代的鱼类相比，生长周期没有明显变化。

E. 远古时期的海洋环境和今天的海洋环境存在很大的差异。

【解析】论据：利兹鱼平均寿命 40 年，体长可达到 16.5 米；鲸鲨平均寿命 70 年，体形与利兹鱼相当。

结论：利兹鱼的生长速度很可能超过鲸鲨。

A 选项：直接针对结论，从食物角度分析生长速度，与论证过程无关，削弱力度较弱。

B 选项：说明虽然鲸鲨的平均寿命较长，但是二者生长时间差不多，均为 20 年，加之它们体形又相近，所以生长速度差距不大，可以削弱。

C 选项：无法说明二者生长速度是否有差异，排除。

D、E 两项：与题干论证无关，排除。

故正确答案为 B 选项。

例 11.4　认为大学的附属医院比社区医院或私立医院要好，是一种误解。事实上，大学的附属医院抢救病人的成功率比其他医院要小。这说明大学的附属医院的医疗护理水平比其他医院要低。

以下哪项如果为真，最能驳斥上述论证？

A. 很多医生既在大学工作又在私立医院工作。

B. 大学，特别是医科大学的附属医院拥有其他医院所缺少的精密设备。

C. 大学附属医院的主要任务是科学研究，而不是治疗和护理病人。

D. 去大学的附属医院就诊的病人的病情，通常比去私立医院或社区医院的病人的病情重。

E. 抢救病人的成功率只是评价医院的标准之一，而不是唯一的标准。

【解析】论据：大学的附属医院抢救病人的成功率比其他医院要小（果）。

结论：大学的附属医院的医疗护理水平比其他医院要低（因）。

A 选项：无关选项，排除。

B 选项：精密设备与医疗护理水平并无直接关联，排除。

C 选项：无论主要任务是否是治疗和护理病人，医疗护理水平低是否是抢救病人的成功率小的原因呢？未知，无法削弱。

D 选项：说明是他因（病人的病情重）导致该结果（大学的附属医院抢救病人的成功率比其他医院要小）的出现，可以削弱。

E 选项：题干论证是评价医院的"医疗护理水平"，而不是"评价医院"，偷换了概念，排除。

故正确答案为 D 选项。

例 11.5 一项关于婚姻的调查显示，那些起居时间明显不同的夫妻之间，虽然每天相处的时间相对要少，但每月爆发激烈争吵的次数，比起那些起居时间基本相同的夫妻明显要多。因此，为了维护良好的夫妻关系，夫妻之间应当注意尽量保持基本相同的起居规律。

以下哪项如果为真，最能削弱上述论证？

A. 夫妻间不发生激烈争吵不一定关系就好。

B. 夫妻闹矛盾时，一方往往用不同时起居的方式表示不满。

C. 个人的起居时间一般随季节变化。

D. 起居时间的明显变化会影响人的情绪和健康。

E. 起居时间的不同很少是夫妻间争吵的直接原因。

【解析】论据：起居时间明显不同的夫妻每日爆发激烈争吵的次数较多。

结论：为了维护良好的夫妻关系，夫妻之间应当注意尽量保持基本相同的起居规律（不同的起居时间是导致争吵的原因）。

A 选项：题干中探讨的是发生争吵与起居时间之间的关系，而本项讨论的是发生争吵和夫妻关系之间的关系，无关，排除。

B 选项：说明闹矛盾是原因，不同的起居时间是结果，而题干将因果关系倒置了，可以削弱，正确。

C 选项：与题干论证无关，排除。

D 选项：题干提及的是起居时间不同，而该项提及的是起居时间变化，无关，排除。

E 选项：起居时间不同很少是争吵的直接原因，但如果是间接原因，即起居时间不同导致事件 X，事件 X 导致争吵，那么使他们保持相同的起居规律依然有利于维护良好的夫妻关系，可能起到支持作用，排除。

故正确答案为 B 选项。

例 11.6 一位海关检查员认为，他在特殊工作经历中培养了一种特殊的技能，即能够准确地判定一个人是否在欺骗他。他的根据是，在海关通道执行公务时，短短的几句对话就能使他确定对方是否可疑；而在他认为可疑的人身上，无一例外地都查出了违禁物品。

以下哪项如果为真，能削弱上述海关检查员的论证？

Ⅰ.在他认为不可疑而未经检查的入关人员中,有人无意地携带了违禁物品。

Ⅱ.在他认为不可疑而未经检查的入关人员中,有人有意地携带了违禁物品。

Ⅲ.在他认为可疑并查出违禁物品的入关人员中,有人是无意地携带了违禁物品。

A. 只有Ⅰ。	B. 只有Ⅱ。	C. 只有Ⅲ。
D. 只有Ⅱ和Ⅲ。	E. Ⅰ、Ⅱ和Ⅲ。

【解析】论据:在他认为可疑的人身上,都查出了违禁物品。

结论:海关检查员能够准确地判定一个人是否在欺骗他。

这是一道非常典型的反例削弱题,题干的论证是有缺陷的,因为很可能在他认为可疑并且查出违禁物品的人中有人是无意携带了违禁物品,如果携带违禁物品的人是无意的,从主观意识上并没有欺骗他,那么海关检查员的判断是有误的,即"无骗有查",故复选项Ⅲ起到"无因有果"的反例削弱作用。还有一种可能性是在他认为不可疑的人中,有人有意携带了违禁物品,而海关检查员没有发现,说明他被欺骗了,即"有骗无查",故复选项Ⅱ起到"有因无果"的反例削弱作用。

故正确答案为 D 选项。

例11.7 一个部落或种族在历史的发展中灭绝了,但它的文字会留传下来。"亚里洛"就是这样一种文字。考古学家是在内陆发现这种文字的。经研究"亚里洛"中没有表示"海"的文字,但有表示"冬""雪""狼"的文字。因此,专家们推测,使用"亚里洛"文字的部落或种族在历史上生活在远离海洋的寒冷地带。

以下哪项如果为真,最能削弱上述专家的推测?

A. 蒙古语中有表示"海"的文字,尽管古代蒙古人从没见过海。

B. "亚里洛"中有表示"鱼"的文字。

C. "亚里洛"中有表示"热"的文字。

D. "亚里洛"中没有表示"山"的文字。

E. "亚里洛"中没有表示"云"的文字。

【解析】专家的推测思路如下:(1)"亚里洛"中没有表示"海"的文字,说明这个部落或种族远离海洋,没有见过海;(2)"亚里洛"中有表示"冬""雪""狼"的文字,说明这个部落或种族生活在寒冷地带。

A 选项:试图用蒙古语举一个反例,但是蒙古语和"亚里洛"在造字规则、使用场景、传承发展上是否相似未知,二者很可能并无可比性,不能削弱。

B 选项:试图通过"亚里洛"中有表示"鱼"的文字证明该部落或种族并非远离海洋,但是河里、池塘里都可能有鱼,鱼不一定生活在海里,无法削弱。

C 选项:试图通过"亚里洛"中有表示"热"的文字证明该部落或种族没有生活在寒冷地带,但是冷热是相对的概念,即使是在寒冷地带也可能会有热的感受,无法削弱。

D 选项:按照专家的思路(1),说明这个部落或种族没有见过山,但这是可能出现的情况,无法削弱专家的推测。

E 选项：按照专家的思路（1），说明这个部落或种族没有见过云，这是不可能出现的情况，因为地球上的任何地方都是可以见到云的，说明专家的推测思路有漏洞，削弱了专家的推测，正确。

故正确答案为 E 选项。

三、配套练习：媛选好题

1. 消费者：在一些国家，为了延长保质期，某些食品通常用 γ 射线照射。然而，有很多理由不去利用这种方法处理食品。第一，它们暴露于产生 γ 射线的放射性物质前。第二，辐射会减少新鲜食品的维生素含量，留下有害的化学残留物。第三，辐射产生独特的辐射分解产物，引起严重的健康问题，包括癌症。

   下面哪项如果为真，会削弱消费者的观点，除了：

   A. 在任何被辐射过的食品中很少发现独特的辐射分解产物。

   B. 存在许多与放射性物质和 γ 射线无关的原因导致癌症和其他严重的健康问题。

   C. 一项研究表明，被辐射过的几乎所有水果和蔬菜的维生素含量保持不变。

   D. 在被辐射过的食品中发现的有害化学物质的量小于大多数种类的食品中天然存在的量。

   E. 一项研究显示，食用被辐射过的食品的人的癌症发生率不高于不食用被辐射过的食品的人。

2. 现代深海潜水的海洋哺乳动物，如鲸鱼，骨骼的外层具有多孔的结构。这种特殊的骨骼结构重量较低，所以很容易让动物们在深俯冲后游回水面。古生物学家发现，一种已经灭绝的史前海洋爬行动物——鱼龙——骨骼的外层也具有多孔的结构。该古生物学家由此得出结论，鱼龙也经常在深海活动。

   以下哪项最能削弱上述论证？

   A. 一些深海潜水的海洋生物经常在潜水后浮出水面，但是它们没有多孔的骨骼层。

   B. 现代的海洋爬行动物的骨骼外壳并不具有多孔的结构。

   C. 大多数现代和史前的海洋爬行动物并不在深海活动，但是具有多孔的骨骼外层结构。

   D. 除了多孔的外层骨骼，鲸鱼还有一些其他适合深潜水的特点，但是还没有证据表明鱼龙也具有这些特点。

   E. 有足够的证据表明，即便没有多孔的骨骼外层结构，鱼龙的骨头也很轻，这足以让它们能够浮上水面。

3. 石器时代分为旧石器时代、中石器时代与新石器时代。使用打制石器为主的时代叫作旧石器时代，是人类以石器为主要劳动工具的早期，一般认为这段时期在距今约 250 万至 1 万年前。研究显示，约 200 万年前，人类开始使用石器处理食物，例如切肉和捣碎植物。与此同时，人类逐渐演化成较小的牙齿和脸型，以及更弱的咀嚼肌和咬力。因此研究者推测，工具的使用减弱了咀嚼的力量，从而导致人类脸型的变化。

   以下哪项如果为真，最能削弱上述研究者的观点？

A. 对与人类较为接近的灵长类动物进行研究，发现它们白天有一半时间用于咀嚼，它们的口腔肌肉非常发达、脸型也较大。

B. 200 万年前人类的食物类型发生了变化，这加速了人类脸型的变化。

C. 在利用石器处理食物后，越来越多的食物经过了程度更高的处理，变得易于咀嚼。

D. 早期人类进化出较小的咀嚼结构，这一过程使其他变化成为可能，比如大脑体积的增大。

E. 现在还不清楚咀嚼与脸型变化之间的关系，科学家表示这是一个艰难的研究过程。

4. 城市病指的是人口涌入大城市，导致其公共服务功能被过度消费，最终造成交通拥挤、住房紧张、空气污染等问题。有专家认为，当城市病严重到一定程度时，大城市的吸引力就会下降，人们不会再像从前一样向大城市集聚，城市病将会减轻，从而使城市焕发新的活力。

以下哪项如果为真，能够削弱上述观点？

A. 我国已经进入城市病的爆发期，居民生活已受到影响。

B. 大城市能够提供的公共服务是中小城市所无法替代的。

C. 政府应该将更多财力用于发展中小城市、乡镇、农村。

D. 中小城市活力足，发展潜力大，对人们吸引力会很强。

E. 有专家通过评估，预测未来会形成超级城市，城市的规模将会越来越大。

5. 旅游行业顾问：几家航空公司正在增加商务舱的肘部空间和腿部空间，因为调查显示，商务旅客对额外空间的重视超过了对餐食的重视。但是，航空公司显然过于关注商务旅客的舒适度了，他们应该要更关注休闲旅客的舒适性，因为百分之八十的机票都是这些旅客买的。

下面哪项如果为真，最能削弱旅游行业顾问的论证过程？

A. 商务旅客经常根据是否感受到航空公司对他们的重视来决定选哪家航空公司。

B. 一些航空公司表示，在不久的将来，他们会在飞机的整个客运区域进行座位空间的改建。

C. 在长途飞行期间，睡得舒不舒服不是休闲旅客的主要关注点。

D. 航空公司从商务旅客获得的收入远大于从休闲旅客获得的收入。

E. 大多数休闲旅客只有在票价打折时才购买机票。

6. 有专家指出，判断名优白酒的真伪有简单的办法：价格低得离谱的名优白酒肯定都是假的，凡是打着某一名优白酒旗号对外公开销售的定制酒都是假的。而消费者如果从正规渠道购买，就能买到真的好酒，这些渠道为：（1）正规超市或大卖场；（2）名优白酒品牌授权的旗舰店；（3）名优白酒企业的官网电商。

以下哪项如果为真，最能质疑专家的观点？

A. 有些大卖场对进场商品的把关并不严格，销售假冒伪劣商品的情况时有发生。

B. 现今网络诈骗案件屡屡发生，假冒名优白酒企业官网销售的白酒肯定是假的。

C. 某电视促销节目主持人声称，他们销售的名优白酒虽然只有市场价的一半，但绝对不是假酒。

D. 某名优白酒企业生产的定制酒只用于企业内部接待，但它是真的。

E. 假冒白酒致死、致残事件时有发生，消费者要擦亮双眼，从正规渠道购买。

7. 在2009年之前的五年中，西川探险队先后有6名队员在探险活动中遇难。而从2010年年初，张云出任领队之后，至今西川探险队还没有出现一次导致人员伤亡的事故。可见，张云是非常出色的领导者。

   以下哪项如果为真，最能削弱上述论证？

   A. 张云在上任后，为探险队每个队员购买了意外伤害保险。

   B. 虽然张云的年纪不大，但大部分队员都非常钦佩他的人格魅力，自觉服从他的指挥。

   C. 自2009年年底开始，西川体育局对西川探险队逐步进行了人员调整，大量老队员离队，并从兄弟省市引进了多名经验丰富的教练员。

   D. 在2009年之前的五年中，西川探险队进行了六次探险；而之后的两年中，只进行了两次。

   E. 张云总以有其他工作为由，很少参加训练，一些队员对此很有意见。

8. 京华大学心理咨询团队的成立是为了协助求助者解决各类心理问题，帮助求助者认清自己的内心世界，提高个人心理素质，使人健康、愉快、有意义地生活下去。在存在心理咨询团队的情况下，与心理问题相关的学生状况数量实际上有所增加。这显示了该团队的无能。

   下面哪个关于学生心理问题状况数量增加期间的陈述如果正确，将最严重地削弱以上论述？

   A. 很多工作在心理咨询团队最初成立时就被排除在其管辖范围之外，现在继续处于其管辖范围之外。

   B. 心理咨询团队被分配到更多种类的工作场所去进行心理咨询。

   C. 京华大学的学生总数有所增加，而在心理咨询团队监管的范围内，与心理问题相关的学生状况数量与学生数量之比有所下降。

   D. 心理咨询团队发布的规章制度受到当选校长和大众媒体的赞扬。

   E. 与心理问题相关的学生状况的增多主要集中在一个专业的学生里，而在其他专业的学生中，与心理问题相关的学生状况数量大致保持不变。

9. "有好消息，也有坏消息。"无论是谈起什么主题，这样的开场白顿时让人觉得一丝寒意传遍全身。接着这句话后边的往往是这样一个问题：你想先听好消息还是坏消息？一项新的研究表明，你可能想先听坏消息。

   以下哪项如果为真，最能削弱上述论证？

   A. 若消息是来自一个你信任的人，那么你想先听好坏消息的顺序会不同。

   B. 研究发现，若由发布消息的人来决定，那么结果往往总是先说好消息。

   C. 心理学家发现，发布好坏消息的先后顺序很可能改变人们对消息的感觉。

   D. 心理评估结果证明先听到坏消息的学生比先听到好消息的学生的焦虑要少。

   E. 好消息与坏消息的顺序通常并不会影响人们后面的决策。

10. 有些土壤学家声称森林中的植物腐烂物比降在湖中的酸雨更能增加高山湖泊的酸性。因此，他们认为减少酸雨并不一定能明显地降低高山湖泊的酸性水平。

    下列哪项陈述如果正确，最严重地削弱了上面的论点？

    A. 高山湖泊的酸性比其他的湖泊高是很正常的事。

B. 人们严重低估了湖水酸性升高的危害。

C. 能在城市和重工业地区发现酸雨。

D. 土壤学家对酸雨的成因意见分歧很大。

E. 酸雨会显著增加森林中植物腐烂物的数量。

11.过去，大多数航空公司都尽量减轻飞机的重量，从而达到节省燃油的目的。那时最安全的飞机座椅是非常重的，因此只安装很少的这类座椅。今年，最安全的座椅卖得最好。这非常明显地证明，现在的航空公司在安全和省油这两方面更倾向重视安全了。

以下哪项如果为真，能够最有力地削弱上述结论？

A. 去年销售量最大的飞机座椅并不是最安全的座椅。

B. 所有航空公司总是宣称它们比其他公司更加重视安全。

C. 与安全座椅销售不好的那些年比，今年的油价有所提高。

D. 由于原材料成本提高，今年的座椅价格比以往都贵。

E. 由于技术创新，今年最安全的座椅反而比一般座椅的重量轻。

12.澳大利亚是个地广人稀的国家，不仅劳动力价格昂贵，而且很难雇到工人，许多牧场主均为此发愁。有个叫德尔的牧场主采用了一种办法，他用电网把自己的牧场圈起来，既安全可靠，又不需要多少牧牛工人。但是反对者认为这样会造成大量的电力浪费，对牧场主来说，增加了开支，也不够节约国家的资源。

以下哪项如果为真，能够削弱批评者对德尔的指责？

A. 电网在通电10天后就不再耗电，因为牛群有了惩罚性的经验，不会再靠近和触碰电网。

B. 节省人力资源对国家来说也是一笔很大的财富。

C. 使用电网对牛群来说是暴力式的放牧，不符合保护动物的基本理念。

D. 德尔的这种做法，既可以防止牛走失，也可以防范居心不良的人偷牛。

E. 德尔的这种做法思路新颖，可以考虑用在别的领域以节省宝贵的人力资源。

13.人体在晚上分泌的镇痛荷尔蒙比白天多，因此，在晚上进行手术的外科病人需要较少的麻醉剂。既然较大量的麻醉剂对病人的风险更大，那么，如果经常在晚上做手术，手术的风险也就可以降低了。

下列哪项如果为真，最能反驳上述结论？

A. 医院晚上能源的费用比白天低。

B. 多数的新生儿在半夜和早上七点之间出生。

C. 晚上的急症病人比白天多，包括那些急需外科手术的病人。

D. 护士和医疗技师晚上每小时薪金比白天高。

E. 手的灵巧和脑的警觉晚上比白天低，即使对习惯晚上工作的人也如此。

14.研究人员发现，一根大麻香烟在吸食者肺部沉积的焦油量是一根烟草香烟的4倍多。研究人员由此断定，大麻香烟吸食者比烟草香烟吸食者更有可能患上由焦油导致的肺癌。

下面哪一项如果为真，将对上文中研究者的结论构成最有力的削弱？

A. 研究中使用的大麻香烟比典型吸食者所用的大麻香烟要少很多。

B. 没有一个该研究项目的参与者在过去曾经吸食过大麻或烟草。

C. 在该研究项目结束5年后所进行的一次跟踪调查表明，没有一名该研究项目的参与者得了肺癌。

D. 研究中使用的烟草香烟含有的焦油量比典型吸食者所用的烟草香烟略高。

E. 典型的大麻香烟吸食者吸食大麻香烟的频率比典型的烟草香烟吸食者低很多。

15. 暴露于高温时，房屋建筑材料发出独特的声音。声音感应器能够精确探测这些声音，内装声音感应器的火灾报警器能够提供一个房屋起火的早期警报，使居住者能在被烟雾困住之前逃离。由于受烟熏是房屋火灾最通常的致命因素，安装声音感应报警器来替代烟雾探测器将能够使房屋火灾不再是导致死亡的主要原因。

下列哪一项如果正确，最能反驳上面的论述？

A. 假如基于声音感应器的报警系统被广泛使用的话，其高昂成本将下降。

B. 在完全燃烧时，许多用于房屋建筑的材料发出的声音在几百米之外也可以听得见。

C. 许多火灾开始于坐垫和床垫，产生大量烟雾却不发出声音。

D. 在一些较大的房屋中，需要两个或两个以上的声音感应报警器以达到足够的保护。

E. 在它们普遍使用后，烟雾探测器拯救了许多生命。

16. 哮喘又称支气管哮喘，是由多种细胞（如嗜酸性粒细胞、肥大细胞、T淋巴细胞、中性粒细胞、气道上皮细胞等）和细胞组分参与的慢性气道炎症。有研究者认为，哮喘是一种有明显家族聚集倾向的多基因遗传性疾病，它的发生既受遗传因素又受环境因素的影响。有些人罹患哮喘病是由于情绪问题。焦虑、抑郁和愤怒等消极情绪可促使机体释放组胺等物质，从而引发哮喘病。但是，反对者认为，迷走神经兴奋性的提高和交感神经反应性的降低才是引发哮喘病的原因，与患者的情绪问题无关。

以下哪项如果为真，最能削弱反对者的观点？

A. 现代医学已经证实，消极情绪也可诱发身体疾病。

B. 哮喘病发作会造成患者情绪焦虑、抑郁和愤怒等。

C. 焦虑、抑郁和愤怒等消极情绪是现代人的普遍问题。

D. 消极情绪会提高患者迷走神经的兴奋性并降低交感神经的反应性。

E. 可以通过使患者兴奋、放松和愉快等方式来治疗哮喘。

17. 当前，随着数字化技术的发展，数字化阅读越来越流行，更多的人愿意利用电脑、手机及各种阅读器来阅读电子图书。而且电子图书具有存储量大、检索便捷、便于保存、成本低廉等优点。因此，王研究员认为，传统的纸质图书最终将会被电子图书所取代。

以下哪项如果为真，最能削弱王研究员的观点？

A. 阅读电子图书虽然有很多方便之处，但相对于阅读纸质图书，更容易损害视力。

B. 有些读者习惯阅读纸质图书，不愿意采用数字化方式阅读。

C. 许多畅销书刚一出版，短期内就会售完，可见，纸质图书还是有很大市场的。

D. 通常情况下，只有在纸质图书出版的前提下才允许流通相应的电子图书。

E. 电脑、手机及各种阅读器所发出的蓝光及辐射对眼睛有很大的伤害。

18. 有时为了医治一些危重病人，医院允许使用海洛因作为止痛药。其实，这样做是应当禁止的。因为，毒品贩子会通过这种渠道获取海洛因，对社会造成了严重危害。

    以下哪项为真，最能削弱以上的论证？

    A. 有些止痛药可以起到和海洛因一样的止痛效果。

    B. 贩毒是严重的犯罪行为，要受到法律的严惩。

    C. 用于止痛的海洛因在数量上与用作非法交易的海洛因比起来是微不足道的。

    D. 海洛因如果用量过大就会致死。

    E. 在治疗过程中，海洛因的使用不会使病人上瘾。

19. 枫糖的价格已经从三年前的每加仑22美元上涨到今天的每加仑40美元，由此可推出枫糖的收获者已经人为哄抬了价格，政府的价格管理法规必须控制价格的上升。

    下面哪项若正确，最能反对上面的结论？

    A. 政府已经要求枫糖收获者将他们的设备提交到市健康部门注册。

    B. 病虫害和干旱已经阻碍了枫糖树的生长，并且导致了枫糖收获量的减少。

    C. 枫糖由失业率很高的乡村地区生产。

    D. 收获枫糖的技术进步已经降低了生产的成本。

    E. 枫糖价格在过去已经提高了许多次，尽管从未超过最近所观察到的增长率。

20. 广告：中国最好的橘子产于浙江黄岩。在橘子汁饮料的配方中，浙江黄岩蜜橘的含量越高，则配制的橘子汁的质量越好。可口笑公司购买的浙江黄岩蜜橘最多，因此，有理由相信，如果你购买了可口笑公司的橘子汁，你就买到了中国配制最好的橘子汁。

    以下哪项如果为真，最能削弱上述广告中的结论？

    A. 可口笑公司生产的橘子汁饮料比其他公司多得多，销量也不错。

    B. 许多天然橘子汁比配制的橘子汁饮料要好，当然，价格也贵些。

    C. 可口笑公司制造橘子汁的设备与众不同，是1920年从德国进口的。

    D. 可口笑公司的橘子汁饮料的价格高于大多数竞争对手。

    E. 有些生产厂家根本不用浙江黄岩蜜橘作原料，而是用价格较低的橘子。

答案速查： BCBBD ACCAE EAEEC DDCBA

1. **【解析】** 论据：（1）食品暴露于产生γ射线的放射性物质前；（2）辐射会减少新鲜食品的维生素含量，留下有害的化学残留物；（3）辐射产生独特的辐射分解产物，引起严重的健康问题，包括癌症。

   结论：不应利用γ射线照射的方法处理食品。

   A 选项否定了（3），C 选项否定了（2），D 选项否定了（2），E 选项否定了（3），这四个选项均可以削弱消费者观点。

   B 选项：该项讨论的是与γ射线无关的健康问题，与题干论证无关，无法削弱。

故正确答案为 B 选项。

2. 【解析】论据：多孔的骨骼外层结构有利于动物们在深俯冲后游回水面；鱼龙的骨骼外层具有多孔的结构。

   结论：鱼龙经常在深海活动。

   A 选项：说明不具有多孔的骨骼外层结构的海洋生物却在深海活动，属于无因有果削弱，但"一些"表明力度较弱，排除。

   C 选项：有因无果削弱，具有多孔的骨骼外层结构却不在深海活动，说明从鱼龙的骨骼外层具有多孔结构，无法推出其在深海活动的结论，可以削弱，正确。

   故正确答案为 C 选项。

3. 【解析】论据：约 200 万年前，人类开始使用石器处理食物；同时，人类逐渐演化成较小的牙齿和脸型，以及更弱的咀嚼肌和咬力。

   结论：工具的使用减弱了咀嚼的力量，从而导致人类脸型的变化。

   A 选项：与人类较为接近的灵长类动物咀嚼时间长、脸型更大，举例说明咀嚼和脸型有关，一定程度上能加强论证，排除。

   B 选项：指出人类食物类型的变化加速了人类脸型的变化，是食物类型影响了人类脸型，属于他因削弱，正确。

   C 选项：说明工具的使用使食物变得易于咀嚼，支持题干中的论据，排除。

   D 选项：大脑体积的增大与脸型变化无关，属于无关选项，排除。

   E 选项：常见干扰选项，"现在还不清楚"是不确定的，无法进行削弱，排除。

   故正确答案为 B 选项。

4. 【解析】论据：人口涌入大城市会导致城市病。

   结论：当城市病严重到一定程度时，大城市的吸引力就会下降，人们不会再向大城市聚集，城市病将会减轻。

   B 选项：指出大城市的吸引力并不会因为人口涌入而下降，所以城市病可能并不会减轻，可以削弱。

   D 选项：表明大城市的吸引力并没有那么大，对题干论证有一定的支持作用，排除。

   E 选项：此选项有诉诸权威的嫌疑，该专家的预测是否准确未知，无法削弱，排除。

   故正确答案为 B 选项。

5. 【解析】论据：百分之八十的机票都是由休闲旅客买的。

   结论：航空公司过于关注商务旅客的舒适度了，他们应该要更关注休闲旅客的舒适性。

   A、E 两项：与题干论证无关，排除。

   B 选项："一些"数量未知，"不久的将来"与题干中目前状况的论证无关，排除。

   C 选项："长途飞行"并不是题干论证的背景，该项认为睡得舒不舒服不是休闲旅客的主要关注点，但题干并未提及"睡得舒不舒服"，只是提及"休闲旅客的舒适性"，舒适性与很多因素相关，不只是睡觉这方面，因此该项不能削弱，排除。

D 选项：表明虽然百分之八十的机票都是由休闲旅客买的，但是其贡献的收入远比商务旅客少，这就说明航空公司确实应该关注商务旅客的舒适度，可以削弱。

故正确答案为 D 选项。

6. 【解析】专家的观点：判断名优白酒的真伪有简单的办法，即价格低得离谱的名优白酒肯定都是假的，凡是打着某一名优白酒旗号对外公开销售的定制酒都是假的；在正规渠道购买，就能买到真的好酒。

A 选项：指出有些大卖场对进场商品把关不严格，会出现假冒伪劣商品，那就说明在正规渠道购买的名优白酒，也可能出现假酒的情况，可以质疑，正确。

B 选项：指出假冒名优白酒企业官网销售的白酒是假酒，但专家观点中并未提及这一渠道，无法质疑，排除。

C 选项：某电视促销节目主持人声称，他们销售的只有市价一半价格的名优白酒绝对不是假酒，但是并不能保证这种酒真的不是假酒，无法质疑，排除。

D 选项：指出某企业生产的定制酒只用于企业内部接待，但它是真的，那就说明对外公开销售的定制酒很可能是假的，有加强的作用，排除。

E 选项：与题干中需要质疑的专家观点无关，排除。

故正确答案为 A 选项。

7. 【解析】论据：在 2009 年之前的五年中，西川探险队有 6 名队员遇难；而 2010 年至今，张云出任领队之后，还没有出现伤亡事故。

结论：张云是非常出色的领导者。

A 选项：是否购买意外伤害保险与是否出现伤亡事故无关，排除。

B 选项：张云有人格魅力，能够使队员自觉服从他的指挥，说明张云确实是出色的领导者，可以起到支持作用，排除。

C 选项：他因削弱，说明是引进经验丰富的教练员导致伤亡事故减少，可以削弱，正确。

D 选项：在 2009 年之前的五年中共进行了六次探险，但是从 2010 年至今共进行过多少次探险呢？未知，如果进行了很多次探险，并且从未出现过伤亡事故，那么题干论证依然成立，无法削弱，排除。

E 选项：题干并未提及张云很少参加训练等问题，无关选项；"一些"数量未知，无法削弱，排除。

故正确答案为 C 选项。

8. 【解析】论据：存在心理咨询团队的情况下，与心理问题相关的学生状况数量实际上有所增加。

结论：心理咨询团队无能。

A 选项：团队成立之初与现在的情况无差异，与题干论证无关，排除。

B 选项：题干与"更多种类的工作场所"无关，排除。

C 选项：表明京华大学与心理问题相关的学生状况的数量增加与学生总数增加有关，"与心理问题相关的学生状况数量与学生数量之比有所下降"就表明心理咨询团队还是起到了作用，而不是无能，可以削弱，正确。

D 选项：规章制度是否受到赞扬与题干论证无关，即使规章制度很好，其是否对学生心理问题有作用也是未知的，无法削弱，排除。

E 选项：题干与心理问题状况增多在哪些专业的学生中无关，排除。

故正确答案为 C 选项。

9. **【解析】** 题干信息：当有好消息也有坏消息时，你可能想先听坏消息。

   A 选项：指出先听好坏消息的顺序会受到告诉你消息的人的影响，所以你并不一定想要先听坏消息，正确。

   B 选项："由发布消息的人决定"与题干论证无关，排除。

   C 选项：发布消息的先后顺序影响人们对消息的感觉，这一信息与题干论证无关，排除。

   D 选项：题干论证与"焦虑"无关，排除。

   E 选项：题干论证与"是否影响人们后面的决策"无关，排除。

   故正确答案为 A 选项。

10. **【解析】** 论据：森林中的植物腐烂物比降在湖中的酸雨更能增加高山湖泊的酸性。

    结论：减少酸雨并不一定能明显地降低高山湖泊的酸性水平。

    E 选项：间接因果，说明酸雨导致植物腐烂物数量增加，进而导致高山湖泊酸性水平升高，虽然二者没有直接的因果关系，但很可能是间接的因果关系，可以削弱。

    故正确答案为 E 选项。

11. **【解析】** 论据：过去，最安全的座椅非常重，安装得少；今年最安全的座椅卖得最好。

    结论：现在的航空公司在安全和省油这两方面更倾向重视安全了。

    E 选项：说明虽然今年最安全的座椅卖得最好，但很可能航空公司考虑的仍然是省油，而不是更倾向重视安全，可以削弱。

    故正确答案为 E 选项。

12. **【解析】** 论据：德尔用电网把自己的牧场圈起来。

    结论：这样会造成大量的电力浪费，增加了开支，浪费了国家的资源。

    A 选项：说明这种方法只需要通电 10 天，使用的电量并不多，不会大量浪费电力，可以削弱。

    B 选项：节省的人力资源与使用的电量相比，哪个开支更多呢？未知，无法削弱。

    故正确答案为 A 选项。

13. **【解析】** 论据：在晚上进行手术的外科病人需要较少的麻醉剂。

    结论：经常在晚上做手术可以降低手术风险。

    E 选项：影响手术风险的因素除了麻醉剂之外，还有医生的操作，如果晚上做手术增加了医生操作的风险，那么手术风险也无法降低。

    故正确答案为 E 选项。

14. **【解析】** 论据：一根大麻香烟在吸食者肺部沉积的焦油量是一根烟草香烟的 4 倍多。

    结论：大麻香烟吸食者比烟草香烟吸食者更有可能患上由焦油导致的肺癌。

    E 选项：表明虽然一根大麻香烟的焦油量比较多，但吸食者吸食的频率较低，总体上的肺部焦油沉积量就不一定多，可以削弱。

故正确答案为 E 选项。

15.【解析】论据：声音感应器能够提供一个房屋起火的早期警报以便居住者在被烟雾困住前逃离；受烟熏是房屋火灾最通常的致命因素。

结论：安装声音感应报警器能够使房屋火灾不再是导致死亡的主要原因。

C 选项：说明许多火灾虽然不发出声音，但是会产生大量致命的烟雾，而声音感应报警器无法有效报警，可以削弱。

故正确答案为 C 选项。

16.【解析】论据：迷走神经兴奋性的提高和交感神经反应性的降低才是引发哮喘病的原因。

结论：哮喘病与焦虑、抑郁、愤怒等消极情绪无关。

A 选项：消极情绪可诱发身体疾病，并不能说明会导致哮喘病，排除。

D 选项：间接因果，消极情绪会提高患者迷走神经的兴奋性并降低交感神经的反应性，从而导致哮喘病，说明情绪与哮喘病的产生存在因果关系，可以削弱。

故正确答案为 D 选项。

17.【解析】论据：数字化阅读越来越流行，电子图书具有很多优点。

结论：传统的纸质图书最终将会被电子图书所取代。

A 选项：提到了电子图书有弊端，但是与纸质图书相比，这一弊端是否会产生影响？未知，无法削弱。

B 选项：有些读者习惯阅读纸质图书针对的是论据，可以削弱论据，但是"有些"一词力度较弱，排除。

C 选项：面对电子图书的优势，纸质图书在未来是否还会有市场呢？未知，无法削弱。

D 选项：说明没有纸质图书就没有电子图书，所以随着电子图书的发展，纸质图书也会发展，而不会被电子图书取代，可以削弱。

E 选项：与 A 选项相似，同样提到电子图书有弊端，但这一弊端是否会对电子图书的前景产生影响？未知，无法削弱。

故正确答案为 D 选项。

18.【解析】论据：毒品贩子会通过医院这个渠道获取海洛因。

结论：应该禁止医院使用海洛因作为止痛药。

C 选项：说明医院这个渠道虽然可以获取海洛因，但数量远远不足以用作非法交易，没有必要禁止，可以削弱。

故正确答案为 C 选项。

19.【解析】论据：枫糖价格上涨。

结论：枫糖价格被人为哄抬，政府必须控制价格的上升。

B 选项：他因削弱，说明是其他原因导致枫糖产量减少，从而导致价格上升，而不是有人哄抬价格，可以削弱。

D 选项：如果枫糖生产的成本降低，价格应该下降，而不是上涨，无法削弱。

故正确答案为 B 选项。

20.**【解析】** 论据：浙江黄岩蜜橘含量越高，则配制的橘子汁质量越好；可口笑公司购买的浙江黄岩蜜橘最多。

结论：可口笑公司的橘子汁是中国配制最好的橘子汁。

A 选项：说明虽然可口笑公司购买的蜜橘最多，但其产量也多，所以每一瓶橘子汁中蜜橘的含量就不一定最高，橘子汁的质量就不一定最好，可以削弱。

C 选项：从德国进口的设备不一定就是最好的，无法削弱。

故正确答案为 A 选项。

第十二章 支持、加强

考频统计

考试	管理类综合能力（199）										经济类综合能力（396）		
年度	2014	2015	2016	2017	2018	2019	2020	2021	2022	2023	2021	2022	2023
题量	3	4	3	6	3	5	6	7	5	3	3	3	3

备考指导

支持题型在真题中的考频较高，尤其是近几年的考题数量很多，但是这类题型只要掌握好思路，就可以做到又快又准。

本章导图

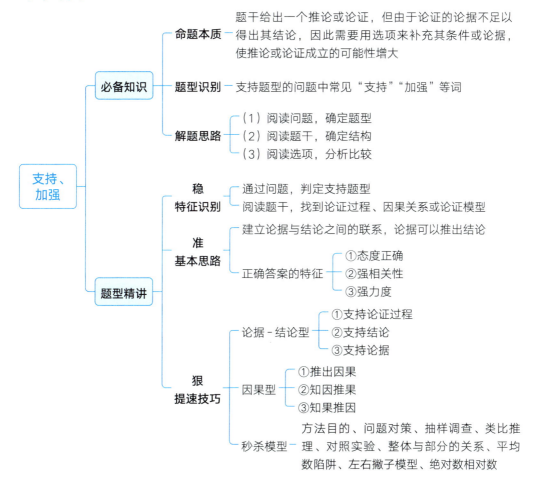

一、必备知识：命题本质、题型识别、解题思路

	支持、加强
命题本质	题干给出一个推论或论证，但由于论证的论据不足以得出其结论，因此需要用选项来补充其条件或论据，使推论或论证成立的可能性增大
题型识别	支持题型的问题中常见"支持""加强"等词，主要问法有： （1）以下哪项如果为真，最能加强上述结论的说服力？ （2）以下哪项如果为真，最能支持题干的论证？ （3）"排除型"问法：除哪项之外，都能支持（加强）上述结论？
解题思路	（1）阅读问题，确定是否为支持题型。 （2）阅读题干，根据结构词确定论据和结论，基本解题思路是建立起论据与结论的关系，使论证成立。如果可以确定题干中的因果关系，则可以利用因果关系，采取排除他因和无因无果的思路进行加强；如果能够识别模型，则利用模型思路解题即可。 （3）阅读选项，分析和比较是否可以加强以及哪项最能起到加强作用

二、题型精讲：稳准狠

命题方向：支持题型

稳 特征识别	（1）通过问题，判定支持题型。 （2）阅读题干，找到论证过程、因果关系或论证模型
准 基本思路	建立论据与结论之间的联系，论据可以推出结论。 正确答案的特征： ①态度正确：表明对题干中结论或观点的支持（加强）。 ②强相关性：与题干论证的话题、主语、关键动词保持一致或强相关。 ③强力度：力度尽可能强，支持力度越强、越明确、越直接越好
狠 提速技巧	论证模型支持思路汇总如下：

模型	模型特征	解题思路
论据-结论型	结构词、论据、结论	①支持论证过程：建立论据与结论的联系。 ②支持结论：表明结论成立，结论为真。 ③支持论据：表明论据成立，论据为真
因果型	**推出因果** 论据：A 和 B 同时发生。 结论：A 和 B 有因果关系，是 A 导致了 B	①建立联系。 ②无因果倒置。 ③举正例：有因有果，无因无果
因果型	**知因推果** 论据：原因 A 出现。 结论：会产生结果 B	①建立联系。 ②排除他因：不存在使 B 不成立的原因
因果型	**知果推因** 论据：结果 B 出现。 结论：该结果是原因 A 导致的	①建立联系。 ②排除他因：不存在其他原因导致结果 B

	秒杀第十三招：削弱、支持、假设题型专属秒杀法 —— 支持题型秒杀模型	
狠 提速技巧	**方法目的** 提出一个方法、措施或建议，并且表明了希望达到的目的	①能达到目的。 ②无恶果。 ③方法可行
	问题对策 目前存在某问题，并且提出了一个对策	该对策可以解决问题
	抽样调查 用部分或样本的情况推出总体的情况	①样本具有代表性，不存在以偏概全。 ②调查方法科学。 ③调查机构中立
	类比推理 将 A 的情况类推到 B，得出结论	类比得当：A、B 二者相似，具有可比性
	对照实验 实验组：有因素 A，出现结果 B。 对照组：没有因素 A，未出现结果 B。 结论：A 是 B 的原因	无他差：二者没有其他的影响结果的差异
	整体与部分的关系 ①论据给出整体的情况，进而推出部分。 ②论据给出部分的情况，进而推出整体	①整体具有的性质部分也具有。 ②部分具有的性质整体也具有
	平均数陷阱 题干论证中给出某个对象群体的平均数情况，进而得出结论	该对象的情况不存在两极分化，平均数可以代表大多数群体的情况，结论可靠
	左右撇子模型 论据：某特定群体 A 中 B 占比高（低）。 结论：A 和 B 有因果关系	在总体中，B 的占比本来不高（低），说明 A 和 B 有因果关系
	绝对数相对数 论据：给出绝对数或相对数。 结论：根据该数据进行推断，得出结论	①分子变大，所以比例会变大：分母不变大。 ②分母变大，所以比例会变小：分子不变大。 ③比例变大，所以分子会变大：分母不变小。 ④比例变小，所以分子会变小：分母不变大

例 12.1 建筑历史学家丹尼斯教授对欧洲 19 世纪早期铺有木地板的房子进行了研究。结果发现较大的房间铺设的木板条比较小房间的木板条窄得多。丹尼斯教授认为，既然大房子的主人一般都比小房子的主人富有，那么，用窄木条铺地板很可能是当时有地位的象征，用以表明房主的富有。

以下哪项如果为真，最能加强丹尼斯教授的观点？

A. 欧洲 19 世纪晚期的大多数房子所铺设的木地板的宽度大致相同。

B. 丹尼斯教授的学术地位得到了国际建筑历史学界的公认。

C. 欧洲 19 世纪早期，木地板条的价格是以长度为标准计算的。

D. 欧洲 19 世纪早期，有些大房子铺设的是比木地板昂贵得多的大理石。

E. 在以欧洲 19 世纪市民生活为背景的小说《雾都十三夜》中，富商查理的别墅中铺设的就是有别于民间的细条胡桃木地板。

【解析】论据：较大的房间铺设的木板条比较小房间的木板条窄得多。

结论：窄木条铺地板可以显示出房主的富有。

支持思路：要由铺设的木板条窄来推断出房主富有，就需要建立起"窄木条"和"富有"的联系。

A 选项：无关选项，宽度大致相同与题干中探讨的宽木板和窄木板不一致，且该项是"19 世纪晚期"，排除。

B 选项：诉诸权威，丹尼斯教授的学术地位得到公认并不能说明题干中的观点是正确的，排除。

C 选项：建立联系，木地板条的价格以长度为标准计算，所以如果两个房子面积相同，那么铺窄木条的话，木地板的总长度就会较长，价格会比较贵，就能显示出房主比较富有了。大房子用较窄的木条，比小房子用宽木条铺地板的长度要大，可以表明房主富有，加强了题干的论证，正确。

D 选项：无关选项，大理石地板与题干论证无关，排除。

E 选项：力度较弱，《雾都十三夜》虽然是以当时的市民生活为背景的，但是其中关于地板的描述是否符合真实情况未知，而且富商查理是个例，支持力度较弱，排除。

故正确答案为 C 选项。

例 12.2 披毛犀化石多分布在欧亚大陆北部，我国东北平原、华北平原、西藏等地也偶有发现。披毛犀有一个独特的构造——鼻中隔。简单地说就是鼻子中间的骨头。研究发现，西藏披毛犀化石的鼻中隔只是一块不完全的硬骨。早先在亚洲北部、西伯利亚等地发现的披毛犀化石的鼻中隔要比西藏披毛犀的"完全"，这说明西藏披毛犀具有更原始的形态。

以下哪项如果为真，最能支持以上论述？

A. 一个物种不可能有两个起源地。

B. 西藏披毛犀化石是目前已知最早的披毛犀化石。

C. 为了在冰雪环境中生存，披毛犀的鼻中隔经历了由软到硬的进化过程，并最终形成一块完整的骨头。

D. 冬季的青藏高原犹如冰期动物的"训练基地"，披毛犀在这里受到耐寒训练。

E. 随着冰期的到来，有了适应寒冷的能力的西藏披毛犀走出西藏，往北迁徙。

【解析】论据：在亚洲北部、西伯利亚等地发现的披毛犀化石的鼻中隔要比西藏披毛犀的"完全"。

结论：西藏披毛犀具有更原始的形态。

C 选项：表明随着进化的进程，鼻中隔逐渐形成一块完整的骨头，所以西藏披毛犀的鼻中隔"不太完整"，就表明西藏披毛犀更原始，建立联系，正确。

其他选项均与鼻中隔无关，排除。

故正确答案为 C 选项。

例 12.3 离家 300 米的学校不能上，却被安排到 2 千米外的学校就读，某市一位适龄儿童在上小学时就遭遇了所在区教育局这样的安排，而这一安排是区教育局根据儿童户籍所在施教区做出的。根据该市教育局规定的"就近入学"原则，儿童家长将区教育局告上法院，要求撤销原来安排，让其孩子就近入学。法院对此做出一审判决，驳回原告请求。

下列哪项最可能是法院判决的合理依据？

A. 儿童入学究竟应上哪一所学校，不是让适龄儿童或其家长自主选择，而是要听从政府主管部门的行政安排。

B. 该区教育局划分施教区的行政行为符合法律规定，而原告孩子按户籍所在施教区的确需要去离家 2 千米外的学校就读。

C. "就近入学"仅仅是一个需要遵循的总体原则，儿童具体入学安排还要根据特定的情况加以变通。

D. "就近入学"不是"最近入学"，不能将入学儿童户籍地和学校的直线距离作为划分施教区的唯一根据。

E. 按照特定的地理要素划分，施教区中的每所小学不一定就处于该施教区的中心位置。

【解析】法院判决：孩子确实应该被安排到 2 千米外的学校，而不是在离家 300 米的学校入学。

A、C、E 三项：都无法表明法院的判决合理，排除。

B 选项：表明"该区教育局划分施教区的行政行为符合法律规定"，即该决策是合法的；"原告孩子按户籍所在施教区的确需要去离家 2 千米外的学校就读"，即该决策是合规的。该决策合法合规，所以家长的诉求并不合理。

D 选项：户籍地和学校的直线距离虽然不是"唯一根据"，但可能是非常重要的根据，如果是重要根据，则家长的诉求还是合理的。

故正确答案为 B 选项。

例 12.4 从"阿喀琉斯基猴"身上，研究者发现了许多类人猿的特征。比如，它脚后跟的一块骨头短而宽。此外，"阿喀琉斯基猴"的眼眶较小，科学家据此推测它与早期类人猿的祖先一样，是在白天活动的。

以下哪项如果为真，最能支持上述科学家的推测？

A. 短而宽的后脚骨使得这种灵长类动物善于在树丛中跳跃捕食。

B. 动物的视力好坏与眼眶大小不存在严格的比例关系。

C. 最早的类人猿与其他灵长类动物分开的时间，至少在 5 500 万年以前。

D. 以夜间活动为主的动物，一般眼眶较大。

E. 对"阿喀琉斯基猴"的基因测序表明，它和类人猿是近亲。

【解析】论据："阿喀琉斯基猴"的眼眶较小（因）。

结论："阿喀琉斯基猴"是在白天活动的（果）。

A、C 两项：与题干论证无关，排除。

B 选项：表明视力好坏与眼眶大小没有因果关系，对题干论证有削弱作用，排除。

D 选项：无因无果，白天活动眼眶小，夜间活动眼眶大，说明活动时间与眼眶大小确实存在联系，支持了科学家的推测，正确。

E 选项：即使"阿喀琉斯基猴"与类人猿是近亲，也无法说明科学家的推测成立，排除。

故正确答案为 D 选项。

例 12.5 在司法审判中，所谓肯定性误判是指把无罪者判为有罪，简称错判；否定性误判是指把有罪者判为无罪，简称错放。司法公正的根本原则是"不放过一个坏人，不冤枉一个好人"。某法学家认为，要衡量一个法院在办案中是否将司法公正的原则贯彻得足够好，就看它的肯定性误判率是否足够低。

以下哪项能最有力地支持上述法学家的观点？

A. 各个法院的办案正确率有明显的提高。

B. 各个法院的否定性误判率基本相同。

C. 宁可错判，不可错放，是"左"的思想在司法界的反映。

D. 错放造成的损失，大多是可以弥补的；错判对被害人造成的伤害，是不可以弥补的。

E. 错放，只是放过了坏人；错判，则是既放过了坏人，又冤枉了好人。

【解析】论据：司法公正要衡量肯定性误判率和否定性误判率两方面。

结论（法学家的观点）：衡量一个法院是否将司法公正的原则贯彻得足够好，只需要看肯定性误判率是否足够低。

A、C 两项：与题干论证无关，排除。

B 选项：说明各个法院的否定性误判率差不多，所以排除了否定性误判率的差异，只需要衡量肯定性误判率即可，支持了法学家的观点。

D、E 两项：均表明错判比错放的结果严重，但如果各个法院的否定性误判率相差很大，就会影响对司法公正的衡量，此时就不能只看肯定性误判率了，无法支持法学家的观点，排除。

故正确答案为 B 选项。

三、配套练习：媛选好题

1. 史前蒂瓦纳瓦的玻利维亚城遗址有重达 40 吨的安山石。这些石头是在科帕卡巴挖的。科帕卡巴与玻利维亚相隔一个湖，距离约为 90 千米。考古学家猜测这些石头是用芦苇船运到了蒂瓦纳瓦。为了证明这种可能性，实验者使用科帕卡巴的当地材料和传统造船术建造的芦苇船将9吨的石头运往蒂瓦纳瓦。

回答下面哪一个问题最有助于证明考古学家的猜测？

A. 在蒂瓦纳瓦有人居住时期，是否使用了用于建造芦苇船的传统技术。

B. 在蒂瓦纳瓦有人居住时期，采集的安山石是否在科帕卡巴附近的任何地点被使用。

C. 现代人是否依然在湖上大范围使用芦苇船。

D. 蒂瓦纳瓦的安山石是否是该地点最大的石头。

E. 实验者建造的芦苇船是否可以使用几年。

2. 阿尔茨海默病又叫老年性痴呆，是一种中枢神经系统变性病，是痴呆的一种，起病隐袭，病程呈慢性、进行性，是老年期痴呆最常见的一种类型。其主要表现为渐进性记忆障碍、认知功能障碍、人格改变及语言障碍等神经精神症状，严重影响社交、职业与生活功能。阿尔茨海默病的发病原因究竟是什么？4号基因突变曾被认为是阿尔茨海默病的一项致病因素。但近期有科学家提出导致这一复杂疾病的病因可能很简单，就是一些能引起脑部感染的微生物，如HSV-1病毒。

以下哪项如果为真，最能支持上述科学家的观点？

A. 究竟为什么HSV-1病毒会引起阿尔茨海默病至今还未被科学家探明。

B. 当老鼠脑部受到HSV-1病毒感染时，携带4号突变基因的老鼠产生的病毒DNA是正常老鼠的14倍。

C. 有些具有4号突变基因的患者使用抗病毒药物治疗后，其病情有所好转。

D. 具有4号突变基因同时感染了HSV-1病毒的人群罹患阿尔茨海默病的概率会比单独具有此类突变基因的群体高2倍。

E. 在一些健康老年人的大脑中也存在着HSV-1病毒。

3. 人们经常批评广告商随意地利用公众的品位和愿望。不过，有证据表明，某些广告商的行为是受道德驱使的，就如同受金钱的驱使一样。一家杂志准备将自己的形象从家庭型改为暴力型，从而适应另一个读者群。有些广告商就撤回了他们的广告，这肯定是因为他们不支持该杂志的色情和暴力内容。

以下哪项如果为真，最能支持上述论证？

A. 据预测，杂志的形象改变将主要针对不同收入的读者群。

B. 通常看家庭型杂志的人不大会购买色情和暴力型的杂志。

C. 广告商们预计如果他们继续留在这家杂志，产品的销售额就会上升；如果他们撤回广告，则销售额就会下降。

D. 一些广告商从其他家庭型杂志转到了这家杂志。

E. 广告商们把他们的广告改在其他家庭型杂志上了。

4. 中国是世界上吸烟人数最多的国家，约1/4的人口吸烟。此外，中国还有7.4亿非吸烟者遭受二手烟危害，控烟迫在眉睫。然而，一方面，吸烟者个人在肉体和精神上对烟草存在依赖；另一方面，国家税收也部分依赖于烟草产业。如果一下子消灭烟草，不仅吸烟者会有戒断症状，就连国家和各级地方的经济状况也都会出现"戒断症状"。所以，控烟在我国只能是一个渐进的过程。

以下哪项如果为真，不能支持上述论断？

A. 我国每年死于吸烟相关疾病的人数超过因艾滋病、结核、疟疾所导致的死亡人数之和。

B. 对吸烟者如果没有慢慢引导和鼓励戒烟的过程，吸烟者戒烟后有极高概率再次吸烟。

C. 2017年，我国烟草行业税收占全国财政收入的比重为17.4%。

D. 当前实行全面禁烟执行难度大、成本高，难以达到预期的政策效果。

E. 历史上曾经进行过激进的戒烟行动，但是效果不佳，造成了社会的动荡不安。

5. 粗鄙的手势、言语侮辱（如骂粗口）、故意用不安全或威胁安全的方式驾驶车辆（如胡乱变线、强行超车、闯黄灯、骂粗口）等都是"路怒症"的表现。"路怒症"是一种被称为间歇性、暴发性障碍（IED）的心理疾病。有研究发现，IED患者弓形虫检测呈阳性的比例是非IED患者的2倍。研究者认为，弓形虫感染有可能是导致包括"路怒症"在内的IED的罪魁祸首。

以下哪项如果为真，无法支持研究者的观点？

A. 感染了弓形虫的老鼠往往更大胆、更敢于冒险，也因此更容易被猫抓到。

B. 弓形虫使大脑中控制威胁反应的神经元受到过度刺激，易引发攻击行为。

C. 对弓形虫检测呈阳性的IED患者施以抗虫感染治疗之后，冲动行为减少。

D. 弓形虫是猫身上的一种原生动物寄生虫，但猫是比较温顺的动物。

E. 进行研究的对象中，IED患者与非IED患者之间在感染弓形虫之前性格都比较温和。

6. 小儿神经性皮炎一直被认为是由母乳过敏引起的。但是，如果我们让患儿停止进食母乳而改用牛乳，他们的神经性皮炎并不能因此消失。因此，显然存在别的某种原因引起小儿神经性皮炎。

下列哪项如果是真的，最能支持题干的结论？

A. 医学已经证明母乳是婴儿最理想的食料。

B. 医学尚不能揭示母乳过敏诱发小儿神经性皮炎的病理机制。

C. 已发现有患小儿神经性皮炎的婴儿从未进食过母乳。

D. 已发现有母乳过敏导致婴儿突发性窒息的病例。

E. 小儿神经性皮炎的患儿并没有表现出对母乳的拒斥。

7. 对埃德加爱伦的信件的全面研究已经显示，他没有一封信提到过令其出名的吗啡瘾。基于这个证据，可以保险地说，说他有吗啡瘾是不对的，怀疑他有吗啡瘾的报道是不真实的。

下面哪项为真，能对上文给予强有力的支持？

A. 宣称他有吗啡瘾的报道是在他死后开始流传的。

B. 没有任何报道可以说明，认识他的那些人可以证实他有吗啡瘾。

C. 他来自写作的收入不足以支持其吗啡瘾。

D. 他在吗啡瘾的影响下不能进行广泛的通信。

E. 在他的通信中，埃德加爱伦真诚而坦率地描述了有关他生活的各个方面。

8. 亲生父母都患有TSZ（一种强制性肌肉萎缩病）的孩子患该病的可能性是亲生父母都未患TSZ的孩子的4倍。所以，患TSZ的倾向可能具有遗传性。

   下面哪项如果正确，最能支持上述结论？

   A. 父母患有TSZ的孩子如果在学校或在家承受了不正常的压力，要比未承受这些压力的孩子更容易患上TSZ。

   B. 亲生父母患TSZ的孩子无论是由亲生父母带大还是由未患TSZ的养父母带大，患TSZ的可能性是相同的。

   C. 在出现最初的TSZ症状时，与亲生父母患TSZ的孩子相比，亲生父母未患TSZ的孩子被诊断为TSZ的概率要小。

   D. 亲生父母患有TSZ的孩子在患上TSZ后，如果他们在早期症状时就寻求治疗，就可以避免更严重的症状。

   E. 亲生父母未患有TSZ，但由患TSZ的养父母带大的孩子患TSZ的可能性比由自己的亲生父母带大的孩子患TSZ的可能性大。

9. 顾问：某畅销新闻杂志每年都要公布一个美国大学的排行榜，将美国的大学按照几项标准打分，根据所得分数进行综合排名。然而，学生通常不应以这个排行榜作为决定申请哪个学校的依据。

   下面哪项如果正确，最有助于说明顾问的建议是正确的？

   A. 大多数购买有排行榜杂志的人并不是需要上大学的学生。

   B. 这本杂志中排名最高的大学在广告中利用这一事实吸引学生。

   C. 这类排行榜各年之间一般很少改变。

   D. 对不同的学生来说，某些衡量标准的重要性会因为他们的需求不同而不同。

   E. 一些对其所在大学表示满意的学生在选择学校之前参考了这一杂志的排名。

10. 高迪瓦是一家占用几栋办公楼的公司，它正在考虑在其所有建筑内都安装节能灯泡。这种新灯泡与目前正在使用的传统灯泡发出同样多的光，而所需的电量仅是传统灯泡的一半。这种新灯泡的寿命也大大加长。因此，通过在旧灯泡坏掉的时候换上这种新灯泡，高迪瓦公司可以大大地降低其总体照明的成本。

    下列哪一项如果正确，最能支持上面的论述？

    A. 当这种新灯泡被广泛采用时，产量就会大大增加，从而使其价格与那些传统灯泡相当。

    B. 向高迪瓦公司提供电力的公共事业公司为其最大的客户们提供折扣。

    C. 高迪瓦公司最近签订了一份合同，要再占用一栋小的办公楼。

    D. 高迪瓦公司发出倡议，鼓励其员工每次在离开房间时关灯。

    E. 生产这种新灯泡的公司取得了新灯泡的专利，因此它享有生产新灯泡的独家权利。

答案速查： ADCAD CEBDA

1. 【解析】考古学家的猜测：安山石是用芦苇船运到蒂瓦纳瓦的。

   A选项：表明方法可行，如果当地人使用了建造芦苇船的传统技术，就表明考古学家的猜测有能够实行的条件，可以支持，正确。

B 选项：安山石是否在其他地点被使用与题干论证无关，排除。

C 选项："现代人"与题干论证无关，排除。

D、E 两项："安山石是否最大""实验者建造的芦苇船的使用年限"与题干论证无关，排除。

故正确答案为 A 选项。

2. 【解析】科学家的观点：可能是一些能引起脑部感染的微生物，如 HSV–1 病毒（因），导致了阿尔茨海默病（果）。

A 选项：致病原理未被探明与题干论证过程无关，排除。

B 选项：老鼠受 HSV–1 病毒感染后产生病毒 DNA，与阿尔茨海默病的关系未知，无法支持，排除。

C 选项：治病措施与阿尔茨海默病的得病原因无关，且"有些"力度弱，排除。

D 选项：具有 4 号突变基因且感染 HSV–1 病毒的人比具有 4 号突变基因且没有感染此类病毒的人得阿尔茨海默病的概率高，说明 HSV–1 病毒与阿尔茨海默病呈正相关，建立了二者的因果关系，可以支持，正确。

E 选项：说明一些人大脑中有 HSV–1 病毒但健康，有因无果的削弱，排除。

故正确答案为 D 选项。

3. 【解析】论据：一家杂志准备将自己的形象从家庭型改为暴力型，有些广告商撤回了他们的广告。

结论：这些广告商撤回广告肯定是因为他们不支持该杂志的色情和暴力内容。

A 选项："读者群的收入情况"与题干论证无关，排除。

B 选项：表明杂志更改了形象之后读者群发生了改变，这些广告商撤回广告可能是因为杂志的读者群已经不再是其目标客户，广告商是考虑了经济因素而撤回的，有削弱作用，排除。

C 选项：表明广告商撤回广告会导致产品的销售额下降，产生经济损失，但他们仍然撤回了广告，这就说明这些广告商确实是不支持该杂志的色情和暴力内容，正确。

D 选项：一些广告商转向该杂志，表明在该杂志做广告有利可图，但题干的广告商仍然撤回了广告，说明它们确实不是考虑利益，而是不支持该杂志的色情和暴力内容，但是"一些"数量不确定，支持力度较弱。

E 选项：广告商们把广告改在其他家庭型杂志上无法说明其撤回广告的原因，排除。

故正确答案为 C 选项。

4. 【解析】论据：中国吸烟人数最多，如果一下子消灭烟草，对吸烟者本人以及国家和各级地方的经济状况都会产生影响。

结论：控烟在我国只能是一个渐进的过程。

A 选项：表明吸烟对人造成的伤害和负面影响非常严重，与题干论证过程无关，无法支持。

B 选项：说明戒烟需要慢慢引导，进而说明控烟应该是一个渐进的过程，可以支持，排除。

C 选项：说明烟草税收占比大，即表明"国家税收也部分依赖于烟草产业"，可以支持，排除。

D 选项：说明控烟只能是一个渐进的过程，可以支持，排除。

E 选项：说明采取激进的戒烟行动效果不佳，进而说明控烟应该是一个渐进的过程，可以支持，排除。

故正确答案为 A 选项。

5. 【解析】论据：IED 患者弓形虫检测呈阳性的比例是非 IED 患者的 2 倍。

结论（研究者的观点）：弓形虫感染有可能是导致包括"路怒症"在内的 IED 的罪魁祸首。

A 选项：感染了弓形虫的老鼠更大胆、更敢于冒险，说明感染弓形虫会更冲动、更敢于冒险，可能导致 IED，可以支持，排除。

B 选项：解释了弓形虫感染可能导致 IED 的原因，可以支持，排除。

C 选项：施以抗虫感染治疗后，冲动行为减少，说明冲动行为就是由弓形虫导致的，可以支持，排除。

D 选项：弓形虫是猫身上的一种原生动物寄生虫，但猫性格温顺，表明弓形虫不会引起 IED，无法支持，正确。

E 选项：表明两组研究对象，除了是否感染弓形虫外没有其他差异，可以支持，排除。

故正确答案为 D 选项。

6. 【解析】论据：让患儿停止进食母乳而改用牛乳后，他们的神经性皮炎并不能因此消失。

结论：存在别的某种原因引起小儿神经性皮炎。

C 选项：没有进食过母乳的婴儿仍然会患小儿神经性皮炎，说明母乳与小儿神经性皮炎没有必然的因果关系，从而可知小儿神经性皮炎是由母乳之外的其他原因引起的。

故正确答案为 C 选项。

7. 【解析】论据：埃德加爱伦的信件从未提到过令其出名的吗啡瘾。

结论：他没有吗啡瘾，怀疑他有吗啡瘾的报道是不真实的。

A、B、C 三项：与题干中通过研究信件内容得出结论这一论证过程无关，排除。

D 选项：埃德加爱伦是否进行过"广泛的"通信呢？未知，无法支持。

E 选项：题干信息表明，对埃德加爱伦的信件进行了全面的研究，如果其信件的描述是真实并且全面的，那么信件中未提及吗啡瘾就说明其确实没有吗啡瘾，可以支持。

故正确答案为 E 选项。

8. 【解析】论据：亲生父母都患有 TSZ 的孩子患该病的可能性较高。

结论：患 TSZ 的倾向可能具有遗传性。

A 选项：承受压力比不承受压力患病的可能性更高，削弱了题干的论证，排除。

B 选项：亲生父母患 TSZ 的孩子无论是否由亲生父母带大，患病的可能性相同，说明后天的生长环境等因素并不是导致孩子患病的原因，支持了题干中的"患 TSZ 的倾向可能具有遗传性"，正确。

C 选项：比较的是出现 TSZ 症状时孩子被诊断为该病的概率，与题干信息不一致，排除。

D 选项：表明孩子在早期症状时就寻求治疗可以避免更严重的症状，与题干论证无关，排除。

E 选项：说明患 TSZ 的可能性与后天环境有关，削弱了题干的论证，排除。

故正确答案为 B 选项。

9. 【解析】建议：学生通常不应以这个排行榜作为决定申请哪个学校的依据。

A 选项：题干建议的对象是需要上大学的学生，所以此选项与题干论证无关，排除。

B、C 两项：无关选项，"吸引学生""很少改变"与题干论证无关，排除。

D 选项：题干中的排行榜是一个综合排名，此选项指出学生申请学校的需求不同，衡量标准的重要性就不同，所以综合排行榜并不能成为择校依据，正确。

E 选项：一些学生参考了杂志的排名选择学校，并表示满意，是举例削弱，排除。

故正确答案为 D 选项。

10. 【解析】论据：节能灯泡所需电量少，寿命长。

结论：高迪瓦公司通过在旧灯泡坏掉的时候换上这种新灯泡，可以大大地降低其总体照明的成本。

A 选项：说明在旧灯泡坏掉需要更换时，传统灯泡与节能灯泡成本相当，并且使用过程中节能灯泡成本更低，所以照明成本会降低，可以支持。

其他选项均与题干论证无关，排除。

故正确答案为 A 选项。

第十三章 假设、前提

考频统计

考试	管理类综合能力（199）										经济类综合能力（396）		
年度	2014	2015	2016	2017	2018	2019	2020	2021	2022	2023	2021	2022	2023
题量	1	3	2	1	1	1	1	1	0	1	1	0	1

备考指导

假设题型在真题中的考频比较稳定，虽然题量不大，但是错误率较高，干扰项较多，大家一定要认真学习本章，避免掉坑，提升正确率。

本章导图

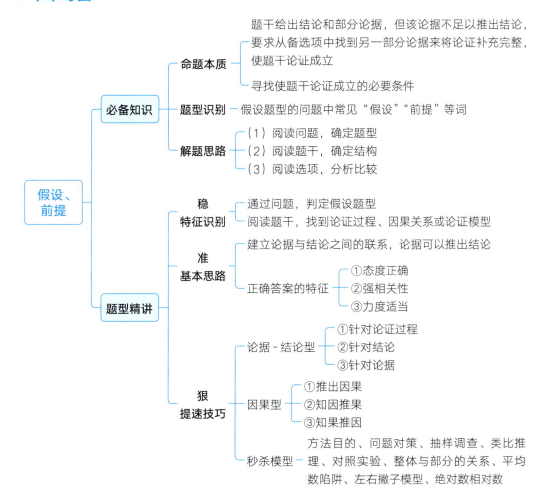

一、必备知识：命题本质、题型识别、解题思路

	假设、前提
命题 本质	题干给出结论和部分论据，但该论据不足以推出结论，要求从备选项中找到另一部分论据来将论证补充完整，使题干论证成立。 注意：一个论证的假设是使该论证得以成立的必要条件。如果这个选项不选择，则整个论证都不能成立，那么这个选项就是正确答案。大家要寻找使题干论证成立的必要条件
题型 识别	假设题型的问题中常见"假设""前提"等词，主要问法有： （1）上述论述是基于以下哪项假设？ （2）基于以下哪项假设能使上述推理成立？ （3）上述论证依赖于以下哪项假设？ （4）得到这一结论的前提条件是
解题 思路	（1）阅读问题，确定是否为假设题型。 （2）阅读题干，根据结构词确定论据和结论，基本解题思路是建立起论据与结论的关系，使论证成立。如果可以确定题干中的因果关系，则可以利用因果关系，采取排除他因和有因有果的思路进行假设；如果能够识别模型，则利用模型思路解题即可。 （3）阅读选项，分析和比较是否是题干论证必须要有的前提。如果对选项把握不准，则可以用"加非验证"的方法确定 ☆ **媛来如此** "加非验证" 　　假设题型需要寻找使题干论证成立的必要条件，必要条件的特点是：必须要有，没有不行。所以，如果将某个选项否定之后，题干的论证不成立了，那么这个选项就是正确答案，这种方法就是"加非验证"。 　　例如：通过初试是考上研究生的必要条件，如果否定了"通过初试"，即初试不通过，那么考上研究生这个结论就不可能成立，所以通过初试就是考上研究生的假设。

二、题型精讲：稳准狠

命题方向：假设题型

稳 特征识别	（1）通过问题，判定假设题型。 （2）阅读题干，找到论证过程、因果关系或论证模型
准 基本思路	建立论据与结论之间的联系，论据可以推出结论。 正确答案的特征： 　①态度正确：题干论证的必要条件。 　②强相关性：与题干论证的话题、主语、关键动词保持一致或强相关。 　③力度适当：力度和范围与题干保持一致，不能超出题干的力度和范围。 由于假设题型是选择能够使题干论证成立的必要条件，所以要避免选择范围超出题干，或程度强于题干的选项，要注意与题干论证的范围和程度保持一致，避免出现"假设过强"的情况

续表

	论证模型假设思路汇总如下：		
	模型	模型特征	解题思路
	论据-结论型	结构词、论据、结论	①针对论证过程：建立论据与结论的联系。②针对结论：表明结论成立，结论为真。③针对论据：表明论据成立，论据为真
	因果型	推出因果 论据：A 和 B 同时发生。 结论：A 和 B 有因果关系，是 A 导致了 B	①建立联系。②无因果倒置。③举正例：有因有果
		知因推果 论据：原因 A 出现。 结论：会产生结果 B	①建立联系。②排除他因：不存在使 B 不成立的原因
		知果推因 论据：结果 B 出现。 结论：该结果是原因 A 导致的	①建立联系。②排除他因：不存在其他原因导致结果 B

秒杀第十三招：削弱、支持、假设题型专属秒杀法
——假设题型秒杀模型

狠 提速技巧	**方法目的** 提出一个方法、措施或建议，并且表明了希望达到的目的	①能达到目的。②无恶果。③方法可行
	问题对策 目前存在某问题，并且提出了一个对策	该对策可以解决问题
	抽样调查 用部分或样本的情况推出总体的情况	①样本具有代表性，不存在以偏概全。②调查方法科学。③调查机构中立
	类比推理 将 A 的情况类推到 B，得出结论	类比得当：A、B 二者相似，具有可比性
	对照实验 实验组：有因素 A，出现结果 B。 对照组：没有因素 A，未出现结果 B。 结论：A 是 B 的原因	无他差：二者没有其他的影响结果的差异
	整体与部分的关系 ①论据给出整体的情况，进而推出部分。②论据给出部分的情况，进而推出整体	①整体具有的性质部分也具有。②部分具有的性质整体也具有
	平均数陷阱 题干论证中给出某个对象群体的平均数情况，进而得出结论	该对象的情况不存在两极分化，平均数可以代表大多数群体的情况，结论可靠
	左右撇子模型 论据：某特定群体 A 中 B 占比高（低）。 结论：A 和 B 有因果关系	在总体中，B 的占比本来不高（低），说明 A 和 B 有因果关系
	绝对数相对数 论据：给出绝对数或相对数。 结论：根据该数据进行推断，得出结论	①分子变大，所以比例会变大：分母不变大。②分母变大，所以比例会变小：分子不变大。③比例变大，所以分子会变大：分母不变小。④比例变小，所以分子会变小：分母不变大

例 13.1 没有一个植物学家的寿命长到足以研究一棵长白山红松的完整生命过程。但是，通过观察处于不同生长阶段的许多棵树，植物学家就能拼凑出一棵树的生长过程。这一原则完全适用于目前天文学对星团发展过程的研究。这些由几十万个恒星聚集在一起的星团，大都有100亿年以上的历史。

以下哪项最可能是上文所做的假设？

A. 在科学研究中，适用于某个领域的研究方法，原则上都适用于其他领域，即使这些领域的对象完全不同。

B. 天文学的发展已具备对恒星聚集体的不同发展阶段进行研究的条件。

C. 在科学研究中，完整地研究某一个体的发展过程是没有价值的，有时也是不可能的。

D. 目前有尚未被天文学家发现的星团。

E. 对星团的发展过程的研究，是目前天文学研究中的紧迫课题。

【解析】论据：通过观察处于不同生长阶段的许多棵树，植物学家就能拼凑出一棵树的生长过程。

结论：这一原则完全适用于目前天文学对星团发展过程的研究。

A 选项：假设过强，不需要"都适用于其他领域"，只需要能适用于对星团发展过程的研究即可，排除。

B 选项：将对树的生长过程的研究类推到对星团发展过程的研究上，需要具有同样的研究条件，能够观察处于不同生长阶段的树是研究树的生长过程的条件，那么这一条件也要应用于星团，所以这是必须要有的假设，正确。

C 选项：只需要保证可以对星团的发展过程进行研究即可，与其他个体无关，排除。

D、E 两项：与题干论证无关，排除。

故正确答案为 B 选项。

☆ **媛来如此**

假设过强

"假设过强"也称过度假设，即选项可以使题干论证成立，但并不是必要条件，不是必须要有的前提条件。

【例1】今天晚上我要吃米饭。

A. 我家有米。　　B. 我今天晚上吃饭。

哪项是"今天晚上我要吃米饭"的假设呢？

【答案】B。

【解析】A 选项："我家有米"虽然确实可以使"今天晚上我要吃米饭"更有可能，但是这不是必要条件。我们可以用"加非验证"的方法进行分析，如果 A 选项不成立，我家没有米，结论是不是就不成立呢？显然不是，我可以去饭店吃，可以点外卖，可以去朋友家蹭饭，这不会影响"今天晚上我要吃米饭"这一结论，所以 A 选项不是必须要有的假设。

B 选项：虽然"我今天晚上吃饭"并不一定吃米饭，但这是必须要有的假设。为什么呢？我们依然可以用"加非验证"的方法来分析，如果 B 选项不成立，我今天晚上不吃饭，那么吃米饭这个结论就不可能为真了，说明 B 选项确实是结论成立的必要条件，正确。

【例2】论据：我参加研究生初试。结论：我考上了。

以下哪项是上述论证的假设？

A. 我考了满分。　　　　B. 我过了国家线。　　　C. 我们班同学都过了国家线。

【答案】B。

【解析】A 选项：假设过强，虽然考满分比过国家线更好，但是要想考上研究生并不需要一定考满分，只要过国家线，就有可能考上。

B 选项：加非验证，如果没有通过国家线，那么基本上就无法考上研究生了。（一般默认学校录取的最低分数为国家线。）

C 选项：假设过强，题干论证只针对"我"这一个人，并不需要论证"我们班同学"整体的情况，超出了题干论证的范围。

看完上述例题，你明白"假设过强"了吗？在真题中，这种选项通常是比较强的干扰项，需要同学们认真分析，注意掌握！

例13.2　面试是招聘的一个不可取代的环节，因为通过面试，可以了解应聘者的个性，那些个性不合适的应聘者将被淘汰。

以下哪项是上述论证最可能假设的？

A. 应聘者的个性很难通过招聘的其他环节展示。

B. 个性是确定录用应聘者的最主要因素。

C. 只有经验丰富的招聘者才能通过面试准确把握应聘者的个性。

D. 在招聘环节中，面试比其他环节更重要。

E. 面试的唯一目的是了解应聘者的个性。

【解析】论据：可以通过面试了解应聘者的个性，从而将个性不合适的应聘者淘汰。

结论：面试是招聘的一个不可取代的环节。

A 选项：招聘要将个性不合适的应聘者淘汰，而招聘的其他环节又很难展示出应聘者的个性，所以能够了解其个性的面试环节是不可取代的，如果其他环节也能展示出应聘者的个性，那么面试就不是不可取代的了，正确。

B 选项：假设过强，不需要假设个性是确定录用应聘者的最主要因素，只要是影响是否录用的因素即可，排除。

C 选项：题干论证与什么样的招聘者能准确把握应聘者的个性无关，排除。

D 选项：假设过强，不需要假设面试比其他环节更重要，只需要假设面试能够影响是否被录用即可，排除。

E 选项：假设过强，不需要假设了解应聘者的个性是面试的唯一目的，只要其中有这一目的即可,排除。

故正确答案为 A 选项。

例 13.3 人们一直在争论猫与狗谁更聪明。最近,有些科学家不仅研究了动物脑容量的大小,还研究了其大脑皮层神经细胞的数量,发现猫平常似乎总摆出一副智力占优的神态,但猫的大脑皮层神经细胞的数量只有普通金毛犬的一半。由此,他们得出结论:狗比猫更聪明。

以下哪项最可能是上述科学家得出结论的假设?

A. 狗善于与人类合作,可以充当导盲犬、陪护犬、搜救犬、警犬等。就对人类的贡献而言,狗能做的似乎比猫多。

B. 狗可能继承了狼结群捕猎的特点,为了互相配合,它们需要做出一些复杂行为。

C. 动物大脑皮层神经细胞的数量与动物的聪明程度呈正相关。

D. 猫的脑神经细胞数量比狗少,是因为猫不像狗那样"爱交际"。

E. 棕熊的脑容量是金毛犬的 3 倍,但其脑神经细胞的数量却少于金毛犬,与猫很接近,而棕熊的脑容量却是猫的 10 倍。

【解析】论据:猫的大脑皮层神经细胞的数量只有普通金毛犬的一半(因)。

结论:狗比猫更聪明(果)。

A、B、D、E 四项:"合作""狼""交际""棕熊"与题干论证无关,排除。

C 选项:建立联系,建立了"大脑皮层神经细胞"与"聪明"之间的联系,表明"猫的大脑皮层神经细胞的数量少"确实可以推断出"其没有狗聪明"这一结论。

故正确答案为 C 选项。

例 13.4 研究显示,大多数有创造性的工程师,都有在纸上乱涂乱画,并记下一些看起来稀奇古怪想法的习惯。他们的大多数最有价值的设计,都直接与这种习惯有关。而现在的许多工程师都用电脑工作,在纸上乱涂乱画不再是一种普遍的习惯。一些专家担心,这会影响工程师的创造性思维,建议在用于工程设计的计算机程序中匹配模拟的便条纸,能让使用者在上面涂鸦。

以下哪项最可能是上述建议所假设的?

A. 在纸上乱涂乱画,只可能产生工程设计方面的灵感。

B. 计算机程序中所匹配的模拟便条纸,只能用于乱涂乱画,或记录看起来稀奇古怪的想法。

C. 所有用计算机工作的工程师都不会备有纸笔以随时记下有意思的想法。

D. 工程师在纸上乱涂乱画所记下的看起来稀奇古怪的想法,大多数都有应用价值。

E. 乱涂乱画所产生的灵感,并不一定通过在纸上的操作获得。

【解析】论据:现在的许多工程师都用电脑工作,在纸上乱涂乱画记下想法的习惯不再普遍存在。

结论:建议在计算机程序中匹配能让使用者在上面涂鸦的模拟便条纸,有利于增强工程师的创造性思维。

A 选项:假设过强,不需要"只可能"产生工程设计方面的灵感,只要能产生相关的灵感,题干论证就可以成立，排除。

B 选项：假设过强，模拟便条纸也可以用于别的方面，只要能够记录一些想法，题干论证就可以成立，排除。

C 选项：假设过强，可以有一些工程师自己备有纸笔，只要大多数工程师没有备纸笔，那么题干中的模拟便条纸就有使用空间，排除。

D 选项：假设过强，不需要记下来的想法大多数都有应用价值，只要这些想法里面存在有应用价值的就可以，排除。

E 选项：是必须要有的假设，该灵感不一定通过在纸上的操作获得，这样计算机程序中的模拟便条纸才可以发挥作用，如果 E 选项不成立，灵感一定要通过在纸上的操作获得，那么即使在计算机程序中匹配了模拟便条纸，工程师也不会使用，题干的论证便不成立了。

故正确答案为 E 选项。

例 13.5 心脏的搏动引起血液循环。对同一个人，心率越快，单位时间进入循环的血液量越多。血液中的红细胞运输氧气。一般地说，一个人单位时间通过血液循环获得的氧气越多，他的体能及其发挥就越佳。因此，为了提高运动员在体育比赛中的竞技水平，应该加强他们在高海拔地区的训练，因为在高海拔地区，人体内每单位体积血液中含有的红细胞数量，要高于低海拔地区。

以下哪项是题干的论证必须假设的？

A. 海拔的高低对运动员的心率不发生影响。

B. 不同运动员的心率基本相同。

C. 运动员的心率比普通人慢。

D. 在高海拔地区训练能使运动员的心率加快。

E. 运动员在高海拔地区的心率不低于在低海拔地区。

【解析】论据：供氧量越多体能越好，高海拔地区人体内每单位体积血液中含有的红细胞数量高于低海拔地区。

结论：应该加强运动员在高海拔地区的训练。

此题在推理过程中存在漏洞，由题干给出的论据还不足以断定在高海拔地区人体供氧量就多，因为有可能血流速度变慢，而导致氧气总供应量减少，达不到预期的效果，E 选项能排除这种可能性，是必须要有的假设。

A 选项："不发生影响"过于绝对，假设过强，排除。

B 选项：未体现海拔高低对供氧量的多少会产生的影响，排除。

C 选项：运动员与普通人心率的比较与题干论证无关，排除。

D 选项：假设过强，即使运动员在高海拔地区与在低海拔地区的心率一样，高海拔地区红细胞较多也会使供氧量多于低海拔地区，同样可以得到题干的结论，所以 D 选项存在过度假设的问题，排除。

故正确答案为 E 选项。

三、十大论证秒杀模型

在论证推理题目中，会出现一些特征非常明显的论证模型，这些模型往往有固定的套路和解题思路，如果可以准确识别模型，并且想到对应的解题思路，就可以快速解题。这些模型在削弱、支持、假设题型的"狠 提速技巧"中都有提及，为了便于同学们对比复习，我们将其汇总如下。

1. 方法目的

模型特点	读题关键点
题干中会提出一个方法、措施或建议，并且表明了希望达到的目的	方法、目的

题型	第一思路	备选思路
削弱	该方法、措施、建议无法达到目的	①有恶果。 该方法、措施、建议会产生更严重、更恶劣的结果。 ②方法不可行。 该方法、措施、建议做不到
支持、假设	该方法、措施、建议可以达到目的	①无恶果。 该方法、措施、建议不会产生更严重、更恶劣的结果。 ②方法可行。 该方法、措施、建议做得到

例 13.6 一些城市，由于作息时间比较统一，加上机动车太多，很容易形成交通早高峰和晚高峰，市民们在高峰时间上下班很不容易，为了缓解人们上下班的交通压力，某政府顾问提议采取不同时间段上下班制度，即不同单位可以在不同的时间段上下班。

以下哪项如果为真，最可能使该顾问的提议无法取得预期效果？

A. 有些上班时间段与员工的用餐时间冲突，会影响他们的生活乐趣，从而影响他们的工作积极性。

B. 许多上班时间段与员工的正常作息时间不协调，他们需要较长一段时间来调整适应，这段时间的工作效率难以保证。

C. 许多单位的大部分工作通常需要员工们在一起讨论，集体合作才能完成。

D. 该市的机动车数量持续增加，即使不在早晚高峰期，交通拥堵也时有发生。

E. 有些单位员工的住处与单位很近，步行即可上下班。

【解析】方法：采取不同时间段上下班制度。

目的：缓解人们上下班的交通压力。

A、B、C 三项：虽然该措施会给员工带来麻烦，但只要能达到缓解交通压力的目的即可，排除。

D 选项：表明交通拥堵不只是在早晚高峰期出现，其他时段也有，即使采取了该措施仍然无法达到缓解交通压力的目的，正确。

E 选项：与题干中的提议无关，排除。

故正确答案为 D 选项。

例 13.7　目前，港南市主要干道上自行车道的标准宽度为单侧 3 米。很长一段时期以来，很多骑自行车的人经常在机动车道上抢道骑行。在对自行车违章执法还比较困难的现阶段，这种情况的存在严重地影响了交通，助长了人们对交通法规的漠视。有人向市政府提出，应当将自行车道拓宽为 3.5 米，这样，给骑自行车的人一个更宽松的车道从而能够消除自行车抢道的违章现象。

下列哪项如果为真，最能削弱上述论点？

A. 拓宽自行车道的费用较高，此项建议可行性较差。

B. 自行车道宽了，机动车走起来不方便，许多乘坐公共交通的人会很有意见。

C. 拓宽自行车道的办法对于机动车的违章问题没有什么作用。

D. 当自行车道拓宽到 3.5 米以后，人们仍会在缩小后的机动车道上抢道违章。

E. 自行车道拓宽，自行车车速加快，交通事故可能增多。

【解析】方法：将自行车道拓宽为 3.5 米。

目的：消除自行车抢道的违章现象。

A 选项：题干中并未提及费用是否是该建议的影响因素，无法削弱。

B 选项：与该建议的目的无关，只要可以消除自行车抢道的违章现象，即使一部分人有意见也不影响，排除。

C 选项：与题干论证无关，排除。

D 选项：说明即使采用了该方法也无法达到目的，仍然无法消除自行车抢道的违章现象，可以削弱。

E 选项："可能"一词程度较弱，而且此选项与该建议的目的无关，排除。

故正确答案为 D 选项。

例 13.8　尽管有关法律越来越严厉，盗猎现象并没有得到有效抑制，反而有愈演愈烈的趋势，特别是对犀牛的捕杀。一只没有角的犀牛对盗猎者是没有价值的，野生动物保护委员会为了有效地保护犀牛，计划将所有的犀牛角都切掉，以使它们免遭杀害厄运。

野生动物保护委员会的计划假设了以下哪项？

A. 盗猎者不会杀害对他们没有价值的犀牛。

B. 犀牛是盗猎者为获得其角而猎杀的唯一动物。

C. 无角的犀牛比有角的对包括盗猎者在内的人威胁都小。

D. 无角的犀牛仍可成功地对人类以外的敌人进行防卫。

E. 对盗猎者进行更严格的惩罚并不会降低盗猎者猎杀犀牛的数量。

【解析】方法：将所有的犀牛角都切掉。

目的：有效地保护犀牛，使它们免遭杀害厄运。

A 选项：因为没有角的犀牛对盗猎者是没有价值的，所以如果没有价值就不会被盗猎者杀害，那么题干的方法就可以达到目的，正确。

B 选项：假设过强，"唯一"太过绝对，题干论证只与犀牛有关，与其他动物无关，排除。

C、D、E 三项：无关选项，"无角犀牛的威胁""无角犀牛可对人类以外的敌人成功防卫""对盗猎者惩罚"与题干论证无关，排除。

故正确答案为 A 选项。

例 13.9 学校董事会决定减少员工中教师的数量。学校董事会计划首先解雇效率较低的教师，而不是简单地按照年龄的长幼决定解雇哪些教师。

校董事会的这个决定假定了：

A. 有能比较准确地判定教师效率的方法。

B. 一个人的效率不会与另一个人的相同。

C. 最有教学经验的教师就是最好的教师。

D. 报酬最高的教师通常是最称职的。

E. 每个教师都有某些教学工作是自己的强项。

【解析】方法：首先解雇效率较低的教师。

目的：减少员工中教师的数量。

A 选项：题干的方法要可行，就要能知道哪些教师效率高，哪些教师效率低，所以就要有能比较准确地判定教师效率的方法，这是必须要有的假设，正确。

B 选项：即使两个人的效率相同，也不会影响该计划的进行，排除。

C、D、E 三项：无关选项，这三项均与题干论证无关，排除。

故正确答案为 A 选项。

例 13.10~ 例 13.11 基于以下题干：

市政府计划对全市的地铁进行全面改造，通过较大幅度地提高客运量，缓解沿线包括高速公路上机动车的拥堵，市政府同时又计划增收沿线两条主要高速公路的机动车过路费，用以弥补上述改造的费用。这样的理由是，机动车主是上述改造的直接受益者，应当承担部分开支。

例 13.10 以下哪项相关断定如果为真，最能质疑上述计划？

A. 市政府无权支配全部高速公路的机动车过路费收入。

B. 地铁乘客同样是上述改造的直接受益者，但并不承担开支。

C. 机动车有不同的档次，但收取的过路费区别不大。

D. 为躲避多交过路费，机动车会绕开收费站，增加普通公路的流量。

E. 高速公路上机动车拥堵现象不如普通公路严重。

【解析】方法：对全市地铁进行全面改造，增收沿线两条主要高速公路的机动车过路费。

目的：缓解沿线包括高速公路上机动车的拥堵。

质疑计划的第一思路是方法达不到目的。

A 选项：无关选项，题干中并未涉及过路费的支配问题，排除。

B 选项：承担开支与受益者的关系是该计划公平性的问题，并未涉及是否可以达到目的，不是第一思路；而且即使地铁乘客与机动车主都是受益者，也不一定都需要承担开支，可能地铁乘客在所有受益者中只占很小的比例。

C 选项：过路费的多少是否应与机动车的档次相对应与题干中的计划无关，排除。

D 选项：表明措施实施之后无法达到缓解拥堵的目的，反而会增加普通公路的汽车流量，加剧拥堵，质疑了题干的计划，正确。

E 选项：高速公路与普通公路拥堵现象的比较与题干的计划无关，排除。

故正确答案为 D 选项。

例 13.11 以下哪项相关断定为真，最有助于论证上述计划的合理性？

A. 上述计划通过了市民听证会的审议。

B. 在相邻的大、中城市中，该市的交通拥堵状况最为严重。

C. 增收过路费的数额，经过了专家的严格论证。

D. 市政府有足够的财力完成上述改造。

E. 改造后的地铁中，相当数量的乘客都有私人机动车。

【解析】论证计划的合理性，即表明上述做法理由充分，确实应该由机动车主来承担上述改造的费用。

A 选项：诉诸权威，该计划是否合理与是否通过了市民听证会的审议无关，排除。

B 选项：无关选项，该市交通拥挤是否是最严重的与计划是否合理无关，排除。

C 选项：诉诸权威，专家的严格论证无法证明该计划是合理的，排除。

D 选项：方法可行，市政府有足够的财力完成上述改造只能证明计划具有可行性，但无法证明计划是合理的，排除。

E 选项：表明在地铁改造之后，相当数量的乘客是原来的机动车主，机动车主确实受益；而且即使原来的机动车主继续开车，路上拥堵得到了缓解，机动车主依然受益，说明上述计划是合理的，正确。

故正确答案为 E 选项。

2. 问题对策

模型特点
题干表明目前存在某问题，并且提出了一个对策

题型	第一思路	备注
削弱	该对策解决不了问题	一定要注意相关性，针对题干中指出的问题来解决
支持、假设	该对策能解决问题	

例13.12 有专家指出，我国城市规划缺少必要的气象论证，城市的高楼建得高耸而密集，阻碍了城市的通风循环。有关资料显示，近几年国内许多城市的平均风速已下降10%。风速下降，意味着大气扩散能力减弱，导致大气污染物滞留时间延长，易形成雾霾天气和热岛效应。为此，有专家提出建立"城市风道"的设想，即在城市里制造几条畅通的通风走廊，让风在城市中更加自由地进出，促进城市空气的更新循环。

以下哪项如果为真，最能支持上述建立"城市风道"的设想？

A. 城市风道形成的"穿街风"，对建筑物的安全影响不大。

B. 风从八方来，"城市风道"的设想过于主观和随意。

C. 有风道但是没有风，就会让"城市风道"成为无用的摆设。

D. 有些城市已拥有建立"城市风道"的天然基础。

E. 城市风道不仅有利于"驱霾"，还有利于散热。

【解析】问题：雾霾天气和热岛效应。

对策：建立"城市风道"。

A选项：对建筑物安全影响不大，无法削弱，但也没有支持作用。

B选项："城市风道"的设想过于主观和随意，削弱。

C选项："城市风道"可能会成为无用的摆设，削弱。

D选项：有些城市有天然基础，不削弱，但也没有支持作用。

E选项："城市风道"可以解决雾霾天气和热岛效应问题，支持。

故正确答案为E选项。

例13.13 针对癌症患者，医生常采用化疗手段将药物直接注入人体杀伤癌细胞，但这也可能将正常细胞和免疫细胞一同杀灭，产生较强的副作用。近来，有科学家发现，黄金纳米粒子很容易被人体癌细胞吸收，如果将其包上一层化疗药物，就可作为"运输工具"，将化疗药物准确地投放到癌细胞中。他们由此断言，微小的黄金纳米粒子能提升癌症化疗的效果，并降低化疗的副作用。

以下哪项如果为真，最能支持上述科学家所做出的论断？

A. 因为黄金所具有的特殊化学性质，黄金纳米粒子不会与人体细胞发生反应。

B. 利用常规计算机断层扫描，医生容易判定黄金纳米粒子是否已投放到癌细胞中。

C. 在体外用红外线加热已进入癌细胞的黄金纳米粒子，可以从内部杀灭癌细胞。

D. 黄金纳米粒子用于癌症化疗的疗效有待大量临床检验。

E. 现代医学手段已能实现黄金纳米粒子的精准投送，让其所携带的化疗药物只作用于癌细胞，并不伤及其他细胞。

【解析】问题：化疗手段可能将正常细胞和免疫细胞一同杀灭，产生较强的副作用。

对策：将黄金纳米粒子包上一层化疗药物，作为"运输工具"，将化疗药物准确地投放到癌细胞中。

要想支持科学家的上述论断，就要说明使用黄金纳米粒子可以解决以前在化疗中出现的问题，可以不再伤害正常细胞和免疫细胞，只针对并杀伤癌细胞。

A 选项：题干中并未表述"与人体细胞发生反应"是目前化疗手段的副作用，无法支持，排除。

B、C 两项：该特点是否不杀伤正常细胞与免疫细胞，提升癌症化疗的效果呢？未知，排除。

D 选项：表明该方法的疗效尚不明确，无法支持，排除。

E 选项：表明这一对策可以实现精准投送以达到提升癌症化疗效果，并降低化疗的副作用。

故正确答案为 E 选项。

3. 抽样调查

模型特点
题干中通常是一个抽样调查，用部分或样本的情况推出总体的情况

题型	第一思路	备选思路
削弱	样本不具有代表性，以偏概全	①调查方法不科学。 ②调查机构不中立
支持、假设	样本具有代表性，可以推出整体	①调查方法科学。 ②调查机构中立

例 13.14 为了调查当前人们的识字水平，某实验者列举了 20 个词语，请 30 位文化人士识读，这些人的文化程度都在大专以上。识读结果显示，多数人只读对 3~5 个词语，极少数人读对 15 个以上，甚至有人全部读错。其中，"蹒跚"的辨识率最高，30 人中有 19 人读对，"呱呱坠地"所有人都读错，20 个词语的整体误读率接近 80%。该实验者由此得出，当前人们的识字水平并没有提高，甚至有所下降。

以下哪项如果为真，最能对该实验者的结论构成质疑？

A. 实验者选取的 20 个词语不具有代表性。

B. 实验者选取的 30 位识读者均没有博士学位。

C. 实验者选取的 20 个词语在网络流行语言中不常用。

D. "呱呱坠地"这个词的读音，有些大学老师也经常读错。

E. 实验者选取的 30 位识读者约有 50% 的人学习成绩不佳。

【解析】样本 1：20 个词语。总体 1：识字水平。

样本 2：30 位文化人士。总体 2：当前人们。

A 选项：表明选取的 20 个词语不具有代表性，有以偏概全的嫌疑，可以质疑。

B 选项：选取的识读者不需要都有博士学位，只要能代表当前人们的识字水平即可，无法质疑。

C 选项：20 个词语在网络流行语言中不常用并不能表明这些词语不具有代表性，无法质疑。

D 选项：该项只提及"呱呱坠地"这个词有些大学老师也经常读错，只能说明这一个词较难，至于其他的词语难度如何，该项并未提及，无法质疑。

E 选项：30 位识读者有一半学习成绩不佳，不佳如何判断？当前人们学习成绩不佳的又占多大比例呢？这 30 位识读者是否无法代表当前人们的整体情况呢？都未知，无法质疑。

故正确答案为 A 选项。

例 13.15 《花与美》杂志受 A 市花鸟协会委托，就 A 市评选市花一事对杂志读者群进行了民意调查，结果 60% 以上的读者将荷花选为市花，于是编辑部宣布，A 市大部分市民赞成将荷花定为市花。

以下哪项如果属实，最能削弱该编辑部的结论？

A. 有些《花与美》杂志的读者并不喜欢荷花。

B.《花与美》杂志的读者主要来自 A 市一部分收入较高的女性市民。

C.《花与美》杂志的有些读者并未在调查中发表意见。

D. 市花评选的最后决定权是 A 市政府而非花鸟协会。

E.《花与美》杂志的调查问卷将荷花放在十种候选花的首位。

【解析】样本:《花与美》杂志的读者群。

总体：A 市大部分市民。

A 选项：题干信息表明 60% 以上的读者选择荷花，这与 A 选项的信息并不矛盾，无法削弱。

B 选项：说明调查对象的样本不具有代表性，无法推理出大部分市民的意见，以偏概全，正确。

C 选项："有些"数量未知，无法确定对调查结果是否有影响，排除。

D 选项：无关选项，市花评选的最后决定权与题干论证无关，排除。

E 选项：荷花在调查问卷中的位置对调查结果是否有影响呢？未知，无法削弱。

故正确答案为 B 选项。

例 13.16 莫大伟到吉安公司上班的第一天，就被公司职工自由散漫的表现所震惊。莫大伟由此得出结论：吉安公司是一个管理失效的公司，吉安公司的员工都缺乏工作积极性和责任心。

以下哪项如果为真，最能削弱上述论证？

A. 当领导不在时，公司的员工会表现出自由散漫。

B. 吉安公司的员工超过 2 万，遍布该省的十多个城市。

C. 莫大伟大学刚毕业就到吉安公司，对校门外的生活不适应。

D. 吉安公司的员工和领导的表现完全不一样。

E. 莫大伟上班的这一天刚好是节假日后的第一个工作日。

【解析】样本：莫大伟看到的吉安公司职工。

总体：吉安公司的所有员工。

题干论证中的漏洞在于莫大伟只凭借所看到的吉安公司的员工，就得出该公司的所有员工都缺乏工作积极性和责任心的结论，有可能他所见到的自由散漫的员工只是吉安公司众多员工中很小的一部分，并不具有代表性。

A、D 两项：题干的论证与领导无关，排除。

B 选项：表明该公司的员工遍布十多个城市，而莫大伟所去的只是十多个中的一个，所以看到的只是很小一部分的情况，很可能无法代表整个公司所有员工的状态，以偏概全，可以削弱。

C 选项：莫大伟从看到的情况推出结论，与是否适应校门外的生活无关，排除。

E 选项：节假日后的第一个工作日与自由散漫的工作表现并无必然的联系，无法削弱。

故正确答案为 B 选项。

例 13.17 当前的大学教育在传授基本技能上是失败的。有人对若干大公司人事部门负责人进行了一次调查，发现很大一部分新上岗的工作人员都没有很好掌握基本的写作、数量和逻辑技能。

以下哪项如果为真，最能支持上述论证？

A. 现在的大学里没有基本技能方面的课程。

B. 写作、数量、逻辑方面的基本技能对胜任工作很重要。

C. 大公司的新上岗人员基本代表了当前大学毕业生的水平。

D. 过去的大学生比现在的大学生接受了更多的基本技能教育。

E. 新上岗的人员中极少有大学生。

【解析】样本：新上岗的工作人员。

总体：当前的大学生。

A 选项：与题干抽样调查这一论证过程无关，排除。

B、D 两项：无关选项，"基本技能的重要性""过去的大学生与现在的大学生接受基本技能教育多少的比较"与题干论证无关，排除。

C 选项：题干论证由新上岗的工作人员这个样本推出了当前大学生整体的情况，要支持题干论证，就要说明样本具有代表性，不存在以偏概全的漏洞，正确。

E 选项：说明样本不具有代表性，削弱了题干论证，排除。

故正确答案为 C 选项。

例 13.18 香蕉叶斑病是一种严重影响香蕉树生长的传染病，它的危害范围遍及全球。这种疾病可由一种专门的杀菌剂有效控制，但喷洒这种杀菌剂会对周边人群的健康造成危害。因此，在人口集中的地区对小块香蕉林喷洒这种杀菌剂是不妥当的。幸亏规模香蕉种植园大都远离人口集中的地区，可以安全地使用这种杀菌剂。因此，全世界的香蕉产量，大部分不会受到香蕉叶斑病的影响。

以下哪项可能是上述论证所假设的？

A. 人类最终可以培育出抗叶斑病的香蕉品种。

B. 全世界生产的香蕉，大部分产自规模香蕉种植园。

C. 和在小块香蕉林中相比，香蕉叶斑病在规模香蕉种植园中传播得较慢。

D. 香蕉叶斑病是全球范围内唯一危害香蕉生长的传染病。

E. 香蕉叶斑病不危害植物。

【解析】样本：规模香蕉种植园的香蕉。

总体：全世界大部分的香蕉。

题干论证由规模香蕉种植园的香蕉产量不会受到香蕉叶斑病的影响，得出全世界大部分的香蕉产量不会受到香蕉叶斑病的影响的结论，若要使该论证成立，就需要保证规模香蕉种植园的香蕉产量占全世界香蕉产量的绝大部分，不存在以偏概全的漏洞；否则即使规模香蕉种植园的香蕉产量不受香蕉叶斑病的影响，全世界的香蕉产量也依然会受到香蕉叶斑病的影响。

A、D、E 三项：与题干论证无关，排除。

B 选项：与上述分析一致，正确。

C 选项：题干中已经表明"它的危害范围遍及全球"，与该病的传播速度无关，排除。

故正确答案为 B 选项。

4. 类比推理

模型特点
论据：A、B 两个对象相似，A 有某个特点。 结论：B 也有某个特点

题型	第一思路	备注
削弱	类比不当，A、B 二者不相似，破坏二者之间的可比性	如果思路正确的选项不只一个，则要注意相关性，相似或不相似的特点最好是题干中涉及的
支持、假设	A、B 二者相似，具有可比性	

例 13.19 某中学发现有学生课余用扑克玩带有赌博性质的游戏，因此规定学生不得带扑克进入学校。不过即使是硬币，也可以用作赌具，但禁止学生带硬币进入学校是不可思议的。因此，禁止学生带扑克进入学校是荒谬的。

以下哪项如果为真，最能削弱上述论证？

A. 禁止带扑克进学校不能阻止学生在校外赌博。

B. 硬币作为赌具远不如扑克方便。

C. 很难查明学生是否带扑克进学校。

D. 赌博不但败坏校风，而且影响学生学习成绩。

E. 有的学生玩扑克不涉及赌博。

【解析】类比对象：扑克、硬币。

论据：硬币与扑克相似，均可以作为赌具，不能禁止学生带硬币进入学校。

结论：不能禁止学生带扑克进入学校。

题干的论证方式是类比＋归谬，指出硬币与扑克具有相似性质，由"禁止带硬币进入学校是不可思议的"推出结论"禁止带扑克进入学校是荒谬的",所以只需找到硬币和扑克的不相似之处,表明二者不可类比,即可进行削弱。

A、D 两项:与题干论证无关,排除。

B 选项:指出硬币与扑克的不同之处,说明二者有差异,不能进行类比,所以由"不能禁止学生带硬币进入学校"无法推理出"不能禁止学生带扑克进入学校"的结论,削弱了题干的论证。

C 选项:无关选项,题干中探讨的是是否应该禁止,而不是实践中是否能禁止,排除。

E 选项:"有的"数量范围未知,如果只是很少一部分学生玩扑克不涉及赌博,而大多数学生玩扑克是涉及赌博的,那么题干论证依然成立。

故正确答案为 B 选项。

例13.20 实验发现,少量口服某种类型的安定药物,可使人们在测谎器的测验中撒谎而不被发现。测谎器所产生的心理压力能够被这类安定药物有效地抑制,同时没有显著的副作用。因此,这类药物可同样有效地减少日常生活的心理压力而无显著的副作用。

以下哪项最可能是题干的论证所假设的?

A. 任何类型的安定药物都有抑制心理压力的效果。

B. 如果禁止测试者服用任何药物,测谎器就有完全准确的测试结果。

C. 测谎器所产生的心理压力与日常生活中人们面临的心理压力类似。

D. 大多数药物都有副作用。

E. 越来越多的人在日常生活中面临日益加重的心理压力。

【解析】类比对象:测谎器产生的心理压力、日常生活的心理压力。

论据:这类安定药物对测谎器所产生的心理压力有效。

结论:这类安定药物对日常生活的心理压力也有效。

A 选项:与题干论证过程无关,而且"任何……都……"范围太大,超出了题干范围,假设过强,排除。

B、D、E 三项:无关选项,与题干论证过程无关,排除。

C 选项:表明由论据可以推出结论,二者产生的心理压力类似,不存在类比不当,正确。

故正确答案为 C 选项。

5. 间接因果

模型特点
论据:A 没有直接导致 B。 结论:A 和 B 没有因果关系

题型	第一思路
削弱	A、B 有关,二者是间接因果关系。 A 导致了 C,C 导致了 B

例 13.21 近 10 年来，移居清河界森林周边地区生活的居民越来越多。环保组织的调查统计表明，清河界森林中的百灵鸟的数量近十年来呈明显下降的趋势。但是恐怕不能把这归咎于森林周边地区居民的增多，因为森林的面积并没有因为周边居民人口的增多而减少。

以下哪项如果为真，最能削弱题干的论证？

A. 警方每年都接到报案，来自全国各地的不法分子无视禁令，深入清河界森林捕猎。

B. 清河界森林的面积虽没减少，但由于几个大木材集团公司的滥砍滥伐，森林中树木的数量锐减。

C. 清河界森林周边居民丢弃的生活垃圾吸引了越来越多的乌鸦，这是一种专门觅食百灵鸟的卵的鸟类。

D. 清河界森林周边的居民大都从事农业，只有少数经营商业。

E. 清河界森林中除百灵鸟的数量近十年来呈明显下降的趋势外，其余的野生动物生长态势良好。

【解析】论据：森林面积并没有因为周边居民人口的增多而减少。

结论：百灵鸟数量的减少（果）与居民的增多（因）无关。

B 选项：只提到森林中树木的数量锐减，并没有说明这对百灵鸟产生了什么影响，无法削弱。

C 选项：说明是由于周围居民丢弃的生活垃圾引来了乌鸦，这种鸟专门觅食百灵鸟的卵，故最终还是因为周围的居民导致了百灵鸟数量的减少，建立了间接的因果关系。

故正确答案为 C 选项。

例 13.22 北大西洋海域的鳕鱼数量锐减，但几乎同时海豹的数量却明显增加。有人说是海豹导致了鳕鱼的减少，这种说法难以成立，因为海豹很少以鳕鱼为食。

以下哪项如果为真，最能削弱上述论证？

A. 海水污染对鳕鱼造成的伤害比对海豹造成的伤害严重。

B. 尽管鳕鱼数量锐减，海豹数量明显增加，但在北大西洋海域，海豹的数量仍少于鳕鱼。

C. 在海豹的数量增加以前，北大西洋海域的鳕鱼数量就已经减少了。

D. 海豹生活在鳕鱼无法生存的冰冷海域。

E. 鳕鱼只吃毛鳞鱼，而毛鳞鱼也是海豹的主要食物。

【解析】论据：海豹很少以鳕鱼为食。

结论：鳕鱼的减少（果）并不是海豹（因）导致的。

A 选项：说明是其他原因导致了鳕鱼的减少，支持了题干的论证，排除。

B 选项：海豹和鳕鱼的数量比较与题干论证无关，排除。

C 选项：说明鳕鱼的减少与海豹无关，对题干论证起到支持作用，排除。

D 选项：海豹的生存领域与题干论证无关，排除。

E 选项：鳕鱼和海豹都以毛鳞鱼为主要食物，海豹增多导致毛鳞鱼减少，从而间接地导致了鳕鱼的减少，说明鳕鱼的减少与海豹有关，削弱了题干的论证，正确。

故正确答案为 E 选项。

6. 对照实验

模型特点
题干论证为对照实验。 实验组：有因素 A，出现结果 B。 对照组：没有因素 A，未出现结果 B。 结论：A 是 B 的原因

题型	第一思路	备注
削弱	有他差：二者还有其他的影响结果的差异	验证因果关系是否成立，最佳方法就是设计对照实验，观察该元素有和无时，结果是否一致
支持、假设	无他差：二者除了因素 A 之外，没有其他影响结果的差异	

例 13.23 在村庄东西两块玉米地中，东面的地施过磷酸钙单质肥料，西面的地则没有。结果，东面的地亩产玉米 300 公斤，西面的地亩产仅 150 公斤。因此，东面的地比西面的地产量高的原因是施用了过磷酸钙单质肥料。

以下哪项如果为真，最能削弱上述论证？

A. 给东面地施用的过磷酸钙是过期的肥料。

B. 北面的地施用过硫酸钾单质化肥，亩产玉米 220 公斤。

C. 每块地种植了不同种类的四种玉米。

D. 两块地的田间管理无明显不同。

E. 东面和西面两块地的土质不同。

【解析】题干所描述的情景为对照实验：

东面：过磷酸钙单质肥料　　亩产 300 公斤

西面：　　　—　　　　　　亩产 150 公斤

结论：过磷酸钙单质肥料是产量高的原因。

A 选项："过期的肥料"是否有效呢？未知，所以无法判断肥料与产量是否存在因果关系，无法削弱。

B 选项：题干论证与"过硫酸钾单质化肥"无关，排除。

C 选项：注意是"每块地"，所以东面和西面两块地在种植种类上仍然没有差异，无法削弱。

D 选项：表明两块地在"田间管理"方面没有差异，可以加强题干的论证。

E 选项：有他差，表明两块地除了肥料之外，还有其他差异——"土质"不同，土质影响了玉米的产量，可以削弱。

故正确答案为 E 选项。

例 13.24 在一项实验中，第一组被试验者摄取了大量的人造糖，第二组则没有吃糖。结果发现，吃糖的人比没有吃糖的人认知能力低。这一实验说明，人造糖中所含的某种成分会影响人的认知能力。

以下哪项如果为真，最能支持上述结论？

A. 在上述实验中，第一组被试验者吃的糖大大超出日常生活中糖的摄入量。

B. 上述人造糖中所含的该种成分也存在于大多数日常食物中。

C. 第一组被试验者摄取的糖的数量没有超出卫生部门规定的安全范围。

D. 两组被试验者的认知能力在实验前是相当的。

E. 两组被试验者的人数相等。

【解析】题干所描述的情景为对照实验：

第一组：摄取人造糖　　认知能力低

第二组：没吃糖　　　　认知能力高

结论：人造糖中所含的某种成分会影响人的认知能力。

A 选项：吃糖量是否大大超出日常生活中糖的摄入量与题干的论证无关，排除。

B 选项：题干论证与人造糖的成分是否存在于日常食物中无关，排除。

C 选项：题干论证与被试验者的糖摄取量是否超出安全范围无关，排除。

D 选项：表明两组被试验者在"实验前的认知能力"方面没有差异，可以加强题干的论证。

E 选项：表明两组被试验者在"实验人数"方面没有差异，但是实验人数与题干中所论证的因果关系并无直接关联，即使人数不同，只要差距不大，就不会对实验结果产生影响，排除。

故正确答案为 D 选项。

例 13.25~ 例 13.26 基于以下题干：

是过于集中的经济模式，而不是气候状况，造成了近年来 H 国糟糕的粮食收成。K 国和 H 国耕地条件基本相同，但当 H 国的粮食收成连年下降的时候，K 国的粮食收成却连年上升。

例 13.25 为使上述论证有说服力，以下哪项是必须假设的？

Ⅰ. 近年来 H 国的气候状况不比 K 国差。

Ⅱ. K 国并非采取过于集中的经济模式。

Ⅲ. 气候状况不是影响粮食收成的重要因素。

A. 仅Ⅰ。　　　　　　B. 仅Ⅱ。　　　　　　C. 仅Ⅲ。

D. 仅Ⅰ和Ⅱ。　　　　E. Ⅰ、Ⅱ和Ⅲ。

【解析】题干所描述的情景为对照实验：

H 国：集中的经济模式　　粮食收成连年下降

K 国：非集中的经济模式　　粮食收成连年上升

结论：过于集中的经济模式造成粮食收成连年下降。

左右对照实验必须假设两组实验对象之间在其他重要方面的情况基本相同，不同点只有一处，同时结果不相同。所以为了使上述的推理成立，必须包含一个假设：除了集中的经济模式不同之外，两国在其他方面没有显著的不同。

复选项 I：必须要假设，因为如果 H 国的气候状况比 K 国差，那么 H 国糟糕的粮食收成就很可能是由天气状况造成的，与经济模式无关，当选。

复选项 II：必须要假设，因为要形成左右对照实验，就要保证 H 国和 K 国在经济模式上有差异，当选。

复选项 III：不是必须要假设的，上述左右对照实验要成立，只需要保证 H 国和 K 国的气候状况相同即可，与气候状况是否会影响粮食收成无关。（这一点尤为重要，一定要注意理解！）

故正确答案为 D 选项。

例 13.26 以下哪项如果为真，最能削弱上述论证？

A. H 国种植的主要谷物品种不是 K 国种植的主要谷物品种。

B. H 国一些谷物不适合在 K 国生长。

C. K 国一些谷物不适合在 H 国生长。

D. H 国的北方邻国 J 国近年的粮食收成呈下降趋势。

E. H 国集中的经济模式使有限的粮食得到了最合理的分配。

【解析】要削弱上述论证，就要表明上述对照实验不成立，除了经济模式之外，H 国和 K 国还有其他差异。

A 选项：表明 H 国和 K 国的主要谷物品种不同，是谷物品种的差异导致两国收成不同，可以削弱。

B、C 两项："一些"的数量范围是 1~全部，是否会对收成产生影响呢？未知，无法削弱。

D 选项：J 国情况与 H 国和 K 国无关，排除。

E 选项：题干论证与"分配"无关，排除。

故正确答案为 A 选项。

例 13.27 在经历了全球范围的股市暴跌的冲击以后，T 国政府宣称，它所经历的这场股市暴跌的冲击，是由于最近国内一些企业过快的非国有化造成的。

以下哪项，如果事实上是可操作的，最有利于评价 T 国政府的上述宣称？

A. 在宏观和微观两个层面上，对 T 国一些企业最近的非国有化进程的正面影响和负面影响进行对比。

B. 把 T 国受这场股市暴跌的冲击程度，和那些经济情况和 T 国类似，但最近没有实行企业非国有化的国家所受到的冲击程度进行对比。

C. 把 T 国受这场股市暴跌的冲击程度，和那些经济情况和 T 国有很大差异，但最近同样实行了企业非国有化的国家所受到的冲击程度进行对比。

D. 计算出在这场股市风波中 T 国的个体企业的平均亏损值。

E. 运用经济计量方法预测 T 国的下一次股市风波的时间。

【解析】T国政府的宣称是一个因果关系。

因：一些企业过快的非国有化。

果：股市暴跌。

要评价该因果关系是否成立，最直接的方法是构建对照实验的模型：

T国： 实行企业非国有化　　　　股市暴跌

他国：未实行企业非国有化　　　股市未暴跌（说明题干因果关系成立）

　　　　　　　　　　　　　　　股市暴跌（说明题干因果关系不成立）

A选项：对比非国有化的正面影响和负面影响与题干中的因果关系无关，排除。

B选项：与上述分析一致，构成了对照实验，正确。

C选项：如果经济情况和T国有很大差异，那么该国所受到的冲击程度是否与企业非国有化有关就无法判断了，排除。

D、E两项："平均亏损值""下一次股市风波的时间"与题干论证无关，排除。

故正确答案为B选项。

7. 整体与部分的关系

模型特点
①论据给出整体的情况，进而推出部分。 ②论据给出部分的情况，进而推出整体

题型	第一思路	备注
削弱	①整体具有的性质部分未必具有。 ②部分具有的性质整体未必具有	要看清楚题干中的论证过程，是由整体推部分，还是部分推整体
支持、假设	整体与部分的情况相似，二者性质一致	

例13.28 公达律师事务所以为刑事案件的被告进行有效辩护而著称，成功率达90％以上。老余是一位以专门为离婚案件的当事人成功辩护而著称的律师。因此，老余不可能是公达律师事务所的成员。

以下哪项最为确切地指出了上述论证的漏洞？

A. 公达律师事务所具有的特征，其成员不一定具有。

B. 没有确切指出老余为离婚案件的当事人辩护的成功率。

C. 没有确切指出老余为刑事案件的当事人辩护的成功率。

D. 老余具有的特征，其所在工作单位不一定具有。

E. 没有提供公达律师事务所统计数据的来源。

【解析】论据：公达律师事务所以处理刑事案件著称，老余不以处理刑事案件著称。

结论：老余不可能是公达律师事务所的成员。

上述论证中的漏洞：其认为整体（公达律师事务所）具有的特点（以处理刑事案件著称），

个体（事务所成员）也应该具有，而老余不具有，所以老余不是该律师事务所的成员。事实上，整体具有的特点个体并不一定具有，A 选项指出了上述论证存在的漏洞。

故正确答案为 A 选项。

例 13.29 舞蹈学院的张教授批评本市芭蕾舞团最近的演出没能充分表现古典芭蕾舞的特色。他的同事林教授认为这一批评是个人偏见。作为芭蕾舞技巧专家，林教授考察过芭蕾舞团的表演者，结论是每一位表演者都拥有足够的技巧和才能来表现古典芭蕾舞的特色。

以下哪项最为恰当地概括了林教授反驳中的漏洞？

A. 他对张教授的评论风格进行攻击而不是对其观点加以批驳。

B. 他无视张教授的批评意见是与实际情况相符的。

C. 他仅从维护自己的权威地位的角度加以反驳。

D. 他依据一个特殊事例轻率概括出一个普遍结论。

E. 他不当地假设，如果一个团体每个成员具有某种特征，那么这个团体就总能体现这种特征。

【解析】张教授：芭蕾舞团最近的演出没能充分表现古典芭蕾舞的特色。

林教授：芭蕾舞团的每一位表演者都能表现古典芭蕾舞的特色，所以张教授的观点不对。

林教授是认为，每一个个体都有的特点整体就应该具有，而这一论证并不成立，因为个体与整体的性质不同，每一个个体都具有的特点整体并不一定具有，E 选项指出了林教授的反驳中的漏洞。

故正确答案为 E 选项。

8. 平均数陷阱

模型特点
题干论证中给出某个对象群体的平均数情况，进而得出结论

题型	第一思路	备注
削弱	该对象的情况两极分化严重，平均数无法代表大多数群体的情况，结论不可靠	这一模型如果能准确识别，解题非常轻松。除了"平均"这一词语之外，"每天""每年"等也是平均数的标志词
支持、假设	该对象的情况接近，平均数具有说服力	

例 13.30 李工程师：在日本，肺癌病人的平均生存年限（从确诊至死亡的年限）是 9 年，而在亚洲的其他国家，肺癌病人的平均生存年限只有 4 年。因此，日本在延长肺癌病人生命方面的医疗水平要高于亚洲的其他国家。

张研究员：你的论证缺乏充分的说服力。因为日本人的自我保健意识总体上高于其他的亚洲人，因此，日本肺癌患者的早期确诊率要高于亚洲其他国家。

以下哪项如果为真，能最为有力地指出李工程师论证中的漏洞？

A. 亚洲一些发展中国家的肺癌患者是死于由肺癌引起的并发症。

B. 日本人的平均寿命不仅居亚洲之首，而且居世界之首。

C. 日本的胰腺癌病人的平均生存年限是 5 年，接近于亚洲的平均水平。

D. 日本医疗技术的发展，很大程度上得益于对中医的研究和引进。

E. 一个数大大高于某些数的平均数，不意味着这个数高于这些数中的每个数。

【解析】论据：日本肺癌病人的平均生存年限比亚洲其他国家长。

结论：日本在延长肺癌病人生命方面的医疗水平要高于亚洲的其他国家。

此论证中涉及了"平均生存年限"这个平均数，要注意，虽然亚洲其他国家肺癌病人的平均生存年限只有 4 年，但并不代表每个国家肺癌病人的平均生存年限都是 4 年，可能有的是 20 年，有的是 10 年，有的是 10 个月，所以虽然日本的 9 年大于其他国家的 4 年，但无法推出日本在延长肺癌病人生命方面的医疗水平高于其他国家的结论。

故正确答案为 E 选项。

例 13.31 受多元文化和价值观的冲击，甲国居民的离婚率明显上升。最近一项调查表明，甲国的平均婚姻存续时间为 8 年。张先生为此感慨，现在像钻石婚、金婚、白头偕老这样的美丽故事已经很难得，人们淳朴的爱情婚姻观一去不复返了。

以下哪项如果为真，最可能表明张先生的理解不确切？

A. 现在有不少闪婚一族，他们经常在很短的时间里结婚又离婚。

B. 婚姻存续时间长并不意味着婚姻的质量高。

C. 过去的婚姻主要由父母包办，现在主要是自由恋爱。

D. 尽管婚姻存续时间短，但年轻人谈恋爱的时间比以前增加很多。

E. 婚姻是爱情的坟墓，美丽感人的故事更多体现在恋爱中。

【解析】论据：离婚率明显上升，平均婚姻存续时间仅为 8 年。

结论：像钻石婚等这样美丽的故事已经很难得，人们淳朴的爱情婚姻观一去不复返了。

A 选项：平均数陷阱。正是因为闪婚一族的婚姻存续时间短，使平均婚姻存续时间看起来很短，该平均数并不能代表大多数人的情况，事实上存续时间长的婚姻还是有很多的，表明张先生的理解并不确切。

B 选项：题干与婚姻的质量无关，无法削弱。

C 选项：父母包办或自由恋爱，对婚姻存续时间有什么影响呢？未知，无法削弱。

D、E 两项：选项谈论的是"恋爱"而非"婚姻"，与题干论证无关，无法削弱。

故正确答案为 A 选项。

9. 左右撇子模型

模型特点
论据：某特定群体 A 中 B 占比高（低）。 结论：A 和 B 有因果关系

题型	第一思路
削弱	在总体中，B 的占比本来就高（低），所以 A 中 B 占比高（低）很正常，无法说明 A 和 B 有因果关系
支持、假设	在总体中，B 的占比本来不高（低），但是在 A 中，B 占比高（低），说明 A 和 B 很可能存在因果关系

【思考】已知在考上研究生的人中，左撇子占 20%，右撇子占 80%，请问是否可以判断出左撇子还是右撇子更容易考上研究生呢？

答：不能。因为在所有人中，右撇子所占比例本来就比较大，所以在考上研究生的人中右撇子比例大是正常的，并不能说明谁更容易考上。所以，要想判断谁更容易考上，还要知道在所有人中左、右撇子所占的比例。

（1）在所有人中，左撇子占 20%，右撇子占 80%，此时谁更容易考上研究生呢？

答：一样容易。因为无论是在所有人中，还是在考上研究生的人中，左、右撇子所占比例是一样的，说明二者没有差异，考上研究生的概率一样。

（2）在所有人中，左撇子占 1%，右撇子占 99%，此时谁更容易考上研究生呢？

答：左撇子更容易。因为在所有人中左撇子所占比例较低，只有 1%，但在已经考上研究生的人中左撇子所占比例上升至 20%，说明左撇子更容易考上研究生。

（3）在所有人中，左撇子占 90%，右撇子占 10%，此时谁更容易考上研究生呢？

答：右撇子更容易。因为在所有人中左撇子所占比例较高，有 90%，但在考上研究生的人中左撇子所占比例下降至 20%，说明左撇子更不容易考上研究生，而右撇子更容易考上研究生。

可将上述模型总结如下。

	左撇子	右撇子	
考上的人	20%	80%	
所有的人	= 20%	= 80%	结论：一样容易
所有的人	< 20%	> 80%	结论：左撇子更容易
所有的人	> 20%	< 80%	结论：右撇子更容易

例 13.32 在电影界也同样存在对女性的不公正，《好莱坞报道》评论说，在过去的十年中，妇女从事电影幕后工作的人数虽有增长，但在"学院奖"的评选中，最佳制片、导演、编剧、剪辑、摄影等几项重要的奖项的男女获奖比例仅为 8 : 1。

以下哪项如果为真，能对上述论断提出最有力的质疑？

A. "学院奖"的评选完全是一个匿名投票的过程，很难说有什么偏向。

B. 是否获得"学院奖"并不是衡量电影成就的唯一标准。

C. 妇女从事制片、导演、编剧、剪辑、摄影这几项幕后工作的人数不到男性的十分之一。

D. 在电影表演、新闻媒介和服装设计等诸多领域中，女性尽管从业人数众多，但真正干得出色的还是男性。

E."学院奖"的评委多数是男性。

【解析】论据：在获奖的人员中，男女比例为8∶1，男性比女性多。

结论：对女性不公正。

此论证给出了获奖人员中的男女比例，但从事电影幕后工作的所有人员中男女比例如何呢？未知。如果在所有人员中男性本来就比女性多，那么获奖的人数多也是正常情况，无法说明电影界对女性不公正，我们可以用模型进行分析。

	女性	男性	
获奖者	1	8	
所有人	= 1	= 8	结论：对女性公正
所有人	< 1	> 8	结论：对女性公正
所有人	> 1	< 8	结论：对女性不公正

从上述分析可知，如果在所有人中女性与男性的比例小于1∶8，说明女性从业者本来就比男性少得多，那么女性获奖的人数少就非常正常。C选项表明女性与男性比例小于1∶10，运用这个思路质疑了题干。

故正确答案为C选项。

例13.33 对某高校本科生的某项调查统计发现，在因成绩优异被推荐免试攻读硕士研究生的文科专业生中，女生占有70%。由此可见，该校本科生文科专业的女生比男生优秀。

以下哪项如果为真，能最有力地削弱上述结论？

A. 在该校本科文科专业学生中，女生占30%以上。

B. 在该校本科文科专业学生中，女生占30%以下。

C. 在该校本科文科专业学生中，男生占30%以下。

D. 在该校本科文科专业学生中，女生占70%以下。

E. 在该校本科文科专业学生中，男生占70%以上。

【解析】论据：被推荐免试攻读硕士研究生的文科专业生中，女生占有70%。

结论：该校本科生文科专业的女生比男生优秀。

仅用推荐免试攻读硕士研究生的学生中女生所占比例较大无法推出女生更优秀的结论，因为有可能在该校中女生所占比例本来就较大。例如：该校共100人，其中有91个女生，9个男生；被推荐免试攻读硕士研究生的学生中有21个女生，9个男生，女生占比为70%，但是所有的男生均被推免，而女生却只有一小部分被推免，显然无法得出女生比男生优秀的结论。所以要削弱题干的论证，只需要表明该校本科生文科专业学生中女生占比高于70%，或者男生占比低于30%即可。

也可用模型进行分析。

	女生	男生	
推免生中	70%	30%	
该校本科生文科专业学生中	= 70%	= 30%	结论：一样优秀
该校本科生文科专业学生中	< 70%	> 30%	结论：女生更优秀
该校本科生文科专业学生中	> 70%	< 30%	结论：男生更优秀

故正确答案为 C 选项。

例 13.34~ 例 13.35 基于以下题干：

某校的一项抽样调查显示：该校经常泡网吧的学生中家庭经济条件优越的占 80%；学习成绩下降的也占 80%，因此家庭条件优越是学生泡网吧的重要原因，泡网吧是学习成绩下降的重要原因。

例 13.34 以下哪项为真，最能削弱上述论证？

A. 该校位于高档住宅区且学生 9 成以上家庭条件优越。

B. 经过清理整顿，该校周围网吧符合规范。

C. 有的家庭条件优越的学生并不泡网吧。

D. 家庭条件优越的家长并不赞成学生泡网吧。

E. 被抽样调查的学生占全校学生的 30%。

【解析】题干论证：

论据 1：该校经常泡网吧的学生中家庭经济条件优越的占 80%。

结论 1：家庭条件优越是学生泡网吧的重要原因。

论据 2：该校经常泡网吧的学生中学习成绩下降的占 80%。

结论 2：泡网吧是学习成绩下降的重要原因。

从选项来看，选项中提及"家庭条件优越"这个词居多，因此我们从这个方面入手解题。要想得到"家庭条件优越是学生泡网吧的重要原因"这一结论，需要比较（1）"家庭经济条件优越的学生 / 全校学生"与（2）"泡网吧的学生中家庭经济条件优越的学生 / 泡网吧的学生"这两个比例，如果数值（1）≥数值（2），则说明家庭条件优越不是学生泡网吧的重要原因；如果数值（1）＜数值（2），则说明家庭条件优越是学生泡网吧的重要原因。此题要削弱题干的论证，只要表明数值（1）≥数值（2）即可。

也可用模型进行分析。

	优越	不优越	
泡网吧的学生中	80%	20%	
该校全体学生中	= 80%	= 20%	结论：家庭条件优越与泡网吧无关
该校全体学生中	< 80%	> 20%	结论：家庭条件优越是学生泡网吧的重要原因
该校全体学生中	> 80%	< 20%	结论：家庭条件优越不是学生泡网吧的重要原因

A 选项：家庭经济条件优越的学生 / 全校学生 =90% > 80%，可以削弱，正确。

B 选项：与题干论证无关，排除。

C 选项：有的家庭条件优越的学生并不泡网吧，可以削弱题干论证，但是"有的"数量范围未知，力度较弱，排除。

D 选项：学生是否泡网吧与家长是否赞同无关，排除。

E 选项：如果抽取的样本有代表性，则题干论证依然成立，无法削弱，排除。

故正确答案为 A 选项。

例 13.35 以下哪项为真，最能加强上述论证？

A. 该校是市重点学校，学生的成绩高于普通学校。

B. 该校狠抓教学质量，上学期半数以上学生的成绩都有明显提高。

C. 被抽样调查的学生多数能如实填写问卷。

D. 该校经常做这种形式的问卷调查。

E. 该项调查的结果已上报，受到了教育局的重视。

【解析】从选项来看，选项中提及"学生的成绩"这个词居多，因此我们从这个方面入手解题。要想得到"泡网吧是学习成绩下降的重要原因"这一结论，需要比较（1）"学习成绩下降的学生/全校学生"与（2）"泡网吧的学生中学习成绩下降的学生/泡网吧的学生"这两个比例。如果数值（1）≥数值（2），则说明泡网吧不是学习成绩下降的重要原因；如果数值（1）＜数值（2），则说明泡网吧是学习成绩下降的重要原因。此题要加强题干的论证，只要表明数值（1）＜数值（2）即可。

A、D、E 三项：与题干论证无关，无法加强，排除。

B 选项：半数以上学生的成绩有明显提高，即成绩下降的学生/全校学生＜50%，可以加强。

C 选项：即使如实填写问卷也无法加强题干的论证，排除。

故正确答案为 B 选项。

10. 绝对数相对数

模型特点
论据：给出绝对数或相对数。
结论：根据该数据进行推断，得出结论

论证结构	解题思路	注意
①分子变大，所以比例会变大。 ②分母变大，所以比例会变小。 ③比例变大，所以分子会变大。 ④比例变小，所以分子会变小	①削弱（支持）：分母在（不）变大。 ②削弱（支持）：分子在（不）变大。 ③削弱（支持）：分母在（不）变小。 ④削弱（支持）：分母在（不）变大。	绝对数：通常由统计得出，例如人数、产值等。 相对数：通常由分子/分母计算得出

例 13.36 在过去的十年中，由美国半导体工业生产的半导体增加了 200%，但日本半导体工业生产的半导体增加了 500%，因此，日本现在比美国制造的半导体多。

以下哪项为真，最能削弱以上命题？

A. 在过去五年中，由美国半导体工业生产的半导体增长仅100%。

B. 过去十年中，美国生产的半导体的美元价值比日本生产的高。

C. 今天美国半导体出口在整个出口产品中所占的比例比十年前高。

D. 十年前，美国生产的半导体占世界半导体的90%，而日本仅占2%。

E. 十年前，日本生产的半导体是世界第4位，而美国列第1位。

【解析】论据：美国增加200%，日本增加500%。（相对数）

结论：日本现在比美国制造的半导体多。（绝对数）

相对数是由分子和分母共同决定的，如果基数比较小，即使增加的百分比高，也无法说明绝对数高。题干信息中缺少美国和日本半导体的基数信息，应在选项中寻找相关信息加以补充。

A、B、C三项：无关选项，题干论证与"过去五年美国的增长""美元价值""出口比例"无关，排除。

D选项：表明美国的基数比日本高很多，所以即使日本增加的比例大，但绝对数量依然较小，可以削弱，正确。

E选项：力度较弱，虽然也可以表明美国的基数比日本大，但是第1名和第4名之间的差距有多大呢？未知，如果差距较小，那么题干论证依然有可能成立，排除。

故正确答案为D选项。

例13.37 针对当时建筑施工中工伤事故频发的严峻形势，国家有关部门颁布了《建筑业安全生产实施细则》（以下简称《细则》）。但是，在《细则》颁布实施两年间，覆盖全国的统计显示，在建筑施工中伤亡职工的数量每年仍有增加。这说明，《细则》并没有得到有效的实施。

以下哪项如果为真，最能削弱上述论证？

A. 在《细则》颁布后的两年中，施工中的建筑项目的数量有了大的增长。

B. 严格实施《细则》，将不可避免地提高建筑业的生产成本。

C. 在题干所提及的统计结果中，在事故中死亡职工的数量较《细则》颁布前有所下降。

D.《细则》实施后，对工伤职工的补偿金和抚恤金的标准较前有所提高。

E. 在《细则》颁布后的两年中，在建筑业施工的职工数量有了很大的增长。

【解析】论据：《细则》颁布实施两年间，伤亡职工数量每年仍有增加。（绝对数）

结论：《细则》并没有得到有效的实施。

衡量《细则》是否得到有效的实施，应该参考的是伤亡率这一相对数，伤亡率=伤亡人数/建筑业施工职工总数，题干中缺少分母，应补充建筑业施工职工总数这一信息。

A选项：无关选项，建筑项目数量≠建筑施工人数，与伤亡率无关，排除。

B、C、D三项：无关选项，"生产成本""死亡职工的数量""补偿金和抚恤金的标准"均与题干论证过程无关，排除。

E选项：表明虽然分子（伤亡人数）增加了，但是分母（建筑业施工的职工总数）也在增加，所以比例并不一定变大，也就无法得出结论，可以削弱，正确。

故正确答案为 E 选项。

例13.38 飞驰汽车制造公司同时推出飞鸟和锐进两款春季小型轿车。两款轿车以新颖的造型受到购车族的欢迎。两款轿车销售时都带有轿车安全性能和出现一般问题时的处理说明书以及使用轿车一年后的意见反馈表。飞鸟轿车购车族的 56% 同时购买了轿车保险，锐进轿车购车族的 82% 同时购买了轿车保险，一年后，锐进轿车出现问题的反馈表是飞鸟轿车的四倍，由此可见，锐进轿车的质量比飞鸟轿车的质量差，锐进轿车的购车者同时购买轿车保险的数量比飞鸟轿车多是有一定道理的。

下面哪一项如果为真，最有助于加强上述论述？

A. 飞鸟轿车购车族的平均年龄比锐进轿车购车族的平均年龄低。

B. 飞鸟轿车情况反馈表比锐进轿车情况反馈表更完善，需要花费更多的时间完成表格的填写。

C. 飞驰汽车制造公司收到的飞鸟轿车投诉信数量是锐进轿车的两倍。

D. 购买飞鸟轿车的客户数量是购买锐进轿车的两倍。

E. 飞鸟轿车的广告是锐进轿车的两倍，其良好的质量广为人知。

【解析】论据：锐进轿车出现问题的反馈表是飞鸟的四倍（绝对数）。

结论：锐进轿车的质量比飞鸟轿车的质量差（相对数）。

衡量哪种轿车的质量好，应该参考的是反馈率这一相对数，而不是哪种轿车反馈多这一绝对数。所以要支持上述结论，应该表明锐进轿车的反馈率比飞鸟轿车高。

反馈率＝反馈数/购车者总数。题干信息中缺少分母，应补充两种轿车的购车者总数这一信息。

A、B、E 三项：无关选项，题干论证与"购车族平均年龄""完成表格的时间""广告数量"无关，排除。

C 选项：如果飞鸟轿车的投诉信比锐进轿车多，说明飞鸟轿车质量可能比锐进轿车差，也可以说明题干中只通过反馈表来体现轿车质量的好坏并不全面，削弱了题干，排除。

D 选项：购买锐进轿车的客户数量比飞鸟轿车少，但是收到的反馈表却更多，说明锐进轿车质量确实比飞鸟轿车差，正确。

故正确答案为 D 选项。

四、配套练习：媛选好题

1. 年轮，指树木在一年内生长所产生的一个层，它出现在横断面上，好像一个（或几个）轮。从年轮中可以看出很多东西，例如，春夏季气温、水分等环境条件较好，植物生长快，形成的木质部较稀疏，颜色较浅；而秋冬季环境条件较恶劣，木质部较密，颜色较深。又如，树干朝南一面受阳光照射较多，径向生长速度快，因此茎干南面的年轮较宽；背阴朝北的一面，年轮则明显狭窄。科学家发现，过长的霜冻会在生长在温带的落叶树上产生霜冻年轮。最近在南极洲发现的落叶树的化石中没有一个有霜冻年轮。因此，在南极洲，这些已形成化石的树木在生长的时候，不大可能发生过这种霜冻现象。

以上论述依据下面哪项假设？

A. 南极洲的一些非落叶性树木化石上有霜冻年轮。

B. 落叶树比其他树种更容易产生霜冻年轮。

C. 这种有霜冻年轮的树木化石经常被发现。

D. 现在的落叶树比古代南极洲的落叶树对温度的变化更敏感。

E. 形成化石的过程不会改变落叶树的年轮形态。

2. 在地质史上，冰川曾多次滑过地球表面，冲击刻画过大地，形成许多湖泊和沼泽。最早的一次冰河时代发生在大约20亿年前。在加拿大南部，从东向西绵延1 000英里的地面上，有一系列原始冰川的沉积物。针对地球冰川的研究发现，当冰川之下的火山开始喷发后，会快速产生蒸汽流，爆炸式穿透冰层，释放灰烬进入高空，并且产生出沸石、硫化物和黏土等物质。日前人们发现，在火星表面的一些圆形平顶山丘也探测到了这些物质，并且广泛而大量地存在。因此，人们推测火星早期是覆盖着冰原的，那里曾有过较多的火山活动。

要得到上述结论，需要补充的前提是：

A. 近日火星侦察影像频谱仪发现，火星南极存在火山。

B. 火星地质活动不活跃，地表地貌大部分形成于远古较活跃的时期。

C. 沸石、硫化物和黏土这三类物质是在冰川下的火山活动后才会产生的独特物质。

D. 在火星平顶山丘的岩石中发现了某种远古细菌，说明这里很可能曾经有水源。

E. 火星早期的火山活动没有给火星带来危害。

3. 某国连续四年的统计表明，在夏令时改变的时间里比其他时间里的车祸率高4%。这些统计结果说明时间的改变严重影响了某国司机的注意力。

得出这一结论的前提条件是：

A. 该国的司机和其他国家的司机有相同的驾驶习惯。

B. 被观察到的事故率的增加几乎都归因于小事故数量的增加。

C. 关于交通事故发生率的研究，至少需要五年的观察。

D. 没有其他的诸如学校假期和节假日导致车祸增加的因素。

E. 一年中任何其他时间的改变不会影响事故率增加。

4. 一个随机抽取的顾客样本群体对一项市场调查中的问题做了回答。六个月后，另一个随机抽取的顾客样本群体回答了相同的问题，只是问题排列的顺序有所调整。两组样本对许多单个问题的回答方式有很大的区别，这表明有时排在前面的问题不同就会导致对后面问题的不同回答。

为了使上述论证成立，以下哪项是必须假设的？

A. 对问题的重新排列并没有使六个月后的每一个问题的前后顺序都发生变化。

B. 回答市场调查问题的顾客六个月后通常记不住他们当初的回答。

C. 第二次调查的目的是使市场调查更加精确。

D. 顾客不会在一年中的不同时间对这些问题做出不同的回答。

E. 第一次调查样本中的顾客与第二次调查样本中的顾客不是完全不同的。

5. 绿叶幼儿园家长委员会建议幼儿园把管理费降低5%~10%，这一建议实行是有风险的。尽管家长可以因此减少每月的托儿费，但是为应付幼儿园服务质量下降引发的问题而付出的费用可能会更多。

以下哪项最可能是上述论证的假设？

A. 现在有许多幼儿园的管理费标准过高。

B. 现在有许多幼儿园的管理费并不算高。

C. 管理费降低很可能使幼儿园降低服务质量。

D. 绿叶幼儿园的管理费本来就低于同行业的平均水平。

E. 对于幼儿园来说，减少管理费必然会使工作人员收入降低。

6. 台风是大自然最具破坏性的灾害之一。有研究表明：通过向空中喷洒海水水滴，增加台风形成区域上空云层对日光的反射，那么台风将不能聚集足够的能量，这一做法将有效阻止台风的前进，从而避免更大程度的破坏。

上述结论的成立需要补充以下哪项作为前提？

A. 喷洒到空中的水滴能够在云层之上重新聚集。

B. 人工制造的云层将会对邻近区域的降雨产生影响。

C. 台风经过时，常伴随着大风和暴雨等强对流天气。

D. 台风前进的动力来源于海水表面日光照射所产生的热量。

E. 台风会对建筑和人们的生活造成危害。

7. 尽管计算机可以帮助人们进行沟通，计算机游戏却妨碍了青少年沟通能力的发展。他们把上课之外的时间都花费在玩游戏上，而不是与人交流上。所以说，把上课之外的时间花费在玩游戏上的青少年沟通能力比其他孩子弱。

以下哪项是上述议论最可能的假设？

A. 一些被动的活动，如看电视和听音乐，并不会阻碍孩子们的沟通能力的发展。

B. 大多数孩子在玩电子游戏之外还有其他事情可做。

C. 在上课之外的时间不玩计算机游戏的孩子至少有一些时候在与人交流。

D. 传统的教育体制对增强孩子们与人交流的能力没有帮助。

E. 由玩计算机游戏带来的思维能力的增强对孩子们的智力开发并没有实质性的益处。

8. 无论是工业用电还是民用电，现行的电价格一直偏低。某区推出一项举措，对超出月额定数的用电量，无论是工业用电还是民用电，一律按上调高价收费。这一举措将对该区的节约用电产生重大的促进作用。

上述举措要达到预期的目的，以下哪项必须是真的？

Ⅰ. 有相当数量的浪费用电是因为电价格偏低而造成的。

Ⅱ.有相当数量的用户是因为电价格偏低而浪费用电的。

Ⅲ.超额用电价格的上调幅度一般足以对浪费用电的用户产生经济压力。

A. Ⅰ、Ⅱ和Ⅲ。　　　　　　B. 仅Ⅰ和Ⅱ。　　　　　　C. 仅Ⅰ和Ⅲ。

D. 仅Ⅱ和Ⅲ。　　　　　　E. Ⅰ、Ⅱ和Ⅲ都不必须是真的。

9. 如今的音像市场上,正版的激光唱盘和影视盘销售不佳,而盗版的激光唱盘和影视盘却屡禁不绝,销售非常火爆。有的分析人员认为,这主要是因为价格上盗版盘更有优势,所以在市场上更有活力。

以下哪项是这位分析人员在分析中隐含的假定?

A. 正版的激光唱盘和影视盘往往内容呆板,不适应市场的需要。

B. 与价格的差别相比,正版盘、盗版盘的质量差别不大。

C. 盗版的激光唱盘和影视盘比正版的盘进货渠道畅通。

D. 正版的激光唱盘和影视盘不如盗版的盘销售网络完善。

E. 加强知识产权的保护和对盗版行为的打击使得盗版盘的价格上涨。

10. 国家教育主管部门的有关负责人说:"总的来说,现在的大学生的家庭困难情况比起以前有了大幅度的改观。这种情况十分明显,因为现在课余要求学校安排勤工俭学的人越来越少了。"

上面的结论是由下列哪个假设得出的?

A. 现在的大学生父母的收入随着改革开放的深入发展而增加,使得大学生不再靠勤工俭学来养活自己了。

B. 尽管家境有了改善,也应当参加勤工俭学来锻炼自己的全面能力。

C. 课余要求学校安排勤工俭学是学生家庭是否困难的一个重要的标志。

D. 大学生把更多的时间用在学业上,勤工俭学的人就少起来了。

E. 学校安排的勤工俭学报酬相对越来越低。

答案速查: ECDDC DCCBC

1. **【解析】** 论据:过长的霜冻会产生霜冻年轮,在南极洲发现的落叶树的化石中没有一个有霜冻年轮。

结论:在南极洲,这些已形成化石的树木生长时不大可能发生过这种霜冻现象。

最近发现的化石与树木生长时存在巨大的时间差,如果在形成化石的过程中年轮形态发生了改变,那么虽然在化石中没有发现霜冻年轮,但仍然可能在以前发生过霜冻现象,E选项排除了年轮形态发生改变这种可能性,使题干论证成立。

A选项:题干论证的对象为"落叶树",与"非落叶树"无关,排除。

B选项:题干论证并未提及落树叶与其他树种产生霜冻年轮的难易程度,选项与题干无关,排除。

C选项:与题干论证过程无关,排除。

D选项:题干论证并未涉及"现在"与"过去"的落叶树对温度变化的敏感度的比较,排除。

故正确答案为E选项。

2. 【解析】论据：冰川之下的火山喷发后，会产生沸石、硫化物和黏土等物质；在火星表面探测到了沸石、硫化物和黏土等物质。

结论：火星早期是覆盖着冰原的，那里曾有过较多的火山活动。

A 选项：与题干论证过程无关，排除。

B 选项：未提及沸石、硫化物和黏土等物质与火山活动的关系，排除。

C 选项：建立了沸石、硫化物和黏土等物质与火山活动的关系，能够使题干论证成立，正确。

D 选项：是否有水源与题干论证无关，排除。

E 选项：火山活动是否给火星带来危害与题干论证无关，排除。

故正确答案为 C 选项。

3. 【解析】论据：在夏令时改变的时间里比其他时间里的车祸率高 4%。

结论：时间的改变严重影响了某国司机的注意力。

A 选项：题干论证与"其他国家"无关，排除。

B 选项：未说明小事故数量增加是否与时间的改变有关，排除。

C 选项：说明题干的研究时长有缺陷，对题干论证起到了削弱作用，排除。

D 选项：排除了其他原因导致车祸增加的可能性，说明时间的改变确实是车祸增加的原因，正确。

E 选项：说明时间的改变不会导致事故率增加，削弱题干论证，排除。

故正确答案为 D 选项。

4. 【解析】论据：相隔六个月做的两次调查，问题的顺序不同导致回答方式不同。

结论：有时排在前面的问题不同就会导致对后面问题的不同回答。

A 选项：假设过强，要得出问题顺序影响回答的结论，只需要调整一部分问题的顺序即可，排除。

B、C 两项：与题干论证无关，排除。

D 选项：排除了调查时间不同导致对问题的回答不同这种情况，选项是必须要假设的，正确。

E 选项："不是完全不同"即有的顾客是相同的，有多少顾客相同呢？问题的回答是否会因为顾客不同而不同呢？未知，不需假设，排除。

故正确答案为 D 选项。

5. 【解析】论据：绿叶幼儿园家长委员会建议幼儿园把管理费降低 5%~10%，这一建议实行有风险。

结论：家长为应付幼儿园服务质量下降引发的问题而付出的费用可能会更多。

A、B 两项：题干论证只与绿叶幼儿园有关，与其他幼儿园无关，排除。

C 选项：表明管理费的降低与幼儿园服务质量的降低有关系，建立联系，正确。

D、E 两项：无关选项，"管理费低于平均水平""使工作人员收入降低"与题干论证无关，排除。

故正确答案为 C 选项。

6. 【解析】论据：向空中喷洒海水水滴会增加台风形成区域上空云层对日光的反射，从而会使台风不能聚集足够的能量。

结论：这一做法将有效阻止台风的前进，从而避免更大程度的破坏。

A 选项：如果水滴能够在云层之上重新聚集，那么台风仍然有可能聚集足够的能量，无法阻止台风的前进，有一定的削弱作用，排除。

B 选项：题干论证与"邻近区域的降雨"无关，排除。

C 选项：题干论证与台风带来的强对流天气无关，排除。

D 选项：建立起"日光照射所产生的能量"与"台风的前进"之间的关系，表明喷洒海水水滴使台风无法聚集足够的能量确实可以阻止台风的前进，正确。

E 选项：台风的危害与题干论证无关，排除。

故正确答案为 D 选项。

7. 【解析】论据：计算机游戏使青少年把上课之外的时间都花费在玩游戏上，而不是与人交流上。

结论：这些青少年沟通能力比其他孩子弱。

C 选项：如果在上课之外的时间不玩计算机游戏的孩子也不与人交流，那么这两类孩子在沟通方面就没有差异，也就无法推出结论，所以题干论证要想成立，选项是必须要有的假设。

故正确答案为 C 选项。

8. 【解析】方法：对超出月额定数的用电量一律按上调高价收费。

目的：对该区的节约用电产生重大的促进作用。

复选项 Ⅰ：说明调高电价后，相当数量的浪费用电会被抑制，从而能达到节约用电的目的，正确。

复选项 Ⅱ：不需要假设，因为有可能大部分用户的用电量都比较小，即使让这部分用户不浪费用电，也无法起到节约用电的作用，排除。

复选项 Ⅲ：说明调高电价后确实会使用户不再浪费用电，建立联系，正确。

故正确答案为 C 选项。

9. 【解析】论据：盗版盘销售火爆（果）。

结论：因为盗版盘在价格上更有优势（因）。

A、C、D 三项：说明盗版盘销售火爆是其他原因造成的，削弱了题干的论证。

B 选项：表明盗版盘和正版盘在其他方面没有差异，排除他因，正确。

E 选项：无关选项，"盗版盘的价格上涨"与题干论证无关，排除。

故正确答案为 B 选项。

10. 【解析】论据：现在课余要求学校安排勤工俭学的人越来越少。

结论：现在的大学生的家庭困难情况比起以前有了大幅度的改观。

C 选项：表明课余要求学校安排勤工俭学与衡量学生的家庭困难情况确实有关，建立联系，正确。

故正确答案为 C 选项。

第十四章 解 释

考频统计

考试	管理类综合能力（199）										经济类综合能力（396）		
年度	2014	2015	2016	2017	2018	2019	2020	2021	2022	2023	2021	2022	2023
题量	2	1	3	1	0	0	0	1	2	1	1	0	0

备考指导

解释题型在真题中考查频率较高，这类题目只要找准解释对象，结合基本常识即可轻松解答。

本章导图

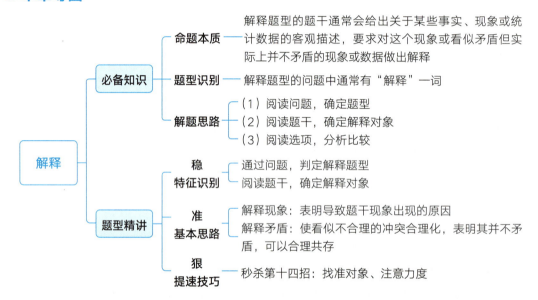

一、必备知识：命题本质、题型识别、解题思路

	解释
命题本质	解释题型的题干通常会给出关于某些事实、现象或统计数据的客观描述，要求对这个现象或看似矛盾但实际上并不矛盾的现象或数据做出解释
题型识别	解释题型的问题中通常有"解释"一词，主要问法有： （1）以下哪项如果为真，能最好地解释上面的矛盾？ （2）如果以上资料为真，则以下哪项最能解释上述这种看起来让人怀疑的结论？ （3）以下哪项如果为真，最有助于解释上述现象？ （4）以下各项如果是真的，都有助于解释上述看起来矛盾的断定，除了

解题思路	（1）阅读问题，确定是否为解释题型。 （2）阅读题干，确定需要解释的对象。解释题型中往往有转折词"然而""但是""却"等，转折词的前后一般就是矛盾或差异。 （3）阅读选项，分析和比较哪个选项能够将矛盾或现象说清楚、道明白

二、题型精讲：稳准狠

命题方向：解释现象、解释矛盾

稳 特征识别	（1）通过问题，判定解释题型。 （2）阅读题干，确定解释对象
准 基本思路	（1）解释现象：表明导致题干现象出现的原因。 （2）解释矛盾：使看似不合理的冲突合理化，表明其并不矛盾，可以合理共存
狠 提速技巧	**秒杀第十四招：找准对象、注意力度** 题目特征：解释现象或矛盾，选项中可能出现不只一个可以解释的选项。 命题思路：考查对解释对象、选项力度的把握。 答案特征：关注问题及转折词，寻找解释对象，锁定与题干强相关的、力度强的、明确的、直接的选项，这种选项往往为正确答案

例14.1 美国某大学医学院的研究人员在《小儿科杂志》上发表论文指出，在对2 702个家庭的孩子进行跟踪调查后发现，如果孩子在5岁前每天看电视超过2小时，他们长大后出现行为问题的风险将会增加1倍多。所谓行为问题是指性格孤僻、言行粗鲁、侵犯他人、难与他人合作等。

以下哪项最好地解释了上述论述？

A. 电视节目会使孩子产生好奇心，容易导致孩子出现暴力倾向。

B. 电视节目中有不少内容容易使孩子长时间处于紧张、恐惧的状态。

C. 看电视时间过长，会影响孩子与其他人的交往，久而久之，孩子便会缺乏与他人打交道的经验。

D. 儿童模仿能力强，如果只对电视节目感兴趣，长此以往，会阻碍他们分析能力的发展。

E. 每天长时间地看电视，容易使孩子神经系统产生疲劳，影响身心发展。

【解析】解释对象：为什么孩子看电视时间过长会导致性格孤僻等行为问题。

A、B、D三项：相关性较弱，这三项只是在阐述"电视节目"对孩子的影响，没有提及看电视"时间过长"的问题，排除。

C选项：可以解释，看电视时间过长会使孩子缺乏与他人打交道的经验，题干中的行为问题也是指与他人合作或者打交道的过程中呈现的问题，正确。

E选项："影响身心发展"与题干中的行为问题含义不一致，排除。

故正确答案为C选项。

例 14.2 当一只鱼鹰捕捉到一条白鲢、一条草鱼或一条鲤鱼而飞离水面时，往往会有许多鱼鹰几乎同时跟着飞聚到这一水面捕食。但是，当一只鱼鹰捕捉到的是一条鲶鱼时，这种情况却很少出现。

以下哪项如果为真，最能合理地解释上述现象？

A. 草鱼或鲤鱼比鲶鱼更符合鱼鹰的口味。

B. 在鱼鹰捕食的水域中，白鲢、草鱼和鲤鱼比较多见，而鲶鱼比较少见。

C. 在鱼鹰捕食的水域中，白鲢、草鱼和鲤鱼比较少见，而鲶鱼比较多见。

D. 白鲢、草鱼或鲤鱼经常成群出现，而鲶鱼则没有这种习惯。

E. 白鲢、草鱼和鲤鱼比鲶鱼较易被鱼鹰捕食。

【解析】 解释对象：鱼鹰捕捉到一条白鲢、草鱼或鲤鱼时与捕捉到一条鲶鱼时出现的情况不同。

D 选项：如果白鲢、草鱼或鲤鱼经常成群出现，而鲶鱼没有这种习惯，那么当一只鱼鹰捕捉到的是一条鲶鱼时，其他鱼鹰跟着飞聚到这一水域也没有多的鱼可捕，选项能很好地解释此现象。

其他选项均无法解释捕到鲶鱼与白鲢、草鱼或鲤鱼的差异情况。

故正确答案为 D 选项。

例 14.3 以低价出售日常家用小商品的零售商通常有上千雇员，其中大多数只能领取最低工资。随着国家法定最低工资额的提高，零售商的人力成本也随之大幅度提高。但是，零售商的利润非但没有降低，反而提高了。

以下哪项如果为真，最有助于解释上述看起来矛盾的现象？

A. 上述零售商的基本顾客，是领取最低工资的人。

B. 人力成本只占零售商经营成本的一半。

C. 在国家提高最低工资额的法令实施后，除了人力成本以外，零售商的其他经营成本也有所提高。

D. 零售商的雇员有一部分来自农村，他们都拿最低工资。

E. 在国家提高最低工资额的法令实施后，零售商降低了某些高薪雇员的工资。

【解析】 解释对象：零售商的人力成本大幅度提高；但是，零售商的利润反而提高了。

分析思路：利润＝收入－成本，为什么人力成本上升，利润没有下降反而上升了呢？解释思路有两种：(1) 收入上升；(2) 其他方面的成本下降。

A 选项：上述零售商的主要顾客群是领取最低工资的人，最低工资额提高了，这些消费者的可支配收入增加，消费很可能会随之增加，进而使得该零售商的收入增加，所以利润反而会提高，可以解释。

B 选项：人力成本占经营成本的一半，说明人力成本占比非常大，利润应该下降，排除。

C 选项：其他经营成本也有所提高，加剧了题干中的矛盾现象，排除。

D 选项："一部分"数量未知，不确定对成本的影响的大小，排除。

E 选项:"某些"有多少不确定,高薪雇员在总员工中的比例未知,而且高薪雇员工资也属于"人力成本",题干已明确提到"人力成本大幅度提高",排除。

故正确答案为 A 选项。

例 14.4 某保险公司计划推出一项医疗保险,对象是 60 岁以上经体检无重大疾病的老年人。投保者在有生之年如果患心血管疾病或癌症,则其医疗费用的 90% 将由保险公司赔付。为了吸引投保者,保险金又不能定得太高。有人估计保险金将不足以支付赔付金,因而会是个赔本生意。尽管如此,保险公司的老总们仍决定推出该项保险。

以下各项断定如果为真,其中哪项最不可能是老总们做出上述决策的依据?

A. 题干中的估计只是一种悲观的估计,事实上还存在着乐观的估计。

B. 推出这种带有明显折赔风险的险种,有利于树立保险公司的道义形象和信誉,而这有利于开拓更大的保险市场。

C. 随着全民健身的普及,中老年人中心血管疾病和癌症的发病率呈逐年下降的趋势。

D. 随着相关科研的深入和医疗技术的提高,对心血管疾病和癌症的检测和医治近年内将会出现突破性的进展。

E. 推出上述险种,可以从国际老年人福利基金组织申请资助。

【解析】解释对象:有人估计该项目可能会亏本;但是,老总们仍然决定推出该项目。

A 选项:可以解释,说明还存在乐观的估计,该项保险可能会有利可图,不一定会亏本。

B 选项:可以解释,说明该项保险有利于开拓市场,可以先损失一部分利润来取得今后更大的利润。

C 选项:可以解释,发病率下降,赔付金会比预计的少,可能会有利可图。

D 选项:无法解释,检测和医治有突破性进展会导致保险公司支付成本的上升,更有可能赔本,无法解释上述矛盾。

E 选项:可以解释,说明保险公司该项保险的损失会有所补偿,不一定会亏本。

故正确答案为 D 选项。

例 14.5 2010 年某省物价总水平仅上涨 2.4%,涨势比较温和,涨幅甚至比 2009 年回落了 0.6 个百分点。可是,普通民众觉得物价涨幅较高,一些统计数据也表明,民众的感觉有据可依。2010 年某月的统计报告显示,该月禽蛋类商品价格涨幅达 12.3%,某些反季节蔬菜涨幅甚至超过 20%。

以下哪项如果为真,最能解释上述看似矛盾的现象?

A. 人们对数据的认识存在偏差,不同来源的统计数据会产生不同的结果。

B. 影响居民消费品价格总水平变动的各种因素互相交织。

C. 虽然部分日常消费品涨幅很小,但居民感觉很明显。

D. 在物价指数体系中占相当权重的工业消费品价格持续走低。

E. 不同的家庭,其收入水平、消费偏好、消费结构都有很大的差异。

【解析】解释对象:2010 年某省物价总水平仅上涨 2.4%,涨势比较温和;但普通民众觉得物价涨幅较高，该感觉也有据可依，有些商品确实涨幅较高。

A 选项：民众的感觉是有据可依的，并不是对数据认识的偏差导致的，无法解释。

B 选项：虽然各种因素互相交织，但是仍然无法解释题干中的差距。

C 选项：有些商品确实涨幅很高，并不是居民的感觉有问题，无法解释。

D 选项：在整体物价中虽然有些商品涨幅较大，但是占相当权重的工业消费品价格持续走低，所以导致整体物价涨势比较温和，可以解释。

E 选项：不同的家庭收入和消费情况有差异，但是有些消费品涨幅高与物价总水平涨势温和之间的矛盾仍然无法解释。

故正确答案为 D 选项。

例 14.6 乘客使用手机及便携式电脑等电子设备会通过电磁波谱频繁传输信号，机场的无线电话和导航网络等也会使用电磁波谱，但电信委员会已根据不同用途把电磁波谱分成几大块。因此，用手机打电话不会对专供飞机通信系统或全球定位系统使用的波段造成干扰。尽管如此，各大航空公司仍然规定，禁止机上乘客使用手机等电子设备。

以下哪项如果为真，能解释上述现象？

Ⅰ．乘客在空中使用手机等电子设备可能对地面导航网络造成干扰。

Ⅱ．乘客在起飞和降落时使用手机等电子设备，可能影响机组人员工作。

Ⅲ．便携式电脑或者游戏设备可能导致自动驾驶仪出现断路或仪器显示发生故障。

A. 仅Ⅰ。　　　　　　B. 仅Ⅱ。　　　　　　C. 仅Ⅰ、Ⅱ。

D. 仅Ⅱ、Ⅲ。　　　　E. Ⅰ、Ⅱ和Ⅲ。

【解析】 解释对象：用手机等电子设备打电话不会对专供飞机通信系统或全球定位系统造成干扰；但是，各大航空公司仍然规定，禁止机上乘客使用手机等电子设备。

解释该现象，即表明禁止机上乘客使用电子设备的合理性。

复选项Ⅰ：可以解释，说明虽然电子设备对飞机通信系统或全球定位系统无影响，但是干扰了地面导航网络，可能会带来危险。

复选项Ⅱ：可以解释，说明机组人员的工作会受到电子设备的影响，所以禁止机上乘客使用。

复选项Ⅲ：可以解释，自动驾驶仪可以保持飞机姿态并且辅助驾驶员操纵飞机，而电子设备会对其产生干扰，所以禁止机上乘客使用电子设备是合理的。

注意：该题中三个复选项中均出现了"可能"这一力度词，虽然力度较弱，但从选项情况来看，可以忽略力度问题。

故正确答案为 E 选项。

三、配套练习：媛选好题

1. 为了更好地理解人类个性的特征及其发展，一些心理学家对动物的个性进行了研究。

以下各项如果为真，都能对上述行为提供解释，除了：

A. 人类和动物的行为都产生于类似的本能，但动物的本能较为明显。

B. 对人的某些实验受到法律的限制，但对动物的实验一般不受限制。

C. 和对动物的实验相比，对人的实验的费用较为昂贵。

D. 在数年中可完成对某些动物个体从幼年至老年个性发展的全程观察。

E. 对人的个性的科学理解，能为恰当理解动物的个性提供模式。

2. 1975 年以来，美国的麻疹等传统儿童疾病的发病率已经有了显著的下降。这一下降的同时伴随着儿童中的彼德森病（一种迄今为止罕见的病毒感染）发病率的上升。但是，很少有成年人被这种疾病侵袭。

下面哪项如果正确，最有助于解释儿童中的彼德森病发病率的上升？

A. 遗传因素部分决定了一个人易受导致彼德森病的病毒感染的程度。

B. 传统儿童疾病的减少和与之相随的彼德森病的增加没有在其他任何国家发现。

C. 得过麻疹的儿童形成了对导致彼德森病的病毒的免疫力。

D. 儿童时期没有得过麻疹的人到成年时可能得麻疹，在这种情况下疾病的后果一般会更加严重。

E. 那些得了彼德森病的人得水痘的危险增加了。

3. 全国最大的零售商报告了在过去的 6 个月中巨大的销售量。在这段销售旺盛的时间里，利润反倒比平时要少。这种情况不太寻常，因为通常而言，当销售量增加时，利润也会增加。

下列关于过去 6 个月的说法如果是正确的，哪一项最有助于解释以上不寻常的现象？

A. 由于利率下降，使得许多零售商可以增加存货，又不必支付较高的利息而减少利润。

B. 女士和儿童服装的销售额增加了 20%，而男士服装的销售额只有少量增加。

C. 两个最大的独立零售商想要以更低的价格购进商品。

D. 全国最大的零售商们通过急剧增加在广告上的费用来吸引更多的消费者。

E. 许多零售商为了在最近的消费增长中获益而提高了价格。

4. 治疗学家发现对那些不能戒烟或停止暴食并主动寻求帮助的人的治疗很少成功。从这些病例中，治疗学家得出结论：这些习惯是不可改变的，要克服它们是不可能的。但是调查的结果显示，上百万的人们戒了烟，也有许多人成功地减肥了。

以下哪项如果为真，最能给上述表面上的矛盾现象做出一个完满的解释？

A. 在治疗中有一些成功的病例，并且被包含在被调查的病例中。

B. 戒烟比减肥更容易些。

C. 很容易通过提高意志力来克服吸烟和暴食的习惯。

D. 被调查的对象中并不包括那些在治疗之后戒烟失败的人。

E. 成功戒烟和减肥的人并不去寻求治疗，并且也不包括在治疗学家的数据里。

5. 当爆玉米粒内部的水分被加热，形成的水蒸气经过集结达到一定压力时，爆玉米粒就爆炸或"爆裂"了。一批爆玉米粒内部如果有相同的水分含量，就能确保它们有相同的爆裂时间，于是这种情况也能确保有更少的未爆裂的玉米粒。事实上，一批爆玉米粒中未爆裂的玉米粒的比率能够通过将爆玉米粒按其大小进行分类而减少。

下列哪一项如果为真，最有助于解释为什么当爆玉米粒的大小相同时，其中未爆裂的玉米粒的比率较低？

A. 通过延长加热时间可减少未爆裂的玉米粒的比率。

B. 所有的爆玉米粒，无论其大小如何，都能在适当的条件下爆裂。

C. 黄色的爆玉米粒比白色的和蓝色的爆玉米粒的水分含量更高。

D. 一粒爆玉米粒的水分含量完全是由其大小决定的。

E. 比起完整的爆玉米粒，受损伤的爆玉米粒的水分含量更低，这是其未能爆裂的另一原因。

6. 要求60个成年人对他们的饮食记日记，日记的内容包括他们吃什么、在什么时候吃以及和多少人一起吃。结果发现，在含有酒精饮料的情况下，他们从非酒精类食物中摄入的热量比他们在不含酒精饮料的情况下摄入的热量多175卡。

   以下各项如果正确，除了哪一项都有助于解释摄入的热量的不同？

   A. 就餐者在有酒时吃饭用的时间比没酒时用的时间长。

   B. 一天中，吃得较晚的饭倾向于比吃得较早的饭丰富，且吃得较晚的饭包含酒的可能性大。

   C. 在一餐饭中，吃饭的人越多，人吃得就越多。而且倾向于桌上有酒，吃饭的人就多；桌上没酒，吃饭的人就少。

   D. 那些精心制作的且最具吸引力的饭菜倾向于给就餐者提供含有酒精的饮料。

   E. 在有酒的饭菜中，总的热量摄入中有相对较多的热量来自碳氢化合物，相对较少的热量来自脂肪和蛋白质。

7. 1987年10月，美国股市遭受了一次大的价格下跌。在下跌后几周里，股票的交易量也剧烈地下降，大大低于前一年的平均周交易量；但是，这一整年的交易量与前一年的交易量并没有明显差别。

   下面哪一项如果正确，能解释上面短文中提出的明显矛盾？

   A. 外国投资者通常只在价格低的时候才购买美国股票。

   B. 1987年的股票购买者人数与前一年的人数大致相同。

   C. 1987年的某一段时间，股票交易量高于那一年的平均交易量。

   D. 某一年的股票交易量越大，则美国股票市场该年每股股票的平均价格就越低。

   E. 股票交易量以可以预测的交易周期形式涨落。

8. 由于冷冻食品的过程消耗能量，因此很多人使他们的电冰箱保持半空状态，只用它们存储购买的冷冻食品；然而，半空状态的电冰箱经常比装满的电冰箱消耗更多的电能。

   下面哪一项如果正确，最能解释上面描述的明显矛盾？

   A. 电冰箱中使一定量的空气保持在零度以下比相同量的冷冻食品保持在这一温度消耗更多的能量。

   B. 电冰箱的门开的次数越多，就需要越多的能量来保持电冰箱的正常温度。

   C. 当未冷冻的食品放入电冰箱中时，电冰箱内部一定量的空气的平均温度会暂时上升。

   D. 一个通常保持电冰箱半空状态的人能够通过使用比该电冰箱小一半的电冰箱来显著消减能量

E. 只有当冷空气能在电冰箱内部冷室中自由循环时，一个电冰箱才能有效工作。

9. 推销员："销售调查表明，有80%的用户喜欢红色跑车，20%的用户喜欢蓝色跑车。"

   经理："哦，这么说来，喜欢红色跑车的用户是喜欢蓝色跑车的用户的4倍了？"

   推销员："不，还有10%的用户说他们二者都不喜欢。"

   下列哪一项能最合理地解释推销员话语中的表面性矛盾？

   A. 喜欢蓝色跑车的用户包括在80%的喜欢红色跑车的用户之中。

   B. 调查的用户总数超过了100名。

   C. 记录中有差错。

   D. 某些用户两种跑车都喜欢。

   E. 某些用户观点发生了变化。

10. 哈丁争论说，人们使用共同拥有的（对任何使用者都开放的）牧场比使用私人的牧场更不注意。每个放牧者都有过度使用公用地的冲动。因为从中获得的利益将归于个人，而由于过度使用土地引起的土地质量下降的成本则由所有使用者分摊。但一项研究比较了2.17亿英亩的公用牧场和4.33亿英亩的私人牧场，结果表明公用牧场的条件更好。

    以下哪一项如果是正确的并为放牧者所知，将最有助于解释该项研究的结果？

    A. 对于私人牧场来说，过度使用的成本和收益都落在使用者个人身上。

    B. 归于个人使用的土地质量下降的成本，对于公用地来说更不容易度量。

    C. 一个过度使用公用牧场的个人可能比其他使用者获得更高的收益，因此他会获得一种竞争优势。

    D. 公用地的使用者哪怕只是稍微地过度使用，其他的使用者也会变本加厉地这样做，其结果是每个使用者的成本都超过了收益。

    E. 私人拥有的牧场比共同拥有的牧场多。

答案速查： ECDED ECADD

1. 【解析】解释对象：通过对动物个性的研究来更好地理解人类个性。

   E选项：该项试图通过对人的个性的理解来恰当理解动物的个性，显然不能用来解释题干中的研究行为。

   故正确答案为E选项。

2. 【解析】解释对象：麻疹发病率下降伴随着彼德森病发病率的上升；但是，很少有成年人被这种疾病侵袭。

   C选项：如果得过麻疹的儿童能形成对导致彼德森病的病毒的免疫力，那么美国儿童麻疹发病率的下降就会使缺乏这种免疫力的儿童患彼德森病的比例上升。这样，也就可以解释彼德森病在儿童中发病率的上升。

   故正确答案为C选项。

3. 【解析】解释对象：过去的6个月销售旺盛，利润反倒比平时要少。

D 选项：说明在过去的 6 个月中，全国最大的零售商们的相当一部分费用都花在了广告上，成本上升，导致利润减少，可以解释。

故正确答案为 D 选项。

4.【解析】解释对象：治疗学家发现戒烟或停止暴食的习惯是不可改变的；但是，有许多人戒了烟、减了肥。

E 选项：说明成功戒烟和减肥的人很少去寻求治疗，治疗学家也没有统计这部分人，才导致了题干结果的出现，可以解释。

故正确答案为 E 选项。

5.【解析】解释对象：当爆玉米粒大小相同时，其中未爆裂的玉米粒的比率较低。

D 选项：说明当爆玉米粒的大小相同时，其水分含量也大致相同。而爆玉米粒内部如果有相同的水分含量，就能确保它们有相同的爆裂时间。所以当爆玉米粒的大小相同时，其中未爆裂的玉米粒的比率较低。

故正确答案为 D 选项。

6.【解析】解释对象：在含有酒精饮料的情况下，他们从非酒精类食物中摄入的热量比他们在不含酒精饮料的情况下摄入的热量多。

A、B、C、D 四项：这四项都能解释为什么当饭菜有酒时，人体摄入的热量一般要多一些。

E 选项：在有酒的饭菜中，人体摄入的热量来自饭菜中的什么成分，并不能解释为什么人们在含有酒精饮料的情况下从非酒精类食物中摄入的热量比在不含酒精饮料的情况下摄入的热量多。

故正确答案为 E 选项。

7.【解析】解释对象：股票某几周的交易量大大低于前一年的平均周交易量；但是，股票一整年的交易量与前一年的交易量并没有明显差别。

C 选项：几周只是一年中的一小段时间，如果一年中的某一特定时间，股票交易量高于那一年的平均交易量，那么虽然几周里的股票交易量剧烈下降，但一整年的交易量仍然可能与前一年持平，可以解释。

故正确答案为 C 选项。

8.【解析】解释对象：半空状态的食品消耗更少的能量；但是，半空状态的电冰箱经常比装满的电冰箱消耗更多的电能。

A 选项：如果电冰箱使一定量的空气保持在零度以下比相同量的冷冻食品保持在这一温度消耗更多的能量，那就说明人们使电冰箱保持半空状态将消耗更多的电能，这就很好地解释了题干中的矛盾。

故正确答案为 A 选项。

9.【解析】解释对象：80% 的用户喜欢红色跑车，20% 的用户喜欢蓝色跑车；但是，还有 10% 的用户说他们二者都不喜欢。

B 选项：该项调查的统计数字与被调查对象的实际数字无关，排除。

D 选项：在销售调查中，两种颜色的跑车都喜欢的用户被统计了两次，他们既被统计到喜欢红色跑车的用户中，也被统计到喜欢蓝色跑车的用户中，这样，调查统计的总比例就超过了100%，可以解释。

故正确答案为 D 选项。

10.【解析】解释对象：每个放牧者都有过度使用公用地的冲动；但是，一项研究显示公用牧场的条件更好。

D 选项：由于每个放牧者都知道过度放牧的后果只能是损害自己的利益，出于理性的考虑，他们就有可能不这样做了，可以解释题干的矛盾现象。

故正确答案为 D 选项。

第十五章 结 论

考频统计

考试	管理类综合能力（199）										经济类综合能力（396）		
年度	2014	2015	2016	2017	2018	2019	2020	2021	2022	2023	2021	2022	2023
题量	0	0	0	1	1	0	1	1	0	0	0	1	1

备考指导

结论题型在近几年的考试中卷土重来，作答这类题目时要把握好方向，注意选项与题干的相关度和力度，这样的话正确率会非常高。

本章导图

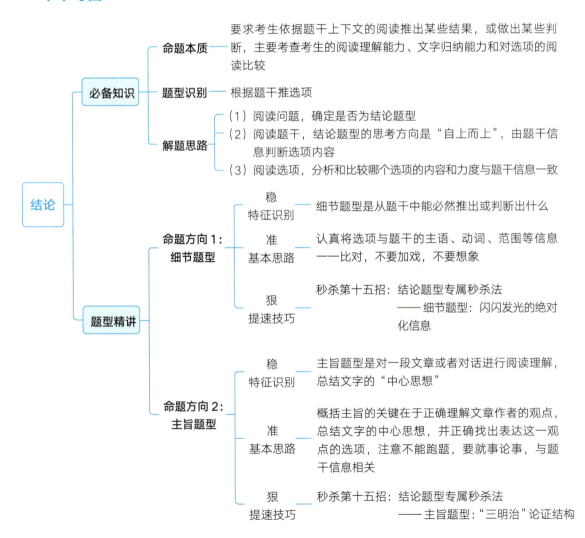

一、必备知识：命题本质、题型识别、解题思路

	结论
命题本质	要求考生依据题干上下文的阅读推出某些结果，或做出某些判断，主要考查考生的阅读理解能力、文字归纳能力和对选项的阅读比较
题型识别	结论题型是根据题干推选项，主要问法有： （1）如果上述断定为真，可以得出以下哪项结论？ （2）上述断定最能支持以下哪项结论？ （3）以下哪项最为恰当地表达了上述断定所要表达的结论？
解题思路	（1）阅读问题，确定是否为结论题型。 （2）阅读题干，结论题型的思考方向是"自上而下"，由题干信息判断选项内容。 　　 通常假定题干中的各种信息为真，题干中的推理也是成立的，不能怀疑题干中推理的合理性。 （3）阅读选项，分析和比较哪个选项的内容和力度与题干信息一致

二、题型精讲：稳准狠

命题方向 1：细节题型

稳 特征识别	细节题型是从题干中能必然推出或判断出什么。该类题目的推理主线通常比较零散，大多是一些描述性信息
准 基本思路	认真将选项与题干的主语、动词、范围等信息一一比对，不要加戏，不要想象
狠 提速技巧	**秒杀第十五招：结论题型专属秒杀法** ——细节题型：闪闪发光的绝对化信息 题目特征：题干给出很多信息，需要筛选题干信息进行选择。 命题思路：考查对有效信息的锁定。 答案特征：如果题干中出现了绝对化的表述，通常可以找到与其相关的选项，选项大概率是正确答案

例 15.1　某公司一项对员工工作效率的调查测试显示，办公室中白领人员的平均工作效率和室内气温有直接关系。夏季，当气温高于 30℃时，无法达到完成最低工作指标的平均效率；而在此温度线之下，气温越低，平均效率越高，只要不低于 22℃。冬季，当气温低于 5℃时，无法达到完成最低工作指标的平均效率；而在此温度线之上，气温越高，平均效率越高，只要不高于 15℃。另外，调查测试显示，车间中蓝领工人的平均工作效率和车间中的气温没有直接关系，只要气温不低于 5℃，不高于 30℃。

从上述断定推出以下哪项结论最为恰当？

A. 在车间安装空调设备是一种浪费。

B. 在车间中，如果气温低于 5℃，则气温越低，工作效率越低。

C. 在春秋两季，办公室白领人员的工作效率最高时的室内气温在 15℃~22℃。

D. 在夏季，办公室白领人员在室内气温32℃时的平均工作效率，低于在气温31℃时。

E. 在冬季，当室内气温为15℃时，办公室白领人员的平均工作效率最高。

【解析】题干信息：(1) 办公室中，夏季气温在22℃~30℃时，气温越低，白领人员的平均效率越高；(2) 办公室中，冬季气温在5℃~15℃时，气温越高，白领人员的平均效率越高；(3) 车间中，气温在5℃~30℃时，蓝领工人的平均工作效率和气温没有直接关系。

A、B两项：车间的情况与(3)有关，(3)并未提及安装空调，且由(3)无法得知气温低于5℃时与工作效率的关系，所以无法判断，排除。

C选项：办公室的情况与(1)(2)有关，但春秋两季气温与工作效率的关系未知，排除。

D选项：办公室夏季的情况与(1)有关，但夏季当气温高于30℃时，气温与工作效率的关系无法判断，排除。

E选项：由(2)可推出，正确。

故正确答案为E选项。

例15.2 按照联合国开发计划署2007年的统计，挪威是世界上居民生活质量最高的国家，欧美和日本等发达国家也名列前茅。如果统计1990年以来生活质量改善最快的国家，发达国家则落后了。至少在联合国开发计划署统计的116个国家中，17年来，非洲东南部国家莫桑比克的生活质量提高最快，2007年其生活质量指数比1990年提高了50%。很多非洲国家取得了和莫桑比克类似的成就。作为世界上最受瞩目的发展中国家，中国的生活质量指数在过去17年中也提高了27%。

以下哪项可以从联合国开发计划署的统计中得出？

A. 2007年，发展中国家的生活质量指数都低于西方国家。

B. 2007年，莫桑比克的生活质量指数不高于中国。

C. 2006年，日本的生活质量指数不高于中国。

D. 2006年，莫桑比克的生活质量的改善快于非洲其他各国。

E. 2007年，挪威的生活质量指数高于非洲各国。

【解析】题干信息：(1) 2007年的统计结果显示，挪威是世界上居民生活质量最高的国家（绝对化信息）；(2) 1990年以来的17年中，莫桑比克的生活质量提高最快，达到50%（绝对化信息）；(3) 过去17年，中国的生活质量指数提高了27%。

由(1)这一绝对化信息，锁定挪威，寻找与其相关的选项，即E选项。

E选项：由(1)可知，挪威的生活质量指数最高，所以必然高于非洲各国，正确。

(2)也是绝对化信息，锁定莫桑比克，寻找与其相关的选项，即B、D两项。

B选项：莫桑比克的生活质量提高得最快，但生活质量指数与中国相比孰高孰低未知，无法得出。

D选项：由(2)可知，17年来莫桑比克的生活质量提高最快，但2006年的情况未知，无法得出。

A 选项：题干缺少相关信息，无法得出。

C 选项：日本与中国的生活质量指数孰高孰低未知，无法得出。

故正确答案为 E 选项。

例 15.3 某国 H 省为农业大省，94% 的面积为农村地区；H 省也是城市人口最集中的大省，70% 的人口为城市市民。就城市人口占全省人口的比例而言，H 省是全国最高的。

上述断定最能支持以下哪项结论？

A. H 省人口密度在全国所有省份中最高。

B. 全国没有其他省份比 H 省有如此少的地区用于城市居民居住。

C. 近年来，H 省的城市人口增长率明显高于农村人口增长率。

D. H 省农村人口占全省总人口的比例在全国是最低的。

E. H 省大部分土地都不适合城市居民居住。

【解析】题干信息：(1) H 省是城市人口最集中的大省（绝对化信息）；(2) H 省城市人口占全省人口的比例是最高的（绝对化信息）。

由（1）这一绝对化信息，锁定"城市人口""最集中"，寻找与其相关的选项，即 A 选项。

A 选项：人口密度是单位面积土地上居住的人口数，但题干只提及城市人口最集中，并未涉及农村人口，所以无法判定 H 省的总体情况，排除。

由（2）这一绝对化信息，锁定"城市人口比例"，寻找与其相关的选项，即 D 选项。

D 选项：人口可以分为农村人口和城市人口，城市人口所占比例最高，所以农村人口所占比例就是最低的，正确。

B 选项：虽然 H 省 94% 的面积为农村地区，但是否城市居民居住的地区是最少的呢？未知，无法得出。

C 选项：题干中并未涉及关于"人口增长率"的信息，无法得出。

E 选项：题干信息并未涉及"是否适合居住"的信息，无法得出。

故正确答案为 D 选项。

命题方向 2：主旨题型

稳 特征识别	主旨题型是对一段文章或者对话进行阅读理解，总结文字的"中心思想"
准 基本思路	概括主旨的关键在于正确理解文章作者的观点，总结文字的中心思想，并正确找出表达这一观点的选项，注意不能跑题，要就事论事，与题干信息相关
狠 提速技巧	**秒杀第十五招：结论题型专属秒杀法** ——主旨题型："三明治"论证结构 题目特征：题干论证分为以下 3 个层次。 ①背景信息；②转折 + 中心观点；③论据或举例证明中心观点。 命题思路：考查对论证主旨的把握。 答案特征：找到转折，对转折之后的语句进行同义转换，转换后的即为语段主旨

例 15.4 一项对西部山区小塘村的调查发现，小塘村约 3/5 的儿童进入中学后出现中度以上的近视，而他们的父母及祖辈，没有机会到正规学校接受教育，很少出现近视。

以下哪项作为上述的结论最为恰当？

A. 接受文化教育是造成近视的原因。

B. 只有在儿童期接受正式教育才易于成为近视。

C. 阅读和课堂作业带来的视觉压力必然造成儿童的近视。

D. 文化教育的发展和近视现象的出现有密切关系。

E. 小塘村约 2/5 的儿童是文盲。

【解析】题干信息：约 3/5 的儿童进入中学后出现中度以上的近视；父母及祖辈，没有机会到正规学校接受教育，很少出现近视。

通过对儿童与父母及祖辈之间的对比得出，接受教育则近视，不接受教育则不近视，是否接受教育与是否近视之间似乎有联系。答案锁定在 A、B、D 三项。由于题干中并未表明除了接受教育之外，两类人的其他条件是否一致，例如：使用电子设备的时间、课业压力的大小等。如果这些因素也在同步变化，那么接受教育就不一定是导致近视的原因，所以，根据题干信息只能得出二者有密切关系，无法得出二者是否有因果关系，也无法得出正式教育是近视的必要条件，排除 A、B 两项，D 选项正确。

C 选项：过度推断，"必然"过于绝对，排除。

故正确答案为 D 选项。

例 15.5 最近台湾航空公司客机坠落事故急剧增加的主要原因是飞行员缺乏经验。台湾航空部门必须采取措施淘汰不合格的飞行员，聘用有经验的飞行员。毫无疑问，这样的飞行员是存在的。但问题在于，确定和评估飞行员的经验是不可行的。例如，一个在气候良好的澳大利亚飞行 1 000 小时的教官，和一个在充满暴风雪的加拿大东北部飞行 1 000 小时的夜班货机飞行员是无法相比的。

上述议论最能推出以下哪项结论？(假设台湾航空公司继续维持原有的经营规模)

A. 台湾航空公司客机坠落事故急剧增加的现象是不可改变的。

B. 台湾航空公司应当聘用加拿大飞行员，而不宜聘用澳大利亚飞行员。

C. 台湾航空公司应当解聘所有现职飞行员。

D. 飞行时间不应成为评估飞行员经验的标准。

E. 对台湾航空公司来说，没有一项措施，能根本扭转客机坠落事故急剧增加的趋势。

【解析】由题干信息可知，确定和评估飞行员的经验是不可行的，所以无法聘用有经验的飞行员，客机坠落事故急剧增加的情况也就无法得到扭转。

注意：此题需要比较 A 选项和 E 选项的力度。

由上述分析将答案锁定在 A、E 两项之间。

A 选项："不可改变"一词过于绝对。因为飞行员缺乏经验是主要原因，而不是唯一原因，所以可以在其他方面改变，排除。

E 选项：与上述分析一致，飞行员缺乏经验是主要原因，这一原因无法改变，所以坠落事故急剧增加的趋势无法得到根本扭转，正确。

B 选项：加拿大和澳大利亚飞行员的例子只是为了说明"确定和评估飞行员的经验是不可行的"，并不是该论证的结论。

C 选项：上述论证中并未出现相关信息，无法得出该结论。

D 选项：1 000 小时不同环境下的飞行这一例子只是为了说明"确定和评估飞行员的经验是不可行的"，而不是在否定飞行时间的参考价值，排除。

故正确答案为 E 选项。

例 15.6 人们已经认识到，除了人以外，一些高级生物不仅能适应环境，而且能改变环境以利于自己的生存。其实，这种特性很普遍。例如，一些低级浮游生物会产生一种气体，这种气体在大气层中转化为硫酸盐颗粒，这些颗粒使水蒸气浓缩而形成云。事实上，海洋上空的云层的形成很大程度上依赖于这种颗粒。较厚的云层意味着较多的阳光被遮挡，意味着地球吸收较少的热量。因此，这些浮游生物使得地球变得凉爽，而这有利于它们的生存，当然也有利于人类。

以下哪项最为准确地概括了上述议论的主题？

A. 为了改变地球的温室效应，人类应当保护浮游生物。

B. 并非只有高级生物才能改变环境以利于自己的生存。

C. 一些浮游生物通过改变环境以利于自己的生存，同时也造福于人类。

D. 海洋上空云层形成的规模，很大程度上取决于海洋中浮游生物的数量。

E. 低等生物以对其他种类生物无害的方式改变环境，而高等生物则往往相反。

【解析】题干信息：（1）一些高级生物不仅能适应环境，而且能改变环境以利于自己的生存；（2）其实，这种特性很普遍；（3）一些低级浮游生物不仅能适应环境，而且可以通过一些方式改变环境使之有利于自己的生存。

此题是典型的"三明治结构"，（2）是整段话的关键句，表明除高级生物外，低级生物也可以适应环境，而且能改变环境以利于自己的生存。

A、C、D 三项：低级浮游生物只是为证明结论举出的例子，不能成为主题。

B 选项：与上述分析一致，是题干的主题。

E 选项：与题干信息不一致，排除。

故正确答案为 B 选项。

三、配套练习：媛选好题

1. 环境学家关注保护濒临灭绝的动物的高昂费用，提出应通过评估各种濒临灭绝的动物对人类的价值，以决定保护哪些动物。此法实际不可行，因为预言一种动物未来的价值是不可能的，评价对人类现在做出间接但很重要贡献的动物的价值也是不可能的。

以下哪项是作者的主要论点？

A. 保护没有价值的濒临灭绝的动物比保护有潜在价值的动物更重要。

B. 尽管保护所有濒临灭绝的动物是必需的，但在经济上却是不可行的。

C. 由于判断动物对人类价值高低的方法并不完善，在此基础上做出的决定也不可靠。

D. 保护对人类有直接价值的动物远比保护有间接价值的动物重要。

E. 要评估濒临灭绝的动物对人类是否重要是不可能的。

2. 市场是有效的资源配置方式，市场对经济活动的反应具有客观性、直接性、灵敏性等特点，现在世界上大多数国家都采用市场经济制度，但是完全靠市场机制自发调节的国家是不存在的，市场调节的滞后性、盲目性以及市场失灵等问题要求国家对国民经济进行宏观调控。

根据以上陈述，最支持以下哪项结论？

A. 市场是唯一的资源配置方式。

B. 市场制度自身不存在任何缺陷。

C. 只要采用市场经济制度，一国的经济就会快速发展。

D. 中国在市场经济条件下实行政府宏观调控是现代市场经济的客观要求。

E. 中国应当加大市场调节经济的力度以适应市场经济的需要。

3. 为保护海边建筑免受海洋风暴的袭击，海滨度假地在海滩和建筑之间建起了巨大的防海墙。这些防海墙不仅遮住了这些建筑物的海景，而且使海滩本身也变窄了。因为风暴从水的一边对海滩进行侵蚀的同时，海滩却不再向内陆扩展。

如果上述信息正确，则下列哪一项得到了最有力的支持？

A. 随着海洋风暴猛烈程度不断加深，在海滩和海边建筑物之间必须建立起更多高大的防海墙。

B. 即使海滩被人类滥用，它们对于许多依赖其生存的野生物种来说依然是必不可少的。

C. 防海墙如果有效，首先它们自己不能被风暴破坏，其次也不需要昂贵的维修和更新。

D. 为后代保留美丽的海滩应当是海滩管理的首要目标。

E. 一个海滨社区通过建筑防海墙来保护海边建筑的同时想维护自己海滩疗养地的做法从长远来看是适得其反的。

4. 任何一个人的身体感染了X病毒，一周以后就会产生抵抗这种病毒的抗体。这些抗体的数量在接下来一年左右的时间内都会增加。现在，有一项测试可靠地指出了一个人的身体内存在多少个抗体。如果确实的话，这个测试可在一个人感染上某种病毒的一年内被用来估计那个人已经感染上这种病毒多长时间了，估计误差在一个月之内。

下面哪一个结论能被上面的论述最有力地支持？

A. 抗体的数量一直增加到它们击败病毒为止。

B. 离开了对抗体的测试，就没有办法确定一个人是否感染上了X病毒。

C. 抗体仅因那些不能被其他任何身体防御系统所抵抗的病毒感染而产生。

D. 如果一个人无限期地被X病毒感染，那么这个人的身体中可以出现的抗体的数量就是无限的。

E. 任何一个感染了X病毒的人，如果用抗体测试法对他进行测试，将在一段时间内发现不了他有被感染的迹象。

5. 在大型游乐公园里，现场表演是刻意用来引导人群流动的。午餐时间的表演是为了减轻公园餐馆的压力；傍晚时间的表演则有一个完全不同的目的：鼓励参观者留下来吃晚餐。表面上不同时间的表演有不同的目的，但这背后却有一个统一的潜在目标，即_____

以下哪一选项作为本段短文的结束语最为恰当？

A. 尽可能地减少各游览点的排队人数。

B. 吸引更多的人来看现场表演，以增加利润。

C. 最大限度地避免由于游客出入公园而引起的交通阻塞。

D. 在尽可能多的时间里最大限度地发挥餐馆的作用。

E. 尽可能地招徕顾客，希望他们再次来公园游览。

答案速查： CDEED

1. 【解析】题干信息：不可能预言一种动物未来的价值，也不可能评价一种动物现在的价值，所以通过评估价值来决定保护哪些动物的做法不可行。

   C 选项：符合题干信息的分析。

   故正确答案为 C 选项。

2. 【解析】题干信息：市场是有效的资源配置方式，但其存在的一些问题要求国家对国民经济进行宏观调控，不存在完全靠市场机制自发调节的国家。

   D 选项：符合题干信息的分析。

   故正确答案为 D 选项。

3. 【解析】题干信息：防海墙不仅遮住了这些建筑物的海景，而且使海滩本身也变窄了。

   E 选项：符合题干信息的分析。

   故正确答案为 E 选项。

4. 【解析】题干信息：（1）任何一个人感染了 X 病毒，一周以后就会产生抵抗这种病毒的抗体；（2）这些抗体的数量在接下来一年左右的时间内都会增加；（3）有一项测试可在一个人感染上某种病毒的一年内被用来估计那个人已经感染上这种病毒多长时间了，估计误差在一个月之内。

   A 选项：题干未涉及此信息，排除。

   B 选项：题干未涉及是否有其他确定感染 X 病毒的方法，排除。

   C 选项：题干未涉及此信息，排除。

   D 选项：题干未涉及此信息，排除。

   E 选项：由（1）可知，感染 X 病毒一周以后才会产生抗体，所以这段时间内是无法发现被感染的迹象的，正确。

   故正确答案为 E 选项。

5. 【解析】题干信息：午餐时间的表演，减轻公园餐馆的压力；傍晚时间的表演，鼓励参观者留下来吃晚餐。

   所以不同时间的表演都与餐馆有关，即要最大限度地发挥餐馆的作用。

   故正确答案为 D 选项。

第十六章 焦 点

考频统计

考试	管理类综合能力（199）									经济类综合能力（396）		
年度	2014	2015	2016	2017	2018	2019	2020	2021	2022	2023	2021	2022	2023
题量	0	0	1	1	0	0	0	0	0	1	0	1	0

备考指导

焦点题型在近几年的出题频率较低，而且难度不高，但是在早年真题中出现过难度较高的题，建议同学们把握基本解题思路，仔细比对题干和选项信息。

本章导图

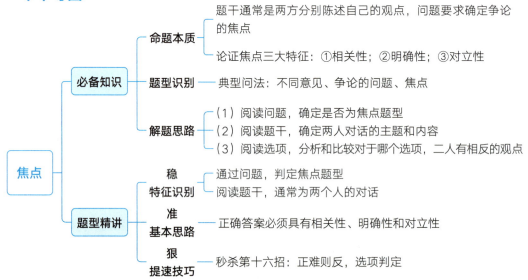

一、必备知识：命题本质、题型识别、解题思路

	焦点
命题本质	焦点题型的题干通常是两方分别陈述自己的观点，问题要求确定争论的焦点。 论证焦点是论战双方的火力点，也就是论证双方的真正分歧和对抗所在。 论证焦点必须具备以下三个特性： (1) 相关性。与双方观点具有相关性，与论证双方所陈述的观点不相关的论断不是论证焦点。 (2) 明确性。题干双方对这一问题都有自己的明确的观点。 (3) 对立性。双方观点必须是对立的。所以，论证双方都表示同意的看法不是焦点

题型识别	焦点题型的主要问法有： （1）在以下哪个问题上，甲和乙最可能有不同意见？ （2）以下哪项最为恰当地概括了上述争论的问题？ （3）以下哪项最为确切地概括了甲与乙争论的焦点？
解题思路	（1）阅读问题，确定是否为焦点题型。 （2）阅读题干，确定两人对话的主题和内容。 （3）阅读选项，分析和比较对于哪个选项，二人有相反的观点

二、题型精讲：稳准狠

命题方向：焦点题型

稳 特征识别	（1）通过问题，判定焦点题型。 （2）阅读题干，通常为两个人的对话
准 基本思路	正确答案必须具有相关性、明确性和对立性
狠 提速技巧	**秒杀第十六招：正难则反，选项判定** 题目特征：二人对话内容较复杂，信息较多。 命题思路：考查对信息及态度的判定和把握。 答案特征：从选项出发与题干信息进行比对和判断

例 16.1 总经理：快速而准确地处理订单是一项关键业务。为了增加利润，我们应当用电子方式而不是继续用人工方式处理客户订单，因为这样订单可以直接到达公司相关业务部门。

董事长：如果用电子方式处理订单，我们一定会赔钱。因为大多数客户喜欢通过与人打交道来处理订单。如果转用电子方式，我们的生意就会失去人情味，就难以吸引更多的客户。

以下哪项最为恰当地概括了上述争论的问题？

A. 转用电子方式处理订单是否不利于保持生意的人情味？

B. 用电子方式处理订单是否比人工方式更为快速和准确？

C. 转用电子方式处理订单是否有利于提高商业利润？

D. 快速而准确的运作方式是否一定能提高商业利润？

E. 客户喜欢用何种方式处理订单？

【解析】总经理：为了增加利润，我们应当用电子方式处理客户订单。

董事长：如果用电子方式处理订单，我们一定会赔钱。

A 选项：总经理的观点未涉及"人情味"，排除。

B 选项：董事长的观点未涉及"快速和准确"，排除。

C 选项：总经理认为"有利于"，董事长认为"不利于"，该项是争论的焦点，正确。

D 选项：双方讨论的是"电子方式"，而不是"快速而准确的运作方式"，排除。

E 选项：总经理的观点未涉及客户喜好，排除。

故正确答案为 C 选项。

例 16.2 张先生：应该向吸烟者征税，用以缓解医疗保健事业的投入不足。因为正是吸烟，导致了许多严重的疾病。要吸烟者承担一部分费用，来对付因他们的不良习惯而造成的健康问题，是完全合理的。

李女士：照您这么说，如果您经常吃奶油蛋糕，或者肥猪肉，也应该纳税。因为如同吸烟一样，经常食用高脂肪、高胆固醇的食物同样会导致许多严重的疾病。但是没有人会认为这样做是合理的，并且人们的危害健康的不良习惯数不胜数，都对此征税，事实上无法操作。

以下哪项最为恰当地概括了张先生和李女士争论的焦点？

A. 张先生关于缓解医疗保健事业投入不足的建议是否合理？

B. 有不良习惯的人是否应当对由此种习惯造成的社会后果负责？

C. 食用高脂肪、高胆固醇的食物对健康造成的危害是否同吸烟一样？

D. 由增加个人负担来缓解社会公共事业的投入不足是否合理？

E. 通过征税的方式来纠正不良习惯是否合理？

【解析】 张先生：因为吸烟导致了许多严重的疾病，所以吸烟者要承担一部分费用，用以缓解医疗保健事业的投入不足。

李女士：拥有其他与吸烟一样危害健康的不良习惯的人很多，如果张先生的说法成立，那么也应该对这些人征税，但是没有人会认为这样做是合理的，而且都对此征税，事实上无法操作。

A 选项：张先生认为"合理"，李女士认为没有人觉得合理，即"不合理"，二人对此有相反的观点，是争论的焦点，正确。

B 选项：张先生认为"应该负责"，李女士并未对此发表意见，排除。

C 选项：二人都未对此发表意见，排除。

D 选项：题干中探讨的是"医疗保健事业"，而不是"社会公共事业"，排除。

E 选项：二人的争论并未涉及"纠正不良习惯"，排除。

故正确答案为 A 选项。

例 16.3 张教授：和谐的本质是多样性的统一。自然界是和谐的，例如没有两片树叶是完全相同的。因此，克隆人是破坏社会和谐的一种潜在危险。

李研究员：你设想的那种危险是不现实的。因为一个人和他的克隆复制品完全相同的仅仅是遗传基因。克隆人在成长和受教育的过程中，必然在外形、个性和人生目标等诸多方面形成自己的特点。如果说克隆人有可能破坏社会和谐的话，我看一个现实危险是，有人可能把他的克隆复制品当作自己的活"器官银行"。

以下哪项最为恰当地概括了张教授与李研究员争论的焦点？

A. 克隆人是否会破坏社会的和谐？

B. 一个人和他的克隆复制品的遗传基因是否可能不同？

C. 一个人和他的克隆复制品是否完全相同？

D. 和谐的本质是否为多样性的统一？

E. 是否可能有人把他的克隆复制品当作自己的活"器官银行"？

【解析】张教授：克隆人和人是完全相同的，因此克隆人是破坏社会和谐的一种潜在危险。

李研究员：一个人和他的克隆复制品仅仅是遗传基因完全相同，克隆人在其他诸多方面仍会形成自己的特点。

A选项：张教授认为克隆人是破坏社会和谐的一种潜在危险；李研究员也认为可能会存在有人将克隆复制品当作自己的活"器官银行"的现实危险，所以在是否会破坏社会和谐这一问题上，二人并未持有相反的观点，不是争论的焦点，排除。

B选项：张教授并未提及此问题，李研究员认为一个人和他的克隆复制品的遗传基因完全相同，不是相反的观点，排除。

C选项：张教授认为一个人和他的克隆复制品是完全相同的；李研究员认为克隆人在诸多方面都会形成自己的特点，二者并不完全相同，二人对这一问题持有相反的观点，是争论的焦点，正确。

D选项：张教授认为"是"，李研究员并未对此发表意见，不是相反的观点，排除。

E选项：张教授对此未发表意见，李研究员认为有这种现实危险，不是相反的观点，排除。

故正确答案为C选项。

例16.4 赵明与王洪都是某高校辩论协会会员，在为今年华语辩论赛招募新队员的问题上，两人发生了争执。

赵明：我们一定要选拔喜爱辩论的人。因为一个人只有喜爱辩论，才能投入精力和时间研究辩论并参加辩论赛。

王洪：我们招募的不是辩论爱好者，而是能打硬仗的辩手。无论是谁，只要能在辩论赛中发挥应有的作用，他就是我们理想的人选。

以下哪项最可能是两人争论的焦点？

A. 招募的标准是从现实出发还是从理想出发。

B. 招募的目的是研究辩论规律还是培养实战能力。

C. 招募的目的是培养新人还是赢得比赛。

D. 招募的标准是对辩论的爱好还是辩论的能力。

E. 招募的目的是获得集体荣誉还是满足个人爱好。

【解析】赵明：选拔喜爱辩论的人。

王洪：招募能打硬仗的辩手。

A选项：题干中未提及"现实""理想"，排除。

B选项：题干中未提及"研究辩论规律"，排除。

C选项：题干中未提及"培养新人""赢得比赛"，排除。

D 选项：赵明认为应选拔喜爱辩论的人，即"对辩论的爱好"；王洪认为应选拔能打硬仗的辩手，即"辩论的能力"，是争论的焦点，正确。

E 选项：题干中未提及"集体荣誉"，排除。

故正确答案为 D 选项。

三、配套练习：媛选好题

1. 张教授：世界人口的急剧增长，造成了对粮食需求的急剧增长，这是对人类耕地资源的巨大威胁。地球的总面积是确定的。越来越多的土地用于城市及工商业建设，意味着能够用来耕种的土地越来越少。如此发展下去，我们的地球早晚将无法养活其上的人口。

   李研究员：你忽略了科学技术的力量。有人预计，到 2050 年，世界总人口将增加到 100 亿，但我相信，随着农业科技的发展，完全可以用现有的耕地，解决这 100 亿人口的吃饭问题。

   以下哪项最为准确地概括了两人争论的焦点？

   A. 世界人口的急剧增长，是否一定导致对粮食需求的急剧增长？

   B. 世界人口的急剧增长，是否一定对人类的自然资源造成巨大的威胁？

   C. 全人类是否会面临吃饭问题？

   D. 越来越多的土地用于工商业建设，是否一定意味着耕地越来越少？

   E. 到 2050 年，世界总人口将增加到 100 亿的预计是否确有根据？

2. 司机：有经验的司机完全有能力并习惯以每小时 120 千米的速度在高速公路上安全行驶。因此，高速公路上的最高时速不应由 120 千米改为现在的 110 千米，因为这既会不必要地降低高速公路的使用效率，也会使一些有经验的司机违反交规。

   交警：每个司机都可以在法律规定的速度内行驶，只要他愿意。因此，把对最高时速的修改说成某些违规行为的原因，是不能成立的。

   以下哪项最为准确地概括了上述司机和交警争论的焦点？

   A. 上述对高速公路最高时速的修改是否必要。

   B. 有经验的司机是否有能力以每小时 120 千米的速度在高速公路上安全行驶。

   C. 上述对高速公路最高时速的修改是否一定会使一些有经验的司机违反交规。

   D. 上述对高速公路最高时速的修改实施后，有经验的司机是否会在合法的时速内行驶。

   E. 上述对高速公路最高时速的修改，是否会降低高速公路的使用效率。

答案速查： CC

1. **【解析】** 张教授：世界人口急剧增长，能够用来耕种的土地越来越少，如此发展下去，地球早晚将无法养活其上的人口。

   李研究员：随着农业科技的发展，完全可以用现有的耕地，解决世界人口的吃饭问题。

   A 选项：张教授认为"是"，李研究员未表态，排除。

B 选项:"自然资源"不是二人探讨的问题,排除。

C 选项:张教授认为"会",李研究员认为"不会",二人有相反观点,是争论的焦点,正确。

D 选项:张教授认为"是",李研究员未表态,不是争论的焦点,排除。

E 选项:"人口增加"不是二人探讨的问题,排除。

故正确答案为 C 选项。

2. 【解析】司机:有经验的司机习惯以每小时 120 千米的速度行驶,所以最高时速修改之后会使一些有经验的司机违反交规。

交警:只要司机愿意,每个司机都可以在法律规定的速度内行驶,所以修改最高时速不会导致司机违规。

A 选项:司机认为修改最高时速"没有必要",交警并未对此发表意见,排除。

B 选项:司机认为"有能力",交警并未对此发表意见,排除。

C 选项:司机认为"会",交警认为"不会",二人持有相反的观点,是争论的焦点,正确。

D 选项:修改实施后的情况,二人均未提及,排除。

E 选项:司机认为"会",交警并未对此发表意见,排除。

故正确答案为 C 选项。

第十七章 论证方式、漏洞识别

考频统计

考试年度	管理类综合能力（199）										经济类综合能力（396）		
	2014	2015	2016	2017	2018	2019	2020	2021	2022	2023	2021	2022	2023
题量	0	1	2	1	0	2	0	0	1	0	0	1	1

备考指导

论证方式、漏洞识别在真题中的考频不高，把握典型例子及解题思路，能够识别即可。

本章导图

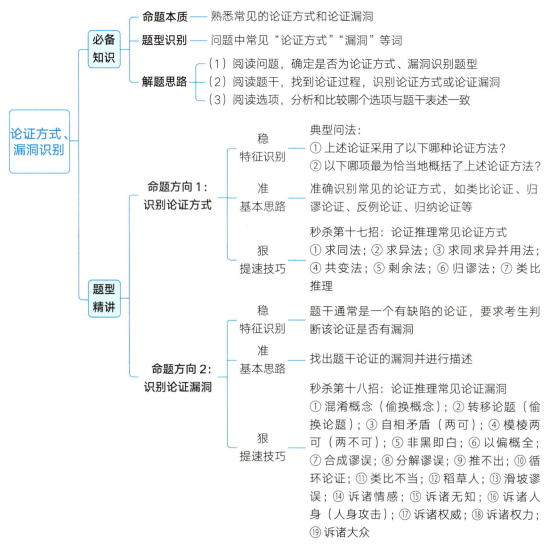

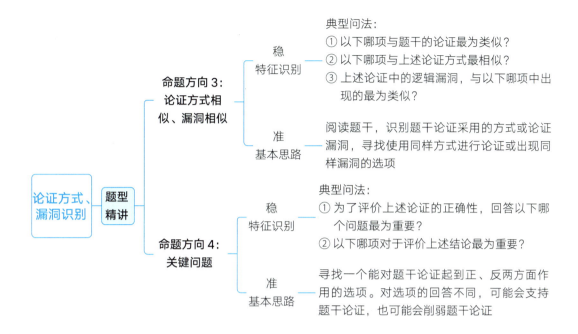

一、必备知识：命题本质、题型识别、解题思路

论证方式、漏洞识别	
命题本质	常见的论证方式有类比论证、归谬论证等，常见的论证漏洞有混淆概念、转移论题等
题型识别	问题中常见"论证方式""漏洞"等词，主要的问法有： （1）以下哪项最为恰当地概括了上述论证方法？ （2）为了评价上述论证的正确性，回答以下哪个问题最为重要？ （3）以下哪项与上述论证方式最相似？ （4）以下哪项最为恰当地指出了题干逻辑推理中的漏洞？ （5）上述论证中的逻辑漏洞，与以下哪项中出现的最为类似？
解题思路	（1）阅读问题，确定是否为论证方式、漏洞识别题型。 （2）阅读题干，找到论证过程，识别论证方式或论证漏洞。 （3）阅读选项，分析和比较哪个选项与题干表述一致

二、题型精讲：稳准狠

命题方向1：识别论证方式

稳 特征识别	典型问法： （1）上述论证采用了以下哪种论证方法？ （2）以下哪项最为恰当地概括了上述论证方法？

准 基本思路	准确识别常见的论证方式,如类比论证、归谬论证、反例论证、归纳论证等		
狠 提速技巧	**秒杀第十七招:论证推理常见论证方式**		
	方法名称	方法综述	举例
	求同法	异中求同 在差异之中寻找相同点,这个相同点就是原因	A、B、C 的基础、学习能力、学习时间等因素均不同。 A 听孙老师的课,逻辑满分。 B 听孙老师的课,逻辑满分。 C 听孙老师的课,逻辑满分。 结论:听孙老师的课逻辑能得满分
	求异法	同中求异 场景:对照实验 在相同之中寻找差异点,这个差异点就是原因	A、B 两块地土壤情况、栽培方法、作物种子等情况均相似。 A 地施钾肥,B 地不施钾肥。 A 地产量高,B 地产量低。 结论:钾肥会使产量增加
	求同求异并用法	组内求同 组间求异	甲状腺肿这种病流行的几个地区地理环境、经济水平都各不相同,但共同点是,居民常用食物和饮用水中缺碘。 不流行该病的地区地理环境、经济水平也各不相同,但共同点是,居民常用食物和饮用水中不缺碘。 结论:缺碘是甲状腺肿的原因
	共变法	因变果变 在其他条件不变的情况下,如果某一现象发生变化,另一现象也随之发生相应变化,那么,前者就是后者的原因	在其他条件不变而气温正常变化的情况下,气温每降低 8℃,果蝇的寿命可延长一倍。 在 26℃的环境下果蝇可活 35~50 天, 在 18℃的环境下果蝇可活 100 天, 在 10℃的环境下果蝇可活 200 天。 结论:果蝇的寿命与气温有关
	剩余法	排除法 某一复合现象已确定是由某种复合原因引起的,把其中已确认有因果联系的部分排除,那么剩余部分必有因果联系	已知天王星的运行轨道有四个地方发生倾斜,还知道三个地方的倾斜是因为分别受到了三个已知行星的吸引,由此认为第四个地方的倾斜是因为受到了另一个未知行星的吸引。后来天文学家果然发现了这个行星,即海王星
	归谬法	假设命题 A 为真进行推理,推出荒谬的结论(与现实或与题干信息不符),所以命题 A 为假	如果大家考不上,太阳就从西边出来了。 结论:大家肯定能考上
	类比推理	A、B 相似,A 是这样,所以 B 也是这样	孙大宝和孟大宝在学习基础、学习能力等方面均相似,孙大宝听了江媛老师的课考上了,所以孟大宝听了江媛老师的课也能考上

例 17.1　小陈：目前 1996D3 彗星的部分轨道远离太阳，最近却可以通过太空望远镜发现其发出闪烁光。过去人们从来没有观察到远离太阳的彗星出现这样的闪烁光，所以这种闪烁必然是不寻常的现象。

小王：通常人们都不会去观察那些远离太阳的彗星，这次发现的 1996D3 彗星是有人通过持续而细心的追踪观测获得的。

以下哪项最为准确地概括了小王反驳小陈的观点所使用的方法？

A. 指出小陈使用的关键概念含义模糊。

B. 指出小陈的论据明显缺乏说服力。

C. 指出小陈的论据自相矛盾。

D. 不同意小陈的结论，并且对小陈的论据提出了另一种解释。

E. 同意小陈的结论，但对小陈的论据提出了另一种解释。

【解析】小陈：人们之前从未观察到远离太阳的彗星所出现的闪烁光，所以这种闪烁必然是不寻常的现象。

小王：人们通常不会观察远离太阳的彗星，该闪烁光被发现是因为有人持续而细心地追踪观测。

小王对观察到的闪烁光给出了另一种解释，并不认可小陈的观点。

故正确答案为 D 选项。

例 17.2　脑部受到重击后人就会失去意识。有人因此得出结论：意识是大脑的产物，肉体一旦死亡，意识就不复存在。但是，一台被摔的电视机突然损坏，它正在播出的图像当然立即消失，但这并不意味着正由电视塔发射的相应图像信号就不复存在。因此，要得出"意识不能独立于肉体而存在"的结论，恐怕还需要更多的证据。

以下哪项最为准确地概括了"被摔的电视机"这一实例在上述论证中的作用？

A. 作为一个证据，它说明意识可以独立于肉体而存在。

B. 作为一个反例，它驳斥关于意识本质的流行理念。

C. 作为一个类似意识丧失的实例，它从自身中得出的结论和关于意识本质的流行理念显然不同。

D. 作为一个主要证据，它试图得出结论：意识和大脑的关系，类似于电视图像信号和接收它的电视机之间的关系。

E. 作为一个实例，它说明流行的理念都是应当质疑的。

【解析】论据：一台被摔的电视机突然损坏，它正在播出的图像当然立即消失，但这并不意味着正由电视塔发射的相应图像信号就不复存在。

结论：无法得出"意识不能独立于肉体而存在"的结论。

"电视机损坏，正在播出的图像立即消失"类似于肉体死亡，"电视塔发射的图像信号依然存在"类似于意识仍然存在，所以题干是用了"被摔的电视机"这一实例与"意识丧失"进行类比，从而试图得出"意识可以独立于肉体而存在"的结论。

A、B、D、E 四项：如果是"证据""反例""实例"，需要举出某个脑部受到重击，但是意识仍然存在的人的例子，而"被摔的电视机"并不是人，只是一个类似的情况，不能作为"证据""反例""实例"出现。

故正确答案为 C 选项。

命题方向 2：识别论证漏洞

稳 特征识别	题干通常是一个有缺陷的论证，要求考生判断该论证是否有漏洞，如果有，那么陈述漏洞在哪里，漏洞是什么。该类题型与削弱题型有相似之处，但需要注意的是题干论证可能并无缺陷，所以一定要认真分析论据与结论		
准 基本思路	找出题干论证的漏洞并进行描述		
狠 提速技巧	**秒杀第十八招：论证推理常见论证漏洞**		
	谬误名称	谬误综述	举例
	混淆概念 （偷换概念）	将一些貌似一样的概念进行偷换，实际上改变了概念的修饰语、适用范围、所指对象等具体内涵	有一只老虎感冒了，想要吃掉熊猫。熊猫哭了："你感冒了，干嘛要吃掉我呢？"老虎说："广告上都说了，感冒就要吃白加黑！"
	转移论题 （偷换论题）	在同一思维过程中所使用的命题必须保持同一，否则就会出现"转移论题"或"偷换论题"的逻辑错误	妈妈：儿子，你作业写完了吗？ 儿子：妈妈，你拖地了吗？
	自相矛盾 （两可）	对于两个具有矛盾关系或反对关系的命题必须从中否定一个，不能两个都加以肯定，否则就会出现"自相矛盾"或"两可"的逻辑错误	一年来，这个问题时时刻刻困扰着我，但在工作非常忙碌的时候又暂时不去想这个问题了
	模棱两可 （两不可）	对于两个具有矛盾关系或下反对关系的命题必须从中肯定一个，不能两个都加以否定，否则就会出现"模棱两可"或"两不可"的逻辑错误	我不认为我可能会考上，也不认为我一定考不上。 （"可能"和"一定不"是矛盾关系，必须二选一）
	非黑即白	对不止两种可能的事物，只设定两个对立的可能性，在两个极端之间不恰当地二者择一	我们不是朋友就是敌人
	以偏概全	这种错误通常出现在统计调查中，即在推理的过程中所采用的调查样本不具有代表性，因此不能有效推出相应的结论	在孙大宝的学员中 80% 考上了研究生，所以全国考研的同学中考上的比例是 80%
	合成谬误	由部分的性质不恰当地推论整体的性质	每个原子都肉眼不可见，所以由原子组成的水杯也肉眼不可见
	分解谬误	由整体的性质不恰当地推论部分的性质	甲班一般比乙班学生成绩好，所以甲班每一个学生都比乙班学生学习成绩好

续表

	谬误名称	谬误综述	举例
狠 提速技巧	推不出	如果论证的理由和推断之间在结构上没有必然联系,即论据与论题之间在逻辑结构上不正确,推理形式无效,这种错误就称为"推不出"	我喜欢吃肉,而且我逻辑好,所以我美
	循环论证	如果论据的真实性反过来还要靠论题来论证,就会形成论题和论据互为论据、互为论题的情况,实际上等于没有论证。这样就会犯"循环论证"的逻辑错误	一个瘦子问一个胖子:"你为什么长得胖?" 胖子回答:"因为我吃得多。" 瘦子又问胖子:"你什么吃得多?" 胖子回答:"因为我长得胖。"
	类比不当	类比对象有差异或前提属性与结论属性不相关时,就会出现类比不当或机械类比的谬误	鸟能飞,所以我也能飞
	稻草人	夸张、歪曲,甚至凭空创造了别人的观点,来让你本身的观点显得更加合理	苏大宝跟爸爸争取要在同学家过夜:爸爸,后天豆豆生日,她家有party,那天晚上我想在她家睡。 爸爸:办什么生日party,豆豆家就爱炫富。我不允许你跟这么势力的人交往,不许去
	滑坡谬误	不合理地使用连串的因果关系,将"可能性"转化为"必然性",以达到某种意欲之结论。 如果发生A,就会发生B,难道我们能容忍B吗?绝不可以,所以一定要反对A	如果你不好好学习,就上不了好高中,上不了好大学,找不到好工作,难道你想一辈子扫大街吗?
	诉诸情感	试图通过操控别人的感情来取代一个有力的论述	兔兔那么可爱,怎么可以吃兔兔
	诉诸无知	以人们对某一个命题的无知为根据,从而断言该命题是真的或者是假的。其公式为: 尚未证明A假,所以A是真的。 尚未证明A真,所以A是假的	尚未证明有外星人,所以没有外星人
	诉诸人身 (人身攻击)	讨论时针对对方的人格、动机、态度、地位、阶级或处境等,进行攻击或评论,并以此当作论据去驳斥对方的论证或去支持自己的论点	你逻辑分数那么低,说的话肯定不对
	诉诸权威	利用一个权威人物或机构的观点来取代一个有力的论述	"地心说"是不能怀疑的,因为亚里士多德就是这么认为的
	诉诸权力	诉诸权力也称诉诸强力,是指论证者借助强力或威胁迫使人接受其论题。其一般公式是,我有强权,所以,我说的是真理	我是这个项目的主管,我说这个工作不合格就是不合格
	诉诸大众	大多数人认为A真,所以A真	大多数人都赞成周末加班,所以周末就应该加班

例 17.3 这次新机种试飞只是一次例行试验，既不能算成功，也不能算不成功。

以下哪项对于题干的评价最为恰当？

A. 题干的陈述没有漏洞。

B. 题干的陈述有漏洞，这一漏洞也出现在后面的陈述中：这次关于物价问题的社会调查结果，既不能说完全反映了民意，也不能说一点也没有反映民意。

C. 题干的陈述有漏洞，这一漏洞也出现在后面的陈述中：这次考前辅导，既不能说完全成功，也不能说彻底失败。

D. 题干的陈述有漏洞，这一漏洞也出现在后面的陈述中：人有特异功能，既不是被事实证明的科学结论，也不是纯属欺诈的伪科学结论。

E. 题干的陈述有漏洞，这一漏洞也出现在后面的陈述中：在即将举行的大学生辩论赛中，我不认为我校代表队一定能进入前四名，我也不认为我校代表队可能进不了前四名。

【解析】"成功"与"不成功"是矛盾关系，二者一定一真一假，这次试验只能在"成功"和"不成功"中二选一，不可能出现题干中的"既不算……也不算……"的情况。

逻辑推理必须要遵循"排中律"，在同一思维过程中，对于两个具有矛盾关系的命题必须从中肯定一个，不能两个都加以否定，否则就会出现"模棱两可"或"两不可"的逻辑错误。

A 选项：题干的陈述有漏洞，犯了"模棱两可"的错误。

B 选项："完全反映民意"和"一点也没有反映民意"不是矛盾关系，可能出现"反映了一部分民意，也有一部分民意没有反映"的情况，与题干错误不一致。

C 选项："完全成功"和"彻底失败"不是矛盾关系，可能出现"一部分成功，一部分失败"的情况，与题干错误不一致。

D 选项："被事实证明的科学结论"和"纯属欺诈的伪科学结论"不是矛盾关系，还可能是"没有被事实证明的假说"，与题干错误不一致。

E 选项："一定能进入前四名"和"可能进不了前四名"是矛盾关系，与题干错误一致。

故正确答案为 E 选项。

例 17.4 在一次聚会上，10 个吃了水果色拉的人中，有 5 个很快出现了明显的不适。吃剩的色拉立刻被送去检验，检验的结果不能肯定其中存在超标的有害细菌。因此，食用水果色拉不是造成食用者不适的原因。

如果上述检验结果是可信的，则以下哪项对上述论证的评价最为恰当？

A. 题干的论证是成立的。

B. 题干的论证有漏洞，因为它把事件的原因当作该事件的结果。

C. 题干的论证有漏洞，因为它没有考虑到这种可能性：那些吃了水果色拉后没有很快出现不适的人，过不久也出现了不适。

D. 题干的论证有漏洞，因为它没有充分利用一个有力的论据：为什么有的水果色拉食用者没有出现不适？

E. 题干的论证有漏洞，因为它把缺少证据证明某种情况存在，当作有充分证据证明某种情况不存在。

【解析】论据：不能肯定水果色拉中存在超标的有害细菌。

结论：食用水果色拉不是造成食用者不适的原因。

"不能肯定"存在超标的有害细菌，那到底是否存在超标的有害细菌呢？未知，所以无法确定是否是水果色拉造成的不适，也就是题干论证把缺少证据证明水果色拉存在超标的有害细菌，当作有充分证据证明超标的有害细菌不存在，这就是题干的漏洞。

故正确答案为 E 选项。

命题方向 3：论证方式相似、漏洞相似

稳 特征识别	典型问法： (1) 以下哪项与题干的论证最为类似？ (2) 以下哪项与上述论证方式最相似？ (3) 上述论证中的逻辑漏洞，与以下哪项中出现的最为类似？
准 基本思路	阅读题干，识别题干论证采用的方式或论证漏洞，寻找使用同样方式进行论证或出现同样漏洞的选项

例 17.5 研究人员将角膜感觉神经断裂的兔子分为两组：实验组和对照组。他们给实验组兔子注射一种从土壤霉菌中提取的化合物。3 周后检查发现，实验组兔子的角膜感觉神经已经复合；而对照组兔子未注射这种化合物，其角膜感觉神经都没有复合。研究人员由此得出结论：该化合物可以使兔子断裂的角膜感觉神经复合。

以下哪项与上述研究人员得出结论的方式最为类似？

A. 科学家在北极冰川地区的黄雪中发现了细菌，而该地区的寒冷气候与木卫二的冰冷环境有着惊人的相似。所以，木卫二可能存在生命。

B. 绿色植物在光照充足的环境下能茁壮生长，而在光照不足的环境下只能缓慢生长，所以，光照有利于绿色植物的生长。

C. 年逾花甲的老王戴上老花眼镜可以读书看报，不戴则视力模糊。所以，年龄大的人都要戴老花眼镜。

D. 一个整数或者是偶数，或者是奇数。0 不是奇数，所以，0 是偶数。

E. 昆虫都有三对足，蜘蛛并非三对足。所以，蜘蛛不是昆虫。

【解析】实验组：注射化合物，角膜感觉神经复合。

对照组：未注射化合物，角膜感觉神经没有复合。

结论：该化合物可以使兔子断裂的角膜感觉神经复合。

题干中所采用的实验方法体现了穆勒五法中的求异法原理。

A 选项：类比推理，北极冰川地区的寒冷气候与木卫二的冰冷环境相似，北极冰川地区有细菌，所以木卫二可能有生命，与题干不相似，排除。

B 选项：求异法，光照是否充足影响绿色植物的生长速度，与题干相似。

C 选项：该论证有漏洞，（1）老王可能无法代表年龄大的人的整体情况；（2）所得结论应为戴老花眼镜与视力之间的关系，排除。

D 选项：剩余法，存在两种可能的情况下，排除其中一种可能，推出另一种可能，排除。

E 选项：正常的形式逻辑推理，排除。

故正确答案为 B 选项。

例 17.6 居民苏女士在菜市场看到某摊位出售的鹌鹑蛋色泽新鲜、形态圆润，且价格便宜，于是买了一箱。回家后发现有些鹌鹑蛋打不破，甚至丢在地上也摔不坏，再细闻已经打破的鹌鹑蛋，有一股刺鼻的消毒液味道。她投诉至菜市场管理部门，结果一位工作人员声称鹌鹑蛋目前还没有国家质量标准，无法判定它有质量问题，所以他坚持认为这箱鹌鹑蛋没有质量问题。

以下哪项与该工作人员得出结论的方式最为相似？

A. 不能证明宇宙是没有边际的，所以宇宙是有边际的。

B. "驴友论坛"还没有论坛规范，所以管理人员没有权力删除帖子。

C. 小偷在逃跑途中跳入 2 米深的河中，事主认为没有责任，因此不予施救。

D. 并非外星人不存在，所以外星人存在。

E. 慈善晚会上的假唱行为不属于商业管理范围，因此相关部门无法对此进行处罚。

【解析】论据：没有国家质量标准，无法判定有质量问题（不能证明有 A）。

结论：没有质量问题（所以没有 A）。

该工作人员得出结论的方式犯了诉诸无知的逻辑错误，"不能证明有 A，所以没有 A"，或者"不能证明没有 A，所以有 A"。

A 选项：不能证明宇宙没有边际（不能证明没有 A），所以宇宙有边际（所以有 A），同样犯了诉诸无知的逻辑错误，与题干一致，正确。

B 选项：没有规范能不能证明管理人员没有权力删除帖子呢？未知，不一致。

C 选项：如果认为没有责任，那么该不该施救呢？未知，不一致。

D 选项：¬不存在→存在，推理无误，不一致。

E 选项：不属于商业管理范围能不能证明不可以进行处罚呢？未知，不一致。

故正确答案为 A 选项。

例 17.7 主持人：有网友称你为国学巫师，也有网友称你为国学大师。你认为哪个名称更适合你？

上述提问中的不当也存在于以下各项中，除了：

A. 你要社会主义的低速度，还是资本主义的高速度？

B. 你主张为了发展可以牺牲环境，还是主张宁可不发展也不能破坏环境？

C. 你认为人都自私，还是认为人都不自私？

D. 你认为"9·11"恐怖袭击必然发生，还是认为有可能避免？

E. 你认为中国队必然夺冠，还是认为不可能夺冠？

【解析】主持人希望被采访人在"国学巫师"和"国学大师"中二选一，但是"国学巫师"

和"国学大师"并不是矛盾关系,不存在一定一真一假、必须二选一的特点,因此可以二者都选,也可以二者都不选。只有在矛盾关系的选择中才是非此即彼的选择,题干所犯的逻辑错误是必须在不矛盾的两个命题中做出非此即彼的选择。

A 选项:"社会主义的低速度"与"资本主义的高速度"不矛盾,可能有"社会主义的高速度"的情况,与题干中的不当相似。

B 选项:"为了发展可以牺牲环境"与"宁可不发展也不能破坏环境"不矛盾,可能有"既发展又不破坏环境"的情况,与题干中的不当相似。

C 选项:"都自私"与"都不自私"不矛盾,可能有"一部分人自私,另一部分人不自私"的情况,与题干中的不当相似。

D 选项:"必然发生"与"有可能避免"是矛盾关系,因为"必然发生"与"不必然发生"矛盾,不必然发生=可能不发生=可能避免,必须二选一,与题干中的不当不同。

E 选项:"必然夺冠"与"不可能夺冠"不矛盾,可能有"不必然夺冠"的情况,与题干中的不当相似。

故正确答案为 D 选项。

命题方向 4:关键问题

稳 特征识别	典型问法: (1)为了评价上述论证的正确性,回答以下哪个问题最为重要? (2)以下哪项对于评价上述结论最为重要?
准 基本思路	寻找一个能对题干论证起到正、反两方面作用的选项。对选项的回答不同,可能会支持题干论证,也可能会削弱题干论证

例 17.8　老林被誉为"股票神算家"。他曾经成功地预测了 1994 年 8 月"井喷式"上升行情和 1996 年下半年的股市暴跌,这仅是他准确预测股市行情的两个实例。

回答以下哪个问题对评价以上陈述最有帮助?

A. 老林准确预测股市行情的成功率是多少?

B. 老林是否准确地预言了 2002 年 6 月 13 日的股市大跌?

C. 老林准确预测股市行情的方法是什么?

D. 老林的最高学历和所学专业是什么?

E. 有多少人相信老林对股市行情的预测?

【解析】仅凭老林准确预测股市行情的两个实例无法判断他是否是"股票神算家",关键要看他预测的成功率。如果成功率较高,那么可以称之为"股票神算家";如果成功率较低,那么这个称号则不成立。

A 选项:与上述分析一致。

故正确答案为 A 选项。

例 17.9　人们对于搭乘航班的恐惧其实是毫无道理的。据统计,仅 1995 年,全世界死于地面交通事故的人数超出80万，而在1990—1999年的10年间，全世界平均每年死于空难的还不到500人，而在这10年间，我国平均每年罹于空难的还不到25人。

为了评价上述论证的正确性，回答以下哪个问题最为重要？

A. 在上述10年间，我国平均每年有多少人死于地面交通事故？

B. 在上述10年间，我国平均每年有多少人加入地面交通，有多少人加入航运？

C. 在上述10年间，全世界平均每年有多少人加入地面交通，有多少人加入航运？

D. 在上述10年间，1995年全世界死于地面交通事故的人数是否是最高的？

E. 在上述10年间，哪一年死于空难的人数最多？人数是多少？

【解析】虽然全世界死于地面交通事故的人数比死于空难的多，但是要比较搭乘航班和地面交通哪个更安全，应比较的是死亡率，即每运输100人中死亡的人数，否则如果参与两种交通方式的人数相差较大，仅仅依据死亡人数是无法得出结论的。

C选项：与上述分析一致。

故正确答案为C选项。

例17.10 据一项统计显示，在婚后的13年中，妇女的体重平均增加了15公斤，男子的体重平均增加了12公斤。因此，结婚是人变得肥胖的重要原因。

为了对上述论证做出评价，回答以下哪个问题最为重要？

A. 为什么这项统计要选择13年这个时间段作为依据？为什么不选择其他时间段，例如为什么不是12年或14年？

B. 在上述统计中，婚后体重减轻的人有没有？如果有的话，占多大的比例？

C. 在被统计的对象中，男女各占多少比例？

D. 这项统计的对象，是平均体重较重的北方人，还是平均体重较轻的南方人？如果二者都有的话，各占多少比例？

E. 在上述13年中，处于相同年龄段的单身男女的体重增减状况是怎样的？

【解析】题干论证中影响人体重的因素有两个：（1）结婚；（2）13年。

要评价结婚是否是人变得肥胖的重要原因，应排除"13年"这个因素。

A选项：12年、13年、14年相差不大，对结果不会有较大影响，排除。

B选项：题干中为"平均"增加的公斤数，所以与是否有体重减轻的人无关，排除。

C选项：题干论证的重点不是性别，排除。

D选项：题干论证与基础体重无关，排除。

E选项：如果相同年龄段的单身男女的体重增加情况与已婚男女类似，说明结婚可能不是人变得肥胖的重要原因；如果相同年龄段的单身男女的体重没有增加或体重增加明显小于已婚男女，那么题干的因果关系成立。

故正确答案为E选项。

例17.11 许多孕妇都出现了维生素缺乏的症状，但这通常不是由于孕妇的饮食缺乏维生素，而是由于腹内婴儿的生长使她们比其他人对维生素有更高的需求。

以下哪项对于评价上述结论最为重要？

A. 对一些不缺乏维生素的孕妇的日常饮食进行检测，确定其中维生素的含量。

B. 对日常饮食中维生素足量的孕妇和其他妇女进行检测，并分别确定她们是否缺乏维生素。

C. 对日常饮食中维生素不足量的孕妇和其他妇女进行检测，并分别确定她们是否缺乏维生素。

D. 对一些缺乏维生素的孕妇的日常饮食进行检测，确定其中维生素的含量。

E. 对孕妇的科学食谱进行研究，以确定有利于孕妇摄入足量维生素的最佳食谱。

【解析】题干要评价的结论：孕妇维生素缺乏（果）的症状是由于腹内婴儿的生长（因）。要想评价一个因果关系是否成立，最好的方法是设计对照实验，如果在日常饮食中并不缺乏维生素的情况下，怀有婴儿的妇女缺乏维生素，没有怀婴儿的妇女不缺乏维生素，这就说明题干的因果关系确实成立。

B 选项：与上述分析一致。

故正确答案为 B 选项。

三、配套练习：媛选好题

1. 有些人坚信飞碟是存在的。理由是，谁能证明飞碟不存在呢？

   下列选项中，哪一项与上文的论证方式是相同的？

   A. 中世纪欧洲神学家论证上帝存在的理由是，你能证明上帝不存在吗？

   B. 神农架地区有野人，因为有人看见过野人的踪影。

   C. 科学家不是天生聪明的。因为，爱因斯坦就不是天生聪明的。

   D. 一个经院哲学家不相信人的神经在脑中汇合。理由是，亚里士多德的著作中讲到，神经是从心脏里产生出来的。

   E. 鬼是存在的。如果没有鬼，为什么古今中外有那么多人讲鬼故事？

2. 在美国，以前教师、银行职员和秘书都是由男士担任的。后来，随着女士渐渐成为这些职业的主要成员，这些职业的社会地位和收入趋向下降。因此，如果现在美国主要由男士担任的职业如会计、律师和医生也变为主要由女士担任，那么，这些职业的社会地位和收入也将下降。

   以下哪项是上述论证使用的方法？

   A. 通过归谬对某一现象的合理性提出质疑。

   B. 通过反例驳斥一般性的结论。

   C. 通过类比由过去预测未来。

   D. 诉诸普通的信念和价值观。

   E. 诉诸对论敌的个人攻击。

3. 某地区每年春季杨树发芽的时间早晚，取决于两个因素：一个因素是日照，另一个因素是气温。该地区每年春季的日照量几乎是恒定的，因此，该地区每年春季杨树发芽时间变化的原因，主要在于气温。

以下哪项推理的结构与题干的最为类似？

A. 研究生专业外语课的内容是，要么翻译一篇1万字以上的论文，要么选修1学分的专业外语课程。哲学系的研究生都愿意翻译外语论文，因此，哲学系没有学生会选修专业外语课程。

B. 在垃圾掩埋场，对所处理垃圾的收费，依据的是两个标准：一个是体积，另一个是重量。因此，如果一个掩埋场在同一天对两批体积相同的垃圾收费不同的话，则其中一批垃圾的收费肯定是根据重量来确定的。

C. 在某地，刮东风就会下雨，刮西风就会干旱。此地从不刮别的方向的风。由于此地现正下雨，所以此地一定在刮东风。

D. 根据不同的规模，超市雇用的保安可以是一个、两个或三个。因此，如果哪个超市雇用了三个保安，那它肯定是个大超市。

E. 声音大容易被听到，音调高也容易被听到，尤其是声音既大音调又高时肯定能被听到。因此，如果有人扯破嗓门还没被听到，那说明他或者声音并不大，或者音调并不高。

4. 在化学教学中，教师在讲解温度对弱电解质电离度影响的规律时，进行了如下演示实验：将25mL的0.01mol/L的醋酸溶液装入烧杯，用测定溶液导电性装置，做三次不同温度时醋酸溶液导电性强弱的实验。结果如下：0℃时，通电，灯泡钨丝发红、暗淡；50℃时，通电，灯泡比较明亮；100℃时，通电，灯泡明亮。教师由此归纳：温度升高是灯泡亮度变亮的原因。

以下哪项与上述推理方式最为相似？

A. 在两块麦地上都施氮肥，其中一块只浇水，另一块只施钙肥，结果两块地的产量都提高了。这样我们可以得到结论：施肥和浇水都可以提高产量。

B. 化学教学中，教师在讲解催化剂概念时，安排了如下两个实验：一个实验是 $KClO_3$ 加热熔化后，虽有 O_2 产生，但速度很慢；另一个实验是向加热后的 $KClO_3$ 中迅速撒入少量 MnO_2，立即有大量 O_2 放出。由以上两个实验，教师得出结论：MnO_2 是 O_2 快速放出的原因。

C. 一定压力下的一定量气体，温度升高，体积增大；温度降低，体积缩小。这样我们可以得到结论：气体温度的改变是其体积改变的原因。

D. 在一块麦地上，既施氮肥，又浇水，又施钙肥，结果产量提高了；而在另一块麦地上，只浇水，施钙肥，产量不变。这样我们可以得到结论：施氮肥是产量提高的原因。

E. 甲报告说，他家里的人发生呕吐、昏迷现象；乙也报告说，他家里的人发生呕吐、昏迷现象；丙、丁等也做了同样的报告。我们发现，这些住户的居住条件各不相同，饮食也不同，中毒者的年龄、健康情况也不同，但有一个情况是共同的，他们同饮一口井的水。那么我们可以得到结论：井水可能是引起呕吐、昏迷的原因。

5. 某新闻发布会记者提问：刚才有报告者提出了解决雾霾天气的方案计划，您认为是完全正确的，还是毫无可取之处？

下面哪个选项与上述提问的错误最为类似？

A. 您认为人是都自私还是有的不自私？

B. 有人认为我们的某些产品适合互联网行业，但也有些人认为我们的部分产品不适合互联网行业，你认为哪种意见正确？

C. 请你告诉我：这次竞标中，我们公司是一定不能中标，还是有可能中标？

D. 你认为所有爱情都不值得相信，还是有的爱情值得相信？

E. 你认为在这届世界杯比赛中，我们国家队是一定夺冠还是不可能夺冠？

答案速查： ACBCE

1. 【解析】题干论证：无法证明飞碟不存在，所以，飞碟存在。

   题干论证运用的是诉诸无知的论证方式。

   A 选项：无法证明上帝不存在，所以上帝存在，该项运用的也是诉诸无知的论证方式。

   故正确答案为 A 选项。

2. 【解析】将以前出现过的某一社会现象与现在的某一社会现象相比较，根据前者的发展特征来预测后者未来的发展，所以是通过类比由过去预测未来。

   故正确答案为 C 选项。

3. 【解析】题干推理结构是，A 或 B 决定 C。A 不变，所以 B 决定 C。逐一观察五个选项发现，B 选项的推理结构与题干的最为类似。

   故正确答案为 B 选项。

4. 【解析】题干中的实验过程是，随着温度升高，灯泡越来越亮，该推理方式为共变法。

   A 选项："浇水"和"施肥"都是变量，无法得出结论，排除。

   B 选项：两个实验进行左右对照，加入 MnO_2 与不加入 MnO_2 时，O_2 产生的速度不同，使用的是求异法，与题干不一致，排除。

   C 选项：随着温度升高，气体的体积增大，得出结论的方式也是共变法，与题干相似，正确。

   D 选项：两块地的差异是是否施氮肥，结果在产量上有差异，使用的是求异法，与题干不一致，排除。

   E 选项：在居住条件、饮食、年龄、健康情况等因素均不同，只有同饮一口井的"水"这一因素相同的情况下，出现同样的结果——呕吐、昏迷，说明井水是引起呕吐、昏迷的原因，使用的是求同法，与题干不一致，排除。

   故正确答案为 C 选项。

5. 【解析】题干的两个选择是反对关系，并非矛盾关系，不可同真，但可以同假，也就是说，可以二者都不选。

   A、C、D 三项：二者是矛盾关系，必定一真一假，排除。

   B 选项："有的"和"有的不"是下反对关系，可以同真，排除。

   E 选项："不可能"="一定不"，"一定"和"一定不"是反对关系，与题干的错误最为类似，正确。

   故正确答案为 E 选项。